SORIN SĂNDULACHE

Deconvertire
Eseuri

DECONVERTIRE | Eseuri

©2025 Copyright – Sorin Săndulache

All rights reserved. No part of this book may be reproduced in any form,
by photocopying or by any electronic or mechanical means,
including information storage and retrieval systems,
without permission in writing from the copyright owner or publisher of this book.

ISBN 978-1-7636344-0-4

Editors/Consilier editorial: Daniel Ionita

Layout and DTP: Cristina Dumitrescu

SORIN SĂNDULACHE

Deconvertire
Eseuri

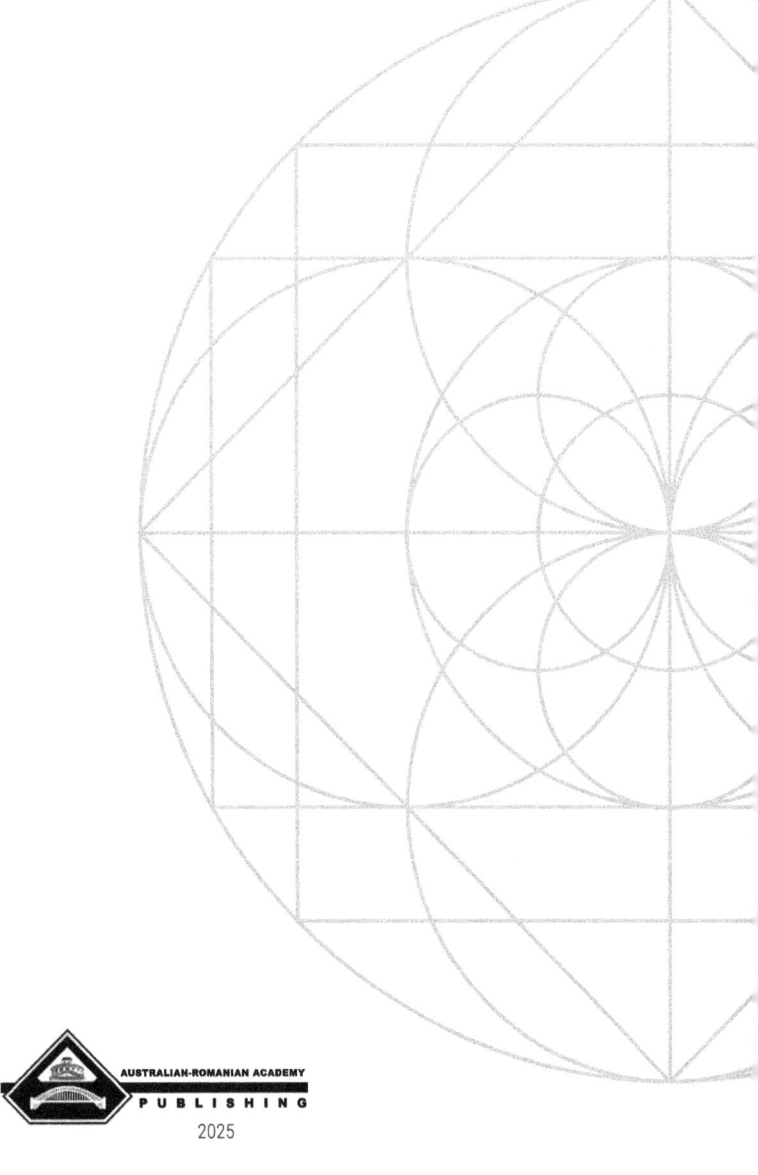

AUSTRALIAN-ROMANIAN ACADEMY PUBLISHING

2025

CUPRINS

Cuvânt introductiv 9

Evaluare critică a Religiei
Nevoia de religie. Religia ca surogat 11
Religia – paradox, contradicții.
    Paradoxul și fascinația sacralității...14
Contradicții biblice fundamentale..16
    Speranța medie de viață 16
    Religia personală și religia de stat 16
Religia, încotro? 21
Religie și toxicitate 22
Geneza spiritului religios. Oferta. Absența lui Dumnezeu. 29
    Ce oferă/nu oferă religia 30
    Absența lui Dumnezeu, compensată prin supralicitare 31

Aplicații critice religioase
Inconsecvențe religioase 33
Inconsecvențe confesionale..36
Profeția ca Pasăre Phoenix 37
    De ce există Profeție? 40
Inter-confesionalitatea și alte inconsecvențe 42
    Întemeiere. Structuri, funcții, reguli 43
    Idol 44

Patologie spirituală
Sindromul autist spiritual 45
Dependența și co-dependența..47
    Sens, semnificație..49

Praxis religios.
    Cult și cultură. Trebuințe fundamentale 53
    Comunism și Protestantism 55
    Psihoteologie
La răscruce 57

Biografice
    XYZ 59
    Regio TR (NM) 61
    Jurnal 63
    Trăznetul unei catastrofe. Jurnal 67
    Relații definitive – Tata 71
    Trilogie Alex: #poțisălupți
    Memorial Alex în Amintire 73
    Memorial Alex. Jurnal 75
    ALEX în Amintire 77
    O poveste din povești 80
    Dezastrul 80
    Condamnat la dilemă 82
    ANCHETA. (Frânturi biografice) 85

Supranaturalul metamorfozat în mit
    MIT 89
    Mitologie 89
    Geneza Religiei. Confesiune, denominațiune
    (Istorie, Cultură, Mit) 92

Aspecte metafizice
    Dihotomie existențială 97
    Structuri, funcții, reguli 99
    Identitate și Proces
        Concepția despre existență 100
    Existența 103
    Etică și deontologie
        Decalogul Azi 106
    Față în față: știință și religie 107

   Antropologie sacră 110
   Evoluția Omului
      „Vinovații fără vină!…" 111

ARTĂ
   Rugăciunea, Constantin Brâncuși, 1907 113
   Sfânta Treime Christică (Fiul Omului) 118
      Conciliul de la Ierusalim Comentariu 120
      Golgota 120
      Teme de studiu 122
   Tentația teologiei „Eu sunt Cel ce sunt" 123
      Surpriza 124
   Este mâna mea prea scurtă? 126
   Religia – Evaluare critică finală 128

NOTE, GÂNDURI, AFORISME
Religia răzleață 153
   Aspecte antropologice 155
   Cultură și epistemologie 164
   Evoluție 171
   Metafizică. 180
   Mitologie 185
   Biografice 188
   Știință & Religie 203
   Componente religie
      Sacrul 215
   Religie răzleață 225

DIALOGURI
Dialoguri verișori 269
OB Dialoguri 282
N. M. Dialoguri 306
Romeo Dumitrescu. RD Dialoguri 350
Dialoguri sporadice 366

Bibliografie selectivă 397

CUVÂNT INTRODUCTIV

Trăim într-o țară frumoasă, dar avem o istorie zbuciumată. La răspântii de imperii, superputeri, ne-au călcat, ne-au biruit – la propriu și la figurat – dar nu ne-au dovedit. Argumentul nostru este existența și rezistența milenară. Avem fibră, suntem tari, dar avem și omenie, bunătate, capacitate de adaptare. Avem personalitate.

Marile secțiuni formale ale acestei lucrări sunt alcătuite din eseuri, meditații ideatice de câteva fraze sau propoziții, dialoguri prin corespondență și câteva file de jurnal biografic. Toate numele corespondenților sunt abreviate la inițiale, care uneori nu corespund realității. Motivația este discreția. Asumarea și responsabilitatea aparțin în totalitate autorului.

Secțiunile de fond sunt o analiză critică a religiei, sub unele aspecte de esență teologică, aplicații în liturgică, psihologie, antropologie sau istoria religiei.

Mulțumiri tuturor prietenilor, criticilor, colaboratorilor, familiei și editorilor, care au avut bunăvoința de a suporta consecințele acestui travaliu.

EVALUARE CRITICĂ A RELIGIEI

NEVOIA DE RELIGIE. RELIGIA CA SUROGAT

În calitate de oameni – individual, personal sau grupați în familii, colectivități sau societate – suntem convinși că avem nevoie de religie, autoritate, divinitate.

Ca persoane, deoarece suntem conștienți de valori și influență, ne dorim adevărul, binele, frumosul, ne temem de nenorociri, suferință și moarte. Ca familie, deoarece dorim cu ardoare ca toate persoanele semnificative din viața noastră să se bucure de cele mai bune șanse, să aibă o viață împlinită, fericită.

Ca grupare sau colectivitate, deoarece fiind gregari, găsim bucurie și satisfacție în asociere, relații, activități sociale, culturale și spirituale, în afirmare și realizare de sine, în interdependență. Ca societate, deoarece în calitate de mulțime, etnie, națiune, devenim conștienți de putere, de ordinea publică necesară, de siguranță și confort, de serviciile sociale indispensabile într-o societate civilizată, de faptul că putem oferi și primi bunuri și servicii.

Imperativele psihosociale privind conviețuirea, armonia, înțelegerea, întrajutorarea, facilitățile, nu se pot baza doar pe datorie, constrângeri exterioare. Chiar și pe parcursul celor câtorva decenii ale speranței medii de viață, realizăm că societatea progresează, evoluează, calitatea vieții este optimizată. Încă din negurile vremurilor, oamenii au sesizat mijloacele de influență și determinare. Suntem ființe cognitive, afective, volitive; avem personalitate, caracter, preferințe, idiosincrazii.

Mijloacele externe de influențare, determinare, reglementare, fie mai soft, fie mai dure, conform regimului de conducere, administrare și politic, tradițiilor, uzanțelor și culturii, nu reușesc să asigure armonia socială în absența convingerii, acceptării liber-consimțite a contractului social.

În acest context, religia ca instituție, filosofie și teologie a unei autorități supreme, divine, ale cărei prerogative trec de interesele vremelnice și depășesc existența prezentă, extinzându-se asupra veșniciei, atât prin promisiuni și făgăduințe, cât mai ales, prin amenințări și spectrul unei judecăți necruțătoare, a unor pedepse terifiante, atât ca intensitate, cât și ca durată a suferinței, dar mai ales prin caracterul definitiv și irevocabil, au darul să cumințească orice tresărire de insubordonare și neascultare a credincioșilor mai puțin evlavioși.

Puterea religioasă, sacerdotală – fiindcă este o putere care nu poate fi neglijată – este exercitată într-o formă proiectată, sublimată, atribuită unei puteri îndepărtate, din altă lume, dar care devine extrem de apropiată, imperativă și convingătoare. Docilitatea evlavioasă este una de profunzime, bazată mai degrabă pe teamă, autoritate, sacralitate, mimetism și mai puțin pe analiză, înțelegere, competență.

Ea are caracter intim, este transmisă de persoanele cele mai iubite și apropiate, investite cu credibilitate maximă, încă din fragedă pruncie, poartă imperativul predecesorilor, strămoșilor, operează cu cantități și calități absolute, infinite, promite mult – maximum, și pretinde enorm – totul.

Ființe limitate fiind, avem certitudini doar în situația puțin fericită a ignoranței, a lipsei de educație, cultură, informație. Achizițiile te fac mai conștient, prudent, circumspect. Păstrându-ne ochii deschiși, capacitatea de mirare și uimire intacte și integre, vom constata că întreaga viață este extrem de generoasă în învățăminte, înțelepciune, considerații și reevaluări.

Dacă în cele imediate suntem limitați, relativi, în cele imaginate, evazive, îndepărtate, rămânem încrezători, dar circumspecți. Adăugați la toate acestea, informații recente din paleontologie, arheologie, genetică, biologie moleculară, fizică și biofizică, chimie și biochimie, fizică cuantică și astrofizică, istoria culturii și civilizațiilor, istoria credințelor și religiilor și veți constata că avem foarte multe motive și argumente să ne reconsiderăm punctul de vedere.

Puterea politică, administrativă, juridică, legislativă, militară sau poliție, pot avea interese convergente sau divergente, sinergice sau concurente pe lângă mentalitatea, conștiința și activitățile populației, mulțimilor. Echilibrul dintre puterea conducătoare și atitudinea sau reacțiile mulțimii este sensibil, precar, cere tact, reținere, înțelepciune, dar și acțiuni energice, utilizarea forței, reprimare, descurajare.

În acest sens, păstrarea unei supape de siguranță în relația cu puterea religioasă, sacerdotală, care are acces la conștiința populației, se bucură de credit și poate invoca o forță supranaturală, devine un instrument de rezervă indispensabil, pe care puterea executivă și nu numai, îl menajează, curtează și îl păstrează la îndemână.

RELIGIA – PARADOX, CONTRADICȚII
PARADOXUL ȘI FASCINAȚIA SACRALITĂȚII

Există o diferență remarcabil de șocantă în atitudinea noastră, a oamenilor, în probleme de credință. Este aproape de neînțeles. Este aproape identic cu situația sau starea psihotică. Totuși, nu e vorba decât de drama noastră existențială, de cultură și spiritualitate, nu de patologie.

Psihoticul trăiește, în puseu, o altă realitate, cu alte personaje, o altă acțiune – situație subliniată foarte bine în capodopera cinematografică Beautiful Mind.

La fel este și cu atitudinea noastră față de convingerile religioase ale unei persoane sau grupări, pe care nu le împărtășim. Le putem aborda detașat, evalua critic, aprecia axiologic, cu plusurile și minusurile lor. De obicei, această atitudine neutră este intactă, mai ales față de sistemele cele mai îndepărtate de propriile noastre convingeri. Dacă avem așa ceva.

De pildă, cei mai mulți dintre noi, europenii, aparținem unei tradiții iudeo-creștine. Putem avea o atitudine detașată și obiectivă față de islam sau, dacă avem cunoștințe aprofundate de istoria religiei, față de budism, hinduism, taoism, confucianism etc.

Situația devine mai nuanțată dacă ne referim la ramurile creștinismului clasic – ortodox, catolic, protestant, sau la diferitele confesiuni mai recente, neoprotestante. Pare să fie implicată o bogată încărcătură afectivă, subiectivă, în atitudinea noastră față de confesiunile înrudite cu propriile convingeri.

Situația devine și mai dramatică, atunci când ne aflăm în interiorul unei confesiuni. Când aparținem acesteia, avem culoarea și convingerile ce țin de aceasta. Deodată, evaluarea, unitățile de măsură, calitatea aprecierii, se schimbă radical. Convingerile noastre au o puternică încărcătură afectivă, dincolo de rațional sau irațional.

Devenim militanți, punem suflet, pasiune. Toate convingerile diferite de ale noastre, ale altora, devin incompatibile cu convingerile noastre, devenim foarte conștienți de limitele acestora, foarte critici și tăioși față de inconsecvențele acestora. Pe de altă parte, suntem foarte indulgenți, culanți, cu propriile afinități, capricii și cu propria selectivitate.

La fel facem și cu fragmentele biblice. Unele sunt frecventate asiduu, citate excesiv, altele sunt ignorate suveran, sau interpretate într-o hermeneutică absolut originală. Cum s-ar putea explica această subiectivitate exagerată, această lipsă de consecvență, acest atașament subiectiv nejustificat, dublat de o respingere și, uneori intoleranță, față de celelalte confesiuni, celelalte convingeri.

Să tentăm câteva posibile mecanisme care conduc la un astfel de rezultat, ce în istorie au mers până la războaie religioase, atrocități și dușmănii incurabile. Pe de o parte, afirmațiile religioase sunt atribuite unei entități supranaturale, absolute, unui zeu, dumnezeu, astfel că și adevărurile religioase împrumută aceleași caracteristici. De adevăr absolut.

Apoi, aspectele religioase au caracter existențial. Se ocupă cu chestiuni fundamentale și arzătoare privind starea noastră, nu atât actuală, cât mai ales veșnică. Aici este implicată vulnerabilitatea noastră supremă, finitudinea noastră, frica de suferință, moarte, nevoia noastră – a ființelor conștiente de sine, de viitor și de propria moarte – de o ființă supremă, atotputernică, care ar putea rezolva toate aceste condiții indezirabile care ne depășesc.

Cultural, geografic, tradițional, familial, ne atașăm de un astfel de set de adevăruri considerate absolute, eterne. Într-o situație conflictuală, simțim nevoia să ne fixăm de ele și asupra lor, ne identificăm cu ele, fiindcă ne conferă culoare și identitate, luptăm pentru ele.

Atașamentul și încărcătura afectivă sunt foarte puternice. Devin o chestiune de viață și de moarte, o problemă de conștiință. Așa s-au înălțat ruguri, au fost sacrificate vieți, săvârșite crime. Așa au mers oamenii la moarte, cu convingerea că prin sacrificiul lor, dăinuie o valoare supremă. În numele iubirii, al celor mai alese valori, închinării față de supremul dumnezeu. Trist.

CONTRADICȚII BIBLICE FUNDAMENTALE
SPERANȚA MEDIE DE VIAȚĂ

Speranța medie de viață depinde în mare măsură de mortalitatea infantilă. Oamenii au trăit dintotdeauna 70-80 de ani. Cu toate acestea, în prima jumătate a secolului al XIX lea, speranța medie de viață era în jur de 35 de ani printr-o mortalitate infantilă mare. Prin creșterea nivelului de trai, progresele medicale și calitatea vieții, speranța de viață păstrează un trend lent crescător. Cum se explică duratele de viață biblice de sute de ani. Foarte probabil s-a strecurat o eroare de transcriere a cifrelor, sau sunt pure legende neverosimile.

RELIGIA PERSONALĂ ȘI RELIGIA DE STAT

Un principiu modern salutar, este secularizarea aspectelor administrative, politice, militare, și considerarea religiei ca o convingere și problemă intimă, strict personală și de conștiință. Rațiunile acestei departajări sunt evidente. Deși morala, cultura, spiritualitatea sunt umane, coerente, își au logica lor, totuși persistă diferențe în aplicabilitatea lor indivizilor, persoanelor, familiilor, colectivităților și formațiunilor statale.

În relațiile dintre state, intervin interese geostrategice, mulțimi de oameni, arii geografice întinse, resurse complexe, riscuri majore, imperative militare. Toate acestea sunt străine persoanei, individului luat ca atare. Criteriile moral spirituale sunt mult simplificate la nivel personal și mult mai complexe la nivel statal, național, sau când e vorba de blocuri militare strategice. Nu pot opera aceleași criterii valorice. Războiul de apărare devine o necesitate. Biblic, chiar cel de cucerire, chipurile ca pedeapsă împotriva idolatriei. Sau, ca drept divin. Orice ar fi însemnat aceasta. Politica nu poate avea claritatea moralei. Apele devin tulburi.

Poligamia. Pare să fi fost o necesitate generată de mortalitatea crescută, violența vremurilor și frecvența războaielor. Excedentul feminin, imperativele reproducerii accelerate, nevoia de forță de muncă, de luptă etc.

Zeciuieli, taxe, impozite, biruri – par să fi fost justificate, cel puțin parțial și ca pretext de către exigențele administrative, costurile organizării sociale etc. Ca întotdeauna, acestea deschideau calea unor abuzuri, deturnări, delapidări.

Privilegii, caste, ierarhii. Biblia confirmă, ratifică și justifică diferențieri și chiar discriminări în funcție de poziție – preoție, administrație, avuție, casa regală, casta războinică și militară.

Zeu, Dumnezeu, autoritate, putere.

Când ființa umană a devenit conștientă de sine, rațională, cu putere de judecată, s-a aglutinat în familii, grupuri, triburi, cătune, cetăți. Orice grupare este confruntată cu aspecte de organizare, reguli, funcționare. Oamenii pot prelua aceste roluri în funcție de competență, disponibilitate, forță-putere, ascendență, viclenie, iscusință, manipulare etc. Totuși, primele grupări de oameni erau amorfe. Fiecare individ avea atuuri și slăbiciuni. Viața era aspră și pericolele iminente. Mai presus de toate plana moartea. Aparent, cea mai mare nevoie era aceea de putere, autoritate, sfat.

Străfulgerarea și tunetul asurzitor, măreția munților, întinderea mărilor și nesfârșitul câmpurilor, imensitatea pământului și stelelor cerului, universului, precaritatea existenței și a vieții, făcea evident vidul de autoritate, putere. Era nevoie de Cineva infinit în competență, putere, înțelepciune, dragoste, atașat și iubitor, gata să susțină și să sară în ajutor. Așa s-au născut zeii și între zei, istoric, nu din neant, a apărut Dumnezeu. Vom constata, mai în glumă, mai în serios, că și zeii, ca și oamenii au o fișă biografică, data și locul nașterii, nume etc.

Cercetând analele istoriei biblice, vom constata că Dumnezeul creștinilor avea un nume antic de Iahve, Iehova, și că era un zeu al războiului, în Madian, Orientul apropiat, fiind împrumutat de Moise, din familia socrului său Ietro.

Religia nu e numai necesitatea individului, persoanei care gândește, simte, voiește, ci este și nevoia colectivității, a grupurilor de oameni, care au nevoie de soluții, de structură, de competență. Oamenii au făcut și vor face toate acestea, dar le este mai ușor când au un spirit călăuzitor imaginar și imaginat.

Este mult mai economic să obții convingerea și consimțământul conștient, benevolent al oamenilor, decât să folosești forța, constrângerea, violența. Acesta este rolul religiei, moralei, spiritului, culturii. Desigur, structurile statale și politice trebuie să dețină toate aceste pârghii și multe altele – financiare, infrastructură, evidență a populației, educație, sănătate etc. Fiecare are și exercită rolul ei, dar oamenii au ajuns să înțeleagă, un lucru elementar – au nevoie unii de alții.

Miracolele. O abordare rațională a eventualelor evenimente excepționale, inedite și sfidând legile fizice, chimice, astronomice etc., nu poate fi atribuită decât interpretării eronate, fanteziei povestitorilor, dorinței firești de senzațional, sau pur și simplu interesului. Oamenii pot interpreta și crede că au trăit un miracol, dar la o analiză atentă, totul se evaporă. Covârșitoarea majoritate a oamenilor n-au văzut niciodată un miracol, ci doar realitatea obișnuită. Deseori, confundăm măreția și frumusețea unor fenomene la care asistăm, cu sfidarea și încălcarea legilor și principiilor științifice.

Iosua capitolul 10 este un bun exemplu. După ce ni se recită versurile unui cântec popular, în v 12, ni se relatează în v 13 un fapt imposibil și de neconceput, în termenii astronomiei moderne – astrele și planetele lor se opresc, universul întreg încremenește. De ce? Pentru că Dumnezeu era foarte interesat ca un trib palestinian să-i măcelărească pe amoriți, altă seminție vecină. Ba, în v 14, ni se comunică și morala, împreună cu semnificația narațiunii – Dumnezeu se află la cheremul omului. Întreaga poveste frizează neverosimilul. Pentru orice conștiință modernă, ne aflăm pe tărâmul legendelor.

În mare, relatarea biblică are meritul onestității, faptele consumate nu pot fi eludate, oamenii sunt prezențe reale cu calități și defecte. Multe aspecte, ca cele care fac obiectul prezentului material sunt trecute sub tăcere, nu sunt abordate frontal, nici explicit, ci mai degrabă implicit sau tacit. Totuși, o mare parte din istoria veche relatată în Biblie, nu poate fi atestată documentar, istoric și arheologic, rămânând în domeniul legendelor descălecătoare, originatoare.

Impresionant, mi se pare, cum adevărul istoric pălește prin estompare, inadecvare, interpretare, în lumina unor realități actuale – care, de fapt, sunt mereu, altele. Astfel, o Mare Misiune, o Mare Luptă, poate deveni, treptat, un Mare Compromis. E un fel de transă colectivă, o atmosferă a dependenței, drogului spiritual, un consens al plăcerii permise, într-un sistem de valori, dar interzisă în toate celelalte. Ghetou.

... „și Cuvântul era Dumnezeu."

„Geneza 2:19 :Domnul Dumnezeu a făcut din pământ toate fiarele câmpului și toate păsările cerului și le-a adus la om, ca să vadă cum are să le numească, și orice nume pe care-l dădea omul fiecărei viețuitoare, acela-i era numele. 20

Și omul a pus nume tuturor vitelor, păsărilor cerului și tuturor fiarelor câmpului, dar, pentru om, nu s-a găsit niciun ajutor care să i se potrivească." Dumnezeu crează, dar omul numește. Totuși „tuturor" pare cam mult pentru puterile umane. Cuvintele omului au acest defect al inflației. În mod cert, Dumnezeu are o curiozitate, oarecum antropică, care îi este satisfăcută pe deplin.

Deși auzim deseori expresii ca: muzica astrelor, limbajul cerului, al îngerilor, etc, responsabilitatea limbajului originar pare să fie exclusiv umană, chiar dacă Dumnezeu l-a creat cu un centru al vorbirii. Și gândirii. Ne referim la creier, mai precis, creierul uman. Deși limbajele sunt de multe feluri, cele mai multe, nearticulate.

Apoi, șoc: Ioan 1:1 „La început era Cuvântul, și Cuvântul era cu Dumnezeu, și **Cuvântul era Dumnezeu.** Ioan 1:2 El era la început cu Dumnezeu." Nu știu dacă repetiția aceasta întărește afirmația sau o dezminte și, nici de ce o face. Alăturarea acestor două fragmente conduce spre singura concluzie logică și biblică: Dumnezeu l-a creat pe om, cu un centru al vorbirii, al limbajului, iar omul a dat un nume zeului suprem, care ține de limbaj, adică este un cuvânt – fie și sacru – dar, are acest cuvânt acoperire ontologică?

Fiindcă, evanghelia nesinoptică ioanină, cu oarecare influențe gnostice, ne spune literal și răspicat, că Dumnezeu este un Cuvânt. Un cuvânt omenesc. Concluzionând, am putea spune că la origini, realitatea și fragmentele ei primesc nume – cuvinte, care o reflectă în limbaj. Când, însăși limbajul devine realitate, dobândește autonomie și, poate foarte bine să reflecte „realități" imaginate.

Eclesiastul 3:11 „Orice lucru El îl face frumos la vremea lui. A pus în inima lor chiar și gândul veșniciei, măcar că omul nu poate cuprinde, de la început până la sfârșit, lucrarea pe care a făcut-o Dumnezeu."

Adică, mituri, basme, legende, literatură SF, toate mișunând de personaje, după „soiul" lor – nu, neapărat soios, chiar dacă se mai întâmplă. Expresia apare de 16 ori, doar în primele capitole ale Genezei, capitolul unu cu nouă apariții, cap șapte cu patru, iar șase cu trei.

Probabil, orice teolog îmi va atrage atenția că expresia greacă – logos, are un sens mai adânc, de ordine, rațiune etc. Chiar și în limba greacă, limbajul se folosește tot de cuvinte.

Apoi, urmează ceea ce se numește kenoza, dezbrăcarea, renunțarea, negarea de sine însuși și, implicit – înălțarea. Dar cu ce preț? Dumnezeu, Domnul Isus Hristos moare prin moarte sfâșietoare și agonizantă pe cruce, iar Dumnezeu Tatăl, Îl înalță, mai presus de orice Nume. De ce? Ca să-I asigure închinare universală. Mărturisire universală. Acea veste bună – Evanghelia. Cu ce scop? Spre slava lui Dumnezeu. Revenind, cu ce preț? Cu prețul unui paradox. Ba, chiar două paradoxuri! Primul este Paradoxul matematic! În Sfânta Treime, în Trinitate, monoteismul face un compromis cu politeismul. Și implicit, este admisă moartea lui Dumnezeu. Paradoxul Teologic este cel de al doilea.

Filipeni 2:5-11: „Să aveți în voi gândul acesta, care era și în Hristos Isus: 6: El, măcar că avea chipul lui Dumnezeu, totuși n-a crezut ca un lucru de apucat să fie deopotrivă cu Dumnezeu, 7 ci S-a dezbrăcat pe Sine Însuși și a luat un chip de rob, făcându-Se asemenea oamenilor. 8 La înfățișare a fost găsit ca un om, S-a smerit și S-a făcut ascultător până la moarte, și încă moarte de cruce. 9 De aceea și Dumnezeu L-a înălțat nespus de mult și I-a dat Numele care este mai presus de orice nume; 10 pentru ca, în Numele lui Isus, să se plece orice genunchi al celor din ceruri, de pe pământ și de sub pământ 11 și orice limbă să mărturisească, spre slava lui Dumnezeu Tatăl, că Isus Hristos este Domnul."

Concluzia este tristă. Și îi aparține lui Nietzsche. Dumnezeu a murit. Kenoza este aisbergul creștinismului, dar și ruptura de iudaism. Ideea întrupării este colosală, dar implicațiile sunt pe măsură! Nu poți împărtăși finitudinea umană și să rămâi Dumnezeu. Te faci om. Te contaminezi și rămâi contaminat. Este o contradicție de termeni. Veți spune că la Dumnezeu totul este posibil. Matei 19:26 Isus S-a uitat țintă la ei și le-a zis: „La oameni lucrul acesta este cu neputință, dar la Dumnezeu toate lucrurile sunt cu putință."

Da, dar în acest caz, însăși ideea de religie și de Dumnezeu sunt subminate. Dumnezeu este Marele Absent. Teologia face filosofia acestei realități absente. Veți spune: Dumnezeu trebuie acceptat prin credință! Vă voi răspunde: De ce, prin credință și nu prin cunoaștere?

Este acest aspect, unul insignifiant? Chiar și pentru Dumnezeu?!?

RELIGIA, ÎNCOTRO?

Referitor la raportul dintre știință și credință. Credința e bătrână! Știința e tânără! Putem crede ceea ce nu știm! Încă! Dar, nu putem crede împotriva faptelor! Or, majoritatea prietenilor noștri credincioși, ignoră noianul de fapte științifice acumulate în ultimele sute de ani, cu precădere în ultimul secol. Convingerile religioase continuă să persiste, anacronice, ofilite, împotriva oricăror evidențe, acumulate în virtutea unei inerții tradiționale! Ne dau speranță, ne confortează și comfortează, dar vremea lor a trecut de mult. Nu sunt decât iluzii, mituri, „wishful thinking". Totuși, putem fi optimiști! Există un cimitir al religiilor! Nicio religie nu e veșnică! Chiar dacă pretinde că are ca obiect și subiect, veșnicia! Baal, Marduk, sau Jupiter sunt zei, la care nu se mai închină nimeni!

Crucea și Puterea, Giovanni Filoramo, 2011, abordează nașterea unei religii – creștinismul, cu geneza ei/lui morfologică și structurală, cu funcțiile sale existențiale, psiho-sociale, necesare. Avem nevoie, dacă n-o fi existând deja, de un manual, tratat privind decesul unei religii.[1]

Până în prezent, nașterea unor religii, n-a însemnat decât substituirea celor vechi, perimate, cu alta sau altele noi, modernizate, adaptate, adecvate, democratice. A existat, cu timpul, și un proces de diversificare, variabilitate. Am avut animism, politeism, monoteism...

Se vorbește tot mai persistent despre secularism. Este posibil, la scara timpului religios, să asistăm (nu noi, urmașii urmașilor noștri), în următorul mileniu, la înlocuirea fenomenului religios, oricât de util, necesar și benefic, cu fenomene și procese alternative laice, nereligioase.

Acum, pare șocantă o astfel de profeție, dar germenii și fermenții acestui proces acționează deja. Miracolul supranatural este înlocuit de miracole reale, autentice, ale cunoașterii realităților cuantice, astrale, ale infinitului îndepărtat sau apropiat, imediat! Miturile își mai păstrează încă fascinația și seducția, dar devin tot mai expirate, în fața realităților care îți taie răsuflarea!

---

[1] Giovanni Filoramo, *Crucea și Puterea*, 2011 orig, 2022, Humanitas, trad. Dionisie Ctin Pîrvuloiu.

RELIGIE ȘI TOXICITATE

Religia, în conținutul ei intrinsec, este virtuală, potențială, inactuală. Ea se centrează pe origini, pe escaton, iar trăirile religioase personale au caracter intim, interior. Astfel, s-ar explica demersurile de compensare a acestor lipsuri care se traduc în eforturi vizibile de actualizare, potențare, bolduire.

Mai întâi, religia pretinde absolutul. Într-o lume finită, relativă. Personajul principal, zeul este o ființă supremă, cu atribute superlative absolute. Originile sunt paradisiace, finalul este apoteotic, pentru cei salvați și, apocaliptic pentru cei pierduți. Definitiv, veșnic.

O sintagmă fundamentală în religie este promisiunea, făgăduința. Potența actualizată cândva. Antidotul temerilor și nutrientul speranțelor. Slujbele, predicile, trebuie să fie omiletice, retorice, armonioase, înălțătoare și cu reculegere. Muzica, armonioasă, profundă și învăluitoare.

Ritualurile, ceremoniile, veșmintele și odăjdiile, impresionante, cutremurătoare, inclusive, participative. Atmosfera solemnă și transfiguratoare. Clădirile, înalte, tipice, vizibile, centrale, simbolice.

Doctrinele, configurate în timp, aglutinate, selectate, formulate definitiv, revelate, dogmatice. Indiscutabile, nu sunt negociabile, pretind ascultare, supunere. Oamenii, participanți și deservenți, acceptă pactul și autoritatea. Atmosfera este de basm, regulile sunt draconice (scuze) și totuși, dumnezeiești.

Trecerile esențiale sunt vizate, înregistrate și obligatorii. Nașterea, catehizarea, botezul, majoratul, căsătoria, moartea. Cruci și răscruci ale existenței. Totul este prevăzut. Fără scăpare.

Oamenii, deveniți *zoon politikon*, sunt ființe psihologice, sociale, economice, estetice, spirituale etc. Toate aceste dimensiuni, nu s-au născut peste noapte, au venit în întâmpinarea unor trebuințe, motivații, împliniri de sens, urmărirea și atingerea unor obiective și idealuri.

În orientul apropiat, mai exact pornind din semiluna fertilă, spre vest, niște triburi, un neam, o națiune născândă, de oameni inteligenți și vizionari, și-au propus să intre în rândul lumii, pe ușa din față. Marile imperii ale vremii, aveau zigurate, confort, comerț și zei. De ce n-ar fi avut și ei?

De la Adam, la Avraam, calea pare scurtată și scurtătura este realizată prin Moshe, un beduin cultivat, care de la turmele și fiica lui Ietro cu terafimii ei, ajunge la seminții și-l transformă pe Iahve al Madianului într-un Dumnezeu universal. Și le-a reușit. Evreii aveau obiective precise, ceilalți domni și Baali, trebuiau inițial subordonați henoteist și apoi eliminați ca urâciune. Fără *homo religiosus*, omul este incomplet. Cel puțin, așa se pretinde!

Un popor dotat are o cultură, dobândește tradiții, acoperă un teritoriu. Este un popor deosebit, distinct, printr-o înaltă intelectualizare și spiritualizare, totul prin interdicția oricărei reprezentări. Interiorizarea, abstractizarea, sublimarea se adaugă acestui nou stil.

Procesul este îndelung și anevoios. Sunt cucerite înălțimile sterpe și, mult mai târziu, luncile și câmpiile mănoase. Filosofia și religia lor este una a separării, delimitării, originalității. Sunt invocate concepte ale curăției și necurăției, sunt impuse reguli specifice, se clădește o identitate, un specific, o cultură, o spiritualitate.

Ceea ce trebuie să remarcăm este istoricitatea procesului. Acesta nu se dezvoltă în vid, împrumută idei, aduce inovații, revoluționează concepte, creează un stil. Secole și milenii se scurg, tradiții se încheagă, se naște o națiune.

Această națiune, descoperă și militează pentru originalitate și distincție, are puține atuuri materiale, militare, cantitative și trebuie să supra-compenseze calitativ. În orice domeniu, dar fără rabat de la principii și caracterul specific. Se perindă imperiile, abundă suferințe, foamete, robie, moarte, dar acest popor este oțelit. Semințiile și germenii săi sunt profunde, reprezintă valori autentice, sunt susținute ritualic, dogmatic, cu tenacitate, cu perseverență.

Vin grecii cu o cultură superioară, elenistă, care devine o modă a bunului gust, elitistă și în mare vogă. Apoi, se impun romanii, cu igiena lor, cu edificiile și drumurile lor, cu pacifismul lor feroce.

Dar, tocmai distincția dintre monoteism și politeismul decadent, avea să răstoarne pietrele templelor, să le transforme în ruine. Fiindcă ceea ce edificaseră imperii și nații, o societate structurată și o viață socială, o politică și o viață economică, comercială, avusese în vedere de fiecare dată pe puternicii lumii, care își împărțiseră bunurile și surplusul, dar cei trecuți cu vederea fuseseră tocmai cei care le produceau, oamenii simpli, sclavii, prizonierii și străinii.

Erau deja prea mulți, prea împilați, prea nedreptățiți. Nu cu puterea armelor, încă nu se putea schimba nimic. Societatea era prea crudă, viața omului prea lipsită de valoare. Era nevoie de o schimbare. De atenția cuvenită omului sărman, nu neapărat a drepturilor sale, dar cel puțin a recunoașterii lor, a locului său important, o recunoaștere de jure a existenței și poziției sale, o promisiune de mai bine, dacă nu aici, cel puțin într-o lume viitoare, într-o împărăție a fericirii dumnezeiești.

Și atunci, pe dealurile Galileei, a venit un Fiu al Omului, un Sfânt sortit sacrificiului și jertfei – un model perfect a ceea ce se aștepta de orice lucrător simplu și manual – care avea să fie răstignit, dar cum altfel – avea să învieze și ca Enoch, ca Moshe și Ilie Tișbitul, avea să fie înviat, proslăvit pentru scaunul de domnie de la dreapta Tatălui.

În sfârșit, exista o soluție. E drept, amânată. Dar, ce contează. Slava cerească pentru cei umili și obidiți, gheena și focul iadului veșnic pentru toți îmbuibații și îmbogățiții acestui veac. Compensare prin proiecție. Tot e ceva, decât nimic. Și lumea a mers înainte.

Noțiunea de credință religioasă este una anormală, deoarece invită la exercitarea încrederii fără rezerve în absența și cu interdicția, derutarea, deturnarea chestionării asupra dovezilor, evidențelor (Evr11,1: Credința este o încredere neclintită în lucrurile nădăjduite, o puternică încredințare despre lucrurile care nu se văd.)

Conceptul religios de umilință. Cu toții suntem de acord că vanitatea, mândria, trufia, aroganța sunt atribute dezagreabile și intolerabile. Dar, fiecare dintre noi are nevoie de un minim respect de sine, o imagine de sine pozitivă, lucrativă, o minimă încredere în propriile forțe, în capacitatea personală de înfrunta viața și vicisitudinile. Ei bine, în religie nu ți se cere doar modestia, ci lepădarea de sine ca de ceva patologic.

S-a creat, în acest sens noțiunea de fire pământească căzută, păcat, iar natura umană este deja condamnată – și nu orice condamnare – ci pedeapsa capitală – condamnare la moarte. Și dacă a fost imaginată învierea, în acest caz, și numai de data aceasta – chiar așa – moartea este veșnică. Un fapt natural, specific oricărui organism viu, de la bacterie, moluște, nematode, regnul animal – toate fără conștiință și fără păcat, care mor ca și noi, este transformat în pedeapsă, ba mai mult toate viețile mor datorită păcatului nostru și al părinților noștri. Suntem împroșcați cu vinovăție. Suntem motivați de vinovăție – aceasta este religia.

Împărăția lui Dumnezeu. Aparent, această idee este frumoasă și pozitivă. Un tărâm fără suferință, fără problemele de aici, fără moarte, unde vom trăi veșnic. Da! Dar, nu e suficient. Această împărăție (mă întreb ce se va face religia când și ultimul monarh de pe acest pământ va dispărea), intră la concurență cu lumea reală. Nu, viața de aici nu merită trăită, nu merită eforturi, nu merită să înveți, să muncești, să te pregătești pentru viață – pentru că nu viața de acum și aici contează, ci viața viitoare – o himeră. Câte destine au fost distruse, câți copii inteligenți, capabili, au fost derutați și au rămas fără instruire, simpli salahori, săpători, îngrijitoare și femei „de serviciu", care ar fi putut deveni dascăli, medici, ingineri, profesioniști capabili, intelectuali de frunte!

N-aș vrea ca profesioniștii din aceste ocupații umile să se simtă jigniți. Omul sfințește locul. Am practicat multe profesii umile: betonist, fochist, tinichigiu, fotograf. Orice profesie are importanța sa socială indispensabilă. Mă refer aici doar la gradul de dificultate, efort, perceput de cel în cauză. Am prieteni tâmplari, pietrari, rândași etc. Ne înțelegem de minune. De altfel, eu însumi, deși sunt neurolog, psiholog, teolog sau antropolog, având câte o diplomă în toate aceste profesii, consider că, existențial sunt și voi rămâne un țăran, un cultivator. Termenul cultură este doar o înrudire semiologică și metaforică.

Religia are caracter intruziv. Nu veți găsi vreun domeniu al activităților omenești care să nu fi fost încorporat, stipulat, recomandat, interzis, denigrat, favorizat, proslăvit sau anatemizat.

Religia are caracter extensiv. Ea trebuie, poate și o face – să binecuvânteze sau să anatemizeze totul. Se vrea un index al valorilor. Desigur, din dominantă scrutătoare și intolerantă a fost redusă la un apendice atrofic, dar continuă să-și pretindă drepturile de-a surda, patronată de un Dumnezeu al găurilor.

Religia invocă vechimea și caracterul ancestral. Religia întreține anxietatea mortalității, finitudinii și vulnerabilității, pentru a pune în valoare marea promisiune vagă și lipsită de orice garanție fermă – a nemuririi. Se prevalează de solemnitate, morgă și sacralitate, separându-se de mundan, laic și teluric.

Mijloacele sale specifice de a impresiona sunt: ritualurile, ceremoniile, odăjdiile.

Caracterul dominator, obstinant și obsesiv este marcat de prescripții ce invadează cele mai intime aspecte ale vieții, principalele treceri – nașterea, maturitatea, căsătoria, moartea, timpul – sărbători, zile de odihnă, spațiul – pronaos, naos, altar, absidă, capelă, locuri sfinte de pelerinaj, locuri blestemate sau necurate, activitate, alimentație – post calitativ și cantitativ.

La acestea se adaugă superstițiile, reminiscențele păgâne din trecut – iele, maștere, descântece, magie albă, neagră și gri.

Epistemologie și religie

Pentru mine este mai mult decât evident că între realitatea fizică, naturală și cultura, spiritualitatea și mitologia noastră există un clivaj, o prăpastie de netrecut.

În timp ce modul de alcătuire a materiei, masei, energiei, câmpurilor, informației, radiațiilor, luminii, spațiului, timpului, materiei și energiei întunecate, astrelor, galaxiilor, roiurilor și metagalaxiilor, universului întreg, cu istoria lui bilionară, a făcut posibilă apariția vieții și a conștiinței, produsul cultural și spiritual, tinde abia în ultimele sute de ani să reflecte această realitate. Pe măsură ce secretele realității au fost deslușite, ele s-au regăsit și în cultură. Dar ele au sosit foarte târziu. N-au ocupat un spațiu vid.

Oamenii și-au dat explicații asupra existenței, reflectând-o valoric, metaforic și mitologic, punând în valoare atât trăsăturile ei organoleptice, cât mai ales pe ei înșiși, dorințele, aspirațiile, valorile, temerile, speranțele, așteptările și imaginația lor. Toate producțiile lor, îi reflectau în primul rând pe ei înșiși și problemele lor. Discursurile, poveștile, istoria, mitologia, basmele, cultura, arta și spiritualitatea lor, îi reflectă în primul rând pe oameni, sunt antropologice, nu științifice, ca să aibă precizie, verificabilitate, falsificabilitate.

Întreaga noastră cultură și spiritualitate se impun prin convenabilitate, reprezintă ceea ce putem agrea, așteptările, speranțele și năzuințele noastre. Ele trebuie să ne conforteze și să ne comforteze (engleză, mângâiere), să facă existența suportabilă, să escamoteze asperitățile greu de tolerat ale existenței. În asta constă frumusețea lor, astfel izgonesc ele urâtul.

Caracterul indiferent al realității, universalitatea vieții și morții, caracterul implacabil al acesteia din urmă, perisabilitatea și vulnerabilitatea noastră la suferință, efemeritatea noastră, sunt simbolizate, stilizate, repovestite și continuate cu istorii, povestiri și convingeri din spectrul valoric, imaginar. Realitatea devine participativă, existența continuă într-o lume paralelă ulterioară, timpul se prelungește infinit cu veșnicia, suferința și moartea nu mai există, impedimentele și frustrările, chinul și regretele, au dispărut. Nu mai există conflicte, contradicții sau contrarii, toate acestea fiind înlocuite de o lume și existență utopice, unde armonia și fericirea sunt inepuizabile și omniprezente.

Cine realizează toate acestea? Divinitatea! Despre care oamenii au descrieri impresionante din același spectru al valorilor atractive și de dorit.

Dar, această divinitate tace. Se ascunde. Nu poate depăși niște obstacole care se dovedesc insurmontabile chiar și pentru atotputernicia ei. Se folosește exclusiv de oameni ca să ne transmită mesaje. Există mesageri, texte sacre, teologi, exegeză, hermeneutică, toate multistratificate. Dar nu există dovezi. Evidențe. Demonstrații. Totul este la mâna a doua. *Second hand*.

O întrebare simplă și totuși, esențială, fundamentală, ar fi dacă omul, natura sa, este bună sau rea. Desigur, omul este un amestec, un ghem de contradicții, dar nu poate fi declarat predominant rău, păcătos, pierdut, fără viitor. Să nu luăm martore perioade mai lungi decât cele pe care le cunoaștem nemijlocit. Ce se întâmplă cu optimizarea lumii, calitatea vieții, speranța de viață, progresul tehnologic, din ultimii 50 de ani? Putem afirma fără urmă de tăgadă că au fost făcute schimbări în bine. Acesta este un argument al faptului că trăsăturile pozitive ale omului sunt predominante asupra celor negative, care nu lipsesc.

Vizez, în special, conceptul toxic de păcat. Inclusiv, absurditatea păcatului originar. Religia este avidă de contabilizarea și perpetuarea vinovăției ca mijloc de motivare și ceremonii costisitoare, umilitoare și co-dependente de curățire, albire. Construim un sistem moral-spiritual cu aparență ideală, ignorând fermele industriale intensive și abatoarele extrem de eficiente.

În savană este imaginea lumii, a naturii. Prădătorii sacrifică ierbivore. Peștele mare înghite pe cel mic. Cum se tratează animalele? Sunt complet de-acord că avem nevoie de sistemul de valori echilibrat, de compasiune, caritate. Dar, nu sunt de acord cu ipocrizia. Întreaga vorbărie teologică este o simplă proiecție. *Wishful thinking*. Pledez pentru un realism onest, echilibrat. Mă îndurerează *homo lupus homini*, dar nu-l pot ignora!

Religia și complexele defensive. Convingerile noastre au un suport rațional, dar sunt motivate afectiv. Foarte probabil, în materie de religie, credință și convingeri, *defensele* provoacă cele mai mari ravagii. *Atribuirile* și *proiecțiile* sunt predominante. De altfel, și în viața cotidiană putem comite eroarea de a greși în ceea ce credem – uneori justificat, alteori absolut eronat – prin „citirea gândurilor", intențiilor, celuilalt. Frecvent, ne proiectăm pe noi înșine. Suntem convinși că și semenul nostru, prieten sau dușman, face același demers rațional și judecă la fel ca noi. E posibil să nu fie mare diferență, dar consecințe neplăcute, îndepărtate procesual, pot porni de la erori minime.

Natura afectivă a crezurilor, convingerilor și religiei, conduce la implicare, identificare și implicit validare sau devalorizare. Asta ne face pătimași, chiar bătăioși. În același timp, ne îndepărtează de cele mai curate idealuri creștine – cel puțin în cultura noastră europeană și vestică. În fapt, chiar asta și este religia, o formă de adaptare eronată, defensivă, la moarte, suferință, necaz, greutăți. Însăși esența ei imaginară, supranaturală, înrudită cu basmul, dar mult mai serioasă și imperativă, în pretenția de adevăr, o trădează.

Personajele, decorul, scenariul și regia, toate sunt acumulate de-a lungul mileniilor, pentru a promite, chiar dacă nu pot oferi – speranță, mângâiere, optimism și încredere. Noi, oamenii tolerăm cu greu incertitudinea, dar este însăși, limita, condiția noastră. Religia este un refugiu. Iar noi, refugiații.

GENEZA SPIRITULUI RELIGIOS. OFERTA. ABSENȚA LUI DUMNEZEU.

Când omul a devenit conștient de existență, mediu și lumea înconjurătoare, dar mai ales de sine, de capacitatea de a raționa, evalua, compara, de avantajele limbajului și comunicării, de sentimentele încercate și capacitatea prospectivă, atât spațială, dar mai ales temporală, longitudinală, a făcut comparații.

S-a comparat cu regnul mineral, aparent inanimat, dar conținând fără să știe, toate ingredientele mișcării, masei, energiei. Cu regnul vegetal, prima formă de viață autentică, n-a văzut decât accidental și umoristic, asemănări. Eventual, l-a folosit ca hrană, medicament sau otravă. Această polivalență, l-a determinat să-i atribuie proprietăți magice, să creeze legende legate de viață, de moarte, de proprietăți miraculoase, de metamorfozări sau asocieri minerale sau animale.

Cu regnul animal, povestea e mult mai bogată, fiindcă el însuși îi aparținea și se identifica. Cu animalele s-a înfrățit, le-a iubit, de ele s-a servit, le-a îngrijit, le-a sacrificat zeilor și pentru sine, s-a îmbrăcat, le-a abandonat, cu ele s-a luptat, le-a ucis de nevoie sau de plăcere, a împărțit cu ele bolile și bucuriile.

În om, continuă să persiste câte ceva din toate regnurile. În el poți regăsi duritatea și strălucirea minerală, ca și aparenta ei veșnicie și valoare, fragilitatea suavă a lumii vegetale, împreună cu frumusețea și efemeritatea ei, cu polivalențele și contrarietățile sale, specifice de altfel, întregii existențe, cruzimea și blândețea animală, destinul de călău și victimă perenă a lanțului trofic sau utilitar, al sclaviei.

Și totuși, deși a păstrat amintiri vagi ale tuturor regnurilor prin care a trecut, omul conștient de sine își dă seama că, prin reflecție și simbolizare, prin gândire și abstractizare, prin conștiința de sine și nucleul personalității, trăsăturile de caracter și dimensiunea socială, civilizatorie sau catastrofală, poate genera oricând atât paradisul, cât și holocaustul, infernul.

Gândindu-se pe sine, reflectând asupra saltului pe care l-a parcurs, dincolo de natural și-a imaginat supranaturalul, dincolo de cotidian a putut vedea potențialul miracolului. Corespondent distanței dintre el și lume și-a imaginat o altă existență, o altă lume, pe care și-a rezervat-o pentru totdeauna, pentru înveșnicire, îndumnezeire, accesibilă doar lui, în care să scape de moarte, să devină etern. Cimitirele au primit apelativul eternității, negând acest caracter definitiv morții, îndrăznind prometeic să-l proiecteze asupra vieții.

Viața de dincolo a fost decorată cu strălucirea stelelor cerului și pentru că antichitatea omului avea o ierarhie, a fost creată o ierarhie a zeilor și o împărăție a zeului suprem care nu putea fi decât Dumnezeu, cu Împărăția lui Dumnezeu. Slujitorii acestei împărății, un fel de IT-ști ai virtualului negru, inexistent decât în miturile noastre, slujesc cu osârdie imaginarul prin excelență, continuând să-l supraliciteze într-o manieră barocă, înzorzonată și formalistă, lipsită de orice acoperire de fond, bazându-se exclusiv pe teamă, groază, nevoia de speranță și credință. Astfel s-a născut piața bunurilor spirituale, unde sunt tranzacționate exclusiv mărfuri virtuale – biserica.

CE OFERĂ/NU OFERĂ RELIGIA

Practic

Oferă:
- speranță, încredere, apartenență;
- moralitate, un stil de viață curat, sănătos;
- modele de urmat;
- un grup, colectivitate;
- un ghetou, o bulă, cameră cu ecou;
- cariere profesionale doar ecleziastice sau înrudite.

Nu oferă:
- pregătire practică pentru viața concretă;
- abilitate practică în soluționarea unor aspecte concrete de viață;
- deschidere socială, intelectuală, artistică, politică, administrativă;
- nu stabilește contacte instituționale depline, reale, limitându-se la condiția de observatori.

Teoretic

Oferă:
- cunoștințe biblice, teologice, religioase, bisericești;
- o concepție despre viață și existență coerentă, dar disputată și discutabilă;

- argumente polemice limitate, înguste, partinice, detalii controversate sau forțate;
- promovează poziții teoretice nedovedite, neargumentate, bazate pe criterii ale unei autorități exterioare convingătoare, dar nedovedite.

Nu oferă:
- competențe științifice și filosofice;
- viziune modernă asupra universului, naturii, omului, societății;
- deschidere spre înțelegerea modernă și complexă a realității cuantice, clasice, astrale, universale.

ABSENȚA LUI DUMNEZEU, COMPENSATĂ PRIN SUPRALICITARE

Dumnezeu are atribute absolute, superlative. Dumnezeu este antropomorfizat. Dumnezeu primește ofrande, jertfe, pe care le apreciază valoric și senzorial – lubrifiantul religiilor. Dumnezeu comunică, vorbește, folosește limbajul și limbile oamenilor, ascultă, cunoaște gândurile, intențiile, sentimentele. Deși este drept, atotputernic, intransigent, posesiv, Dumnezeu este ductil, intim, flexibil, atașat, suportiv.

Fiecare om are imaginea Dumnezeului său, potrivită culturii, spiritualității și creativității sale, dincolo de formele instituționale. Dumnezeu are autoritate și este o pârghie convenabilă, binevenită puterii, fiind adesea confiscat. Dumnezeu preferă conștiința în locul cătușelor, dar instituțiile care îl invocă s-au compromis deseori prin tortură, ruguri, arme, bogății și sete de putere.

APLICAȚII CRITICE RELIGIOASE
INCONSECVENȚE RELIGIOASE

Cafeaua. O eroare exemplară. Ne bazăm cunoașterea pe observarea realității, analiza, urmărirea fenomenelor și proceselor, repetarea lor prin experiment, concluzionarea și aplicarea acestora în practică, dacă se dovedesc utile. Dat fiind faptul că cele știute sau cunoscute de noi, într-o lume polarizată, pot fi benefice sau malefice, complete sau incomplete, le apreciem și evaluăm cognitiv și afectiv, pragmatic, în funcție de valoarea lor.

Aici intervine posibilitatea erorii. Cunoașterea parțială, trunchiată și atașamentul sau distanțarea față de anumite elemente ale realității, fără o analiză și cunoaștere temeinică, conduce la eroare. Putem supraevalua sau stigmatiza aspecte asupra cărora suntem influențați de tradiție, cultură, obiceiuri, fără să avem o competență reală în privința lor.

O situație pe care aș vrea s-o iau ca exemplu este aceea a toxicelor uzuale. Oamenii le-au descoperit din cele mai vechi timpuri, le-au folosit pentru efectele lor psihotrope mai mult sau mai puțin favorabile/dăunătoare: euforizante, halucinogene, etc, având tendința să ignore efectele secundare adverse. Există însă și reciproca – unele substanțe au fost stigmatizate, fără ca acestea să reprezinte un pericol real.

Trebuie spus că orice substanță din mediu, inclusiv alimente, medicamente, etc, pot avea efecte benefice sau/și malefice. Din fericire, acestea depind de cantitatea și calitatea lor, astfel că fiind purificate, standardizate și dozate pot fi folosite în siguranță, fără efecte nefaste sau dăunătoare.

Este cunoscut faptul că băuturile alcoolice pot avea consecințe dăunătoare: creează dependență într-un procent de 10-15% dintre consumatori, obișnuință, utilizarea uzuală până la excesivă în 25% din cazuri, recreativă până la 70%, în timp ce 30% din populație nu le tolerează, sau nu simt nicio atracție față de ele. Există și alte considerente, din nefericire. Cele economice, financiare. Industria alcoolului este una profitabilă, tolerabilă de către autorități, fiindcă este suprataxată și aduce bani la buget, în sume deloc neglijabile. Prohibiția este un exemplu de aspect istoric eșuat, iar abstinența o exagerare extremă.

Chiar drogurile de mare risc, cum este morfina sau opiul, trebuie evaluate cu discernământ. OMS a interzis timp de zeci de ani, orice studii de laborator pe morfină, datorită ravagiilor făcute de consumul drogurilor, dar aceasta, ca și tetrahidrocanabinolul din canabis s-au dovedit eficiente în atenuarea durerilor atroce intratabile, a depresiilor, ș.a.

În genere, oamenii credinței, acționează predominant afectiv, sunt foarte sensibili și au un tactism și aderență față de tradiții familiare, născute din istoria zbuciumată de ostilități și efortul de recunoaștere și legitimare. Uneori, acest efort este este împins dincolo de limite rezonabile. Sunt adoptate obiceiuri alimentare, vestimentare, ciudățenii, doar pentru a stârni curiozitatea, atrage atenția, a deveni subiect de dispută și implicit, propagandă misionară.

Un exemplu ar putea fi alimentația ovo-lacto-vegetariană, care populist, a fost împinsă către alimentația vegană sau chiar raw-vegană, cu consecințe în carența de vitamină B12, subnutriție etc.

De asemenea, atitudinea față de cafea. Cafeaua conține cofeină, așa cum ciocolata conține teobromină sau ceaiul verde, negru – teină. Toate aceste substanțe au efect excitant, mai limitat euforizant, dar de intensitate modestă, în limitele unui consum rezonabil, recreativ. Nu dau o dependență reală! De altfel, nicio dependență nu este rezultatul exclusiv al substanței preluate. De fiecare dată, adicția este generată de neîmpliniri, dezechilibre, carențe psihice. Substanța nu face decât să atenueze și uneori, să agraveze tulburările unei personalități premorbide.

Ele pot avea oarecare efect tahicardizant, de favorizare a aritmiilor (uneori negat), creșterea consumului de oxigen la nivelul miocardului, creșterea secreției acide a mucoasei gastrice. Există și studii nevalidate și rămase controversate, că ar exista o legătură între consumul de cofeină și cancerul vezicii urinare.

Pe de altă parte, efectul benefic de înlăturare a oboselii, creștere a atenției, randamentului și capacității de muncă, nu e deloc neglijabil. Aroma foarte plăcută a cafelei și diversitatea formelor de comercializare, ameliorare, ca ingredient sau ca atare, au transformat-o într-o industrie de mare succes. Se estimează un consum de cca 10 milioane de tone cafea pe an, la nivel global. Conform rapoartelor publicate pe Statista, au fost consumate aproximativ 165,35 milioane de pungi de 60 kg de cafea în întreaga lume. Cu alte cuvinte, 400 de miliarde de ceşti anual. Consumul endemic moderat al cafelei, fără efecte adverse notabile, o recomandă de la sine. Studii recente arată că există un efect de combatere şi reducere a demenţei degenerative care poate merge până la 40% la consumatorii de cafea. În aceste condiţii, stigmatizarea cafelei ca dăunătoare, toxică şi evitarea ei, poate fi o eroare grosolană.

INCONSECVENȚE CONFESIONALE

1. Iminența escatonului – o exagerare apocalipticistă
2. Promovarea creaționismului dogmatic literal și respingerea evoluției sistemelor vii, teorie dovedită științific
3. Supralicitarea fenomenului profetic
4. Frizarea trăsăturilor de cult, prin acceptarea unor profeți, guru, ecleziaști, fondatori, bizari, controversați, îndoielnici
5. Asortimentul de tradiție ebraică și inovație reformatoare a secolului al XIX-lea
6. Zile de odihnă, sărbătoare și închinare de origine antică
7. Instituționalizarea cinei (corespondent parțial al euharistiei) și spălării picioarelor, ostentație a fidelității și umilinței
8. Instituirea zecimii și darurilor, ca pârghie dublă – a îndatorării enoriașilor și succesului financiar al bisericii
9. Accent pe naturalismul medical, reguli de dietă draconică, preluate fanatic din secolul al XIX-lea, stil de viață specific, botezate ecleziastic ca norme sacre
10. Accent pe instituțiile de învățământ și publicistică, intens aghezmuite, cu rol în dezvoltarea și consolidarea cultului
11. Selecția unor reguli prohibitive, tradiții veterotestamentare, motivaționale, ca ancore atractive
12. Apărut la jumătatea secolului al XIX-lea – secol al revivalismului și misionarismului american, cu exagerări vestimentare, prohibiții, practici medicale desuete, preștiințifice, reacții față de excesele Lumii Noi –, confesionalismul rămâne o bulă a propriului ecou, un izolat ghetoizat.

PROFEȚIA
CA PASĂRE PHOENIX

Profeția are un interval generos și sigur între origini și escaton. Limbajul ar trebui să rămână vag și oracular, pretabil la interpretări largi și convenabile. Dintotdeauna, oamenii s-au simțit ispitiți să anticipeze și să prevadă. E un virus. O tentație. Credința în cele ce-au fost, în cele ce sunt și cele ce vor fi, conferă coerență, respectabilitate, strălucire, dar și riscul dezavuării.

Interesant, că chiar în cazul marilor eșecuri și dezamăgiri, dorința de a crede, de a anticipa și profetiza din nou, realizează miracolul și pasărea mitică renaște din propria cenușă. Nu știu exact dacă pot fi catalogate ca profeții reale și, respectiv – eșecuri reale – fiindcă ceea ce, tradițional numim profeții, sunt de cele mai multe ori, narațiuni cu pretenții antedatate, care de fapt au fost simple relatări post-factum, ale unor evenimente consumate istoric.

Să luăm cazul cărții lui Daniel. Este o ficțiune literară despre un personaj care trăiește robia babiloniană de la 586 î.Hr. și o relatează la persoana întâia, majoritar aramaică, dar care este documentată ca aparținând perioadei eleniste, din timpul lui Antioh Epifanes, cca 165 î.Hr. Tot ce s-a petrecut până la jumătatea secolului II î.Hr., este relatat cu exactitate, restul este vag, intuit și inexact.

Apoi, cazul ucenicilor, apostolilor și evangheliștilor. Evenimentele cruciale petrecute în anii 30 d.Hr. și deceniile ulterioare, sunt consemnate după anul 70 și până la cumpăna dintre secolele I și II, astfel că distrugerea templului și cucerirea Ierusalimului, sunt profetizate ca viitoare, deși ele sunt evenimente consumate care pot fi descrise cu acuratețe și exactitate.

Apostolul Pavel își scrie cele șapte epistole considerate autentice și nu ulterioare, ale școlii pauline, cum sunt restul, la mijlocul secolului I, într-un interval de cca zece ani, între 51-61 d.Hr. Prima listă a canoanelor – fiind numeroase – a fost definitivată către sfârșitul secolului I dHr la Iamnia, pentru Vechiul Testament, fiind alcătuită din Tora, Neviim și Ketuvim, iar pentru Noul Testament, apare prima listă identică conținutului de azi, abia în secolul IV d.Hr. Pletora de pseudo-epigrafe, apocrife neincluse, unele conținând date istorice prețioase, este contrariantă, dar de înțeles. Un singur detaliu deplasat, exterior doctrinei constituite, făcea lucrarea nefolositoare.

Când înțelegi mecanismul subterfugiilor, te întrebi cum de se pot preta autorii unor scrieri sacre la astfel de șiretlicuri și falsități. Probabil, o fac fără intenție. La data transcrierii au trecut deja 60-70 de ani, există deja relatări în scris sau orale, o sumă de convingeri devenite tradiționale, un folclor acceptat al tuturor evenimentelor semnificative, o sumă de afirmații care parează neîncrederea, zonele obscure, miracolele, aspectele inexplicabile. Comunitatea credincioșilor este tot mai închegată, provocările o cimentează și unifică, doctrina născândă răspunde tuturor îndoielilor. Sunt puși la bătaie profeții din vechime, sunt folosite toate argumentele istorice utile. Sunt escamotate toate zonele gri și nesigure.

Când este vorba de inadvertențe ce cuprind secole, însuși limbajul dezvăluie perioada în care s-a făcut consemnarea. O limbă este vie, se primenește permanent, arhaismele sunt înlocuite de neologisme.

Ne putem imagina dezamăgirea amară a ucenicilor și credincioșilor, când după intrarea triumfală în Ierusalim, după popularitatea crescândă a lui Isus, ca Mesia eliberator social și național, Hristos este răstignit ca rege uzurpator al iudeilor și toate speranțele lor sunt spulberate. Autorul moral colectiv sunt bătrânii, cărturarii și fariseii evrei, mâna executivă este cea care dispune de forța necesară – puterea romană.

Acest ciclu al minților exaltate care se înfierbântă cu alternativa unor idei mărețe, a unor posibilități promițătoare, cât se poate de realiste, dar care se dovedesc nefondate, fiind spulberate de opusul speranțelor care rămân înșelate, se repetă ca un laitmotiv în istoria credințelor religioase.

Năuciți de evenimentele devastatoare, ucenicii sunt șocați, speriați, deși – în mod surprinzător – arestarea nu se extinde și asupra lor. După săptămânile și lunile de siderare, au nevoie de timp pentru ruminare, pentru a pune cuvinte, idei, evenimente – cap la cap – pentru a crea o continuare a narațiunii, coerentă, credibilă, în logica credinței, convingerilor și profeției.

Într-adevăr, evanghelia este prea frumoasă, generoasă și necesară, pentru a fi abandonată. Dumnezeu este prea mare, atotputernic, bun și iubitor, pentru a abandona un asemenea proiect de salvare și mântuire. Oamenii sunt prea sărmani, lipsiți de mijloace și perspective, pentru a nu le sări în ajutor. Totul trebuie să continue. Isus Hristos continuă să apară în viziunile lor. Nădejdea, credința, speranța sunt prea puternice ca să fie reprimate.

La fel s-a întâmplat cu mileriții de la 1844. Dezamăgirea era cruntă. Oamenii, ca și primii creștini, își vânduseră proprietățile, își abandonaseră slujbele, culturile, ogoarele, munca și agoniseala. Se simțeau eliberați. Era fericiți. Se simțeau curați. Se îmbrăcau în alb. Mâncau împreună, cântau împreună, se rugau împreună. Dar, Hristos n-a venit. Nici de data asta. Și, poate, nici în viitor.

Și totuși, cât de prețios și valoros este Isus și relația cu el! Nu putem renunța la el. Nu putem trăi fără el. Am făcut o dependență, o adicție. El nu poate greși. El este Dumnezeu. Noi am greșit! Și de data aceasta. Unde am greșit? Dar, unde n-am greșit? La socoteli, la interpretări, la sensuri, la evenimente, la orice! Nu putem decât s-o luăm de la capăt! Iar și iară, ori de câte ori va fi nevoie. Așa ne trebuie!

Aceasta a fost încumetare. De ce a trebuit să fixăm un timp și un loc? Trebuie să rămânem la cele scrise. Crezul, evanghelia și profețiile trebuie să fie generale, universale, vagi și oraculare. Trebuie să fie adecvate pentru orice om, orice națiune, orice norod.

Dacă, veșmintele noastre se schimbă, preocupările și ocupațiile noastre sunt supuse unui proces de evoluție, modele și perspectivele noastre devin de nerecunoscut, de ce nu s-ar schimba și înțelegerea noastră privind realitatea? Limbajul și limbajele noastre devin tot mai sofisticate, convingerile și credințele noastre au o istorie și evoluează. Noi înșine, lumea noastră, obiectele, uneltele și facilitățile de care ne bucurăm, au suferit o adevărată revoluție. Uneori, facem un efort pentru a ține pasul cu vremurile.

În acest caz, nici religia noastră nu face excepție. Poate că Dumnezeu este neschimbător. Dar numai el este etern, veșnic. Noi suntem perisabili, trebuie să ne înnoim.

Care ar putea fi tabloul comparativ al unui credincios religios cu un laic necredincios?

Credincios – avantaje:
- Este însoțit, are un sprijin, susținător real sau imaginar
- O listă variată de calități, limite și defecte teoretice, practice și psiho-sociale
- O inserție socială, comunitară și o perspectivă istorică a devenirii sale mai bună
- Are încredere, oarecum proiectată asupra ocrotirii și sprijinului divin
- Își depășește semenii de aceeași condiție, prin orizont, înțelegere, sinteză.

Credincios – dezavantaje:
- Și-a declarat vasalitatea
- A renunțat la autoconducere în favoarea divinității
- Așteaptă să fie inspirat, călăuzit, condus, alege cărările bătătorite
- Are o inițiativă slabă, nu excelează în curaj și îndrăzneală
- Este un „second-hand man", predispus la execuție

Laic necredincios – avantaje:
- Și-a luat soarta în propriile mâini
- Are o imagine de sine bună, responsabil, încrezător în sine
- Este realist, se documentează, inițiază proiecte
- Conștient de valoarea echipei, orientat spre colaborare și învățare
- Prin calități, realizări și competență, poate deveni conducător

Laic necredincios – dezavantaje:
- Vulnerabil față de griji, anxietăți, nevroze, obstacole
- Expus obstacolelor, poate claca ușor, dacă nu se îndreaptă spre semeni
- Poate fi expus izolării, neînțelegerii, devenind un solitar
- Se poate irosi ușor în proiecte inutile, fără finalitate
- Autocentrarea excesivă îl predispune supraevaluării de sine, ideilor paranoice.

De câte ori se va mai repeta ciclul încrederii exaltate, în entuziasm contagios și atractiv, cu mobilizarea mulțimilor, cu eșecul împlinirilor, cu cenușa dezamăgirilor, din care renaște adesea o nouă pasăre Phoenix, care se aglutinează, se instituționalizează și se împăunează, ducând sub penajul strălucirii ei, oul germinării din propria cenușă. Oamenii sunt inepuizabili. Pot repeta la nesfârșit mitul păsării măiastre. Care rămâne doar un mit fermecător.

DE CE EXISTĂ PROFEȚIE?[2]

Profeția pretinde cunoașterea, programarea și dominarea timpului, stăpânite de Dumnezeu, dezvăluite profeților și însușite, fructificate de credincioși. De fapt, este o mare încredere, eroare, dezamăgire și credulitate. Prezentarea de față, a lui FL, intră direct în substanța cărții Daniel, care este definită de învățații evrei literatură.

Marele savant ar fi trebuit, dacă era onest, să ne spună:

---
[2] https://youtu.be/5Kx7GtFaHZo?si=InSSL_E9PJKiPv5Y

- că autorul este un personaj fictiv. Nu există o persoană istorică dovedită documentar, cu acest nume;
- data la care a fost scrisă. Ca ficțiune literară ea se referă în conținutul său și se pretinde din secolele V-IV î.Hr., dar apare ca document verificat la jumătatea secolului II î.Hr. Se face o revistă a imperiilor „mondiale" ale acelor vremuri, din perspectiva Orientului Mijlociu și a culturii ebraice.

M-am întrebat: ce reprezintă profetul, ce profesie nepretențioasă și necesară de azi, îi seamănă? Cred că, în antichitate, profetul era un fel de ziarist sau redactor de știri, actualitate, știrist. Oamenii au frământări legate de prezent, povara trecutului, de care nu sunt întotdeauna mândri, anxietăți, așteptări, necunoscute, riscuri și temeri, legate de viitor. Profeții, oameni cultivați, inspirați, cu un orizont larg, făceau o analiză, o sinteză și o trâmbițau. Tot era ceva, decât nimic. Satisfăceau o nevoie. Dar, foloseau mijloace specifice, tertipuri, fiindcă nu era ușor să-ți asumi acest rol. Utilizau figuri de stil, metafore, parabole, fabule, fiindcă adevărul poate supăra foarte rău și, în stare de război, îți poți pierde foarte ușor și capul.

Limbajul era vag, oracular, interpretabil. Astfel, mesajul lor era foarte întortocheat, alambicat, multi-level, ca și interpretarea lui. Cu cât era mai precis, exact, concret, cu atât existau mai multe șanse să fie contrazis de evenimente. Trebuia să ai diplomație, înțelepciune, să te referi la orice altceva, decât la fapte nude – implicații, complicații, consecințe, alternative, tentative, poli de influență și putere, majoritate și minoritate, valoare și potențial, termene suprapuse: imediate, medii și de perspectivă îndelungată.

Apoi, se brodează, în interpretarea textului, orice doctrină, filosofie, convingere, astfel încât, plecând de la un trecut tenebros, dar presupus semnificativ, să interpretăm un prezent problematic și să ne hazardăm asupra unui viitor polarizat în împlinirea celor mai năstrușnice fantezii sau deznodământul celor mai catastrofale tragedii. Deși se pretind profeții biblice, sunt relatări postfactum, prin excelență și fără excepție. Prin profeție, ne contaminăm cu divinitatea, devenim cunoscătorii și cârmuitorii timpului și timpurilor. De fapt, rămânem niște muritori sărmani, care ne extrapolăm și înrudim cu puternicii zilei, fără să ne folosească la nimic.

Plecăm goi, fiindcă așa am venit. Restul? Sunt povești!

INTER-CONFESIONALITATEA ȘI ALTE INCONSECVENȚE

Un aspect care m-a intrigat de-a lungul vieții religioase, a fost raportul dintre diferitele confesiuni clasice sau mai recente. Nu mă refer atât la raporturile formale, oficiale, instituționalizate. Acestea sunt normate, legiferate, impersonale. Dar să ne gândim. Sunt zeci de confesiuni creștine surori. Nuanțe ale creștinismului clasic – catolicismul și ortodoxia, protestantismul de inspirație lutherană, calvină sau mai îndepărtată – Wiclife, etc și, în fine neoprotestantismul, o pletoră de confesiuni chițibușare, cu pasiunea detaliului, susținând sus și tare că ele – fiecare dintre ele – au adevărul și anume, tot adevărul.

Ce gândește, ce simte, cum se raportează fiecare credincios activ, zelos, la celelalte confesiuni surori? Cum relaționează cu frații de altă credință? Pur și simplu ignoră particularitățile sale. Asta, dacă nu au loc polemici, dezbateri, lupte sterile de cuvinte care sunt luate drept argumente și contraargumente despre aspecte extrem de precare, inefabile și supraîncărcate emoțional.

Orice altă religie, confesiune, este ca o pată oarbă, ca un teritoriu al nimănui, ca o zonă tampon, pentru demarcație. Nu ne interesează. Ne avem pe noi și pe Dumnezeu. Lumea largă și toți ceilalți sunt pierduți, damnați. Iubirea creștină este convertită, metamorfozată în prozelitism sau, în cel mai bun caz indiferență, fiindcă e păcat să cultivi ostilitatea.

Desigur, e greu să te pui în locul lui Dumnezeu. Ce-ar putea gândi Dumnezeu despre copiii săi? Cine are dreptate? De partea cui este adevărul?

Pentru a aduce argumente și a-și promova propria perspectivă, s-a dezvoltat teologia. Nuanțe subtile sunt depistate și exploatate. Oamenii pretind că citesc gândurile lui Dumnezeu și îi cunosc intențiile, preferințele, sentimentele. Au apărut profeți, cărți miraculoase, plăci prețioase, table pe care erau gravate propozițional, normele și dispozițiile divine.

Acestea par să fie ingredientele fanatismului. Ești inspirat de o sursă divină, cu autoritate incontestabilă, foarte iubitoare, binevoitoare și blajină, dar să nu-i pui cumva răbdarea la încercare! Mânia sa este pe măsura tuturor celorlalte aspecte luminoase. Până la urmă, în materie de religie, nu există jumătăți de măsură. Pedeapsa este una singură: pedeapsa capitală. Și finală. Prima moarte este o mică glumă, un mizilic. S-a inventat o a doua moarte, un fel de reciclare a vinovăției. Și a pedepsei. Fără scăpare. Desigur, există și o răsplată. Imaginația și fanteziile sunt foarte sărace în privința aceasta. Se numește veșnicie. Adică absența morții. Și cum e acolo? Raiul pe pământ! Armonie, pace, absența suferinței, morții. Ziduri din pietre prețioase și autostrăzi din aur. Din nimic altceva!

Dar, unde e natura, unde sunt plantele, animalele. Cum e cu creșterea, reproducerea, selecția naturală. Sunt pe acolo, pe undeva. Nu sunt importante. Dar, efortul, antrenamentul, atât de necesare. Asta ne trebuie nouă în rai? De muncă ducem noi lipsă? N-am asudat destul pe aici. Nimic nu e credibil, nu e convingător, fiindcă ar trebui să lipsească legi fundamentale ale existenței prezente. Raiul este o existență amputată, castrată, imposibilă.

ÎNTEMEIERE.
STRUCTURI, FUNCȚII, REGULI

Geneza și fundamentarea unei religii este un proces complex, de durată, în care cererea se întâlnește cu oferta, dar nu numai sub aspectul pieței, ci mult mai profund, spiritual, social, cultural, existențial. Orice eveniment, întâmplare, intuiție, discurs, tendință sau valoare, confluează spre un singur țel, imperativ și scop – să deservească în mod coerent și convingător viitoarea doctrină, misiune, să motiveze, justifice și să edifice rațiunea de a fi și climaxul escatologic al întregii omeniri.

Fiindcă religia, sacrul, presupun relația cu divinitatea, supranaturalul, miracolul, au locul lor bine stabilit, fiind oarecum de la sine înțelese, indiscutabile, reconfirmate – eventuale rezerve fiind anecdotic, desființate. Pentru realizarea acestui deziderat sunt schițate ideile directoare, sunt interpretate asperitățile întâmplătoare, sunt abandonate excesele stridente, accentuate obligațiile pertinente, dezvoltate strategii eficiente, organizate misiuni și instituții remarcabile, este asigurată o presă, literatură și mijloace media penetrante și credibile.

Sunt structurate programe și servicii reciproce de socializare, un climat favorabil de identificare, convivialitate, o viață culturală și spirituală comună, timp liber și recreație.

Motivația necesară este stimulată de misiune – proclamarea mesajului și așteptarea eschatonului iminent. Deslușirea profețiilor, interpretarea evenimentelor, proiecția unor scheme calendaristice viitoare sunt o pasiune de nestăvilit. Criteriile telurice, pragmatice își pierd importanța și semnificația, devin simple mijloace pasagere de subzistență, fiind înlocuite de strategii misionare, organizare, structurare, răspândire și amplificare.

IDOL

Isaia 40:18-22: „Cu cine voiți să asemănați pe Dumnezeu? Și cu ce asemănare Îl veți asemăna? Meșterul toarnă idolul și argintarul îl îmbracă cu aur și-i toarnă lănțișoare de argint. Iar cine este sărac alege ca dar un lemn care nu putrezește; își caută un meșter iscusit, ca să facă un idol care să nu se clatine. Nu știți? N-ați auzit? Nu vi s-a făcut cunoscut de la început? Nu v-ați gândit niciodată la întemeierea pământului? El șade deasupra cercului pământului și locuitorii lui sunt ca niște lăcuste înaintea Lui; El întinde cerurile ca o maramă subțire și le lățește ca un cort, ca să locuiască în el."

Acest fragment din Isaia 40 vorbește despre *evoluția religiei*. De la idolatria și închinarea față de reprezentarea materială a unor idoli limitați unor domenii, triburi, etnii, la conceptul mai larg al unui Dumnezeu creator cosmic.

Dacă este importantă *evoluția divinității*, creșterea în importanță, domeniu, dimensiune, putere, să nu uităm că această metamorfoză se produce în conștiința închinătorului. Pe măsură ce își înțelege lumea, existența, detaliile structurale și ale naturii sale, omul fecundează și populează fiecare dintre aceste domenii științifice, ale cunoașterii, de la proporții infinitezimale, cuantice, până la cele astrale, cosmice, cu ființe divine, supranaturale.

Nimeni nu se mai închină la o bucată de lemn cioplit sub forma unui zeu imaginar. Zeii temuți de altădată, care presupuneau teamă, jertfe și chiar sacrificii umane, s-au transformat treptat în cultură, artă sau simple bibelouri. Fleacuri drăgălașe, prin inutilitatea lor. Pur estetice și derizorii. Și totuși, esența religiei se află în acest prim gest. Cunoașterea devine complexă și sofisticată, dar temerile și finitudinea rămân aproape aceleași. Ca și zeii. Omniprezenți!

PATOLOGIE SPIRITUALĂ
SINDROMUL AUTIST SPIRITUAL

Autismul este o tulburare pervazivă a dezvoltării personale. Pervaziv înseamnă omniprezent, care cuprinde toate palierele, nivelurile de manifestare ale unei persoane. Noțiunea dezvoltării este ușor de înțeles, dar mai greu de explicat, cuprinzând modificările dinamice, treptate, care preschimbă puiul de om într-un om matur.

Principala caracteristică a autismului este izolarea. Sugestiv, dar oarecum impropriu, atunci când un tânăr cu tulburări schizoide are tendința de a se închide în cameră, nu mai părăsește locuința, devine nesociabil, spunem că are tendințe autiste.

Dar autismul propriu zis este mai complex. Izolarea nu este atât fizică, exterioară, cât mai ales psihică, interioară. Un copil autist are dificultăți majore de percepție și înțelegere, relație, comunicare și limbaj, comportament. Capacitățile cognitive pot fi normale sau diminuate, uneori excelează pe o specializare îngustă, savantă.

Deși acești copii nu au halucinații, nu delirează, ca producții psihopatologice psihotice, totuși sunt închiși în lumea lor, incapabili să participe, să se integreze, să comunice, să simtă, să reacționeze în modul considerat normal. Nu stabilesc și nu susțin contactul vizual reciproc.

Evită privirea, contactul, îmbrățișarea, par captivați de obiecte, mișcări stereotipe, repetiții. Nu răspund când sunt strigați, par să nu înțeleagă că li te adresezi. Desprinși de ceea ce numim îndeobște, statistic, reacție normală, integrare, relație cu mediul natural, social, comunicare, verbalizare, sunt deficitare sau perturbate, deturnate. Trăiesc în lumea lor. Deficitul predominant afectiv, specific, este numit alexie sau sindromul Asperger.

Diagnosticul și intervenția timpurie, deși nu vindecă tendințele autiste, pot antrena învățarea specifică a stereotipiilor de integrare, conducând la o viață relativ normală.

În ce măsură, o confesiune religioasă, ca și membrii ei, manifestă trăsături autiste? În primul rând tendința la izolare și respingerea integrării firești, normale, în marea societate, care primește termenul peiorativ de „lume" și este demonizată.

Presupun că, la fel cum autistul își stabilește un echilibru interior modificat, patologic, la fel și membrii unui cult religios, își creează un crez, o doctrină, o concepție despre viață, schematică, rudimentară, lacunară și incompletă, dar care poate folosi ca surogat pentru o filosofie asupra vieții, în care originile, sensul și scopul existenței, finalitatea și sfârșitul ei, sunt interpretate și explicate într-o manieră inadaptată, iluzorie, ca un isihasm interior, recluziune cu afinități autiste evidente.

Stereotipiile și repetițiile autiste se vor regăsi în ritualuri și ceremonii, ambele destul de bizare, dar încetățenite familiar, prin repetare. Culoarea acestora trezește interesul, curiozitatea și, eventual apetitul pentru imitare.

Comunicarea și relațiile sunt mecanice, codificate conform convingerilor anacronice, specificul este promovat ostentativ, comportamentul este activist, misionar, urmărind salvarea care este, de fapt racolare.

Sentimentul și impresia de stranietate pe care le încerci în preajma unui autist cu ciudățeniile, bizareriile și specificitățile sale, au echivalent în trăsăturile unei grupări religioase ostentative, militante. Restricții alimentare, zile de sărbătoare sau de odihnă, similare sau diferite de ale tuturor, vestimentație, interdicții și obligații – toate au rolul să sublinieze diferența, demarcația, vizibilitatea.

Claustrarea de tip ghetou, bulă, cameră cu ecou, impunerea *group think*, ca reguli specifice și obligatorii sau pur și simplu autoimpuse, contribuie la similaritățile cu autismul.

Bineînțeles că toate aceste trăsături contribuie la condiția de inadecvare, inadaptare, a individului și grupului. Mai mult sau mai puțin negociate cu societatea, aceste trăsături conduc la percepții diferite, probleme originale, soluții ad hoc, specifice fiecărei grupări sau persoane.

Recluziunea în mănăstiri, viața călugărească, constituie o soluție tipic autistă a religiei. Oarecum, la fel, în alte culturi și pe alte meleaguri, menoniții, amish și toate formele similare, trăiesc aceleași forme de separare și izolare autistă. Dar același lucru poate fi spus și despre confesiunile neoprotestante și alte formațiuni la fel de militante și agresive, al căror isihasm, fără să fie fizic, este resimțit și trăit foarte pregnant, interior, psihologic, datorită tuturor acestor diferențe, separări, distincții.

Pentru astfel de oameni, realitatea este resimțită ca străină, separată, devalorizată, redusă la minimul supraviețuirii și obligațiilor față de administrații și autorități civile. Dogmele și convingerile acestor confesiuni se concentrează pe origini utopice, pe o schemă simplistă a istoriei considerată sacră, pe așteptări înfrigurate, iminente și surprinzătoare de tip profetic, catastrofic și apocaliptic. Bineînțeles că întreg spectrul acesta cultural și spiritual, are caracter autist. Trăiesc într-o altă lume a iluziilor, imaginară, menținând o inserție minimă sau strict utilitară, de schimb, profesională sau comercială, mult mai puțin culturală, cu realitatea imediată.

Deși aceste grupări bizare și ciudate își propun să salveze omenirea, au idei de grandoare paranoică, se văd într-o companie cosmică, ca „popor ales", totuși filosofia, atitudinea și practica curentă, sunt impregnate de o ideologie adversativă, fecundată dogmatic și spiritual, de tip „noi" și „ei".

În genere, astfel de grupări sunt alcătuite din indivizi cu personalități accentuate, cu preferințe și culoare specifică. Apoi, transmiterea se face familial, ereditar. Mediul este unul submedie, al oamenilor simpli, majoritatea muncitori manuali și gospodine, cu câteva vârfuri intelectuale, afaceri, profesori, medici, juriști – probabil mult mai slab reprezentați decât în societate.

Caracterul de izolat cultural este resimțit tot mai apăsător de generațiile tinere care „dau bir cu fugiții", procentul de retenție a noilor generații fiind foarte redus, exodul în majoritate absolută. Implicit, vârsta medie tinde spre îmbătrânire. La asta se adaugă emigrarea din țările mai sărace către cele dezvoltate, dezrădăcinarea și abandonarea, secularizarea și demonetizarea acestor anacronisme ce devin tot mai rare în lumea contemporană care nu este scutită de problemele ei specifice. Nevoia de obstinație, de culoare și atipie se pare că va întreține și în viitor astfel de manifestări bizare.

DEPENDENȚA ȘI CO-DEPENDENȚA

Nu există co-dependență fără dependență. Religia este un bun exemplu al unei astfel de circularități, ca „patologie" cultural spirituală. Schema este relativ simplă, dar extrem de credibilă, stabilă și profundă, prin resorturile implicate, prin caracterul ancestral. Credința religioasă se recomandă ca antidot împotriva unui „jug nepotrivit", admițând subtil că ea reprezintă jugul potrivit. Trebuie să admitem o realitate evidentă, a finitudinii, imperfecțiunii (că doar n-o să fim perfecționiști), ființei umane. Totul pare să plece de la lipsa măsurii. Matematic, orice șir numeric finit poate fi prelungit la infinit. În sens pozitiv sau negativ.

Există o diferență de natură între cantitate și calitate? Aparent, da! Atunci, s-o ignorăm! Astfel, valorile, realitatea morală și/sau spirituală, nu rămân la măsura finitudinii noastre umane, ci se înalță lacom spre infinit. Ceea ce nu este uman. Este suprauman, adică divin, dumnezeiesc, ținând de lumea imaginară a zeilor. Iar dacă suntem grevați de finitudine, limite, neîmpliniri, necazuri, suferință, moarte, cine ar putea să ne ajute, să ne completeze? Dumnezeu! Cu condiția să devenim dependenți de el. Să-l recunoaștem ca singura noastră scăpare. A păcătoșilor, în termeni religioși.

E prea vag, prea îndepărtat, prea abstract. Prea puternic, prea diferit, prea inaccesibil și intimidant. De ce trebuie să fie așa? Pentru că o instituție se ocupă de administrarea lui Dumnezeu – biserica. De fapt, bisericile. Există reguli, norme, legi. Există ritualuri, proceduri, cerințe și condiții. Există o putere care poate fi dată și poate fi luată. Există o atmosferă care poate fi creată sau ratată. Există o stare de spirit care te poate cuprinde sau te lasă baltă, te poate părăsi. Oamenii devin dependenți de Dumnezeu, iar slujitorii lui devin codependenți unși, hirotoniți și plătiți.

SENS, SEMNIFICAȚIE

Î n lutul din grădină sau pe vârful unei culmi muntoase, găsesc câte o pietricică cizelată, finisată, rotunjită de o strălucire mată și o frumusețe aparte. Cum poate deveni rotund un fragment de stâncă, piatră, marmură? Prin frecare, rostogolire, împreună cu suratele ei, alcătuind pietrișul, prundișul și nisipul râurilor, fluviilor, țărmurilor, plajelor mărilor și oceanelor lumii.

Pietrele se mulțumesc să existe. Mult mai mult timp decât organismele vii, fie ele plante, animale sau oameni. Cel puțin, din câte știm, pietrele există, dar nu trăiesc și dacă reflectă lumina, nu reflectă gânduri, idei sau simțăminte.

Totuși, noi oamenii putem reflecta realitatea, inclusiv a unei pietre care are frumusețea ei. Care depinde de structura, granulația, duritatea, nervurile, compoziția siliciului sau carbonatului de calciu din care este formată. Această frumusețe la care a ajuns este rezultatul procesului îndelungat, istoric și cu semnificații chinuitoare – un fel de a spune, o analogie – prin care a trecut piatra.

Reflectăm asupra realității, trăim câteva decenii, simțim prin organele senzoriale și senzitive, comunicăm și facem schimburi cu mediul natural, social, economic, politic, cultural, spiritual. Deși lumea noastră imediată, oricât de complexă ar fi, este limitată, finită, totuși ne putem imagina infinitul, spațiul nesfârșit al universului și timpul incomensurabil al veșniciei sau eternității. Din perspectiva relativității, spațiul-timpul alcătuiesc un continuum fizic, ceea ce este contraintuitiv, dar verificat.

Condiția de ființe conștiente finite care trăiesc, comunică, înțeleg și transmit gândurile, ideile, sentimentele, opiniile, semenilor, posterității, sesi-zăm caracterul polarizat, contradictoriu al existenței, ceea ce conduce la clivarea subiectivității noastre după același model.

Imperativele conviețuirii cu semeni și trebuințele fundamentale, conduc la formarea sistemului de valori care nu pot fi decât, tot polarizate. Aș zice că, prin excelență, domeniul valorilor – adevăr, bine, frumos, etc, este predilect și radical polarizat. Eroarea, minciuna, răul proteiform și grotescul, urâtul, ne repugnă. Pentru că înțelegerea, afectele, trebuințele și interesele oamenilor, deveniți agenți morali activi – diferă.

Noi înșine devenim polarizați, așa cum este esența realității de care ținem. Fie ele, mai mult sau mai puțin obiective sau subiective, erorile, relele și monstruozitățile sunt perpetuate. Totul depinde de concepțiile, gândurile, ideile, determinarea, filosofia noastră, dar și de convingerile și bunătatea noastră, de cultura și orizontul nostru, de caracterul, sensibilitatea și empatia noastră.

Confruntați cu o astfel de complexitate, oamenii au apelat la sisteme defensive. Proiecția este unul fundamental, în domeniul analizat! De la nivel uman, grevat de limite, subiectivități, dorințe, lăcomie, dominare, privilegii, oamenii au apelat la cele mai adecvate și imediate instrumente, descoperite în timp, puse atât în slujba binelui, cât și a răului.

Puterea, justiția, dreptul, organizarea, ierarhizarea, normele, corecția, recompensele. Crima, furtul, hoția, imoralitatea, corupția. Pentru a aminti doar câteva. Toate aceste mijloace erau și sunt directe, trebuie administrate, sunt consumptive și costisitoare. Dar merită.

Destul de curând, oamenii s-au gândit la mijloace mai subtile de determinare și influențare. Din interior, liber consimțit, prin convingere și conștiință! Natura este grandioasă, masele și forțele ei sunt copleșitoare! Oamenii devin cantități și calități neglijabile în fața stihiilor ei. Și totuși, natura este resursa supremă de supraviețuire.

Dintotdeauna, odată cu conștiența de sine, limbajul și comunicarea, oamenii, națiunile, au descoperit frumusețea narațiunilor. Ele au fost îmbogățite cu înțelepciune, sens și semnificație. În timp, povestirile s-au transformat în povești, legende, basme, dar mai ales – mituri – cele care abordează cele mai profunde și arzătoare probleme ale omenirii, în care oamenii se reflectă ca umanitate, în ceea ce au mai nobil, existența ființei lor, valorile, temerile, năzuințele și speranțele lor.

O oglindă a societății umane a fost schițată, o societate perfectă, ideală, în care oamenii au fost înlocuiți de îngeri, de zei. Și pentru că existau domenii și responsabilități, au fost distribuite, organizate, dar s-a impus și o ierarhie, ceea ce a condus inevitabil, de la politeism la monoteism. Care a devenit sămânța intoleranței! Și un zeu absolut presupune intoleranță absolută!

Ce poate determina influența și ascultarea liber consimțită? Autoritatea. Care este forma cea mai proprie ce poate fi acceptată și interiorizată?

Autoritatea divină! Dumnezeu. O autoritate, în primul rând gratificantă, izvor al creației, iubirii, dragostei, ocrotirii, binecuvântărilor de tot felul, bază a existenței, tată și frate mai mare! Dar, să nu uităm responsabilitățile! Aspectele punitive care să stârpească răul. Judecata de apoi!

Construcția religioasă are merite incontestabile! S-au acumulat istorii, narațiuni, îndelung rostogolite și cizelate ca și piatra noastră, posibil giuvaer. Ele sunt atractive, bogate în înțelepciune și semnificative. În toate aceste relatări autentice, istorice sau doar posibile, sunt ventilate valori și nonvalori sau antivalori, exemple pozitive sau negative și complicațiile, consecințele lor. O adevărată frescă culturală și spirituală! Aproape nimic nu este neglijat sau ignorat. Găsești de toate: alegorii, previziuni, parabole, îndemnuri, apeluri. Trecutul este comemorat, marile genii mistice sunt evocate, viitorul este schițat în aceeași omniprezentă și omnipotentă polarizare. Oamenii pot fi convinși de înțelegerea calității lucrurilor și realității în sine: știință, etică, morală, compasiune, dragoste, spirit de sacrificiu.

Oameni serioși, studioși, ingenioși, se apleacă asupra detaliilor biofizice, biochimice, astrale, geologice, moleculare, atomice, nucleare, genetice și constată că procesele se succed natural, unul după altul, că sunt suficiente loruși, că nu e necesară nicio cauză primă – cel mai bun exemplu fiind, în acest sens, echilibrul obținut de sistemele astrale care se mișcă eliptic, echilibrându-și forța centripetă cu forța centrifugă. Pur și simplu, nu putem vorbi de bobârnac.

Dacă semnele, cuvintele, narațiunile excelează prin semnificație, atunci ne întrebăm – oare cunoașterea, știința, tehnologia, prin ce excelează? Desigur, nu putem vorbi de opoziție, polarizare, în acest caz. Poate relația sugestivă ar fi aceea sinergică. Dar, cred că știința și tehnologia excelează prin *know how*.

Alții preferă să aloce un segment important al vieții lor, preocupărilor religioase. Trăiesc în lumi paralele. Pe de o parte rutina cotidiană. Mai mult sau mai puțin, pilot automat. Pe de altă parte, arcul mirific dintre Eden și Paradis, viața de biserică, comuniunea cu Dumnezeu, o viață de credință și spirituală bogată, cu excese ce țin de specificul confesional, dar care oricum, deturnează o parte importantă din personalitatea, timpul, efortul, resursele omului, într-un fel de co-dependență și proiecție religioasă.

Evenimentele personale, familiale, existențiale, actuale, internaționale – sunt interpretate în cheie religioasă, cu spectrul unui apocalipticism iminent. Fiecare instituție, biserică, confesiune, are un model specific de a întreține această culoare specifică, un anumit gen de spiritualitate propriu, care va impregna viața, personalitatea și modul de a fi al credinciosului, cu avantaje și frustrări, un simțământ de apartenență și protecție, o identitate, dar și coliziuni, conflicte. Ele devin a doua natură a enoriașului.

Și se mai spune că, acolo în Paradis, una din pietrele lumii, cizelată în râurile, fluviile și în țărmurile sau pe plajele mărilor și oceanelor lumii, purtată pe vârful unui munte al domnului, va purta un nume (Apoc 2,17). Și va fi pusă pe fruntea ta și a mea. Astfel încât, omul și piatra lui, să fi parcurs același proces chinuitor, dar generator de frumos. Atunci, omul și piatra lui, vor trăi la fel de mult! E un mit! Îl puteți crede sau nu! Dar e frumos! Nu vă judecă nimeni! Sunteți oameni liberi!

PRAXIS RELIGIOS

CULT ȘI CULTURĂ. TREBUINȚE FUNDAMENTALE

După ce omul își epuizează sau își soluționează trebuințele fiziologice fundamentale ale supraviețuirii, trece la etaje calitativ superioare mai pretențioase. Nevoia de apartenență, afirmare, recunoaștere, autorealizare de sine. Fie că le gândim sau nu, aceste motivații există în orice ființă umană. Apartenența este satisfăcută prin asociere. Cine se aseamănă se adună. Convingerile pot aglutina oameni care dobândesc un sentiment de confort, omogenitate. Multe din grupurile bazate pe convingeri, în special cele generate de convingeri religioase, sunt durabile, omogene, au toate ingredientele ca să funcționeze, chiar dacă sunt mai izolate, specifice, poate chiar ușor ciudate, bizare.

În domeniul religios, convingerile care prin definiție sunt subiective, există o sumă de dogme fundamentale, după care substanța crezurilor poate fi armonizată cu gusturile fiecăruia, există destul spațiu de manevră și varietate, fantezie, preferințe, de la cele mai rafinate și pretențioase, până la cele derizorii. Astfel, apare fărâmițarea, sectarismul, ereziile etc.

Nevoia de identitate, trăsături specifice, originalitate și delimitare, conduce la un fel de creativitate și selecție naturală, nenaturală, pretins supranaturală și mistică. Un grup religios se organizează în comunități și structuri ierarhice, își definește mărturisirea de credință, misiunea și dobândește treptat, pe parcursul câtorva generații o tradiție și culoare specifică.

Mecanismele care se manifestă sunt și de natură religioasă, cultice, liturgice, dar și de natură socială, psihologice, culturale. Peste toate tronează o nevoie ancestrală a omului de a proiecta și a se proiecta într-o ființă ideală, supraiacentă, divină. Poate că acest impuls este generat de nevoia de sens a existenței, reflectată de o conștiință lucidă. De asemenea, omul simte nevoia de purificare, de relație, de sacrificiu și gratitudine, de sacru. Toate aceste tendințe par mai mult decât nevoia de evitare, amânare sau comutare a morții, într-o iluzie compensatorie a lumii de dincolo, în care toate neîmplinirile sunt corectate, totul devine ideal, paradisiac.

În interiorul unui cult, secte, grupări religioase relativ recente, de obicei neoprotestante, dacă ne referim la creștinism, apare o atmosferă specifică, care conferă un confort prin familiaritate, omogenitate, ritual, relații de microgrup, participare și implicare. Dezavantajul ar fi, cel puțin în România, unde biserica creștină majoritară este ortodoxismul, că aceste confesiuni sunt privite cu oarecare neîncredere, izolate, diferite, oarecum ciudate.

Viața unei comunități religioase de acest fel este bogată și variată, organizată pe grupe de vârstă, cu activități în interior și în natură, excursii, într-ajutorare, binefacere, voluntariat. După revoluție există o prezență media remarcabilă care contribuie la cunoașterea, promovarea și integrarea acestor grupuri.

Trebuie spus că aspectul social și colectiv de izolare, are și un aspect individual, personal, pe care îl resimte fiecare membru participant. Psihologic, fiecare se simte diferit, deosebit de ceilalți, pare că e separat de un ecran. La această stare de fapt, contribuie corpul convingerilor care conduc la o filosofie, concepție de viață relativ distinctă de majoritate. Un practicant onest are anumite obiceiuri alimentare diferite de ale celorlalți. Toxicele uzuale nu sunt folosite în aceste medii religioase.

Îmbrăcămintea, vestimentația, ornamentele – sunt caracterizate de sobrietate și asta influențează subtil relația cu ceilalți, ca și conștiența diferențelor specifice. Participarea la evenimentele culturale, mondene sau care marchează trecerile în viață, au un specific aparte și, deseori nu sunt congruente. Distracțiile sunt diferite. Lectura, muzica, spectacolele frecventate, se suprapun mai mult sau mai puțin, dar pot fi și complet diferite.

Multe din aspectele scandaloase sau incomode, inerente, sunt cenzurate cu grijă, nu sunt publicate, sunt mușamalizate rapid, în fașă, conservate sau îngropate, înaintea diseminării. Discreția este foarte apreciată.

Un membru al unei confesiuni poate avea un complex al apartenenței, sau dimpotrivă, poate fi ostentativ, militant, promovându-și ideile religioase considerate foarte generoase, într-o manieră intempestivă, prozelită, greu digerabilă în lumea modernă, în care aspectele religioase sunt considerate într-o manieră strict personală, intimă.

La nivel intelectual, de cultură, discurs, poate exista, de asemenea, o mare specificitate. Desigur, omul obișnuit nu are o mare anvergură, nu acoperă domenii culturale foarte ample. Membrii confesiunilor religioase, care au zone specifice de polarizare și interes, se pregătesc intensiv pe aceste subiecte periferice, dobândesc o superioritate relativă față de interesul slab și nespecific al celorlalți, și folosesc prilejul pentru a-și etala supremația cultural-spirituală. Acest fapt poate fi o impolitețe, dar poate naște și curiozitate, reacții pe măsură, interes, dispute și polemici, ceea ce creează oarecare animație în ocaziile publice proprii.

În afară de conversația comună, derizorie, la care fiecare se pricepe și pare doct, chiar dacă este doar semidoct, fiecare grupare de acest fel, are anumite zone de focalizare și dezbatere, unele absolut sterile și fără nicio soluție, altele ezoterice, translucide și fără concluzii pertinente.

În genere, chiar dacă pot exista intelectuali respectabili, instruiți, eruditi, de obicei cultura lor este monocoloră, excelează în aspecte și dispute teologice, de creaționism versus evoluționism, istoria bisericească sau a religiilor, profeții, teme biblice etc.

Rareori este abordată marea cultură, informarea temeinică și din surse neprietenoase sau diferite de linia doctrinală a confesiunii. Există o literatură, publicații, media, care sunt puternic convertite și au coloratura dogmatică a bisericii, chiar dacă se practică intens și, uneori zgomotos, o aparență de dizidență, originalitate, dispute neesențiale și periferice. Temele antireligioase, de critică a religiei, ateism, evoluționism, știință care ar pune reale probleme creaționismului sau existenței lui Dumnezeu, sunt abordate doar schematic, de pe poziții critice, detractive, de minimizare.

COMUNISM ȘI PROTESTANTISM

Fiind născut și trăit la țară, cunoscând viața aspră a oamenilor nevoiți să-și câștige traiul de azi pe mâine, să muncească cu mâinile pentru niște bunuri precare, la limita subzistenței, fiind într-o lipsă cronică de bani și venituri, făcând un troc elementar, dar având niscai valori și o schemă a lumii, a vieții, o oarecare demnitate a omului simplu, am învățat de mic să prețuiesc oamenii pentru ceea ce sunt și să-i deosebesc.

Unii oameni se nasc cu tupeu, alții sunt timizi. Unora le stăruie convingerea că sunt aleși, privilegiați și în virtutea acestor convingeri, li se cuvin anumite servicii pentru care rămân veșnic datori, dar niciodată îndatorați sau îndatoritori. Ceilalți consideră normal să ofere serviciu contra serviciu și să-și plătească datoriile în mod echitabil.

Protestantismul și neoprotestantismul nu mai are preoți, dar are eufemisme – deservenți cultici, pastori – o transliterare ecleziastică a profesiei de păstor – filiație care spune multe despre aprecierea de care se bucură enoriașul de rând, în conștiința ecleziastului. Acestor oameni li se inculcă o concepție, cel puțin arhaică, cum că ar beneficia de un statut aparte. Sunt educați să fie afabili, binevoitori, dar să pună distanță, să cultive morga, să aibă conștiința că sunt sfinți, puși deoparte, chiar dacă ei nu mai au decât urme vagi din această calitate.

Dincolo de acest piedestal imaginar, așteaptă nu doar respect, considerație, dar și beneficii, servicii. Enoriașii au diverse specializări mundane: instalatori, electricieni, agricultori, profesori, medici, mecanici. Ei bine, pastorii și familiile lor așteaptă, cu rare excepții, ca atunci când se întâmplă să aibă nevoie de astfel de servicii, să le fie furnizate în baza castei lor privilegiate, în mod gratuit, ca pe ceva datorat. Rar, dar se întâmplă!

Desigur, în lumea modernă, astfel de așteptări, sunt percepute ca anacronice și pot da naștere la neînțelegeri, fricțiuni. Uneori, chiar condiția de membru al unei confesiuni și raportul de înfrățire religioasă, conduce la aceleași așteptări, contabilizate vag într-o oarecare reciprocitate, de cele mai multe ori, acumulate pe un credit, niciodată onorat.

Atunci când se întâmplă să ai o profesie care furnizează astfel de servicii utilitare frecvente, mulți oameni așteaptă de la tine să-ți faci datoria. Și ți-o faci odată, de două ori, dar a treia oară, te simți obligat să le amintești acestor beneficiari ad-hoc, că au niște obligații. De obicei, le cade foarte prost. Se simt jigniți și, uneori se îndepărtează frustrați, nemulțumiți. Dreptul lor imaginar a fost lezat.

PSIHOTEOLOGIE
LA RĂSCRUCE

Suntem la peste treizeci de ani după 1989 (căderea comunismului). Am fi vrut și am vrea ca lumea să se schimbe mai repede și mai profund, în bine, dar de fapt s-au produs schimbări nebănuite în noi înșine, în conștiința și percepția, cunoașterea noastră, în lume, în tehnologii și în civilizație.

Ca un om cu pregătire superioară (medic, dar aș putea lucra în învățământ, inginerie, meserii, afaceri, IT etc.) și care am aparținut cca 2/3 din viață unei confesiuni creștine neoprotestante, mă întreb: care este cea mai bună atitudine în lumea de azi?

Un iudeo-creștin neoprotestant, aduce cu el valori cultural spirituale inestimabile acumulate timp de milenii, în cultura iudaică, patriarhi, profeți, creștinism – în ultimii două mii de ani, protestantism în ultimii cinci sute de ani și neoprotestantism în ultimii aproape două sute de ani. Este o moștenire impunătoare. Mai este ea și actuală, pe lângă valoarea cultural – spirituală?

Accesul la informația mondială, practic instantanee, la creația celor mai strălucite minți ale umanității, în timp real, după căderea comunismului, libertatea de a călători, de a munci și emigra în alte culturi, continente și civilizații, de a accesa prin internet, rețele social media, publicații, bloguri, sinteze, cărți electronice sau pe suport, pagini culturale – au transformat profund și radical lumea și conștiința, personalitatea noastră. Procesul continuă.

Se schimbă și bisericile, dar ele sunt prin definiție, conservatoare. Doctrinele sunt sacrosancte. Ele vin de la Dumnezeu, sunt coborâte din cer, inalienabile și intangibile. Istoria religiilor spune altceva, dar oamenii nu sunt pregătiți pentru schimbare. Oamenii religioși sunt încântați de apartenența lor la un popor aflat în grațiile divinității, parte dintr-o succesiune de evenimente de importanță cosmică, cu origine divină și final – de fapt început apoteotic, apocaliptic, ceresc. În care, totuși, oamenii sunt separați, cum desparte păstorul „cel bun" oile de capre. Cu ce e mai bună o oaie, față de o capră? Criteriile sunt relative și subiective. Cu ce e mai bun un baptist, față de un adventist, un penticostal, un ortodox sau un catolic de rând? Ce să mai zicem de hinduși, budiști, taoiști, confucianiști, azteci, zulu sau alte popoare și credințe. Valorizăm ființa umană, viața sau etichetele?

În timp, pletora de informație, după patruzeci de ani de comunism și confesionalism sectar, au provocat o revoluție în gândire, conștiință, cunoaștere.

Fizica modernă, cuantică, astronomia, care au fost revoluționate în secolele anterioare, fie la începutul secolului douăzeci, au ajuns în conștiința publicului un secol mai târziu, adică abia acum. Biologia cu genetica, structura ADN, biologia celulară și moleculară, progresele medicale, în proceduri de investigație, imagistică, imunologie, terapii moderne și medicamente noi, au condus la prelungirea speranței de viață și sporirea calității vieții.

Geologia, paleontologia și astronomia și-au dat mâna pentru a corobora datele cu cele moleculare, genetice și au devenit convergente în concluziile lor privind originea vieții, evoluția formelor de viață, vechimea acestora, susținute de dovezi fosile, geologice, arheologice, paleontologice, genetice. Toate acestea sunt fapte. Să le ignori, înseamnă să devii ignorant.

În acest context, deodată realizezi că grupări de oameni sinceri, onești, cinstiți, naivi au fost legănați într-un scenariu ireal, iluzoriu, că narațiunile și poveștile lor coerente, valorile lor moral spirituale, oricât de frumoase și valoroase, au hrănit nevoia lor afectivă de protecție și siguranță, dar nu pot acoperi și nici deveni congruente cu datele realității care se încăpățânează să aibă mersul ei, fără nicio legătură cu visurile și speranțele noastre.

Ne atașăm de narațiuni dătătoare de speranță, care nutresc afectiv, mângâie și confortează. Trăim, avem parte de bucurii și necazuri, fericire și suferință, ne naștem, ne dezvoltăm, ne maturizăm, regresăm și murim. E un ciclu milenar, milionar, miliardar – pentru formele de viață mai simple. Suferim pentru că simțim, murim pentru că trăim, perpetuăm prin copii, nepoți și urmași. Suntem adăugați la părinții noștri.

Am vrea să fim veșnici, am vrea să îmbrățișăm nu doar cu gândul și conștiința – infinitul, veșnicia, eternitatea, ci să durăm nelimitat. Deocamdată, nimeni nu scapă de moarte. Este legea naturală a firii, a vieții. Chiar dacă este importantă și cantitatea trăită, am putea investi mai mult în calitatea vieții. În cunoaștere, în orizontul înțelegerii, în bunătate și bucuria de a fi de folos.

Am putea intensifica și densifica fiecare clipă. Am putea lucra la dispoziția noastră. Am putea aduce lumină, frumusețe, căldură, zâmbet, recunoștință. Am putea împrospăta o grădină, înfrumuseța un colț de lume ca pe un colț de rai, ameliora o viață, ușura o povară, am putea face un bine.

Desigur, convingerile ne definesc, fac parte din identitatea noastră. Dar, putem crede împotriva oricărei evidențe? Sunt dogmele esențiale? Miturile au rolul lor. Ele se ocupă de valori fundamentale. Detaliile nu se verifică. Sunt vehicule ale unor idei, nu ale unor evenimente sau personaje. Ideile lor sunt generoase și valoroase. Să nu ne lăsăm păcăliți, pentru ca să nu fim dezamăgiți. „Marea dezamăgire". Și au fost foarte multe! Început și sfârșit.

BIOGRAFICE
XYZ

Erau câțiva ani, după anul 2000. În 2001 am făcut revelionul cu prietenii la Pârâul Rece. A fost inaugurarea casei de vacanță de acolo, începută în 1997 și construită în asociere cu PR și TP, vecinii noștri care au finanțat în mare măsură lucrarea, iar noi am furnizat terenul și am realizat construcția. Ca orice inițiativă, afacere și asociere, nu a fost lipsită de mici incidente și neînțelegeri, dar am rămas în relații de bună vecinătate.

Este un loc pitoresc, la aproape o mie de metri altitudine, cu vedere spre Trei Brazi și peretele Râșnoavei, o reședință ideală pentru excursii de o zi spre cabana Diham, pe două variante, Țara Bârsei, cu Branul, Măgura Codlei, Piatra Craiului, Moeciu, Prăpăstiile Zărneștiului, Plaiul Foii etc.

În anii de început, erau multe treburi de pus la punct și mă aflam acolo singur. Am primit de mai multe ori vizita unor prieteni apropiați, aflați în trecere. Într-o ocazie, mă sună amicul meu din titlu, pe care îl voi păstra anonim. El a jucat un rol foarte important în viața noastră. După 1989 și căderea comunismului, s-a asociat cu un partener de afaceri arab, fiind un om de o cinste și corectitudine exemplară.

La un moment dat, arabul a investit, pe lângă afaceri imobiliare și altele, în industria alcoolului, a băuturilor spirtoase, care aducea un profit foarte bun. Prietenul nostru, nu se putea asocia la așa ceva, din motive principiale și de conștiință și a ieșit din afaceri cu o cotă parte de imobile, probabil foarte corectă. Oricum, asocierea aceasta l-a inițiat în spiritul afacerilor, iar caracterul său drept, onest, corect au fost crema succesului său inițial care a continuat și a fost transmis și către generația copiilor.

Deși nu avusese loc încă, la un moment dat, având șantier la Predeal – Pârâul Rece, probabil am amintit în cabinet că trebuie să plec într-acolo. În timpul construcției pe patru nivele, făceam și câte trei drumuri pe săptămână.

Unul dintre pacienți a reținut detaliul. Era un om în vârstă, grevat de o patologie vasculară.

Omul avea un teren care se învecina cu al nostru, și-a amintit numele meu și m-a sunat să-mi spună că suntem vecini și că ar vrea să-mi facă o ofertă. Prețurile sunt ceva foarte fluid, ca și piața. Terenul său, oarecum egal cu al nostru, îmi era oferit la un preț mic, pe care l-am acceptat. Cred că era ceva în jurul sumei de 2500 de $, fiindcă euro nu apăruse încă. A acceptat să achit în rate și tranzacția s-a încheiat, am intrat în posesia terenului.

Anii au trecut, șantierul s-a terminat, prețurile creșteau mai mult decât conștientizam eu, un neavenit. Cert este că întreaga șosea Predeal spre Râșnov, care trece prin Pârâul Rece, avea să se populeze cu case de vacanță, toate ulterioare nouă.

În viitorul apropiat și imprevizibil, acel teren achiziționat avea să treacă în proprietatea prietenului nostru, asociat cu un prieten comun, la un preț de trei ori mai mare. Au pus la punct un proiect de casă și au vândut totul unui proprietar interesat, la un preț tot de trei ori mai mare, care a construit și am devenit vecini. Am reținut această evoluție și am învățat o lecție, pe care nu sunt foarte sigur că o voi putea practica. Nu le poți face chiar pe toate!

Dar să ne întoarcem la anii dinaintea acestor tranzacții, când aveam casa și garajul acolo, ne mutasem și mai aveam de făcut mereu câte ceva. În fiecare dintre acești ani, am adăugat, am reparat sau am îmbunătățit câte ceva. Cred că prietenul nostru m-a sunat, sau a apărut din senin, nu-mi amintesc. Cert este că mi-a făcut o vizită. Fiecare întâlnire dintre noi, ca doi oameni care au foarte multe în comun, înseamnă bucurie, schimb de impresii, informații.

Voiam să-i arăt și interiorul casei, cum ne-am aranjat. Dar, cred că a existat și un alt motiv. Fiind prieteni, aparținând unei confesiuni religioase neoprotestante, având principii și reguli foarte stricte de viață, fiind amândoi implicați în treburile locale sau regionale ale cultului din care făceam parte, prietenul meu a făcut o remarcă care m-a marcat și mi s-a părut deplasată, dacă nu chiar jignitoare.

Oricum, puteam să-i trec cu vederea orice, fiindcă eram foarte apropiați și, în decursul anilor ne-a ajutat enorm, a fost un prieten de nădejde, cum rar poți găsi în această lume și viață. Remarca sa era un repros voalat și o observație, că n-ar trebui să fiu singur, acasă, la munte, că ar trebui să fiu însoțit de soție. Nu-mi amintesc propoziția exactă a dialogului nostru, dar m-am simțit imediat inspirat să-l invit să vadă casa și să se convingă că n-aveam nicio țiitoare cu mine, eram singur cuc. De altfel, aceasta a fost singura mea replică, fără cuvinte, practică.

A intrat, a văzut casa, interioarele, am mai discutat puțin, poate l-am servit cu ceva, nu-mi amintesc. Oricum, el mi-a servit-o! După douăzeci de ani, îmi amintesc acest detaliu! Cred că m-a durut. Oricine a participat la construcția unei case, știe cât efort, zbucium, oboseală, epuizare, materiale, transport, meșteri și, multe altele. Desigur, acum era gata sau aproape gata. În fiecare dintre acești ani, am mai adăugat sau am mai schimbat câte ceva.

Gândul lui era deplasat. O autoritate morală și spirituală arogată fără drept. O imixtiune în viața personală a unui prieten pe care am resimțit-o ca pe un abuz. Cred că această atitudine este efectul religiei în viața oamenilor. Fiindcă ni se spune că suntem făcuți după chipul și asemănarea lui, toți dobândim nu doar gândul veșniciei, dar și pe acela de mici dumnezei și mari judecători. Ne facem gânduri suspicioase de acuzatori, le clocim și le dăm glas, fiindcă asta ne exonerează de propriile metehne, ne conferă un aer de superioritate. Câtă deșertăciune și goană după vânt! De ce să ne mirăm? Nu-i asta viața noastră?

REGIO TR (NM)

Pe mine mă chinuie „talentul" de scriitor. Aceste, câteva rânduri sunt satirice, sunt critice, e un fel de oglindă sinceră pe care ți-o pun în față, cu prietenie! Nu pot să cred că mă vei urî! Sunt sigur că sentimentele frumoase și sănătoase dintre familiile noastre vor rezista! Cu drag, Sorin:

Regionalismele sunt trăsături lingvistice specifice unei zone. Există în România, accentul moldovenesc, oltenesc, bănățean, ardelenesc. Am observat savanți, oameni de mare anvergură, cu orizonturi largi, care păstrează inconștient farmecul limbii neaoșe, strămoșești. Totuși, fenomenul este tot mai rar în mediul urban, tăvălugul modernității ducând cu el și ultimele trăsături ancestrale. Care să fie secretul acestor rezistențe ale spiritului vechi, *old fashion*? Cred că factorii sunt multipli și determinarea este complexă.

Corelația care îmi sare în ochi, pare să fie personalitatea accentuată a purtătorului. Cu cât persoana, din mediul rural – să zicem – are o personalitate mai puternică, este mai proeminentă, are stil, valori proprii, pregnante, cu atât stilul *old fashion* este mai evident exprimat. Anumite zone au darul lor specific, tipologia lor de recunoaștere. Societatea este un organism viu. Modul de viață, de petrecere a timpului, vestimentația, *gadget*urile, moda, preocupările noastre par a fi niște jaloane ale timpului, niște stații pe traseul vieții, care ne fac să evoluăm, să ne schimbăm.

Nu toți. Sunt oameni care își păstrează savoarea originilor neschimbată, toată viața, indiferent cât de diferit este mediul în care au nimerit. Ba, chiar dacă fac niște ajustări, personalitatea lor pare atât de pregnantă, încât imaginea lor de ansamblu pare să aibă inerția unei statui! Aceste persoane sunt perfect funcționale, adaptate, eficiente, inteligente, dar cu toate acestea, păstrează un iz arhaic în străfundurile fibrei ființei lor care le păstrează referința inițială neclintită. Stofele pot fi dintre cele mai fine și scumpe, dar croiala, culoarea, portul – rămân aceleași. Podoabele și zorzoanele sunt excluse cu desăvârșire. Make up-ul a fost proscris și exilat pentru veșnicie.

Deși, părul grizonat a dobândit o nuanță discretă de bleu azur, tunsoarea este scurtă – uneori – și o coafeză clasică a realizat un „permanent", închipuirea mea morbidă, continuă să vadă cu ochii minții, broboada înfășurată oriental, ca în țărăncuțele lui Grigorescu. Oricum, bine că de catrință și bundiță, nici vorbă. Permiteți-mi ca dedicația acestor rânduri să rămână secretă, deși mie îmi sare în ochi.

JURNAL

Nu ne alegem amintirile. Unele dintre ele sunt deosebit de pregnante. Îmi stăruie în minte o amintire deosebită. Nu pot explica de ce. Probabil pentru că este semnificativă. Vă las pe dvs să decideți. Eram la RAR, pentru a înscrie o mașină Suzuki cred, în circulație. Pe vremea aceea eram un creștin adventist credincios, așa cum, cultural, spiritual, formativ, încă mai sunt, deși am o altă concepție și filosofie despre viață și existență.

Uneori, rareori, când simțeam că nu pot comunica direct, sincer și deschis, le scriam scrisori copiilor mei, Miriam și Alex. De data aceasta era vorba de Alex. Voiam să stabilesc cu el, proiectele de viitor, ceea ce vrea să facă cu viața lui, starea lui spirituală etc. El a răspuns cu solicitudine dialogului, dar a lăsat o dimensiune – cea spirituală – neatinsă. Atunci l-am întrebat direct, l-am rugat să se pronunțe în legătură cu acest aspect fundamental al existenței. Drept care, el și-a luat inima în dinți și ne-a mărturisit că nu mai crede în Dumnezeu, că este ateu.

A fost un șoc, pentru noi, care eram la a treia generație de neoprotestanți, ieșiți din câteva decenii de totalitarism comunist, căruia îi făcusem față prin religie, ca o formă de rezistență pasivă, pașnică, dar tenace. Îmi amintesc că, sub influența acestui șoc, stând la rând la RAR, ore întregi, am simțit nevoia să-l sun pe prietenul meu, NM. El este un om dintr-o bucată, cinstit, onest, ne-a ajutat deseori, de-a lungul vieții. L-am sunat și i-am povestit, plângând în hohote, despre faptul că copilul meu, carne din carnea mea și sânge din sângele meu, devenise ateu. M-a ascultat. N-a avut o soluție. Dar, m-a ajutat să mă descarc de o povară sufletească pe care simțeam că n-o mai puteam duce. A fost o suferință foarte mare. O zguduire.

Atunci am hotărât să citesc și literatură necreștină științifică, filosofică, inclusiv critică, la adresa religiei. Abia acum realizez cât de mare a fost acea schimbare. Una e să citești pseudoștiință gen: Creaționism științific etc., și alta este să citești marea literatură filosofică și științifică privind evoluția, originile, procesualitatea acestui fenomen. Astăzi realizez cât de antiștiințific și contracultural este adventismul. Informal și oarecum subteran, cuvântul de ordine este să nu citești literatură neconvertită, fiindcă este dăunătoare, periculoasă. Și, într-adevăr este, fiindcă spune „tot adevărul" pe care noi îl clamam că ne aparține. Realitatea, cultura, știința nu sunt domenii care pot fi epuizate. Nimeni nu poate pretinde că și le-a însușit pe de-a întregul.

Dar, trebuie să facem niște alegeri. Alegem să fim ignoranți, alegem obscurantismul, sau alegem să fim cât mai informați, cel puțin informațiile vitale privind existența, originile, sensul, semnificațiile concepțiilor despre viață și existență. Numai că, este relativ greu să faci distincție între sens, semnificație, valori – care sunt foarte importante, ne definesc drept ființe umane inteligente – și realitate – care este neutră, nu are afinități, nu gândește, nu face filosofie, ci doar se oferă, există!

Nu pretind că am toate informațiile privind originile, evoluția, biologia, fizica și chimia, astronomia – ar fi o absurditate – dar pot afirma că așa cum am făcut întreaga mea viață, în ultimii zece ani am citit cca șase-zece mii de pagini anual din aceste domenii. Acesta a fost și a devenit procesul deconvertirii și reconvertirii mele. Și pot spune cu mâna pe inimă că, Alex a fost cel care m-a impulsionat.

Poziția religioasă și creaționistă este fructuoasă, reconfortantă, confirmatoare, generatoare de răsplată sau cel puțin de promisiunea ei, comodă, afectivă, dar simplistă, incompletă și nesatisfăcătoare. Nu rezistă la o examinare detaliată. Pretinde credință, angajare, atitudine militantă. Factorul supranatural, intervenția divinului, sunt obligatorii. Or, realist vorbind, lucrurile acestea nu se petrec la scara duratelor obișnuite ale speranței de viață specifice omului. Unitățile de timp ale religiei sunt mileniile sau ½ de milenii, sutele de ani.

Același lucru i s-ar putea reproșa și evoluției, ba mai abitir. Are nevoie de un timp enorm. Patru-cinci miliarde de ani pentru sistemul solar – oarecum proporțional cu dimensiunile spațiale, trei miliarde și jumătate de la apariția vieții, unul sau două milioane de ani de la separarea de primate, cimpanzei, aproape două sute de mii de ani de evoluție a hominidelor și homininelor și, în sfârșit homo erectus, habilis, ergaster, gorgius, cromagnon, neanderthal, sapiens, între cele câteva zeci de tipuri de înaintași. Muzeele lumii sunt pline de osemintele lor.

Îmi amintesc că, înainte de a parcurge această lectură de documentare, într-o dimineață, când eram toți, părinți și copii, nepoți, am deschis Biblia și am citit la „altarul familial", poate ultimul în această formulă, Prov 3,1-7. V 7 era mesajul. V 9 și 10 sunt critice. Ai grijă: nu veni cu mâna goală! „Cinstește-L cu averile tale." Mă rog.

Am citit v 5-7: „Încrede-te în Domnul din toată inima ta și nu te bizui pe înțelepciunea ta. Recunoaște-L în toate căile tale, și El îți va netezi cărările. Nu te socoti singur înțelept; teme-te de Domnul și abate-te de la rău!" Citeam și plângeam. Eram îndurerat. Privite din interiorul credinței, aceste afirmații sunt ireproșabile, imbatabile. Din exterior sunt un mecanism primitiv al mitei și pedepsei, o poruncă, sau o invitație profund interesată, mercantilă și inumană, limitatoare.

Ca părinte credincios, i-am spus răspicat lui Alex, că Dumnezeu îl va trece prin împrejurări critice, pentru ca să se redescopere, să refacă legătura cu el. Când ne-a prezentat-o pe Saina, viitoarea lui soție, am remarcat că în locul încercării, Dumnezeu a găsit metoda mai adecvată a iubirii! Și am adăugat aceste cuvinte de foc. „Desigur, dragostea nu exclude neapărat suferința!" Astăzi, aceste cuvinte mi se par profetice. Saina mi le-a confirmat, cândva.

Privind în urmă, constat că evenimentele s-au precipitat. S-au născut nepoatele, fiicele lui Alexandru și Miriam, fata noastră mai mare. Alex s-a căsătorit, s-a îmbolnăvit de cancer – limfom Hodgkin rezistent, diagnosticat în prima săptămână a lunii de miere – s-a chinuit cu tratamentul în Franța și Anglia – citostatice, transplant autolog, heterolog, fără niciun rezultat – și a murit. Nepoatele sunt bucuria noastră, Alex a devenit suferința și durerea noastră.

În cheie religioasă, am putea spune că Alex a fost pedepsit, a primit ceea ce a meritat. Dar, ar fi drept? Alex n-a exclus credința din viața lui, dar i-a înțeles perfect limitele. S-a putut detașa, obiectiva, și a reușit să-și accepte soarta crudă. N-a considerat-o pedeapsă. Știa că n-o merită. Dar, asta nu l-a salvat de la condiția de victimă. Desigur, religia ne face promisiunea unei existențe ulterioare, în viața de apoi, în Împărăția lui Dumnezeu. Dar o face doar după ce ne impregnează cu spectrul vinovăției, pedepselor de aici și cele veșnice. Ne motivează, chipurile! Atât de primitiv și lipsit de tact!

Dar religia nu va putea explica niciodată disproporția imensă între condiția etică, morală obișnuită a omului de rând și modul în care acesta poate avea parte, fără nicio noimă, de bucurie, fericire, mulțumire, împlinire sau, dimpotrivă, de suferință, chinuri, moarte, de multe ori violentă sau mizerabilă. Poate că este o măsură a trăirii tuturor acestora. Noi, oamenii proiectăm un sens în toate acestea. Dar există un sens autentic, o proporție, o echivalență măsurabilă, în ele? Oamenii, religia au găsit soluția translației, a convertirii tuturor acestora între tărâmul de aici și tărâmul de dincolo. Zadarnică compensare!

Dacă religia este doar un paliativ, o oblojeală, o mângâiere pentru cei săraci cu duhul, atunci își face partea cât trăim, avem o speranță, o nădejde, o credință. Dacă este doar una dintre invențiile umane pentru a face față provocărilor existenței, atunci avem cu toții aceeași soartă. Toți ne naștem, trăim, ne chinuim, sperăm, ne bucurăm, avem parte de fericire și necazuri, suferim și murim la fel. Unii se ascund sub odăjdiile religiei, caută protecție, ceilalți rămân demni, privesc realitatea în față, o pot accepta și merg mai departe până la final.

Religia se autoîntreține prin condiționarea credinței. Ba se spune că acesta este darul lui Dumnezeu! Sunt zbaterile unei ființe care poate accepta greu chinurile facerii, suferința durerilor și durerea suferinței, spectrul terifiant al morții. Și totuși, viața este atât de frumoasă, încât singura concluzie plauzibilă este că ea merită trăită din plin, chiar și în condițiile acestea.

TRĂZNETUL UNEI CATASTROFE
JURNAL

Suntem o familie normală de la cumpăna secolelor XX-XXI. Doi părinți, doi copii – fată și băiat între 30-40 de ani, bunici care în 2022 nu mai sunt. Intelectuali, medic și ingineră, creștini neoprotestanți, recent deconvertiți.

În familia noastră, lucrurile au decurs lin. Armonie relativă, dispute constructive – niciodată destructive sau violente, fără evenimente dramatice, copii buni și fruntași la învățătură, părinți în armonie și respect reciproc, eu cu o dispoziție ceva mai pozitivă decât media (sub-hipomaniacale), soția puțin melancolică, dar în interval de normalitate. Deși mă asemăn mai mult cu mama, am moștenit din partea tatălui, unele influențe paranoice, controlabile, mai ales că sunt medic.

Ducând o viață oarecum fericită, puneam uneori – mai ales eu – răul înainte. Îmi amintesc foarte clar că într-o împrejurare, am vorbit despre eventualitatea unor tragedii: accidente, vreun cutremur devastator – trăisem câteva, o boală incurabilă a unuia dintre noi. Dar, ideația aceasta este absolut naturală. Toți ne facem calcule, proiecte, alternative, tot timpul. Atunci când o coincidență ne sare în ochi, devine memorabilă.

Mama mea a rămas fără părinți din adolescența timpurie, după ce mai devreme fusese orfană de mamă. Părinții noștri trecuseră printr-o mare criză economică, printr-un război mondial, trăisem într-o țară comunistă ca minoritari religioși creștini. La pragul dintre tinerețe și maturitate, noi aveam să parcurgem revoluția, criza postcomunistă, revoluția postindustrială, informațională, pragul dintre mileniul doi și trei, când eram deja maturi.

Ceea ce vreau să spun este că viața era densă în evenimente – cum altfel – dar reușeam să le administrăm relativ bine, calm și organizat. Eram fericiți și nu știam. Poate că suntem încă și nu știm să apreciem.

Fiindcă am fost crescut oarecum carențat afectiv, spartan, adică fără prea multe drăgălășenii, mama fiind ea însăși privată afectiv, orfană, n-am exteriorizat suficient de bine afecțiunea față de copii. Îmi amintesc cum s-au oprit din joacă și ne priveau extaziați de pe covor, când noi părinții ne-am îmbrățișat odată în fața lor. Uneori, simțeam nevoia să comunic cu copiii, scriindu-le scrisori și rugându-i să-și ordoneze răspunsurile tot în scris.

Primul nostru șoc, sau doar al meu personal, a venit când, într-un astfel de schimb de misive, rugându-l pe Alex să-mi vorbească despre proiectele sale pe termen scurt, mediu și lung, profesionale, educaționale, sociale, spirituale, el a trecut sub tăcere ultima categorie. Era student la SNSPA, științele comunicării, fusese în cadrul programului Erasmus, într-un schimb universitar în Turcia, părea schimbat, emancipat.

Insistând, el mi-a răspuns. „Tată, eu sunt ateu. Eu nu mai cred în Dumnezeu." Avea deja în jur de douăzeci de ani, era major, avea viața lui. Eu continuam să fiu credincios, iar un neoprotestant este un practicant fervent al religiei. M-a durut. Mult. Nu puteam înțelege. Aveam copii buni, oameni întregi. De ce se rupea copilul nostru de cultura, spiritualitatea și tradițiile noastre familiale? Părinții părinților noștri deveniseră adventiști pe la începutul secolului XX, după Marele Război (Primul Război Mondial).

Băiatul nostru a fost întotdeauna mai onest, sincer și deschis în comunicare. Fata care este mai mare, este mai diplomată, nu prea spune ce gândește, ce simte, care îi este concepția, viziunea asupra vieții. Când izbucnește, devine foarte vehementă, deși este psihiatră și are pregătire psihologică. Oricum, o face rarisim.

Sunt practician neurolog, medic primar, doctor în științe medicale, am o licență în teologie, un master în psihoterapie. Am fost întotdeauna însetat de cunoaștere, am citit mult – poate dacă aș fi fost direcționat și asistat în devenirea mea intelectuală, aș fi realizat mai mult. Dar, aviditatea mea de a cunoaște, a rămas neostoită.

Totuși, acesta a fost un prag. Trebuia să pășesc dincolo de botezul și convertirea mea creștină. Filtram știința prin concepțiile mele creaționiste. Îmi amintesc o dimineață memorabilă, când toți copii veniseră acasă, după șocul produs de ateismul lui Alex. Dimineața, neoprotestanții au un moment spiritual. Ca tată și preot al familiei am deschis Biblia, Sfânta Scriptură și am început să citesc Proverbe capitolul 3. Citeam și plângeam. Atmosfera era încărcată de o emoție profundă. Alex a încercat să mă îmbrățișeze. L-am respins. N-a insistat.

I-am spus atunci că nu am ce să-i spun mai mult. Știe deja tot. Va trăi, va experimenta și va înțelege. Primul lucru la care se gândește un creștin, când este confruntat cu apostazia, necredința, este pedeapsa, suferința, anatema. De ce? Ce fel de religie este asta? La fel am făcut și eu. I-am spus că va suferi, va îndura și va striga. La cine? La Dumnezeu! Deși îl iubeam și era fiul meu iubit, mă simțeam îndreptățit să nu-i arăt dragostea mea de tată, fiindcă mă rănise greu și adânc. Cele mai alese, mai sfinte valori în care credeam, erau abandonate de fiul meu. Era crunt.

Aveam și am un prieten de nădejde, un om întreg, care m-a ajutat deseori când eram la ananghie. L-am sunat și îmi amintesc că de pe platoul RAR, îi povesteam întreaga tărășenie și plângeam în hohote. Apoi am început să citesc și mai abitir. Dar, de data aceasta nu ocoleam nimic. Am lăsat deoparte sursele creștine. Nu mai voiam bucate gata mestecate. Interpretate, hermeneutizate. Fizica cuantică, biologia și evoluționismul, istoria și critica religiilor, a creștinismului, literatura atee. Am mers direct la surse. Pentru prima dată! Și, deodată au început să-mi cadă solzii de pe ochi, să-mi vin cu adevărat în fire, să înțeleg care este adevărata realitate, nu crezurile, miturile, ideologiile, confecționate de oameni pentru oameni.

Am început să sesizez tonul inconfundabil al competenței, al adevărului imaculat, al înțelepciunii întemeietoare și primordiale. Știu că sună mistic. Știu că cunoașterea poate fi fără sfârșit. Dar probitatea științifică, atitudinea față de metodă, verificare, replicare, peer review, consens, contestare, falsificabilitate, reluare, renunțare la dogme, prejudecăți, nu pot fi măsluite.

Timpul a trecut. Am vândut proprietățile din București, Alex, care lucra în media TV, s-a mutat în apartamentul lui, Miriam și Alexandru au plecat în Franța, ne-am mutat la Snagov. Valorile îmbrățișate de religie sunt cele mai înalte și sfinte, acceptate universal și de dorit de către fiecare om întreg la cap. Problemele încep atunci când observi că, fiecare confesiune sau religie are adevărul ei specific, că este extrem de intolerantă cu orice devianță, că valoarea inestimabilă a principiilor îi conduce la considerente fantastice privind relația directă, nemijlocită și favorizată cu Dumnezeul Universului, adevărurile absolute devin dogme absolute, toleranța devine nulă, încrederea în crezuri obscure și discutabile, infinită.

Astfel, oameni onești, simpli, de rând, anonimi, ca fiecare dintre noi, devin ambasadori și reprezentanți plenipotențiari ai unei regii, scenariu cosmic, apocaliptic. Superioritatea și impenetrabilitatea atitudinii acestora, amintesc de patologia culturală, dacă nu de cea medicală, psihiatrică. Discursul cultural spiritual, devine delir sistematizat, în toată regula. Orice crâcnet, orice obiecție, este anulată *in embrio*.

La un moment dat, pur și simplu n-am mai suportat repetițiile nesfârșite, frazele stereotipe, aceleași idei, repetate *ad libitum*. Gabi, soția mea, a fost de acord să nu mai frecventăm biserica. Faptul că a fost un consens între noi doi și faptul că familia „IDE" participa la același parcurs, a fost o mare înlesnire. Ai nevoie de un minim confort emoțional în astfel de momente!

Apoi, într-o zi, Alex ni l-a adus pe motanul Socrate la Snagov sau ni l-a lăsat în Temișana, fiindcă, zicea el, l-a cules de pe stradă când nu avea prietenă și logodnică, dar acum are și ne-a rugat să-l păstrăm noi. Când am petrecut cu Adriela Saina și cu Alex un weekend la Pârâul Rece, mergeam pe Valea și Cheile Râșnoavei, am vorbit cu ei despre istoria tumultuoasă a transformărilor spirituale pe care le parcurgeam. Eram încă credincios! I-am mărturisit Sainei cum credeam eu că Dumnezeu îl va întoarce la credință prin suferință. Dar, Dumnezeu a găsit o cale mai bună: dragostea!

Saina, această persoană minunată care îl iubește pe Alex cu o iubire desăvârșită! Alex și Saina alcătuiesc cea mai frumoasă pereche de îndrăgostiți căsătoriți pe care i-am cunoscut. Și ce mult a făcut copilul acesta înțelept pentru Alex! Și cu ce preț! Alex mi-a spus odată: „Tată, dacă nu era Saina, eu nu mai eram astăzi!" Dar, să nu anticipăm!

Și atunci (pe Valea Râșnoavei) am rostit o frază memorabilă, care și astăzi îmi îngheață sângele în vine: *„Desigur, dragostea nu exclude suferința!"* Probabil că din potriviri de felul acesta ajung oamenii să se creadă profeți. Copiii s-au căsătorit, au făcut nunta lângă Snagov și urmau să plece în luna de miere. Pregătirile de nuntă au fost stresante, pline de emoție. Dar, totul a trecut cu bine și a fost o sărbătoare reușită. Ultima serbare!

După nuntă, Alex zice: „Tata nu mă simt prea bine. Am o durere ascuțită în umărul stâng, mi se întunecă privirea pentru o fracțiune de secundă și mă chinuie o tuse!" I-am recomandat un cabinet de pneumologie, pentru început. Noi părinții, aveam deja bilete pentru concediu și am plecat. Ei nu aveau să mai folosească biletele luate pentru voiajul de nuntă!

De la dispensarul pneumologic l-au trimis cu microfoto la Institutul de pneumologie Nasta. Acolo a căzut trăznetul: Limfom Hodgkin. Formațiune mediastinală de cca 12 cm. Diagnosticul s-a confirmat. Miriam l-a invitat în Franța, au locuit 6 luni la ei (Saina, cred că cu intermitențe, fiindcă era studentă, apoi rezidentă în România). A fost tratat și a avut o remisiune de cca 18 luni.

Între timp, inspirat, s-a înscris pentru un master în Anglia, unde intenționau să rămână. În timp ce continua masterul, reapariția simptomelor l-au determinat să facă investigații. S-a confirmat recidiva. Din 2018, n-a mai avut practic nicio remisiune, cu tot transplantul chimioterapia, radioterapia administrată. Acum – în 2022 – s-a recurs, în disperare de cauză, la ultimul gest terapeutic foarte riscant, datorită conflictului grefă/gazdă – GVHD, care se poate acutiza la cei cu transplant. A suportat bine două administrări cu 1/3 doză, dar are transaminazele foarte mari. Puncție hepatică, nu lipsită de incidente, foarte dureroasă. Suntem în continuare cu sufletul la gură!

RELAȚII DEFINITIVE – TATA

Cred că relațiile cu persoanele semnificative din viața noastră, sunt de trei feluri: funcționale, disfuncționale și fundamentale sau explicite. În relațiile funcționale, noi conversăm, colaborăm, proiectăm, ne ajutăm pentru a realiza ceva. Un scop, obiectiv, finalitate. Adică, relațiile funcționale au un aspect instrumental dominant, în care noi, oamenii care relaționăm suntem doar mijloace pentru scopul și produsul finit al relației. Ne putem întâlni pentru muncă, divertisment, închinare, sărbătoare sau doliu, dar nu suntem decât pioni, numere, mijloace.

Funcția acestor relații pare externalizată, obiectivată, un fluid de sine stătător. Destul de vâscos. Încercând să mișcăm lumea, să rezolvăm treburi, avem încredere, cooperăm, ne susținem, ne investim, ne risipim. O facem cu generozitate. Aspectele nespuse sunt trăite, simțite, nasc prietenii și căldură umană. Dar, nu le exprimăm! E greu! Poate, pentru că ne-am început viața într-un mediu aspru, în care oamenii trăiau drept, știau ce trebuie făcut, ce se cade și ce nu se cade.

Relațiile disfuncționale sunt relații tensionate, în care persoanele implicate nu se înțeleg, au țeluri diferite, preocupări, gusturi diferite. În relațiile fundamentale, explicite, două persoane, ființe, nu relaționează pentru a „face" ceva. Ei abordează direct, frontal, chiar relația lor. Se adresează unul altuia, își reflectă și rezumă relația, își transmit iubirea, recunoștința, mulțumirea. Sau, resentimentele. O pot face civilizat, sau nu. Vi se întâmplă des? O facem rareori!

Ca să înțelegeți că nu e un subiect simplu și ușor, am să vă povestesc regretele mele. Nimeni nu are părinți perfecți, dar ei reprezintă trunchiul din care am încolțit și am crescut. Ultima întâlnire cu tatăl meu. Mama era în spital pentru decompensare cardiacă. A trebuit să-i spun cine sunt. M-a recunoscut, astfel. Era într-o regresie cognitivă accentuată, dar purta o conversație uzuală, fără dificultate. Ar fi trebuit să intuiesc că e ultima dată când vorbim. Nu le-am produs niciodată rușine. Dar, ar fi trebuit să-i spun că am apreciat mult locul lui de cinste între oameni. Fusese un om de caracter, harnic, bun meseriaș, priceput, vrednic.

Avea o manualitate ieșită din comun. Putea relua un proces tehnologic de producție complicat, cu etape succesive și scule diferite, după o singură urmărire. Apreciat de colectivele în care a lucrat, de săteni, de biserică, un reper. A fost fierar, tinichigiu, ceasornicar, cizmar, agricultor, pădurean, cărutaș. Pe front, era brandist. A ajuns până în Tatra Mică, a fost rănit grav și trimis acasă.

Acesta era, fusese tatăl meu. Ar fi trebuit să-i spun că l-am iubit și prețuit ca pe un om integru. Nu i-am spus nimic din toate acestea. I-ar fi făcut bine să știe, că a trăit frumos, că era apreciat. Am încheiat cu niște banalități, s-a bucurat mult de cireșele proaspete, și dus am fost. După câteva săptămâni, s-a prăpădit printr-un accident vascular, la aproape 89 de ani. Ambii părinți s-au născut în același an și au murit în același an.

Dacă tata era un muncitor din greu și eficient, mama era dinamică, plină de idei de afaceri, scotea bani din piatră seacă, o mare figură, școlită la școala vieții, plus cele patru clase primare. Am revăzut-o și după înmormântarea tatei. Era prezentă, dar ca de obicei, nu te putea urmări prea mult. Vorbeam, ne priveam, știam.

Făcuse deja un infarct miocardic recent la vârsta ei, avea o insuficiență cardiacă, cu acumulare de exsudat pleural, evacuat periodic. Medicația, nu mai găsea suportul structural ca să ajute. Deși, era mai lucidă decât tata, fusese întotdeauna mare amatoare de ape puțin adânci. Avea oroare de profunzimi și subiecte complicate. Am încercat să glumim, am atins-o, am mângâiat-o. Era ajutată de anturajul apropiat. Ne-am despărțit. În sicriu, după câteva săptămâni, părea neschimbată. Vie. Ea însăși. Și totuși, moartă.

Între mine și groapă, nu mai era nicio generație. Îmi venise rândul. Dar, nu era nicio grabă. Mai aveam de trăit. Și de chinuit. În sfârșitul lui cuptor al anului 2022, s-a prăpădit Alex, Prâslea nostru, bolnav de limfom Hodgkin din 2016, descoperit în prima săptămână a lunii lor de miere (Saina și Alex). L-am vizitat, am vorbit, am corespondat, am luat împreună decizii finale grele. Nici în cazul lui Alex și Sainei, n-am fost la înălțimea gravității evenimentelor. Parcă există o forță care reprimă exprimarea liberă, nu atât a ideilor, cât – mai ales, a sentimentelor. Adorăm să plângem, să bocim lângă sicrie, în fața urnelor, în cimitire, în perioada de doliu, dar nu plângem în mod real, împreună cu cel lovit de suferință, nenorocire, fatalitate, moarte![3]

---

[3] Irvin Yalom, *Mama și sensul vieții*, trad. Dana Ligia Ilin, 2011. Orig, 1999.

TRILOGIE ALEX: #POȚISĂLUPȚI MEMORIAL ALEX ÎN AMINTIRE

Nu, acesta nu este un jurnal, nu este romanul documentar al unei drame teribile, este epopeea răstignirii unui inocent între abis și paradis, este cucerirea pas cu pas, redută după redută, a unei golgote personale, exemplară pentru orice damnat la suferință, în care realizarea literar artistică, complexitatea capodoperei sale monumentale este pe măsura tragismului sfâșierii sale, în echilibru cu măsura profunzimii, lucidității și demnității desfășurării mijloacelor de coping.

Dramatismul este echilibrat de inteligență și umor, suferința și durerea, de concentrare, disipare, dizolvare și anulare. Morbiditatea este atenuată de sensibilitate, receptivitate, frumusețea naturii, iubirii, primirii și dăruirii.

Însăși moartea, cu spectrul disperării existențiale, al caracterului ei definitiv și irevocabil, este transformată în meditație, solemnitate și valoare universală. Elisabeth Kubler Ross pare depășită. Etapele ei descriptive sunt mult îmbogățite prescriptiv cu know how-ul prelucrării, triturării și porționării catastrofei personale.

Aici nu avem doar procesul creativ artistic de maestru, ci consumarea creativă a durităților colțuroase ale existenței furnizate ca model oricărui muritor. Pe de altă parte, descrierea este făcută cu talent, cu o simplitate și onestitate profund umană, timbrul autenticității. Sunt pagini memorabile de analiză a destinului uman, definirea și absurdul chinului, morții, a rațiunii de a fi, de a exista și de a înceta să exiști, de a fi conștient și de a înceta ființarea conștiinței.

Interogațiile sunt tulburătoare: existența, viața, iubirea, creația, frumosul și estetica, universul, divinitate și religie, cunoaștere și credință, sens și nonsens, paradox. Vitalitatea și frământarea lumii este percepută prin sita suferinței, drept futilitate și mântuire.

Să fii tânăr, în luna de miere, la începutul vieții și a unei cariere, unei vieți de familie și a infinitelor posibilități de respiro și răgaz ale existenței și deodată să năvălească asupra ta, a soției tale, a familiei tale, a profesiei tale – cancerul – o boală terminală! Alex analizează impactul acestei catastrofe asupra sa, până la detaliu, găsește soluții creative, dar nu doar atât, ne descrie efectul asupra felului cum recepționează întreaga lume, mediul natural și relațiile, impactul asupra persoanelor semnificative din viața lui și trage învățămintele unui înțelept echilibrat, se focalizează și se detașează permanent, pentru a ne oferi cea mai potrivită și suculentă perspectivă.

Capcana suferinței îngrozitoare ar putea fi și este schimbată prin efortul de creație, printr-o absorbție și imbibiție dusă până la epuizare, care îl amenință pe autor în fiecare clipă. Arta lui este o artă a agoniei și vitalității lui. Versurile lui sunt frumusețea închinată iubirii, Sainei, vieții, creației, existenței, meditației la misterul de nepătruns al intervalului dintre frumusețea de a fi, coșmarul agoniei de a suferi și eliberarea de trudă prin neființă, prin zborul de a nu mai fi.

Eroismul lui Alex este rezistența sa exemplară, devenirea sa ca model de urmat. Misterul chinuitor al suferinței este deștelenit, asimilat, obstacol de cucerit și depășit, transformat în obiect de studiu, disciplină de însușit. El însuși este transformat prin suferință, cultură, studiu și asumare a disciplinei, într-un înțelept, un model, un om de cultură, un poet. Mai presus de toate, într-un învingător veritabil!

MEMORIAL ALEX
JURNAL

În ultima zi a lunii iulie 2022 am pierdut unul dintre cei doi copii ai noștri, pe Alex. Abia împlinise 35 de ani și a murit de cancer – limfom Hodgkin rezistent. A fost și rămâne extrem de dureros. În amintirea lui și cu contribuția lui, ca o colaborare între noi doi, pe care nici moartea nu o poate zădărnici, am purces la alcătuirea unui memorial în cinstea lui Alex.

Am ales ca piesă principală „Rugăciunea" lui Brâncuși. Ea reprezintă ideea închinării, supunerii în fața destinului și soartei, a limitelor ființei umane, într-o formă de o frumusețe tulburătoare. Deși reprezintă o adolescentă goală așezată într-un cimitir, nu rămâne loc decât pentru ideea profundă, existențială, a condiției umane. Înclinația, unghiurile, atitudinea, postura, gestul, suprafața – toate vorbesc despre modestie, supunere, acceptare cu serenitate a inacceptabilului.

Închinarea, religia, ca și întreaga noastră existență este însoțită de paradox. Noi avem și păstrăm o imagine astrală a lui Dumnezeu, gândul rugăciunii noastre se îndreaptă spre înaltul cerului, încercând să legăm realitățile telurice de strălucirea luminoasă a cerurilor. Gândul rugăciunii noastre străbate aștrii, dar la sfârșitul vieții fiecăruia dintre noi, se cască o groapă sau ne prefacem în cenușă. Cum a vrut și s-a întâmplat cu Alex.

Memorialul lui Alex va cuprinde esența acestui paradox. Rămășițele unui arbore falnic, procurat de mine și prelucrat de Alex, întors cu rădăcinile în sus, va constitui suportul. Pe această piesă, un cadru de susținere al „Rugăciunii", va simboliza o fereastră – Fereastra Rugăciunii – iar pe ea, va fi montată copia. Dincolo de rugăciune, capodopera lui Brâncuși, fie și în replică, exprimă elocvent, disponibilitatea de a te supune unui destin implacabil, neiertător.

De unde vin și unde se duc rugăciunile și rădăcinile noastre? În cer sau în pământ? Sunt, soarta, destinul nostru, răsturnate? Sau, soarta și destinul nostru sunt atât de absurde, încât am imaginat un crez, un mit, care să le răstoarne, care să le pună de pe făgașul disperării, pe treptele speranței, credinței? Aceste întrebări rămân. Dar, viața merge înainte! Alex, Versuri:

Existență Alex

Sunt o particulă virtuală
Obligată să dispară
Am primit o structură
Ceva timp și energie,
Dar nimic nu e al meu,
Totul e de împrumut.
Pe deasupra, ca o ironie,
Din cămara Pronie
Am primit o conștiință
Ca să cat de cuviință
Cu un ciob de neputință.
Asta sunt – un om, un slab
Condamnat să nu rămână sclav!

ALEX ÎN AMINTIRE

În durerea mea, a noastră, simt nevoia să vorbesc despre Alex, singurul nostru băiat, care nu mai este. Relația dintre un tată și fiul său nu este întotdeauna lină, numai armonie, mai ales că, ambii noștri copii, Miriam și Alex, ne seamănă – cum altfel – mie și Gabrielei, oameni și copii cu personalitate.

Pentru că Alex nu mai este mă voi folosi de un pretext, o producție grafică complexă, misterioasă a lui, greu de încifrat și descifrat, așa cum îmi spunea uneori – tu nu mă cunoști, nu știi cine este fiul tău. Într-adevăr, cine poate cunoaște un om, o ființă atât de complexă? Cine se cunoaște pe sine însuși? De ce spun psihologii că avem un inconștient, un zăcământ depozitat în străfundurile sufletului nostru, în care se luptă forțele instinctive, cu rațiunea noastră, cu afectele și afectivitatea noastră.

Opera lui, la care voi face referință, fără pretenția că îl înțeleg sau că nu greșesc în interpretările mele, este aceasta:

Tema centrală pare să fie existența, viața, suferința. Este aproape sigur că a fost realizată după aflarea veștii că are o boală cu potențial fatal, care presupunea multă suferință – inclusiv prin terapie, deși boala părea curabilă în 90% dintre cazuri. Iar, dacă este mult mai timpurie, așa cum bine știe Miriam, din perioada când, lucra deja ca jurnalist, terminase SNSPA – relații publice, științele comunicării și cocheta cu mijloacele grafice de exprimare, exersând ca grafician, înseamnă că e mult mai veche, are caracter premonitoriu și profetic.

Deși reprezentarea este foarte complexă și savantă, oarecum disimulată, nu mă pot detașa, proiectând-o în perioada când avea deja un diagnostic cu potențial fatal, sorții de vindecare erau reali și șansele intacte, totuși, impresia imediată este de șoc, teroare și groază.

Teroarea este dublă, așa cum sunt două ființe parțial vizibile, fiind aceeași persoană. Impresia dominantă este de crispare, angoasă, amenințare existențială. Una, calitativă, alta cantitativă – suferința și moartea. Ambele sunt copleșitoare, prin creuzetul fierberii cronice, la foc mic.

Suferința vitală, amenințătoare de viață are culoarea viabilă a senzitivului și senzorialului epuizat prin toate organele de simț. Se află în dreapta imaginii, mai depărtată, reprezentând o virtualitate cu speranțe mici, dar cu durere foarte concretă și reală. Loviturile ei vin sub forma unor ghiulele metalice care lovesc în plin și cuprind întreaga ființă, neajutorată, expusă, fără putință de scăpare.

Prima imagine, cea din stânga reprezintă teroarea morții, prin verdele putrid și roșul sângelui vital care se epuizează în procesul morbid. Graspingul care se prinde zadarnic de viață este sortit eșecului implacabil.

Totul se petrece pe țesătura tablei de șah a existenței, vieții, ale căror trăsături carteziene dătătoare de certitudini, au devenit o amintire vagă, iluzorie, fiind contorsionate de oroare, procesul chinuitor al parcursului gâtuit, în care locul cel mai larg este și cel mai densificat de probleme, iar cel îngust nu face decât să amplifice exponențial duritatea colțuroasă a dificultăților insurmontabile. Totul ia forma creuzetului, a fundului de sac fără scăpare, având o singură ieșire – neantul.

Privit în ansamblu, cu puțină imaginație, avem în față un chip, dincolo de chipul suferinței, o față, cu ochii mari, dilatați de midriaza prezentului apăsător ca povara infinitului, o cavitate nazală ce aspiră întreaga duhoare a bolii, suferinței și morții, o gură imensă care-și răcnește nestingherită durerea insuportabilă.

Dacă totul se rotunjește sub forma unui menton, în partea inferioară, încercați să vedeți stâlpii mandibulari care susțin fălcile nevoite să înghită întreaga mizerie a suferinței omului și omenirii.

Da, dincolo de țesătura detaliilor, este un craniu, este expresia plastică, înfrumusețată și totuși terifiantă a tigvei descărnate de orice urmă de viață, țeasta, rezultat final al vieții, bolii, suferinței și morții.

Este posibil ca Alex să fi avut intuiția destinului său tragic cu zece ani înainte de contracta boala, sau încă din perioada de incubație imunologică, în orice caz, înainte de a primi diagnosticul cu care s-a luptat, vreme de încă șase ani, cu speranță, îndârjire și disperare. Lângă el, în tot acest timp, a stat un înger – Saina Adriela – care l-a iubit și îl iubește cu toată ființa ei, i-a fost suport fundamental, l-a susținut, l-a mângâiat, l-a consolat, l-a încurajat, când suferințele și obstacolele deveneau insurmontabile.

Alex nu mai este, dar strigătul lui adresat lumii, vieții, existenței, destinului și zeilor, persistă. A luat cu el întreaga povară, a dăruit semenilor întreaga cumințenie, rezistență, înțelepciune și tehnică a supraviețuirii.

O POVESTE DIN POVEȘTI
DEZASTRUL

Pe la sfârșitul lunii aprilie 2024, am avut un accident extrem de neplăcut și terifiant, în locuință. Un radio-tranzistor Terry, micuț, compact, dar foarte complicat, cu multe butoane, care au multe funcții, și pe care nu le poți controla niciodată, fiindcă au viața și voința lor, a rămas presetat și a pornit la ora 8 dimineața, pe 27.04.2004.

Dintr-un motiv rămas necunoscut, dar numit de echipa de intervenție ENEL-PPC, „pierderea nul-ului" cu supratensiune, noi care aveam fire cu 230 V, am primit 410 V pe fiecare fir, inclusiv firul nul. Am putea spune că la un accident banal, rețeaua electrică a reacționat exagerat, fără protecție sau – folosind termeni medicali – anafilactic, alergic. Asta a prăjit mai multe aparate, din casă, placa electronică a CT, presostatul rețelei de irigație, au ars toate siguranțele, s-a împușcat un alimentator – transformator din sufrageria de la etaj, aflat în spatele TV, iar cele mai multe au devenit nefuncționale, încărcătorul laptop-ului, inclusiv routerul internet, automatul de la poartă etc.

În jurul orei 10, am intrat în sufrageria de sus, probabil fiindcă am rămas fără lumină, și am văzut toate ledurile întrerupătoarelor de la etaj, clipind. Le-am închis pe toate și am tras totul din priză. Asta a protejat etajul și o mare parte din aparatura de la etaj.

Prelungitorul în care se afla alimentatorul radioului și o baghetă LED, s-au topit, au luat foc cu flacără și focul s-a extins la parchet, pat, saltele, tabloul bucovinean aflat mai sus, a umplut totul de fum, a topit aparatul de aer condiționat, a făcut combina audio nefuncțională, a crăpat un geam, fără să-l spargă. Apoi, fiind o incintă închisă, focul s-a stins de la sine, probabil din lipsă de oxigen. Am intrat prima dată în dormitor la 15.30, când am descoperit dezastrul.

PPC și-a asumat obligația de a deconta aparatele arse, iar asigurarea noastră de locuință și pentru lucruri la ASIROM, celelalte pagube.

Desigur, un astfel de eveniment, înseamnă mult stres, multă muncă, multă mizerie și recuperarea parțială a valorilor. Rămân cicatrice sufletești pentru toată viața. Singura consolare – putea fi mult mai rău. Adică, să ardă toată casa. Un risc foarte real.

După încheierea formalităților de diagnoză, constatare, evaluare și enumerare, cu procese verbale de la PPC, ASIROM, ISU, am putut trece la curățenie, înlocuire și remediere. Am solicitat meșteri, prieteni, pe care i-am rugat să mă ajute cu oameni de specialitate. Toți au fost extrem de amabili, săritori, neprecupețind niciun efort.

Cu mici excepții, mici înțepături care nu puteau fi ratate. Aș putea spune că ele exprimă răutate, dar e o exagerare. Aș putea spune că spiritul creștin, credincios, nu poate fi separat de cel malițios, răzbunător, fariseic și ipocrit. Dar, vina se află la mine. După șaizeci de ani de credință fervență, de „experiențe" cu Dumnezeu – indiferent de conotațiile acestui cuvânt, am abandonat biserica, am ieșit din ghetoul subculturii spirituale creștine adventiste și am devenit agnostic.

Așa cum eram pe deplin convins de credința mea atunci, sunt pe deplin convins de justețea, rezonabilitatea și raționalitatea atitudinii mele de acum. Atunci aveam temeiuri subiective, de atașament, afective. Acum am temeiuri științifice, bazate pe dovezi istorice, arheologice, paleontologice, filosofice, psihologice, antropologice etc.

Totuși, subiectivitatea și limitele oamenilor sunt pregnante. Din nefericire, cam în același timp cu nenorocirea care s-a abătut asupra noastră, poate cu o săptămână înainte, familia MN a avut o experiență similară. NM (ea), care are un stil de conducere auto care mi-a dat dintotdeauna fiori, deși am traversat EU împreună și, din câte îmi amintesc, a primit o amendă de vreo 900 franci francezi prin Alpii Mediteraneeni, a făcut zob un autoturism, scăpând doar cu o sperietură zdravănă și o stare de șoc, dar fără nicio zgârietură.

Când l-am rugat să mă pună în legătură cu un zugrav, NM (el) nu s-a putut abține să-mi spună: „Vezi, dacă erai credincios, nu ardeai!" În lipsă de inspirație, replica mea a fost: „Eu credeam că ne arde la sfârșit, nu de pe acum." Asta i-a aprins luminițele „teologice" din cap și a negat că Dumnezeu ne-ar arde în vreun fel. Nu, Dumnezeu ne iubește! Nu va arde pe nimeni. Viziunea apocaliptică pierde teren în ochii omului modern. Încet, dar sigur, ne eliberăm de medieval, de „epoca întunecării", ca s-o citez pe Catherine Nixey.

Este o mare bucurie, o onoare, o obligație și o plăcere să spun că familia NM este un model de caritate, binefacere și creștinism autentic. Au fost binecuvântați și au împărtășit aceste binecuvântări în proiecte sociale, eclesiastice, și individuale, personale. Binefacerile lor sunt fără număr și puțin cunoscute, dar foarte reale, palpabile și ireproșabile. Au fost ținta invidiei, răutății și clevetirilor din interior și din afară, dar sunt imperturbabili. Însă, toți suntem oameni și nimic din ceea ce este omenesc, slab și limitat, nu ne este străin fiecăruia dintre noi. Voi continua să-i admir, să-i prețuiesc și să-i iubesc. Cu oameni ca ei, lumea ar fi mult mai bună. Chiar dacă micile înțepături n-ar lipsi.

Snagov, 16 aprilie 2024

CONDAMNAT LA DILEMĂ

După o evoluție de 10-15 ani, și cu o vechime religioasă de peste 50 de ani, aflat la a treia generație de credincioși, având studii teologice universitare, deși am profesat ca neurolog, pot spune astăzi, când nu mai sunt membru al bisericii creștine de care aparțineam, că sunt sceptic, agnostic, orice or fi însemnând cuvintele astea.

Asta spune rațiunea și judecata mea. Și cred că nu greșesc. Religia creștină are o tradiție, cultură și spiritualitate bogate. Le prețuiesc în continuare. Nu e niciun merit în asta. Totuși, nu pot ignora faptul că, dincolo de istoria și tradiția sacră, de contribuțiile oamenilor religioși ai iudaismului, creștinismului, și ale celorlalte religii, nu există nicio dovadă materială, obiectivă, științifică, a existenței lui Dumnezeu.

Nu există, dar timp de cincizeci de ani, am citit despre Dumnezeu, Trinitate, Domnul Isus Hristos. M-am rugat lor. M-am gândit la Dumnezeu Tatăl, am dialogat cu Isus ca un frate mai mare, un prieten mai înțelept, le-am adresat rugăciuni, am în mintea și inima mea chipul lor, sunt prietenii mei, fac parte din familia mea. În alte cuvinte, eu sunt creștin. Cultural, spiritual, am o structură pe care n-o pot nega. Ea rămâne. Da, dar realizez că toate acestea sunt stereotipii dinamice, obiceiuri, că convertirea mea a fost urmată de o deconvertire a mea, că datele științifice, fizica clasică și cuantică, astronomia și cosmosul, neurologia și neurofiziologia, chiar dacă nu și-au spus ultimul cuvânt, oferă indicii clare că alta este natura realității.

Că miturile, zeii și religiile sunt o imagine a lumii din copilăria ei, când golurile, petele albe, erau prea dese. Au fost umplute cu imaginație, cu spirite, duhuri și zei, cu puteri și forțe divine, imaginare, care ofereau o variantă pasageră, o alternativă mitologică, religioasă, până când aveau să apară zorii descoperirilor științifice, cunoașterea avea să progreseze, petele albe acoperite și golurile umplute. Vorbim astăzi de legi și raporturi fizico-matematice, de formule de calcul ale realului, de structuri infinitezimale, chimice, de particule subatomice și câmpuri. Ele sunt realități. Nu le putem nega.

Aflăm că avem o istorie a umanității. Nu de câteva mii de ani, nu de câteva zeci de mii de ani, ci de sute de mii de ani, prin rudele noastre hominide care și-au lăsat urmele, oasele și craniile pentru studiul arheologic. Că viața nu are vârsta istoriei și culturii înregistrate, că ea există de milioane de ani. Că miliardele de ani ale universului actual, sunt proporționale cu vastitatea spațiilor siderale, măsurate în miliarde de ani lumină.

Pus în fața acestor dileme, sunt înmărmurit, blocat, dar și fericit. Nu pot fi învinuit. Toate aspectele astea sunt mult prea complicate. Balanța înclină sigur în favoarea științei, cunoașterii. Dar, cultural, afectiv, continui să mă simt legat de Dumnezeul meu, de Domnul și Mântuitorul meu. Nu mă simt abandonat, lepădat, ci prețuit, iubit și valorizat. Nu sunt decât unul dintre frații mei, un om. Un anonim.

Astăzi am aproape 73 de ani. De când mă știu, am fost o fire deschisă, comunicativă, sociabilă. Și totuși, diferit. Eram diferit, distinct de toți ceilalți, fiindcă făceam parte dintr-o minoritate religioasă. Eram neoprotestant, într-o lume ortodoxă, sub un regim totalitar, comunist, ateu.

Copiii, colegii, erau în genere prietenoși, dar știau să fie și răutăcioși. Uneori, îmi strigau o poreclă peiorativă care era un termen de argou pentru evrei – „jidane". Primeam acest apelativ cu stoicism, încercând să-l ignor. Mă ambiționa să nu mă dau bătut, să fiu printre primii la media de absolvire, să mă impun în alte moduri.

Părinții mei îmi dădeau o educație spartană, mă implicau în activități domestice, mă făceau părtaș la asperitățile vieții. Toate astea mă oțeleau, mă făceau să-mi caut satisfacțiile ca terapie a frustrărilor, în literatură, în religie. Nu eram performant la sport, la jocuri cu mingea, dar știam să mânuiesc o seceră, o sapă, o secure. Lectura beletristică, școlară, științifică sau religioasă erau refugiile mele, în timpul liber.

Biserica ortodoxă era pe muchia dealului în amfiteatru, pe care era situată localitatea natală – Grigoreni. Noi eram pe un deal aflat în centru amfiteatrului, unde trona cimitirul, care era vis a vis de cele două trei case mai îndepărtate, între care și vechea adunare – biserica AZȘ, iar mai central, școala primară și căminul cultural, care era și cinematograf. Totul, în marginea unei pășune a satului, devenită a CAP – cooperativa agricolă de producție, fostă gospodărie agricolă colectivă socialistă.

Deși, aparent totul părea normal, eram conștient permanent că sunt diferit, că între mine, noi și ceilalți este un ecran, o separare oarecum invizibilă, transparentă, dar care nu va putea fi trecută niciodată. Poate că era doar un aspect subiectiv, dar faptul că un coleg din școala elementară, și-a adus un șoric de porc cu grăsimea adiacentă și mi l-a dat pe la gură, când eram la săniuș, nu avea darul să mă liniștească.

Mai era și aspectul economic și profesional. Tatăl meu era un bun meseriaș – fierar, tinichigiu, ceasornicar etc. Mama țesea covoare în sezonul rece, era foarte dinamică, avea un spirit de comerciant, dar se achita și de obligațiile agricole colective, singură, cu noi, copiii, sau cu ajutoare dintre prietene și cunoștințe. Călătorea mult în orașele cele mai apropiate, mergea la rude, era foarte întreprinzătoare, dar se limita la fleacuri, nimic de anvergură. Avea doar patru clase primare. Era darnică, cultiva relațiile și schimburile de orice fel erau marea sa pasiune. Pe scurt, eram deasupra mediei și asta ne făcea mai diferiți.

Înțepăturile nu veneau doar din afară. La terminarea clasei a opta – școala elementară, care ulterior avea să fie generalizată la 10 clase, am trecut la liceu, sau școala medie. Se susținea un concurs de admitere, iar pentru că eram credincios, am urmat cursurile fără frecvență.

Am promovat în clasa a zecea, m-am angajat cu tatăl meu ca tinichigiu în construcție, sau la o întreprindere de drumuri și poduri, unde făceam borduri (cca 200 buc/zi – muncă nu glumă), apoi am făcut un curs de calificare ca fochist cazane abur – autorizat până la 50 de atmosfere (ceea ce mi-a permis să mă întrețin și în facultate, prin centrala termică a căminului studențesc), pentru că formele de învățământ serale sau fără frecvență aveau nevoie de dovada justificatoare de la locul de muncă. În general, mă angajam primăvara și lucram până toamna târziu, după care abandonam serviciul în favoarea învățatului. Adeverința era cerută doar la începutul fiecărui an de învățământ.

Când m-am întors acasă, după clasa a IX a, unul dintre frații creștini, un bărbat puternic ca un zdrahon care era un foarte bun săpător de șanțuri și canale, făcând parte dintre ceilalți credincioși, nu familiile Săndulache, majoritari, m-a interpelat într-o pauză: „Ce mă, fugi de muncă?" Nu, nu fugeam de muncă. Activitatea, chiar și cea mai umilă, îmi făcea plăcere, mai ales că aveam nevoie și de bani de buzunar. Omul nostru nu auzise de activitatea sau munca intelectuală. L-am regăsit mai târziu emigrat în Australia, împreună cu soția, chemați de feciorul lor cel mai zănatic, care s-a dovedit un om de toată isprava.

ANCHETA
(FRÂNTURI BIOGRAFICE)

În anul 2020, începând cu 1 iulie, a încetat activitatea mea profesională principală, în cabinetul de neurologie al Ambulatorului, Spital Colentina București, la vârsta de 68 de ani, însumând cca 28 de ani în același cabinet. Vârsta legală de pensionare pentru limită de vârstă era de 65 de ani. Urma să continui pentru un timp (13 luni), la Centru de sănătate RATB – STB (întreg personalul navigant, de întreținere și administrativ), unde aveam un al doilea contract de muncă (o scăpare a serviciului personal), derulat pentru o perioadă de peste 10-15 ani. Prin Cabinetul medical individual (CMI), aveam un contract de colaborare cu Primăria sectorului 2 București, unde se întâmpla să fie cele mai multe stabilimente pentru persoane cu dizabilități din București, la care se adăugau două cămine – spital pentru vârstnici, numite popular aziluri de bătrâni.

În timp ce, în cazul vârstnicilor, era suficient să menționez consultația în Foaia de observație, cu semne, simptome, diagnostic și tratament, în cazul persoanelor cu dizabilități, am constatat că datele somatice, neurologice, cognitive și psihologice, psihiatrice (ultimele două, mai bune), erau relativ sumare, fiind completate de-a lungul anilor, ulterior implicării mele. În cele câteva centre erau câteva sute de asistați, la care puteai citi pe prima pagină a fișei, același diagnostic stereotip – retard mental.

Asta m-a determinat să examinez complet fiecare pacient, cu toate semnele neurologice, cu enumerarea diagnosticelor, inclusiv, cu evaluarea calitativă și cantitativă a gradului deficitului cognitiv. A fost un efort, oarecum de pionierat, dar lucrurile au început să se miște, în sensul bun al cuvântului, după imaginile televizate, din anii nouăzeci care au făcut înconjurul lumii, cu condițiile inumane ale asistaților din România post comunistă.

Colaborarea cu Primăria a durat până la pensionarea mea definitivă, din orice activitate și desființarea CMI, în august 2023, pentru o perioadă de cca 10-15 ani.

În lunile în care îmi pregăteam pensionarea de la Colentina, am primit un telefon prin care mi se solicita colaborarea neurologică cu o clinică numită ARAS, de la periferia sectorului 2, la limită cu județul Ilfov, undeva spre Pantelimon, Cernica. Cu gândul la pensionare, deși aveam deja trei job uri și urma să pierd doar unul – adevărat, cel mai important – m-am precipitat și am acceptat noua colaborare.

Înțelegerea era ca să examinez, să pun diagnosticul neurologic și să dau verdictul de apt/inapt conducere auto, pentru pacienții neurologici. Am semnat un contract de colaborare, am văzut „clinica" care nu era nici măcar o policlinică, având totuși, câteva încăperi, în ceea ce părea să fie butic de trotuar mai întremat. Indemnizația mea era de două mii de lei pe lună.

Am cunoscut câțiva colaboratori, fete din administrație, un coleg care se apropia de 80 de ani, dr Husein, patronul, am semnat hârtiile, probabil am văzut și câțiva pacienți, fiindu-mi alocat un cabinet, mi-am lăsat ciocanul de reflexe și parafa, un halat sau două, urmând să vin oricând era nevoie de neurolog sau să-mi fie trimiși pacienții la STB, unde aveam cabinetul principal. În treacăt fie spus, la STB, vedeam în zilele aglomerate și până la 40-60 de conducători auto.

La cca o săptămână, patronul sau medicul principal, Dr Husein, m-a anunțat că a făcut deja o copie după parafa mea. În naivitatea mea, m-am bucurat și mi-am recuperat propria parafă. Trebuie să menționez, că întreaga mea activitate medicală, și cred, a oricărui medic, a implicat câteva halate, un ciocan de reflexe și parafa, care erau păstrate și încuiate de asistenta colaboratoare a fiecărui cabinet – Cantacuzino, Centrul de Dg și tratament, Colentina, Ambulatoriu Colentina, C de sănătate STB, Sediul CMI sector 2. De asemenea, în perioada activă am avut permanent, un ciocan de reflexe, un rețetar și o parafă în mașină.

La cca un an și ceva, de la începutul colaborării mele cu clinica ARAS, am primit o invitație de la poliția sector doi, undeva pe Brezoianu, segmentul din apropierea Magheru, unde am fost întrebat și mi s-a cerut o declarație privind colaborarea cu clinica ARAS. Redactarea împreună cu inspectorul a durat cca două ore, am semnat documentul și am plecat. După câteva săptămâni, am primit aceeași invitație de la Serviciul Rutier al Poliției Ilfov. M-am prezentat, dar aici am constatat că eram cca treizeci de medici de diferite specialități, am fost interogați, ni s-au luat declarații, ni s-au înmânat documente de acuzare și inculpare și am fost reținuți pentru o noapte în arestul poliției. Acuzațiile sunau foarte grav și sinistru, fals, neglijență și alți termeni juridici. Ca probe erau furnizate, declarativ, cel puțin în cazul meu, treizeci de fișe auto, purtând parafa mea. La o dată ulterioară, a fost efectuată și expertiza grafologică. Nici una dintre acele fișe nu era completată de mine. Am fost invitat de mai multe ori la poliție, mi s-au luat mai multe declarații. Ultima dată, ca și la procuratura din Buftea, am declarat și am lăsat un document propriu, în care am menționat clar că nu am efectuat niciodată o fișă auto, completată, semnată și parafată de mine, fără să examinez pacientul.

Mi s-a propus o condamnare de un an, cu suspendare, pe care am refuzat-o, preferând să merg în fața unui judecător, beneficiind de apărare, în fața acuzațiilor de care eram cel mult, parțial vinovat, dar neimplicat direct și efectiv. Procurorul și-a manifestat surprinderea, apreciind deschiderea mea anterioară și declarațiile oneste. După această întrevedere, inspectorul de caz, m-a sunat și mi-a comunicat că Poliția Rutieră Ilfov, nu mă va mai solicita pentru audieri. Nu știu exact ce semnificație are această informație. Sper să însemne că am fost scos de sub urmărire penală. Vom vedea.

Acest episod care a „încununat" încheierea activității mele profesionale a constituit o traumă majoră pentru mine. Doar în ultimele 18 luni de activitate în Ambulatoriu Colentina, ca neurolog, am avut un salariu de cca 150 mii lei, din care primeam, net aproape două mii de $ sau euro (în jur de 7,5-8,5 mii de lei). Timp de aproape treizeci de ani am primit 10-15% (sau un sfert din suma brută/netă de mai sus) din venitul unui coleg occidental sau lumea, cu adevărat liberă. În mod tacit și implicit, niciodată explicit și cinstit, acoperit cu acte contabile, regimul comunist și cel postdecembrist, transferau asupra pacienților, remunerația noastră, a medicilor, care eram ținuți pe salarii de mizerie.

Cu cele trei job uri ale mele, abia de reușeam să mă ridic la jumătate din venitul occidental al unui medic. În acest context, trauma unei anchete nedrepte, stresul, hărțuirea și agresivitatea aproape gratuită (cel puțin, în cazul meu) a unei anchete, a redeschis răni adânci. Sunt fiu de țărani meșteri din Bacău, Moldova. Am avut parte de o educație aspră, spartană, chiar, cu o copilărie fericită pentru că era trăită în mijlocul naturii. La 7-8 ani, aveam deja o sapă pe măsura mea. Toată vara mergeam cu mama sau ambii părinți la secerat, prașilă, cosit. Acasă, vitele, grădina, ne solicitau continuu.

Aparținând unei minorități religioase neoprotestante, indezirabilă regimului comunist, eram dureros de conștienți că suntem segregați, că suntem diferiți, că între noi și lume este un perete despărțitor, mai mult translucid decât transparent, oricum, de netrecut. Un zid incasabil, securizat. Mi-e greu să conștientizez, dar presupun, bănuiesc, în această separare, un jind, o dorință niciodată împlinită cu adevărat, o ostilitate, o duritate de ambele părți, care s-au răsfrânt asupra mea și asupra lumii mele.

Nici ei, nici noi, nu eram dispuși să spargem acest zid. Am fost între fruntașii clasei, îmi plăceau cărțile, dar nu avea cine să mă îndrume. Învățam pe rupte ca să scap de muncă. Munca intelectuală era privită ca un moft, atât în biserică, cât și în afară.

Am continuat să învăț, dar de muncă n-am scăpat. Fiind un om religios, ținând de o ramură fanatică, neoprotestantă, nu puteam frecventa cursurile de zi. Pentru ca să am parte de un simulacru de școală, am virat de la fără frecvență către seral, unde mi se cereau adeverințe de la locul de muncă. La 16 sau 17 ani, în vacanța de vară, făceam 200 de borduri pe zi, la „Drumuri și Poduri", apoi am fost tinichigiu cu tata, cu care împărțeam o cameră dintr-o baracă pe șantier. La 18 ani, am putut să fac o școală de mecanici centrală termică (fochiști) și am obținut autorizație pentru cazane de abur până la 50 de atmosfere.

Așa am reușit să termin liceul și să mă pregătesc pentru facultate. Visul părinților, al mamei mele, dar și al meu – fiindcă era o profesie liberală, cu program lax, cu autonomie relativă – era să intru la facultatea de medicină, să ajung medic.

După bacalaureat, am stat un an pe bară, pregătind intens examenul de admitere. O fi fost bine, o fi fost o prostie? Cine știe? Am picat la Iași, am intrat la București. Doi ani pierduți.

Perioada studiilor din București, a însemnat o lume nouă și totuși veche. Am scuturat apucăturile rurale, provinciale, dar nu aveam încă literatură de calitate. Continuam să fiu printre studenții fruntași. Făceam furori cu specificul meu religios, dar conflictele se risipeau repede, ca un abur, ca un fum sâcâitor. Uneori primeam asigurări din partea unor profesori, care ar fi putut fi ultimii la care să te gândești – filosofie marxistă, economie politică sau socialism științific. Ce nume! Pe cât de bombastice, pe atât de-suete!

Anii treceau și încet, dar sigur, țăranul necioplit, fanaticul religios, sălbaticul necizelat, se înmuiau, eram transformat, modelat, la viteze și cu ritmuri diferite, în funcție de profunzimea și gravitatea rănilor, diformităților, sechelelor.

Cine și ce sunt astăzi, după o viață de agonie și bucurie, de agoniseală și plictiseală, de dăruire și primire, de erori și satisfacții, de rateuri și împliniri?

Un om, un anonim, o ființă ca oricare alta dintre miliardele de ființe omenești. Suntem hărăziți, binecuvântați și blestemați, cu știință și conștiință, cu gânduri și limbaj, cu înfrigurare și răgaz, cu lene și uimire, cu sclipiri și ignoranță, cu răutăți și generozitate, cu fapte de ispravă și dorințe de ducă. Ființe bipolare, ca întreaga realitate, contradictorii, dar având șansa rezoluției și rezolvării. Deși condamnați, rămânem optimiști.

SUPRANATURALUL METAMORFOZAT ÎN MIT

MIT

Mitul este o narațiune imaginară, fantastică, creată anonim, folcloric și tradițional, din vremuri imemoriale, care oferă o explicație plauzibilă asupra originilor, istoriei și escatonului. Dar, n-am surprins caracterul fundamental, esențial al mitului. Mitul este perceput complet diferit din afara lui, ca un produs cultural și cu totul altfel, din interiorul său, ca o explicație veritabilă a existenței. Existența în interiorul mitului se numește religie, credință, convingere. Noi putem accepta caracterul mitologic al tuturor religiilor pământului, cu excepția credinței profesate, celei căreia îi aparținem. Este o incompatibilitate fundamentală, un nonsens, între abordarea culturală a mitului și trăirea lui din interior, în cadrul unei confesiuni religioase. Fervoarea, investirea afectivă și existențială a propriilor convingeri, anesteziază ca prin farmec orice tentativă de evaluare lucidă, devenim niște automate, roboței habotnici și fanatici, și deodată elementele fantastice ale mitului fac parte din ființa noastră, definesc identitatea și demnitatea, esența noastră care nu poate fi negociată. De ce? Fiindcă lumea era religioasă. În întreaga ei istorie. Iar lumea laică, continuă să fie în travaliu, în durerile facerii.

MITOLOGIE

În acest material încercăm o interpretare naturală, obișnuită, reală, a mitologiei și mitogenezei. De la Einstein, realitatea constă – printre altele – într-un continuum sațiu-timp.

Ați urmărit probabil o imagine importantă și celebră, în care se pornește spațial de la proporțiile unei ființe umane și se culisează spre inframicroscopie optico-electronică, până la atom, nucleu și cuarci, pentru ca apoi, imaginile să curgă invers, sub aceeași listare a ordinelor de mărime spațiale, prin proporția umană, către cosmos, sisteme solare și stelare, galaxii și metagalaxii. Acesta este spațiul – o întindere.

La fel și timpul. Tot o întindere, și tot împărțită în ordine mărime. Viața umană durează câteva decenii, rar – până la un secol. Dar există fenomene, procese, al căror ordin de mărime sunt nanosecundele și viața universului sau a stelelor care se întinde pe zeci de miliarde de ani. Aceste diferențe sunt dificil de reprezentat și înțeles.

Or, ființa gânditoare și conștientă de sine care este omul dorește să ordoneze, să dea sens, noimă, întregii realități. Atunci când nu exista nici măcar o cunoaștere elementară a fenomenelor, proceselor, intimității cauzal-deterministe a acestora, oamenii au pus în mișcare, au creat o dinamică, o poveste, mai multe povești, în care au împletit istoria cu imaginarul, naturalul cu supranaturalul, au însuflețit lucruri, ființe, și au oferit explicații mai mult sau mai puțin realiste sau spiritualiste.

Originile, parcursul și sfârșitul trebuiau justificate, explicate, umanizate și îmblânzite, făcute confortabile, dătătoare de speranță, încredere și optimism. Bucuria, șansa, succesul, reușita, sănătatea, nașterea și dragostea – trebuiau sărbătorite, celebrate. Suferința, pierderile, eșecul, boala, moartea, riscul – trebuiau administrate, prevenite, amânate, îndulcite.

Asta au fost chemate să facă miturile într-o epocă preștiințifică. Secole și milenii, ființa și ființele umane, individual și social, au fost nevoite să creeze cultură, spiritualitate, artă, frumusețe, pentru a face viața și moartea suportabile.

Ficțiunea și mitul sunt din aceeași familie. Doar că ficțiunea este elegantă, laică, nu face economie de mijloace artistice. Mitul are pretenții existențiale, abordează aspecte grave, importante și definitive. Origini și întemeiere, natura existenței și lucrurilor, explicații ale adevărului și erorii, binelui și răului, suferinței și morții, justiției și vinovăției.

Creat din vremuri imemoriale, orice mit are două trăsături genetice și de concepție importante: caracter dramatic, dinamic și folcloric. Caracterul dramatic, cu acțiune, dinamică, personaje, intrigă, rezolvare – îl face credibil, realist, atractiv, dar uman, oricât de fantastic și supranatural ar fi. O narațiune nu poate fi suprapusă realului, care este totdeauna infinit de complex. Caracterul folcloric, îi conferă înțelepciune, profunzime, valoare culturală și spirituală, fiind completat de minţile autorilor colectivi, în decursul secolelor. Variantele sunt întotdeauna multiple, creative, ingenioase.

Două atitudini sunt diametral opuse faţă de mit. Să trăieşti în interiorul lui, să-l iei drept realitate, revelaţie, adevăr fundamental, existenţial – ignorând esenţialul, adevărurile universale, specifice naturii umane, pe de o parte şi, atitudinea realistă, critică – care verifică contextul istoric, arheologic şi poate distinge între fapte şi fantezie, pe de altă parte.

O altă trăsătură a mitului, cel puţin cel iudeo-creştin, este aceea că, atunci când determinismul cauzal rezonabil al unei justiţii imanente, eventual divine, în domeniile umane ale istoriei, societăţii, economiei, n-au mai putut fi susţinute, când însăşi istoria şi-a pierdut orice sens şi aşteptare, când Dumnezeu a tăcut şi n-a intervenit, când însuşi fibra naţională a unui popor ales a fost pusă în cumpănă, s-a născut apocalipticismul.

Trăim într-o lume uzurpată. Puterile răului au ocupat realitatea telurică, imediată. Dar, există o soluţie salvatoare, pe măsura dezastrului – nu aici, nu acum, ci într-o altă lume, într-o împărăţie viitoare, în alte dimensiuni, acolo unde Dumnezeu continuă să fie atotputernic. Dacă lumea nu este ceea ce trebuie, dacă există absurd şi mister, este pentru că, deşi Dumnezeu a pierdut o bătălie, nu a pierdut războiul. Aveţi răbdare! Şi aveţi credinţă. Există o soluţie amânată! Apoc 14,12. 13,10.

Până şi matematica, fizica, ştiinţele naturale, logica, au un sens, o semnificaţie. Dar acestea sunt susţinute de structuri reale şi legi repetabile, verificabile. Când, însă, naraţiunea mitului, împlineşte aşteptări convenabile, dar imposibile, fantastice, nu ne rămâne decât credulitatea.

Miturile au adevărurile lor, frumuseţea, cultura şi spiritualitatea lor, dar sunt altceva decât realitatea cotidiană, sunt adevăruri decantate, sublimate, esenţe.

GENEZA RELIGIEI. CONFESIUNE, DENOMINAȚIUNE
(ISTORIE, CULTURĂ, MIT)

Un autor scrie un roman, literatură de ficțiune. Romanul este bine scris, credibil, captivant, îmbogățește cultura și experiența de viață, literară. Dar el, conținutul său, personajele sale, rămân o ficțiune. Și totuși, în calitate de operă literară, carte electronică sau pe suport de hârtie, este o parte a realității. Romancierul se poate îmbogăți din drepturile de autor, câștigă celebritate. Toate acestea sunt realități foarte palpabile, dar acțiunea romanului este și rămâne o ficțiune.[4]

Ce este real și ce este imaginar, ireal, fictional? Numim istorie suma evenimentelor trecute, petrecute, reale. Dar ele sunt relatate foarte diferit, în funcție de interese, simpatii sau antipatii, convingeri sau ideologie. Apoi istoria este scrisă și rescrisă. Iar, înainte de a fi scrisă, când nu exista alfabetul și scrierea, pentru evenimente arhaice, antice, a fost transmisă oral, ca tradiție, având puternice conotații folclorice.

SCRIPTURA CA AMESTEC DE ISTORIE ȘI MIT

Diferența fundamentală este poziționarea față de un eveniment. Un eveniment istoric, petrecut cândva, devine un eveniment mitic, mitologic, atunci când poate oricând să redevină actual, să fie parcurs, retrăit simbolic, încărcat de sens și semnificații, transformator[5]. Diferența dintre istorie și mitologie, este substanțială, de gen, natură etc.

Participarea istorică la eveniment este importantă, dar nu neapărat decisivă. Ceea ce relatează povestitorii este de o diversitate și diferență șocantă.

---

[4] Inspirat de Karen Armstrong, *Scurtă istorie a mitului*, trd Mirella Acsente, 2005 orig, Orion 2022, Nemira Pub House.
[5] Idem

LITURGICA DIRECTĂ ȘI INDIRECTĂ

La fel de importantă este și participarea la ritual, ceremonial mitic, religios, prin care este reiterat un eveniment semnificativ, istoric sau nu. Aș spune că participarea obiectivă, reală are importanța ei, dar mult mai importantă este participarea interioară, subiectivă, trăirile, sentimentele, rememorările și comemorările la care participă, de fiecare dată enoriașii.

Un participant poate fi absent, indiferent, plictisit, pe când cel de lângă el este plin de fervoare, trăiește și retrăiește intens fiecare clipă. Un altul poate fi un expert sau savant care evaluează participarea, succesiunea ritualului, semnificațiile sale și le apreciază din perspectivă academică, teologică, critică sau ca istoric al religiei.

Este o mare diferență între abordarea religiei și religiozității din interior, în calitate de credincios, cufundat în substanța crezului, fiind pătruns de narațiunea cu valențe transformatoare, sfințitoare, care transfigurează participantul, îl conduce la trăiri afective, de conduită, sociale, care îi conferă apartenență, **identitate**, o atitudine, o filosofie, o teologie de viață, și un spectator exterior, care nu împărtășește convingerile credinciosului.

De obicei fiecare credincios încorporează toate aceste valori, se identifică cu ele și devine un exponent al lor, le transmite împreună cu coloritul, amprenta acestora, astfel că poate fi identificat ușor și nu poate fi confundat cu apartenenții la altă confesiune. Nu semnele exterioare sunt definitorii, deși nici acestea nu lipsesc, fiind evidente sau mai subtile, dar adevărata marcă este dată de o sinteză culturală și spirituală a tuturor acestora.

Calitatea de practicant religios este însoțită de o încărcătură afectivă bogată și cuprinde toate dimensiunile existenței persoanei respective. Ritmurile sale și ale familiei, ritualurile și ceremoniile, serviciile divine la care participă, liturgica și gesturile consensuale specifice ale închinării, își pun amprenta asupra sa, comportamentului și întregii sale vieți. Alimentația, îmbrăcămintea, modul de a petrece timpul liber, cultura sau incultura sa, filosofia și concepția despre viață, nivelul de trai și modul de distribuire a veniturilor – totul este normat, stipulat, însușit, aparent liber-consimțit, dar însoțit de un control reciproc de masă, universal, și norme scrise sau nescrise, foarte stricte. Grupul, colectivitatea, fiind foarte specifice, funcționează ca un cerc închis, un ghetou. Co-dependența și izolarea ajung la cote maxime.

PRACTICANT ȘI *OUTSIDER*

Un cercetător care face istoria, psihologia sau sociologia religiei, care se interesează de fenomen, ca atare, sub aspect științific, academic, va aborda cu totul diferit procesul. Cu detașare, obiectivitate, va sesiza gradul de implicare, trăirile, comportamentul, efectele asupra persoanelor pe grupe de vârstă, consecințele pe termen mediu și lung, influența asupra familiei, a culturii, a psihologiei și personalității participanților. Va nota specificul, asemănările și deosebirile față de celelalte confesiuni, profesiile dominante, gradul de ocupare, stilul de viață, bunăstarea și toate celelalte aspecte economice, sociale, culturale sau spirituale.

SACRUL ȘI PROFAN

Pentru credincios, calitatea personală de martor al convingerilor sale este esențială. O religie, confesiune, are o doctrină, referințe istorice, miracole credibile sau incredibile, personaje reale, oameni ca fiecare dintre noi, dar și personaje mitologice sau mitologizate. Conține relatări obișnuite, care se repetă în fiecare zi și în viața noastră, dar și evenimente unice, irepetabile care pot constitui esența credinței și religiei respective. Să iei o corabie, să traversezi un lac, să ții o cuvântare, să iei masa – toate acestea sunt evenimente aparent banale.

Dar, să transmiți sau să alcătuiești un corp de doctrine și învățături coerent, care pun accent pe dragostea de semen, sacrificiu, dăruire, să faci bine cu orice ocazie, să transmiți adevăruri nemuritoare, valabile în orice timp și orice loc, să valorizezi oamenii simpli, pentru prima dată în istorie, să faci miracole, să vindeci bolnavi, să înviezi morții, apoi tu însuți să fii dat la moarte, să înviezi și să te ridici la cer – toate acestea sunt evenimente care ies din ordinea firească a lucrurilor, sunt exemplare, transmit o atitudine față de problemele arzătoare ale umanității – trebuințe, suferință, moarte, speranță, năzuințe, transcendență spre perfecțiune și nemurire.

Marea problemă este că unele relatări sunt posibile, reale, repetabile, pe când altele sunt imposibile, irepetabile, nereproductibile, deși fac sens, sunt bogate în semnificații, par completări la spiritul narațiunii, ale doctrinei, filosofiei și teologiei care se cristalizează. Totul este să fii de bună credință, să dorești binele, să pui umărul pentru edificarea unei cauze.

Întrebarea fundamentală, în materie de religie, este: ce sau cine poate transforma un eveniment imposibil, irepetabil și nereproductibil, în unul real. Religia dă un singur răspuns: Bunul Dumnezeu, Atotputernicul. El poate face aceste lucruri și oricare altele ar fi necesare. Pentru asta este necesară credința, un aspect la fel de necesar, de jos în sus, ca și puterea lui Dumnezeu, de sus în jos. Cum nevoia există și oferta este generoasă, pentru asta există religia în lumea noastră.

NAȘTEREA ȘI GENERAREA NOII RELIGII

Când fluxul acesta între trebuința existențială și oferta ideală se stabilește, ia naștere o nouă religie și aceasta este foarte reală, concretă, instituționalizată, ierarhizată. Este un transfer de putere prin credință, din puterea atotputernică spre nevoia și nevolnicia limitată a oamenilor. Este pus la punct, de-a lungul secolelor, un cortegiu de ritualuri și ceremonii fastuoase, o regie complexă și spectaculoasă, costume și odăjdii impresionante, o arhitectură pe măsură, înălțătoare, odoare prețioase și valoroase, întreaga recuzită sacră, sărbătorile și praznicele pentru înecarea amarului, dar și posturile, ascultarea și nevoințele pentru disciplinare, iertare și înălțare.

Relatând aceste evenimente, oamenii deveneau tot mai conștienți că reprezentau o mișcare, ceva specific, valoros, nou, inovator și nemaiauzit, nemaiîntâlnit. Pe măsură ce înțelegeau și trăiau acest lucru, întâmpinau aprobare, entuziasm sau reținere, opoziție, persecuții, își modelau relatările în funcție de împrejurări, își clarificau ideile, filosofia, doctrina, teologia. Dincolo de mecanismul intrinsec, era un proces extrinsec, social, istoric, antropologic. Societatea, în ansamblul ei, lua notă de acest eveniment, istoria consemna că are loc acest proces. Corpul relatărilor devenea tot mai coerent, consistent, cu concluzii tot mai clare și obiective tot mai concrete. Dobândeau o identitate, un nume: creștini.

Christos întruchipa și era modelat drept idealul, spiritul convingerilor lor. Evenimentele istorice, reale, se amestecau cu sensul și semnificația lor, se alcătuia un puzzle din evenimente și întâmplări obișnuite, miracole, adevăruri fundamentale, toate valoroase, atrăgătoare, convingătoare și necesare, binevenite, bogate în înțelepciune și adevărate, exprimate fericit și inspirat, cu talent și genialitate. Se năștea evanghelia – vestea cea bună! Se scriau epistole, literatură confesională, se consemnau fapte, mărturii, un testament – Noul Testament.[6]

De fapt substanța textului este nașterea și încorporarea fuziunii dintre o conștiință, o viață și atașamentul față de o poveste, un text sacralizat. Nașterea credinciosului, a fanatismului, ca mecanism psihologic, cultural, social și spiritual.

Întrebări care mă frământă:
Ce îi face pe oameni să se identifice cu o poveste, un mit și să le promoveze? Care sunt ingredientele în acest proces? Cum se articulează ele? Care e procentul de credință, afirmare de sine, identificare, valorizare, activism, militantism? Ce îi motivează pe acești oameni? Care sunt limitele și evaluarea critică a acestui fenomen? Ce face să se nască, să se dezvolte și apoi să decadă și să dispară un astfel de proces complex ca existența unei religii confesionale?

Care este raportul dintre unitatea de timp specifică religiozității și cea a evoluției?

---

[6] Ibidem.

ASPECTE METAFIZICE
DIHOTOMIE EXISTENȚIALĂ

Aruncat în vâltoarea existențială a vieții, confruntat cu provocări, omul este silit să-și împartă problemele existențiale în două mari categorii distincte: 1. Provocări imediate, concrete, care cer soluții practice și 2. Provocări existențiale de durată, mediate, care pun probleme de sens, semnificație, și cer soluții personalizate cu orizont larg și bătaie lungă.

În privința primelor provocări, acestea sunt abordate logic, matematic, fizic, tehnologic, pragmatic și nu există prea multe alternative. Există puține moduri de a rezolva o problemă concretă de viață. În privința asta, natura lucrurilor, își spune cuvântul, iar *know how* este cel care decide calea practică de urmat. Nu este loc de prea multă filosofie.

În ceea ce privește sensul și semnificația existenței, răspunsul la așa zisele mari întrebări: cine suntem, de unde venim, încotro ne îndreptăm, cum ne putem salva de neant, omul a fost nevoit să brodeze, din cele mai vechi timpuri, istorii interesante și fanteziste, conform imaginației și culturii sale. Soluțiile căutate și găsite, trebuie să fie confortabile, convenabile, să ofere mângâiere, să mintă frumos. Ele nu aveau de a face cu intimitatea fenomenelor și proceselor, nu se bazau pe cunoaștere, ci pe revelații, descoperiri divine, vise și viziuni, vedenii.

Cele mai reușite răspunsuri s-au dovedit cele bazate pe cunoaștere, putere și atașament absolute, pe origini utopice, paradisiace, pe rezolvarea marilor confruntări și dileme într-o manieră miraculoasă, supranaturală și ghidată de un scop optim ideal, evitarea necazurilor, suferinței și, mai ales a morții, cu o apoteoză a înveșnicirii și o existență nelimitată, așa cum se cade oricărei ființe conștiente de caracterul ei muritor.

Dacă în privința vieții practice, legile fizicii și matematicii, natura lucrurilor, decid măsurile care se impun, cât privește sensul și semnificația existenței, originile și viitorul foarte îndepărtat, există o libertate infinită, sunt multe credințe și foarte multe soluții. Toate, imaginare. S-a constatat că ele au, în principal un caracter convenabil, subiectiv și puține consecințe practice. În acest domeniu, și societatea modernă a considerat de drept să acorde o libertate de conștiință deplină și nelimitată.

Chiar dacă au consecințe practice, ele au caracter secundar, pot fi mediate, negociate și se găsesc soluții de compromis. Aceste aspecte au devenit o chestiune intimă, personală. Fiecare om decide conform opțiunilor și confortului său personal. Astfel au încetat sau sunt mult mai rare, rugurile, războaiele, persecuțiile religioase.

Aceste soluții au venit în întâmpinarea atitudinii imperative a oamenilor care le-au acordat întotdeauna o importanță maximă, exagerată, datorită faptului că erau foarte atașați afectiv de ele, reprezentau tradițiile, identitatea, valorile pe care le considerau proprii. Caracterul absolut, definitiv, divin, al acestor aspecte, pe de o parte și cel foarte personal, afectiv, pe de alta, le fac intangibile.

Prima categorie de provocări este rezolvată tot mai competent în ultimele sute de ani, pe măsură ce descoperirile științifice și aplicațiile lor tehnologice au dobândit o pondere tot mai mare, în vremurile moderne. Probleme tehnice de rezistența materialelor, intimitatea proceselor fizice și chimice, forțe și pârghii, energie și câmpuri, procese și sinteze, au fost descoperite, au contribuit la creșterea confortului și bunăstării, igienei și stării de sănătate, a speranței de viață și civilizației.

A doua categorie de provocări, are o pondere ancestrală, tradițională, fiind bazată din cele mai vechi timpuri, odată cu omenirea, pe intuiție, credințe, ființe supranaturale, zei, îngeri și demoni. Ea încearcă să dea răspunsuri unor aspecte insolubile ale existenței. Cea mai importantă este confruntarea inevitabilă cu moartea, boala și suferința premergătoare. Acestor probleme existențiale, fără soluții actuale, numai puteri absolute, supranaturale, de origine divină le puteau oferi o rezolvare. Credințele oamenilor, religia, miturile, au furnizat într-o manieră diversificată și o paletă infinită de variații și culori culturale, spirituale, soluții fantastice, de care oamenii se agață cu convingere, cu credință, fiindcă este singura alternativă a disperării.

Și totuși, religia are și funcții mai practice, imediate. Contrariile universale se manifestă și în atitudini, tendințe, inerții, rezistențe. Ele sunt înglobate în conștiințe, determină poziționări, interese, conflicte. Nu ne putem aștepta să existe o omogenitate structurală și funcțională, în societatea umană care este alcătuită din stăpâni și sclavi, șefi și executanți, conducători și conduși, administratori și simpli cetățeni.

Orice funcționare presupune schimburi, oferte și acceptare, dăruire și primire, producție și consum, consumul de sine și consumul de produse.

Idealurile intangibile și imaginare sau doar personificate astfel, sunt chemate să anuleze tendințele firești, naturale, meschine, egoiste, ale fiecăruia dintre noi. În ce măsură și din ce perspectivă, trezesc aceste idealuri, o schimbare efectivă în noi oamenii, este o altă poveste.

Interesele opuse și divergente pot fi negociate, reglate, articulate, și devin congruente. Oamenii trebuie să lupte cu lăcomia, lenea, viclenia și să gândească, să acționeze onest. Atunci când încetează să mai lupte unii cu alții, trebuie să lupte cu ei înșiși, cu propriile tendințe. Din cooperare rezultă beneficii generale substanțiale. Acestea sunt împărțite mai mult sau mai puțin echitabil, intrând în calcul investiția, profitul, capitalul, riscurile, costurile.

Desigur, mai este și o a treia posibilitate. Luciditatea. Acceptarea situației de fapt, cu toate provocările și inconveniențele sale, a binecuvântării existenței – o șansă de unul la câteva milioane, a frumuseții și pasiunii vieții, a acceptării finitudinii, fără broderii fanteziste. Dacă nu ești depresiv, dacă ești o ființă rațională, echilibrată, poți considera viața cu frumusețea ei, cu provocările și vicisitudinile ei, un bun suficient de valoros ca să merite să te naști în chinuri, cu mare greutate, și să mori în suferință, considerând sfârșitul, o eliberare. Oricum, n-avem o alternativă realistă, toți cei aflați în viață.

STRUCTURI, FUNCȚII, REGULI

Ce deosebește clorul de potasiu, sodiu, argint, aur, fier? Numărul protonilor, electronilor, pozitronilor, energia, masa și orbitele pe care se mișcă. Fizica cuantică, chimia, mineralele, alcătuiesc ceea ce numim lumea inanimată. Dar, termenul este relativ. Nimic nu este nemișcat.

Un regn mai sus sau lateral avem biologia vegetală sau animală. Membrane, țesuturi și organe. Simțire, reflexe și feedback.

Apoi avem știință, conștiință și valori. Conviețuim, alcătuim grupuri și entități, ne definim și ne impunem reguli. ADN ul structurilor se regăsește în „ADN"-ul relațiilor.

Folosim cuvinte, dăm nume și avem un limbaj, o diversitate uimitoare de limbi și dialecte. Denominările, metaforele, încolțesc, înmuguresc și se ramifică. Ceea ce se întâmplă cu limbile, se întâmplă și cu ființele, cu speciile, cultura și culturile. Speciația.

Țesem doctrine și ideologii, le respectăm și le încălcăm, le impunem și ne supunem.

Ne delimităm și ne separăm, ne unim și ne iubim. Avem nevoie de culoare, distincție, atuuri și joc. Care poate sfârși tragic, într-un conflict. Complexitatea complică existența.

IDENTITATE ȘI PROCES

Privim aproape zilnic în oglindă și vedem același lucru – un chip familiar. Și totuși, în perioadele dintre platourile relativ constante, au loc niște ravagii dezastruoase care ne schimbă. Cei care ne văd la câțiva ani sesizează transformarea noastră cu discreție și sunt șocați. Noi înșine, privim cunoștințele sau celebritățile din agora cu compătimire sau compasiune și ne considerăm imuni, dar nu suntem!

Cred că un proces similar se produce în conștiința membrilor unei confesiuni sectare. Se dezvoltă un fel de autoimunitate dogmatică, doctrinală și ideologică, de separare, concomitentă cu salvare, în care „noi" și „ei" devin două teritorii incompatibile, între care se duc lupte și un război pretins rece – dar între minți înfierbântate – se iau ostatici și se adună victime. Salvate. Mântuite! Respectiv, pierdute! Simple etichete!

CONCEPȚIA DESPRE EXISTENȚĂ

O concepție asupra lumii și existenței nu presupune doar o afirmație tematică, indicativă spre un creator sau un proces. Este un mod de înțelegere, de abordare, explicare și procesualitate. Sensul și direcția evenimentelor este diferită, determinismul cauzal este opus, consecințele și atitudinea suferă transformări structurale. Aceeași polarizare fundamentală a lumii și existenței.

Concepția asupra existenței poate fi clasificată primar în două mari categorii:

A. Dedusă prin evidență, dovedită. B. Atribuită prin providență, prin credință.

Prima conține domeniul științei, cea de a doua, al religiei. Fiindcă suntem limitați. Cunoaștere, cunoscător, de cunoscut (domeniul). Constatăm și încercăm să înțelegem. Nu diabolizăm, nici nu sanctificăm. Pentru că alcătuirea lumii este procesuală, din serii de evenimente interconectate și/sau succesive, deseori prin determinism cauzal și succesiv, o concepție deterministă a lumii nu poate fi decât opusă sau răsturnată. De obicei, vorbim despre opoziția natural/supranatural, miraculos/obișnuit, autonom/heteronom.

Dar, caracterul polarizat al existenței este mult mai profund și are caracter universal. Să ne amintim că în natura intimă a existenței materiale, realitatea polară nu are niciun sens moral sau spiritual. Ar fi absurd să spunem că electronii sunt păcătoși, fiindcă sunt încărcați cu sarcină negativă, iar protonii, pozitronii sunt sfinți, fiindcă au sarcini pozitive. Există, deci o polaritate pur fizică, chimică, cuantică, electromagnetică sau de câmp, fără nici o semnificație morală, socială, spirituală și, alta încărcată cu ceea ce numim îndeobște – sens, semnificație, valori – care împarte lumea în adevăr/minciună, eroare, bine/rău, frumos/urât, grotesc.

Creaționismul începe cu perfecțiunea paradisiacă, cu intervenții divine supranaturale miraculoase, invocă accidentul sui-generis al păcatului care reprezintă în esență un conflict ireconciliabil între încălcarea unei norme vitale a cărei consecință nu poate fi decât fatală, pentru a explica realitatea contradictorie, polară și prezența morții, presupune un gest de răscumpărare și salvare, un fel de comando sau gherilă spirituală, cu un final apocaliptic, respectiv apoteotic. Lumea involuează, depravarea și degradarea sunt regula, prezentul este trist, viitorul sumbru, lumina vine din cer. Timpul este scurt, evenimentele se precipită, totul este profetizat, regizat, controlat.

Există un aspect al credinței, convingerilor, cu importanța lui. Acest proces are un caracter interior, afectiv și altul exterior, obiectivat. Interior, o convingere, credință, presupune atașament, identificare, o narațiune, personificări și personaje, toate imaginare sau istorice, dar învestite cu calități supranaturale, ca putere, veșnicie, divinitate, iubire – toate purtând pecetea infinitului și perfecțiunii. Ele sunt o contrapondere a fragilității, vulnerabilității și temerilor omenești. Astfel, devin o sursă, o valoare, un tezaur încărcat de sens și semnificații profunde, necesare, la care nu mai poți renunța.

Calitățile obiectivabile, exterioare, sunt de natură socială, instituțională, arhitecturală, politică etc. Ele sunt împărtășite, organizate, au structuri, pondere, devin – cu alte cuvinte – realități atât de prezente și pregnante, încât nu mai pot fi ignorate.

Perspectiva evoluționistă este naturală, procesuală, are nevoie de timpul real, geologic, comparabil cu spațiul galaxic/galactic și metagalaxic/metagalactic. Miliarde de ani în timp pentru milioane de ani lumină în spațiu. Totul evoluează spontan. Nu există un program, model sau strategie. Există doar legea conservării masei și energiei, a structurilor care se dovedesc utile și semnificative, a adaptării și supraviețuirii, a selecției naturale, a extincțiilor și nișelor, a speciilor și diversității de o variabilitate uimitoare. Tot ce este viață se comportă negentropic, antientropic, pentru un timp limitat, se perpetuează prin reproducere și moare. Sub nivelul conștienței și conștiinței de sine, nu putem vorbi de etică, de principii morale. Toate „secretele" vieții se dovedesc a fi alcătuite din structuri și funcții biofizice, biochimice și fiziologice absolut naturale, de la simplu la complex, de la uniform și monoton la divers. Nicăieri și niciodată nu s-a dovedit necesară intervenția miraculoasă a unui spirit, înger sau spiriduș.

EXISTENȚA

Suntem ființe conștiente, curioase, cuprinzătoare. Ne punem întrebări și aflăm răspunsuri sau imaginăm ipoteze. Când ne oprim asupra originilor, pornim de la ceea ce ne este dat. Avem o existență de o complexitate uimitoare, la nivel cuantic, antropic și astral, subiectul cunoscător care sondează și metodologia abordării. Două mari direcții par să se distingă în efortul euristic al explicației originilor:

Primul pornește de la realitatea existentă, fenomenele și procesele în derulare continuă și încearcă o derulare a filmului până la origini. Oricât de complexe ar fi structurile existente, fie amorfe, cristaline și nevii, sau dimpotrivă, vii, structurate pe rețele informaționale, biofeedback și/sau feed-forward, ele par complet suficiente loruși, funcționează fără nicio intervenție exterioară care ar putea fi pusă în evidență.

Al doilea, scurtcircuitează morfologia, structura și funcțiile manifeste, apelând la supranatural, la un demiurg creator, care oferă impulsul inițial, miraculos. Acest al doilea demers este cel mai vechi. Având în vedere nașterea și progresul civilizației umane, care cu toate poticnelile, reculul și obstacolele istorice, are un traiect ascendent și, până la proba contrarie, pare de la sine înțeles că omul a pornit de la o stare primitivă și ajuns la o înțelegere de sine și a lumii tot mai detaliată.

Procesul acesta nu este deloc evident, fiind foarte lent, inegal, în decursul unor perioade enorme de timp pe care doar nemărginirea spațiului le mai egalează, negentropic, așa cum numai viața mai este, un adevărat miracol. Dar miracolul nu constă doar în apariția vieții, el este secondat de apariția nucleului la eucariote, a sexului în cadrul reproducerii, a puricelularității și, în fine a creierului, conștiinței și conștienței de sine, în cazul omului.

În momentul în care ființa umană a devenit conștientă de sine, a apreciat critic realitatea, a conștientizat viitorul și finitudinea sa prin moarte, această măreție inegalabilă conținea în sine și o dramă, o tragedie greu acceptabilă. Omul este una dintre ființele cele mai vulnerabile, plăpânde și neajutorate, mai ales până la maturizare. Are de partea sa un atu imposibil de ignorat – rațiunea, inteligența, judecata, limbajul, asocierea. Trebuințele sale nu sunt doar biologice, organice, fiziologice, ci psihologice, afective, morale, culturale, estetice și spirituale.

Conștiența de sine și a mediului, i-a dat dimensiunea reală a vulnerabilității, respectiv tăriei sale. Stihiile naturii, obstacolele, provocările, trebuințele de hrană, protecție, siguranță, l-au făcut inventiv, creativ, l-au selectat și perfecționat, prin reprezentanții care au supraviețuit. Supraviețuirea nu a fost doar biologică, ci și culturală, socială, spirituală. Limbajul, scrierea, grafica, au consemnat asocierea și cooperarea, nu doar între oameni, dar și cu spiritele care simbolizau forțele, puterile, pericolele, înfrângerile, succesele, victoriile, în luptă, la vânătoare, sau în sărbătoare. Valorile au condus la schimburi, ierarhii, organizare, aglutinare în colectivități, sate, târguri, orașe-cetăți.

Viața este frumoasă, palpitantă, dar și provocatoare, grea, frustrantă. Deși gregar și nuclear, familial și organizat, structurat, omul a simțit nevoia unei dublări imaginare de sine, a lumii, a suportului de care avea nevoie, atât în confruntări, cât și în împărtășirea reușitelor. Să ceri ajutorul și să te bucuri cu prietenii, reali sau imaginari, sunt trebuințe primordiale. Spiritele locurilor și lucrurilor, un alter ego cu care să dialogheze și pe care să se bazeze, un zeu la care să apeleze, căruia să-i fie recunoscător și să-l preamărească, făceau parte din frumusețea trăirilor curente, care-i aduceau împlinirea. Acestea acopereau misterul și nesiguranța, riscurile și pericolul, necazurile și bucuria, zilele de restriște, de jale, ca și cele de sărbătoare și veselie.

Pentru orice ființă conștientă, viața, existența are nevoie de sens, direcție și împlinire. Originile, devenirea, sărbătorile, comemorările, viitorul și finalitatea, trebuiau completate, detaliate și înfrumusețate, să fie convingătoare, reconfortante, promițătoare, generatoare de speranță. Așa au devenit originile paradisiace și binecuvântate cu un părinte creator, așa au fost stabilite normele și sancțiunile, binecuvântările și blestemele, ceremoniile și sacrul, așteptările și finalitatea. Originile începeau frumos și se încheiau apoteotic. Existau și incidente, accidente care trebuiau să explice partea funestă a existenței, sau o pedeapsă finală exemplară și irevocabilă, care să facă imposibilă orice abatere, orice crâcnire și să obțină supunere definitivă, acum și în veci, Amin!

Apoi a venit știința. Fără pretenții, dar cu seriozitatea observației, experienței și experimentului, a verificării dovezilor și cântăririi evidențelor. Au fost descoperite legi, au fost puse în formule fizice și matematice. Cercetătorii și savanții au fost dublați de ingineri și tehnicieni care au aplicat noile descoperiri, au creat mașini puternice, au captat și transmis sunete, imagini, informații, au creat computere și au miniaturizat circuite, procesoare. Aceste minuni au acoperit spații, au crescut viteza și complexitatea, au schimbat fața lumii. Au produs bunuri de consum și au crescut confortul, calitatea și speranța de viață, au făcut pe oameni mai sensibili și mai conștienți de sine și de ceilalți.

Un simțământ de libertate și de înfrățire plutește asupra lumii moderne. Totuși problemele, pericolele și relele n-au dispărut. Există încă suferință și lipsuri, există încă răutate și războaie, există lăcomie și tiranie. Dar deasupra tuturor, există speranță de mai bine, muncă și progres, pace și armonie, dragoste de oameni și capacitate de sacrificiu, binefacere și compasiune. Privim cu încredere în viitor!

ETICĂ ȘI DEONTOLOGIE
DECALOGUL AZI

1. Să nu ai dumnezei.

2. Reprezentările pe care ți le faci au valoare artistică, culturală, utilă. Rămâi demn, conștient, ancorat în realitate. Poți avea pasiuni, nu te lăsa dominat de patimi.

3. Limbajul este o putere. Una dintre puterile tale intensive și extensive. Exprimă-te elocvent, ca sinteză a cunoașterii, conștienței și conștiinței de sine, a mediului natural și cultural, a semenilor, a principiilor și determinismului.

4. Timpul, spațiul și valorile sunt categorii universale, mijloace și nu scopuri. Administrează-le judicios, prețuiește relațiile și schimburile, integrează-te armonios.

5. Fii generos, respectuos, îndatoritor cu semenii, iubește oamenii, fii om.

6. Nu provoca rău, nu genera suferință, prețuiește viața, să nu ucizi. Nu neglija, nu ignora binele. Fă-l, când ai ocazia, fără ezitare.

7. Fii un om moral. Umanitatea ta să-ți stăpânească animalitatea.

8. Fii echitabil. Eficient. Fă-ți datoria.

9. Prețuiește adevărul.

10. Nu fi lacom.

FAȚĂ ÎN FAȚĂ: ȘTIINȚĂ ȘI RELIGIE

Medic și creștin. Decenii de creștinism, împărtășire și părtășie, comuniune și meditații, ritualuri și repetiții. Pe de altă parte, cunoaștere și învățare, analiză și asociere, decizie și consecințe.

În timp ce religia ne trimite la mii de ani lumină în spațiu și la mii de ani în timp, știința se apropie, studiază, cercetează, inventează – microscopul optic, electronic, metode și mijloace de cuantificare și calificare, analiză și sinteză pentru a desluși detaliile proceselor intime, legilor și regulilor, formulelor de calcul și raporturilor necesare. Religia proiectează în absolut și mizează pe autoritate și putere copleșitoare, pe umilință și insignifianță, știința și tehnologia iau în calcul responsabilitatea asumată, îmbogățesc știința și conștiința, inventează și inovează, ameliorează calitatea vieții, sporesc igiena, sănătatea, durata și calitatea vieții, complexitatea organizării sistemice și sistematice.

Cu siguranță, nu suntem doar materie, ci și energie, informație, nu suntem doar carne și sânge, ci reflectăm, avem sentimente și sensibilitate, intelect, conștiință și cultură, artă și spiritualitate. Dar, toate se leagă. Sunt un tot unitar. Proiecția este doar o defensă păguboasă. Trebuie să ne maturizăm, să ne asumăm această existență în toate dimensiunile și fațetele sale, măreția și limitele sale, să ni le însușim pe deplin. Desigur, asta nu împietează procesul de creație, frumosul și arta în toate formele ei, ideile și fanteziile fructuoase, dar nu putem confunda la nesfârșit posibilul cu realitatea, nu putem pune cuvântul, numele, în locul realului obiectual, al existenței propriu zise.

S-a scris o istorie, pentru oameni brutali sau abrutizați, războinici sau înrobiți, onești și corecți sau ipocriți și inconsecvenți. Povestea implică cutremure, foc și fum, recuzita naturii, fiindcă regia și scenariile erau în fașă, pentru ca să li se transmită adevăruri „nemuritoare" – să nu ucizi, să nu furi, să nu poftești, să nu fii imoral. Imperativele unei conviețuiri pașnice și civilizate erau transmise unor oameni care deveneau din robi, liberi, din brute, oameni cumsecade, din impulsivi, oameni înțelepți, capabili să reflecte complexitatea existenței și conviețuirii sociale, etnice, comerciale etc.

Forțele naturii puteau fi binecuvântate și gratificante sau copleșitoare, catastrofale și stihinice. Oamenii înșiși, puteau fi capabili de dăruire, dragoste și sacrificiu, precum și de cruzime, violență devastatoare și sursă de suferințe inimaginabile. În lipsa cunoașterii autentice, a unor explicații reale, competente – inexistente – au fost la îndemână și preluate treptat – puterea, autoritatea, organizarea, structura administrativă, socială și politică, religioasă, exercițiul și funcțiile acestora. Aceste realități au fost cizelate de-a lungul secolelor, timpul a trecut și cronicarii au venit mult mai târziu, când oamenii aveau deja un limbaj, semne ale scrierii și de calcul. Decalajul trebuia acoperit cumva și s-a recurs la antedatare. Dar, realitatea nu mai putea fi eludată. Astfel, istoria se împletea cu mitul, atât structural, cât și cronologic.

De bună credință și pentru binele comun, Ezra, Neemia și Zorobabel fac treaba lui Moise, Daniel face un salt din secolul V, la 160 î.Hr., iar în a doua jumătate a secolului întâi și prima jumătate a secolului al doilea, sunt consemnate epistole, evanghelii și apocalipse, care trebuie cernute și selectate, proces care este finalizat abia către secolul IV după Hr, pentru NT sau la Iamnia (Yavne, Jabneh, Ibelin sau Yibna), pentru VT (90-100 dHr), existând în varianta masoretică – ebraică, Tanah – o prescurtare a inițialelor celor trei tipuri de scrieri, și greacă – Septuaginta.

În cultura creștină există o idiosincrazie împotriva „citatului" orfan – „Crede și nu cerceta!" – care nu se găsește nicăieri, ca atare, dar este pe buzele și în conștiința tuturor. Întreaga literatură științifică, filosofică, eseistică sau chiar literatura ca artă a cuvântului, este privită cu suspiciune, conform unei butade folclorice: „Cu ceea ce te hrănești, aceea ești!" Această tradiție populară mărturisește tacit și implicit, incapacitatea credinței, teologiei, de a face față faptelor, dovezilor și argumentelor științifice, biologice, paleontologice, arheologice și istorice, preferând tatonările marginale și evitarea sau simularea unei confruntări frontale.

Bineînțeles, că acest îndemn însoțit de adagio omniprezent, dar totdeauna în surdină, care duce la neglijarea studiului temeinic și onest, fără infestări ideologice sau dogmatice, este o invitație crasă la bigotism, obscurantism și regresie. Scriptura sacră a iubirii, sacrificiului suprem și altruismului frățesc desăvârșit, a pășit cu stângul. Pentru a justifica nelegiuirea, păcatul, și-a înșăilat istoria pe carcasa ostilității, agresivității, luptei ireconciliabile și morții. Pentru unii mumă, pentru alții ciumă!

Oratorii, preoții, teologii și predicatorii altarelor, amvoanelor, oscilează permanent, între viață veșnică și moarte veșnică, între binecuvântare și blestem, pedeapsă, între speranță luminoasă și iadul cel mai întunecat și terifiant. Astfel religia, care se pretinde ofertantă cu făgăduințe și promisiuni – *sine die*, ce-i drept – aducătoare de liniște și echilibru, pace și odihnă, provoacă în fapt, o instabilitate cronică, o nesiguranță și teamă perpetuă care fragilizează psihicul și personalitatea enoriașilor.

ANTROPOLOGIE SACRĂ

Matei 15:11.19: Nu ce intră în gură spurcă pe om, ci ce iese din gură, aceea spurcă pe om. 19 Căci din inimă ies gândurile rele, uciderile, preacurviile, curviile, furtișagurile, mărturiile mincinoase, hulele.

Desigur, este frumos și de folos să-ți cinstești strămoșii și zeii, să admiri măreția și gingășia naturii, forța, ferocitatea și vulnerabilitatea animalelor și păsărilor, dar omul este încoronat în conștiința noastră, drept coroana creației. Oamenii sunt capabili de cooperare și prietenie, întemeiază familii bazate pe iubire, pe dragostea erotică, sentimentală, dar și dezinteresată, plină de abnegație și sacrificiu, dintre părinți, filială și parentală, devoțională. Cu siguranță, oamenii sunt capabili de măreție, dar și de abjecție.

În genere, este de înțeles ca o carte sacră cum este Biblia, evangheliile sau scripturile să aibă teme ecleziastice, teologice, scrise pentru folosul, corectarea și sfințirea omului, societății. Să proslăvească și să laude, să glorifice pe Dumnezeu. Deși există și excepții, sunt puține texte care vorbesc admirativ despre ființa umană. Fragmentele de mai sus descriu omul ca pe o ființă scârboasă, redusă la funcțiile sale rudimentare, nutritive, digestive și vegetative, al cărui reflux intelectual, moral, artistic, cultural și spiritual, nu poate fi decât otrăvit de imoralitate, violență, răutate. Unde sunt oamenii buni?

Cu siguranță, celebritatea – o poziție râvnită și de dorit – se dovedește adesea o povară obositoare și apăsătoare. Băile de mulțime repetate ale Mântuitorului îl obosesc, îl agasează și îl irită. Marcu 6:31 Isus le-a zis: „Veniți singuri la o parte, într-un loc pustiu, și odihniți-vă puțin." Căci erau mulți care veneau și se duceau și ei n-aveau vreme nici să mănânce. Cuvintele Domnului Isus Hristos degajă o nuanță de mizantropie exasperată, manifestată și în alte împrejurări: Matei 16:4 Un neam viclean și preacurvar cere un semn; nu i se va da alt semn decât semnul prorocului Iona." Apoi i-a lăsat și a plecat. Matei 17:17 „O, neam necredincios și pornit la rău!", a răspuns Isus. „Până când voi fi cu voi? Până când vă voi suferi? Aduceți-l aici, la Mine." Marcu 9:19 „O, neam necredincios!", le-a zis Isus. „Până când voi fi cu voi? Până când vă voi suferi? Aduceți-l la Mine." Luca 9:41 „O, neam necredincios și pornit la rău", a răspuns Isus, „până când voi fi cu voi și vă voi suferi? Adu aici pe fiul tău."

Ioan 2:15 A făcut un bici de ștreanguri și i-a scos pe toți din Templu, împreună cu oile și boii, a vărsat banii schimbătorilor și le-a răsturnat mesele. Este singura reacție violentă – poate cea mai violentă – aparent justificată. Ioan 6:60 Mulți din ucenicii Lui, după ce au auzit aceste cuvinte, au zis: „Vorbirea aceasta este prea de tot: cine poate s-o sufere?"

EVOLUȚIA OMULUI

Sunt surprins și mirat – dar trebuie să recunosc, o mirare și surpriză destul de recente și tardive, poate și puțin ipocrite – de faptul că mulțimile de oameni continuă să se încreadă aproape orbește în mituri, în timp ce de aproape două secole, omenirea asistă la dezvăluirea apariției și dezvoltării homininelor și hominizilor în zeci de situri arheologice din întreaga lume. Oameni de știință de o probitate incontestabilă, depășind și soluționând cel puțin parțial dificultăți aparent insurmontabile, au pus cap la cap și au alcătuit cu o acuratețe exemplară istoria devenirii omului. Sunt zeci de tipuri prehumane (pitecantropus) sau de homo (erectus, habilis, ergaster, florensis, sapiens) și totuși cele două concepții diametral opuse se ignoră reciproc și suveran, par nemiscibile pentru totdeauna. Miturile au tăria, valoarea lor culturală și spirituală, afectivă și curativă, dătătoare de speranță, dar faptele devin imbatabile. Coliziunea va fi inevitabilă.[7]

„VINOVAȚII FĂRĂ VINĂ!..."

Unul dintre argumentele supreme împotriva ipotezei păcatului, în general și a păcatului originar, în special, este economia noastră bioenergetică și metabolismul nostru. Pe scurt și rudimentar, sursa noastră energetică fizică este soarele. Energia calorică iradiată este convertită prin fotosinteză în energie biochimică, și preluată de ierbivore și omnivore sub forma principiilor alimentare. Bineînțeles că viețuitoarele au șuntat foarte devreme calea erbivoră și au trecut la alimentația carnată care presupunea vânătoarea, nu doar culesul și, ulterior, cultivatul. După cum, alternativa vânătorii este păstoritul și mai nou, zootehnia.

Din nefericire, putem spune că însăși supraviețuirea noastră cotidiană este bazată pe agresivitate și violență. Dar mai e ceva. Întreg regnul vegetal produce, în cadrul mijloacelor de înmulțire și perpetuare a propriei specii,

---

[7] Inspirat de *Ian Tattersal, Understanding Human Evolution*, Cambridge University Press, 2022, British Library

părțile cele mai apetisante ale variatelor tipuri de fructe și semințe bogate în principii alimentare. În procesul diseminării, pentru o viitoare reproducere vegetală, pasajul alimentar asigurat de celelalte specii este salutar, de cele mai multe ori. Vezi polenizarea, consumarea fructelor și semințelor etc. Este un truism să subliniem evidenta cooperare și colaborare a viețuitoarelor în cadrul ecosistemelor.

Ce măcinăm noi, dacă nu embrioni, plante născânde, a căror existență o suprimăm. Ne plac semințele, de la cashew la susan, arahide și floarea soarelui? Crude sau prăjite, ele purtau, înfoliată, viața și resursele ei. Actul cel mai gustat, tihnit și binecuvântat, însoțit de invocare, mulțumire și recunoștință, se bazează pe jertfă, sacrificiu și ucidere. Religia nu este decât o simbolizare moral spirituală a acestei realități dramatice. Să mai vorbesc de abatoare, de zootehnia intensivă, industrială, ar fi un sacrilegiu. Avem de ales între a ucide părți din lumea vie care ne înconjoară sau a face existența noastră imposibilă și a dispărea prin inaniție. Ucidem ca să ne nutrim, ca să supraviețuim.

Va trebui să înțelegem această dihotomie fundamentală. Credința, teologia este fundamentată pe sens și semnificație. Acesta este firul roșu, coloana vertebrală a credinței. Sensul și semnificația ne au pe noi, neamul omenesc în centru. Egocentrismul individual se diluează și se transfigurează în soarta și destinul omenirii, care scapă de suferință, de moarte, este mântuită. Știința, este prin excelență fenomenologică, procesuală, are ca obiect realitatea. Abia după ce am deslușit structura, funcțiile și mecanismele unui proces, ne putem include în ecuație și vedem ce face sens pentru noi, care îi sunt aplicațiile.

Acest paradox existențial a fost sacralizat religios, pentru a-i atenua grozăvia și brutalitatea de care nu putem fi învinuiți, fiindcă nu există alternativă. A fi sau a nu fi. Iată de ce, în Genesa, în Eden, o interdicție imposibilă este transformată într-o permisiune generoasă, dar puțin ipocrită, fiindcă este însoțită de o rezervare arbitrară, cu instituirea unei autorități creatoare. Nu citim că înainte de cădere, ne întrețineam altfel decât metabolic. De altfel, ar fi de neconceput o schimbare a naturii noastre fiziologice. Și atunci, constatăm că dacă mâncam înaintea căderii, am fost creați ca niște căpcăuni ucigași. Conflictul existențial imposibil este transferat asupra conflictului cu autoritatea.

Dacă nu putem fi învinuiți că, vii fiind, trebuie să devorăm părți din viață, ne sunt trasate reguli privind ce, când și cum s-o facem. Astfel, autoritatea este justificată, iar noi îngenuncheați ca supuși. Motivați prin vinovăție pentru embriofagie și alte părți vii sau moarte, fiindcă oricum, cândva au fost vii. Această vinovăție este imaginară, imposibilă, nu ne aparține! Doar spiritele, duhurile sunt lipsite de metabolism. Adică de viață. Sunt iluzorii. Nu există.

ARTĂ

RUGĂCIUNEA, CONSTANTIN BRÂNCUȘI, 1907

Am în față replica Rugăciunii, realizată de prof drd Vlad Perianu și sculptorul clujean Dumitru Cozma în 2022-2023, încercând să înțeleg și să prind gândul lui Brâncuși, fiind un iubitor de artă, dar lipsit de pregătirea artistică și estetică necesară.

Este un corp feminin, fiindcă femininul este purtătorul care perpetuează miracolul vieții umane. El are grația și fragilitatea necesare exprimării frumuseții și vulnerabilității existenței noastre pe planeta pământ. Totuși, până și gramatica consfințește nu doar neutralitatea, ci și universalitatea doliului. Jeluirea, pierderea, mâhnirea, sunt universale. Deși partea ginoidă a acestei opere, cea inferioară, exprimă esența unei realități originare, partea superioară – toracele și extremitatea cefalică, nu sunt definite ca gen sau sexual. Unii comentatori trimit la mitul androgin. Brâncuși ne spune doar că a făcut piatra, materia, bronzul – să cânte!

Când mamele noastre ne urzesc, ne procreează și ne naștem vii, după prima respirație, ne răcnim și ne proclamăm protestul față de chinul prin care am început deja să trecem. Cu ceva șanse, am putea trăi până la adânci bătrânețe, dar e o certitudine – singura – că vom muri. Tot o trecere – Marea Trecere. Și totuși, viața este atât de frumoasă! Doar arta o egalează!

Brâncuși ne spune că moartea face parte din viața conștientă de sine și că Rugăciunea este soluția umană pentru a împăca neîmpăcarea pierderii, durerii, suferinței și morții. Când Brâncuși a dezbrăcat o femeie cernită care se roagă, a sculptat lupta sufletească, spirituală, dintre carnal, senzual și spirit. Închinarea, sobrietatea și tristețea devin neputincioase în fața frumuseții!

Poate că pentru a înțelege această capodoperă brâncușiană, ar trebui să fi îngenuncheat cel puțin odată în viață. Ca să te închini, să te supui, trebuie să te înclini și toți mușchii verticalității noastre sunt puși într-o tensiune teribilă. Să fie existența, doar o rezultantă a conflictului și tensiunii dintre gravitație și verticalitate? Ar fi o înțelegere simplistă, dar necesară.

Cum rezolvă Brâncuși această dilemă existențială a vieții conștiente, în fața morții, ca destin implacabil? Deși corpul are în sine frumusețea feminității, este o frumusețe sublimată, austeră, nonsenzuală, asexuată. Și acest aspect începe cu chipul fără chip, abia schițat, învăluit într-un văl invizibil, dar foarte prezent.

Membrul superior drept se oprește în dreptul inimii, semnul vegetativ palpabil al pulsului vieții – ceea ce în tradiție ortodoxă – pare a fi actul final al semnului crucii. (Ionel Jianu, Constantin Brâncuși, viața și opera). Brațul stâng, devenit inutil compoziției, este amputat, ca un memento al drasticului adevăr al evangheliei privind păcatul, din Matei 18,8.

Dar nu acesta este mesajul primordial. Mesajul fundamental este cel al pierderii generate de moarte și al durerii legate de aceasta. Este o pierdere definitivă. În fața morții, nu se mai poate face nimic. Comparați conturul vieții, al plicilor inghinale conturate de rotunjimile coapselor și al pântecelui, în care am fost urziți fiecare dintre noi, ființele vii, cu conturul paralizat al morții în cazul membrului superior dr, crispat în flexia inutilității. Este aceeași formă, dar ce diferență de unghi și de semnificație! Privind aceste forme simbol, nu le poți considera întâmplătoare și meditezi îndelung, altfel decât în adagio latin grăbit: „Veni, vidi, vinci!", dacă să te oprești la victorie, la viață sau la calitatea de învins a fiecărui muritor.

Am putea spune că frâna cerebrală a rațiunii și spiritualității trebuie să controleze pulsiunile instinctive ale reproducerii. Orice neurolog știe că evoluția a selectat paralizia în extensie de lemn, pentru sprijin pasiv, al membrului inferior, și în flexie a celui superior, pentru a nu incomoda, dacă a devenit inutil. Cei care se miră de soluția amputării aleasă de Brâncuși pentru brațul stâng, vor face și pasul înțelegerii simbolismului pierderii definitive, irecuperabile.

Coborând la tors, acesta este împuținat, micșorat, interiorizat, ceea ce subliniază ideea reculegerii meditative, crescând concomitent alura statuară zveltă a ansamblului. Genunchii susțin coapsele printr-o soluție ingenioasă care sporește expresivitatea, eleganța și dinamismul capodoperei, fiind decalați prin cca o treime din lungimea gambelor. Deși axul coapsei drepte ar putea conține un unghi drept cu gambele orizontale, contururile evită cu grijă această rigiditate, sporind suplețea și dinamica interiorizată, reținută a dramei închinării, conservând cu grijă demnitatea durerii și suferinței omenești transmisă prin rugă.

Secretul acestei capodopere este că îngemănează contrarii, în mod firesc, natural, fără stridențe sau ostentație: frumusețe și tristețe, senzualitate și puritate, durere și demnitate, provocare și închinare, carne și spirit, viață și moarte. Secretul vieții constă în a distinge valorile. Ne naștem curați pentru a trăi curat. Alternativa – nelegiuirea, este o negare a existenței, vieții, un cult al morții, un ceremonial nefericit al suferinței. Rareori, există o relație deterministă directă. Mediația este complexă.

Rugăciunea lui Brâncuși exprimă esența misterului existenței și neantului. Speranța care se naște din, și odată cu arta și esteticul, susținând în mod paradoxal, cu onestitatea goliciunii, eșafodajul etic și moral. Libertatea își are obârșia în adevăr.

Ce am putea adăuga la descrierea modestă a acestei capodopere aflate la răspântia clasicismului cu modernismul sculptural? Brâncuși reușește să exprime ca nimeni altul, în forme armonioase și proporționate, frumusețea sobră și interiorizată a meditației, reculegerii, închinării, pierderii existențiale și câștigului în înțelepciune, cumințenie și spiritualitate. Supunere în fața implacabilului.

Iată câteva opinii avizate, culese de prof drd Vlad Perianu, realizatorul replicii turnate de Dumitru Cozma la Cluj:

C Robert Velescu, Brâncuși inițiatul. Face trimitere la mitul androginului, ființă ideală, considerată completă, suficientă sieși, separată prin ceea ce Robert Velescu numește paradigma separării, care a transformat neamul omenesc în femei și bărbați. Drama separării a făcut posibilă apariția și nașterea unui alt mare dar care este iubirea. Rugăciunea ar conține deja capodoperele brâncușiene de mai târziu, Cumințenia pământului și Sărutul, ultima cuprinzând deja separarea, dar și uniunea explicită. În opinia lui Eliade, căsătoria nu face decât să restabilească androginitatea ca stare inițială. În limbaj biblic (Gen 2, 24), prin uniune re-devenim un singur trup.

Ionel Jianu, Constantin Brâncuși, viața și opera. În tradiția ortodoxă, este interzisă reprezentarea chipului omenesc. Geniul lui Brâncuși reușește să exprime unitatea dintre sensibil și spiritual, fără transgresarea acestor interdicții și fără împrumuturi din stilul somptuos, patetic și grandilocvent al epocii, în materie de monumente funerare. Inovația sa îndrăzneață este introducerea nudului în cimitirele din România, ceea ce – aparent – părea de neconceput. Nu și pentru un geniu ca Brâncuși!

„Tânăra femeie îngenuncheată, cu capul și bustul aplecate cu pioșenie, întruchipează în formele ei pure, alungite, spiritualizate, reculegerea în fața morții. Sentimentele ei au o valoare universală... Înlăturarea totală a amănuntelor care păreau inutile (urechile, degetele), mișcarea lentă și gravă a înclinării capului și bustului, toate dau impresia că această statuie e asemenea unui arbore, care se pleacă sub povara suferinței. Și totuși, o nobilă simplitate, un sentiment de seninătate, de împăcare, de armonie lăuntrică și de frumusețe spirituală, se desprinde din acest monument funerar. Dan Hăulică vedea în statuia Rugăciunii „un trunchi auster și anonim, sfielnic și tenace totuși, o veghe în genunchi, neprihănită și fermă."

Nu e nici disperare, nici cântec de bucurie în această „nuntire cu veșnicia". Niciun gest patetic, niciun bocet, nicio lamentare. Este pentru prima dată când Brâncuși sculptează Tăcerea, cu toată intensitatea ei, cu tot omenescul rugăciunii în care se contopește întreaga ființă... Este o capodoperă a sculpturii funerare."

Dan Grigorescu, Brâncuși. „Brâncuși realiza – cum spune Ion Frunzetti – o sinteză expresivă, urmărind traducerea emoției, forjarea unui simbol al sentimentului, fără ajutorul mimicii sau gesticulației... Trupul se transformă într-un simbol, își pierde contingența anatomică, e învăluit de un fel de „substanță impalpabilă, spirituală. Edgar Papu."

Brâncuși însuși, declara cândva: „Poate că poezia pură este rugăciune, dar știu că rugăciunea bătrânilor noștri olteni era o formă a meditației." Smerenia pare că o învestmântă pe femeie într-un strai aspru al liniilor drepte ce se întâlnesc în unghiuri tăioase, abia îmblânzite de modelajul sensibil al suprafeței. Detaliul anatomic este înlăturat nu numai din voința unei stilizări formale, a concentrării asupra esențelor constructive. Simbolistica morții s-a întemeiat, în arta europeană, cu precădere, pe tot ceea ce s-ar fi opus voluptuosului, senzualului, într-un cuvânt a tot ce-ar putea însemna trupesc.

Dar aici, e mai mult decât atât. Rugăciunea nu încearcă deloc să sugereze spaima în fața morții... Descărnare, paloare, ca mijloace de expresie și exacerbare ale groazei. La Brâncuși, tristețea are ceva ascetic, o reținere demnă. Nicio crispare nu tulbură tensiunea gravă, imaculată a formei. O asemenea imagine concisă și pură a morții nu putea veni decât din spațiul spiritual care a creat Miorița, unde logodna și nuntirea cu moartea a devenit suprema înțelepciune a trecerii și a făcut consolarea inutilă." Prin arta sa, Brâncuși a realizat acest țel.

Luni, 17 Aprilie – mesaj către sculptorul Vlad Perianu:

Bună dimineața! Îmi sorb cafeaua. Vremea e urâtă, dar ploaia este atât de necesară plantelor. Privesc replica Dvs la Rugăciunea lui Brâncuși și sunt încântat de ceea ce ați realizat. Mă întreb: de ce oare mă regăsesc în această lucrare, de ce o prețuiesc atât de mult? Încerc un răspuns: Pentru că exprimă perfect, artistic și sublim, starea mea de spirit, durerea noastră din acești ani, preocupările mele spirituale, estetice, filosofice și de viață. Supunere, înclinare în fața destinului, soartei implacabile, universală fiecărei ființe umane! Vă Mulțumesc! Ea poartă cu sine, împăcare, seninătate, gingășie, frumusețe. Este un adevărat balsam sufletesc!

SFÂNTA TREIME CHRISTICĂ
(FIUL OMULUI)

Îmi place răspunsul tău! Este provocator! Nu sunt ipocrit, când spun asta. Sunt sincer. Fiecare dintre noi își formează o imagine despre lume, existență, informațiile la care ajunge. Ele pot fi foarte subiective, eronate, dar au caracter personal, chiar dacă sunt împrumutate. Sunt rezultatul unor lecturi. Tu ești deja conștient că am traversat un proces extrem de complex, consumptiv și laborios al deconvertirii. Am pus ceva în loc. Un fel de reconvertire. Atitudinea mea de acum este cea a savantului, a omului de știință – nu că aș fi așa ceva, dar imit – care supune orice parte a realității, culturii și spiritualității, unui examen neutru, detașat.

Tot ce avem este produsul minții umane. Al cunoașterii, convingerilor, oportunismelor, înșelăciunii, minciunilor, creativității, pasiunilor omului. Verific toată cultura pe baza experienței imediate, a ceea ce trăiesc, primesc prin simțuri și mă formează. Sunt conștient de caracteristicile fiecărei categorii a culturii și spiritualității, de real și imaginar, de realitate și ficțiune, de istorie și mit, de vulnerabilități, caracterul nostru finit, muritor, nevoia de speranță, veșnicie etc.

În privința Domnului Isus Hristos, eu cred că trebuie să operăm niște distincții.

1. Componenta istorică. Isus a fost un personaj istoric real. Era un om înțelept, cu o charismă extraordinară, de o mare bunătate, conducător înnăscut, un om puternic, apărut în condiții extrem de vitrege, la limita orientului cu occidentul, într-un popor segregat și stratificat, aflat sub ocupație străină. A avut o soartă crudă, a murit de moarte violentă, nedreaptă, fiind trădat de conducătorii religioși ai poporului său, care se vedeau amenințați, către puterea romană care executa înainte de a judeca.

2. Hristos. Reprezintă încorporarea aspirațiilor mesianice ale evreilor, transmise apoi creștinilor. El este un rege, împărat, un conducător după tipul monarhiilor antice, Unsul, dar depășindu-le prin caracterul religios și spiritual al

3. Împărăției sale, care devine împărăția lui Dumnezeu și care promite să rezolve atât aspectele morale și spirituale, politice, dar și pe cele de ființă muritoare ale omului.

Prin aceste ultime trăsături, am trecut deja din sfera umană, în sfera religioasă a divinității. Fiul Omului este și Fiul lui Dumnezeu. Etapa istorică nu pune prea multe probleme de credibilitate. Cum s-au format celelalte două? Răspunsul este: treptat, procesual, fiind o contribuție extraordinară de ofertă, conjuncturi și circumstanțe, trebuințe, necesitate și nevoi, prăbușirea unei culturi antice politeiste și nașterea alteia, care după travaliul de o mie de ani a evului mediu, avea să nască renașterea pe la 1500, iluminismul pe la 1700 și modernitatea în secolele XIX-XX. Deși pare greu de crezut, gândește-te că, concomitent au avut loc Iamnia și conciliile care au consfințit canonul, că au apărut Bizanțul și Roma, apoi Luther și neoprotestantismul.

Privim o catedrală gotică, romană sau o bazilică, admirăm boltele și arcele, capitelurile, stâlpii înălțați spre ceruri și vitraliile încrustate cu întreaga spiritualitate creștină. Pentru fiecare nervură, pentru fiecare basorelief, cornișă sau frântură dăltuită în piatră sau aplicată pe coronament, există un corespondent teologic, liturgic, de crez fundamental. Gândirea creștină a evoluat, s-a complicat, ramificat, specializat. Toate stările sufletești, toate fațetele relației dintre om și Dumnezeu, toate virtuțile sacramentale sau păcatele mortale au fost disecate, analizate, epurate, astfel ca să reflecte dreapta credință.

Ce ne rezervă viitorul? Nimeni nu știe. Trăim de câteva decenii ca internauți, rumegăm informații contradictorii, vom păși într-o eră a spiritului postinformațional. Dacă te-am plictisit, te rog să mă ierți. Sunt lucruri arhicunoscute. (Dialog NM)

Referitor la **VT**. Abia în perioada postexilică (secolul V î.Hr.) – Ezra, Neemia, Zorobabel, triburile ebraice care prin fruntașii, preoții și cărturarii lor au venit în contact cu cultura antică, egipteană, asiriană, persană, babiloniană, au simțit nevoia să aibă scrierile lor sistematice. Desigur, au existat și surse mai vechi, dar erau fragmentare și nu s-a păstrat nimic. Acești cărturari au alcătuit o istorie cultă, scrisă, consemnată pentru a intra în rândul popoarelor civilizate. Au folosit toate sursele: istorice, folclorice, legendare, povestirile eroice, literare, de înțelepciune – după cultura timpului. Covârșitoarea majoritate a cercetătorilor serioși, nu acordă niciun credit istoric acestor scrieri, privind perioada dinainte de anul 1100 î.Hr. Doar legende. Apoi, istorie, scrisă ca toate istoriile, cu subiectivitate și partinic. Profetismul și alte aspecte, au iz oriental.

CONCILIUL DE LA IERUSALIM COMENTARIU[8]

Fapte Ap 15,14. Iacob. Iudei și neamuri. Curat și necurat. Viziunea lui Petru.

Isaia 66,3.8: Isaia 66:3 Cine înjunghie un bou ca jertfă nu este mai bun decât cel ce ucide un om; cine jertfește un miel este ca cel ce ar rupe gâtul unui câine, cine aduce un dar de mâncare este ca cel ce ar vărsa sânge de porc, cine arde tămâie este ca cel ce s-ar închina la idoli; toți aceștia își aleg căile lor, și sufletul lor găsește plăcere în urâciunile lor. Isaia 66:8 Cine a auzit vreodată așa ceva? Cine a văzut vreodată așa ceva? Se poate naște oare o țară într-o zi? Se naște un neam așa dintr-odată? Abia au apucat-o muncile, și fiica Sionului și-a și născut fiii!

Edi spune multe lucruri noi, dar pare să nu spună totul. Este necesară organizarea? În scop lucrativ, da. Pentru a rămâne în mediu religios, ne amintim de sfatul lui Ietro dat lui Moise. Este necesară organizarea conștiinței? Dar a conștiințelor? Aparent, da. În realitate, ce ne împiedică să dobândim, să avem și să ne asumăm valori? De ce trebuie instituționalizată conștiința? De ce există religie? De ce abolește reforma sacerdoțiu, dar continuă să numească deserventi? La fel, neoprotestantismul.

Pentru că oamenii trebuie organizați. Iar organizarea, costă. Clădiri, deserventi, care sunt, de fapt, preoți. Profesioniști ai spiritului. Profesioniști ai conștiinței. „Se poate naște oare o țară într-o zi? Se naște un neam așa dintr-odată?" Dar, o biserică? Mai apar fricțiuni între Petru și Pavel? Acestea pot fi negociate. Fricțiunile la nivelul maselor, conduc la schismă. La reformă. 1054. 1517. Pentru că marea masă a credincioșilor și necredincioșilor nu sunt în stare să gândească. Trebuie să gândească și să slujească altcineva pentru ei. Și asta costă. Vorbim de simonie. Dar și de o necesitate reală. Nu vă plac zecimile și darurile? Atunci, cultivați-vă conștiința. Și discernământul.

GOLGOTA

Ce avem de învățat, după două mii de ani, din episodul central, esențial, al creștinismului? Coliziunea violentă a contrariilor ne transfigurează, pare să aibă efect transformator, să ne schimbe durabil, să ne facă mai buni. Sau mai ipocriți? Versatili? De o parte, violența și cruzimea absolut gratuită și

---
[8] https://www.youtube.com/live/yDIKjNICp-0?si=o6vQEnNb11b3dwBX

nejustificată, care se acoperă de motivații la fel de dure și neclintite, de cealaltă parte, victimizarea, acceptarea și încasarea în plin a tuturor atrocităților.

Un spectacol teribil. Ai zice că ar trebui să ne atingă în însăși fibra ființei și fiorului nostru sufletesc. Dar, o face? Nu rămâne acesta, un fapt exterior, istoric, nedrept, străin de noi înșine? Nu sunt crimele și atrocitățile, la ordinea zilei? Nu se petrec ele, perpetuu? Este regretabil, dar ele continuă, și ele nu vor dispărea niciodată. Ca și sărăcia. Inocenții vor fi mereu abuzați. Murmurele sunt inutile. Puterea miraculoasă, care ar putea aduce eliberarea este, uneori, de partea eronată. Sau nu este de loc. Sau apare când nu se mai poate face nimic.

Mai mult, această grozăvie teribilă ar trebui să ne cutremure, să ne schimbe definitiv și să ne mântuiască. Cum? Și, de ce? Pare evident, dar nu e. Reacția cinică, indiferentă, profitoare chiar, a început din primul moment. Matei 27:42 „Pe alții i-a mântuit, iar pe Sine nu Se poate mântui! Dacă este El Împăratul lui Israel, să Se coboare acum de pe cruce și vom crede în El! Marcu 15:31 Tot astfel și preoții cei mai de seamă, împreună cu cărturarii, își băteau joc de El între ei și ziceau: „Pe alții i-a mântuit, și pe Sine Însuși nu Se poate mântui! Psalmul 22:18 își împart hainele mele între ei și trag la sorți pentru cămașa mea.

Ioan 19:23. 24: Ostașii, după ce au răstignit pe Isus, I-au luat hainele și le-au făcut patru părți, câte o parte pentru fiecare ostaș. I-au luat și cămașa, care n-avea nicio cusătură, ci era dintr-o singură țesătură de sus până jos. Și au zis între ei: „Să n-o sfâșiem, ci să tragem la sorți a cui să fie." Aceasta s-a întâmplat ca să se împlinească Scriptura, care zice: „Și-au împărțit hainele Mele între ei, și pentru cămașa Mea au tras la sorți." Iată ce au făcut ostașii.

Păcat de sângele vărsat. Desigur, există indignare, oripilare, dezgust... Notăm, dăm din cap, avem opinii, sentimente și resentimente, dar asta nu schimbă și nu ne schimbă cu nimic. Violența și agresivitatea, ca și lipsurile, sărăcia, suferința sau foamea, abrutizează, inhibă și ofilesc sensibilitatea, trăsăturile nobile și capacitatea de sacrificiu. Însăși ideea de substituție, de înlocuire este imorală și nedreaptă. Se mizează pe efectul de oglindire, de mimetism, dar acestea sunt la limită și pot fi lesne ratate. Punem mare accent pe sens și semnificație, dar faptele nude au viața și existența lor.

Nu putem decât subscrie că evenimentul Golgota, personalitatea Galileanului, cu sensurile sale istorice, evanghelice, ecleziastice, bisericești și religioase, este exemplar, ideal, dar nu ferit de contradictoriu. În decursul mileniilor, dumnezeirea și oamenii, creștinii, dar nu și iudeii, ajung la doctrina sfintei treimi. Adonai și Iahve sunt contopiți în Dumnezeu Tatăl, Isus devine Hristosul, Mesia, Fiul Omului și Fiul lui Dumnezeu, Duhul Sfânt al lui Dumnezeu se alătură triumviratului pentru a rezolva aspectele ezoterice, spirituale și de neînțeles.

Evoluția istorică, culturală, teologică și liturgică este problematică, controversată, iar așezarea se face într-o manieră socio-istorică, geografică, teologică, conciliatorie și conciliantă.

TEME DE STUDIU

Cum se nasc legendele? Cât adevăr, post-adevăr și imaginație sunt implicate în decursul evenimentelor? De dragul sublinierii unor modele generoase, ideale, ale sacrificiului, avem un Meșter Manole, o pereche de îndrăgostiți – Romeo și Julieta, un erou necunoscut, un hâtru ca Păcală, un Moș Ion Roată, o pereche de soți izgoniți din rai, o eroină (Judit) care decapitează un general cotropitor (Holofern), într-un moment în care, răzbunarea îndreptățită este mai dulce decât cea mai mare plăcere, un păstoraș menestrel care răpune un gogea-mitea (personaj real) uriaș, ca Goliat, un sărac murdar la poarta unui bogat hapsân, un zgârcit ca Hagi Tudose, un trădător ca Iuda, un înțelept ca Solomon, un încornorat ca Urie, un uriaș nestăpânit ca Samson cu Dalila lui și nurii ei, un răsfățat ca Absalom, nerăbdător cu moartea, leproși nerecunoscători, copii neascultători și obraznici etc. Între viața reală, istoria complicată și literatura comunicată, nu va fi niciodată o corespondență reală, decât pentru naivi!

A fost odată, ca niciodată... Argumentul este semnificativ și circular: ... că de nu era, nu se povestea! Înțelepciunea populară, nevoia de valori și învățăminte fundamentale, prezervarea establishmentului, ca și imperativul progresului, schimbării, vor crea de-a lungul secolelor și mileniilor, un tezaur de structuri, moduri de operare, care se reduc – poate – la formula banală: viața găsește întotdeauna o cale!

TENTAȚIA TEOLOGIEI
„EU SUNT CEL CE SUNT"

Exodul 3:14 Dumnezeu a zis lui Moise: „Eu sunt Cel ce sunt." Și a adăugat: „Vei răspunde copiilor lui Israel astfel: Cel ce Se numește «Eu sunt» m-a trimis la voi."

Dumnezeu se definește printr-un pleonasm. Sincer, e cam puțin. Adică, nimic. Când vremurile au început să devină istorice, ceea ce înseamnă colectivități umane structurate social, profesional, lingvistic și etnic, când peșterile și bordeiele au fost transformate în locuințe și cetăți, localități, târguri și orașe, oamenii întreprinzători, pricepuți, lucrativi, continuau să fie destul de ignoranți.

Cunoștințele nu erau încă științe, ci mai degrabă aplicații practice. Relațiile erau guvernate și de competențe, eficiență, inventivitate, succes, dar în principal de putere, bogăție, autoritate, strălucire. Oamenii aveau tot mai mare nevoie de consemnări cantitative sau numerice și se trasau semne rudimentare ca însemne și memorare. Bețișoare. Limbajul se structura și cu el, scrisul. Noutatea absolută era Cuvântul. Interjecțiile deveniseră deja verbe, iar acestea erau luate în stăpânire de substantive. Localizarea în spațiu și timp, ritmul zilelor, nopților și anotimpurilor desăvârșeau complexitatea gândirii și limbajului.

Oamenii erau diferiți. Au apărut ierarhii determinate de putere, autoritate, competență, prestigiu, șansă, împrejurări. Conflictele, lupta, războiul erau sezoniere. Oamenii sălbatici deveneau tot mai înțelepți și civilizați. Au devenit conștienți de valori. De valențe și posibilități. Au remarcat relația dintre putere și autoritate. Autoritatea definea puterea, o etala și o impunea, dar acoperirea putea fi actuală sau doar potențială. Relațiile, însemnele, discursul, depindeau și de maniera de exercitare, de impresie, de expresie, de organizare și administrare. Oamenii erau practici, fiindcă cunoștințele erau esențiale, dar rudimentare. Existau interese egoiste sau de clan, dar existau și riscuri și oamenii aveau nevoie de asociere și unii de alții. Au învățat să-și negocieze pozițiile, relațiile, interesele. Fluctuațiile puterii și autorității oscilau între a fi excesive sau absente și ineficiente. Reglajul necesar era tot mai fin.

Măreția și fenomenele naturii erau sugestive pentru administrarea puterii. Desfășurările de forțe cataclismice și catastrofale i-au determinat pe oameni să prevadă consecințele nedorite, să le prevină, să invoce personificarea acestora. Natura poate fi copleșitoare prin frumusețe, gingășie, rodnicie, dar poate deveni și teribilă prin dezlănțuiri de forțe, fenomene, catastrofe, cutremure, inundații, incendii etc. Inspirați și spulberați, mângâiați și zdrobiți, hrăniți și uciși, oamenii au invocat forțe superioare lor. Aceștia erau zeii. Inaccesibili, terifianți, inepuizabili, capricioși, mânioși, dar generoși, drăgăstoși, ocrotitori, prevenitori. Cele mai mari temeri, cele mai fierbinți dorințe, cele mai mărețe proiecte, cele mai secrete și intime gânduri, sentimente, au fost trimise în întâmpinarea zeilor. Răspunsurile n-au întârziat. Erau punctuale, dădeau speranță și încredere, optimism și curaj, energie și reușită!

Cu rare excepții. Care se uită repede.

SURPRIZA

Matei 24:43.44: Să știți că, dacă ar ști stăpânul casei la ce strajă din noapte va veni hoțul, ar veghea și n-ar lăsa să-i spargă casa. De aceea, și voi fiți gata; căci Fiul omului va veni în ceasul în care nu vă gândiți... Matei 24:48-51: Dar, dacă este un rob rău, care zice în inima lui: „Stăpânul meu zăbovește să vină!" Dacă va începe să bată pe tovarășii lui de slujbă și să mănânce și să bea cu bețivii, stăpânul robului aceluia va veni în ziua în care el nu se așteaptă și în ceasul pe care nu-l știe, îl va tăia în două, și soarta lui va fi soarta fățarnicilor; acolo vor fi plânsul și scrâșnirea dinților." Luca 12:40 „Și voi dar fiți gata, căci Fiul omului va veni în ceasul în care nu vă gândiți."

Lumea biblică este o lume polarizată, ca și lumea reală. Putem accepta ușor polarizarea neutră moral, spiritual sau social – ca dipolii electrici, chimici, magnetici. Mult mai greu de acceptat este segregarea social economică a oamenilor în stăpâni și robi sau sclavi. Mai există o categorie – hoții, proscrișii, cei care supraviețuiesc în afara ordinii legiuite și rămân o ciudățenie.

Această segregare radicală, vetustă cultural și inacceptabilă pentru omul modern, are o compensare supranaturală, deci religioasă, în uniunea și contopirea dintre Fiul Omului și Fiul lui Dumnezeu în aceeași persoană. Totuși, deși dumnezeirea pare foarte interesată de categoria robilor, în parabolă sau ilustrație, se identifică cu categoria stăpânilor, iubitori de ordine și dreptate, dar fără milă. Desigur, această imagine sau impresie, nu este generalizată, dar în cazul de față este foarte radicală și pregnantă. Un stăpân care taie și spânzură.

În cazul unor fragmente de evanghelie, reforma degenerează ușor în revoluție. Adevărat, doar discursivă, nu în fapt. Poate omul modern să înghită aceste inechități? Este discursul evanghelic perfectibil, este și religia evolutivă, sau transcendența și supranaturalul nu se supun selecției naturale? Cert este că deplasarea atenției cu conștientizarea acestui fapt, întreruperea fondului de evenimente seriate care aparțin rutinei și, care sunt adesea îndeplinite stereotipic, oarecum automat, mecanic, reprezintă un interes neurofiziologic marcant.

În cazul obișnuit în care focalizarea pasageră a atenției, recunoaște solicitarea, furnizează soluția, se revine la rutină. Când, însă avalanșa de evenimente surprinzătoare depășește capacitatea de atenție – fie și distributivă, iar decentrarea se cronicizează, pot apărea experiențele mistice, ca semn al neajutorării.

ESTE MÂNA MEA PREA SCURTĂ?...

Este mâna Mea prea scurtă ca să răscumpere?
Sau n-am eu destulă putere ca să izbăvesc?
Isaia 50,2

Chiar așa! Dumnezeu ne permite, ne invită chiar, la o evaluare de Sine. Dumnezeu Atotputernicul este, într-adevăr generos. Dumnezeu ne-a creat, ne-a sădit o grădină, ne-a oferit mediul, ne-a creat condiții de viață. Desigur, este necesară o participare. Grădina primită – trebuie s-o lucrăm și s-o păzim.

Cu siguranță, problema nu e nouă și are complexitatea, asperitățile și complicațiile ei. Grădina a rămas pustie, fiindcă omul a pierdut dreptul de rezidență. Odată cu mutarea sau puțin mai înainte, a devenit muritor, prin păcat. Dumnezeu nu l-a abandonat. A continuat să stăruie. Dar, omul s-a dovedit un partener extrem de problematic și dificil.

N-aș vrea să facem o istorie a religiei, nici o istorie a relației dintre teologie și antropologie. Dar, pare să fie mai mult decât atât.

Cunoaștem istoria. Uneori, pare o istorie a eșuărilor. Antediluvian, răul devine predominant în creația lui Dumnezeu. Soluția, regretată până și de Bunul Dumnezeu, o exterminare prin potop. Totuși, rămâne o parte bună și frumoasă – curcubeul. Apoi urmează Babel. Neînțelegerile dintre Dumnezeu și oameni sunt transferate oamenilor prin limbaj. Așa s-a născut proverbul reinventat de romani: Divide et impera!...

Exasperat, Dumnezeu a schimbat strategia. Și tactica. A ales și s-a concentrat pe un om – pe Avraam și pe urmașii săi, adică ceea ce avea să devină un popor. Ales. Poporul Său. Israel, poporul evreu.

Într-adevăr, un popor deosebit, oameni deosebiți. Amabili, curtenitori, prietenoși, inteligenți, talentați, deștepți, inventivi, harnici, plini de inițiative. N-am întâlnit până acum un evreu, coleg, cunoștință, prieten, de care să nu mă atașez, cu care să nu mă simt bine, pe care să nu-l stimez sincer. Aptitudinile lor native sunt deasupra mediei. Deosebit de talentați în afaceri, buni finanțiști de succes, în cercetare și tehnică de vârf. Au cele mai multe premii Nobel, muzicieni, artiști celebri.

Dar câte tragedii au traversat, câte obstacole au fost nevoiți să depășească, din antichitate și până astăzi. Cu siguranță, niciun popor n-a stat pe roze, toți am fost vitregiți, chinuiți, cuceriți, biruiți... Dar, un singur popor a supraviețuit robiilor interminabile, unui singur popor i s-a refuzat dreptul de a reveni acasă, în țara lui, unui singur popor i s-a furat țara, un singur popor a suferit holocaustul!

Țara Sfântă, unde curge lapte și miere! 2/3 din părțile sudice sunt un deșert stâncos în care nu crește nimic, sau crește, numai pentru că acest popor a creat oaze de grădini, livezi, pământ roditor. Este o țară dezvoltată, modernă, cu realizări extraordinare.

Țara Sfântă, ocupată de poporul lui Dumnezeu, care avea să fie ca stelele cerului, ca nisipul mării, este puțin mai mică decât una dintre provinciile românești. Nu este Dumnezeu Atotputernic, nu a ales el acest popor, nu știa Iehova ce pot și ce nu pot oamenii?

Doar atât poate Dumnezeu Atotputernicul? Putea să modeleze lumea prin poporul său. Putea să-l transforme într-un Imperiu, într-o Împărăție ideală, într-o Civilizație Celestă, într-o Democrație Divină! Israelul este frumos, este Sfânt, este o țară deosebită. Dar este prea puțin pentru un Dumnezeu atât de mare! Și Atotputernic! Pentru proiectele lui Dumnezeu, pentru descrierile profeților, pentru visele făgăduințelor, închipuirea poporului ales.

Este adevărat, sunt, există, se desăvârșesc miracole în Israel. Oamenii au renunțat la tot și la toate, ca s-o ia de la zero, ca să-și riște viața, ca să moară în război, ca să plece în necunoscut. Și nu un om, nu o mie, nu zece mii. Milioane. Respect.

Ceva s-a împlinit! Totul este un miracol! De ce nu s-au împlinit profețiile? De ce nu s-au materializat visele? De ce s-a realizat ceva atât de mic, cu un Dumnezeu atât de mare? Vom găsi explicații plauzibile, vom pondera semnificațiile, vom evalua riscurile și costurile. Nu acestea sunt răspunsurile.

Poate că singurul răspuns real și adevărat este acela că o fărâmă de realitate și realizare, valorează mai mult decât întreaga imaginație a unor capete înfierbântate!

Israelul este și rămâne un miracol. În fiecare zi, în fiecare clipă!

RELIGIA – EVALUARE CRITICĂ FINALĂ

Oamenii, deveniți *zoon politikon*, sunt ființe psihologice, sociale, economice, estetice, spirituale etc. Toate aceste dimensiuni, nu s-au născut peste noapte, au venit în întâmpinarea unor trebuințe, motivații, împliniri de sens, urmărirea și atingerea unor obiective și idealuri. În orientul apropiat, mai exact pornind din semiluna fertilă, spre vest, niște triburi, un neam, o națiune născândă, de oameni inteligenți și vizionari, și-au propus să intre în rândul lumii, pe ușa din față. Marile imperii ale vremii, aveau zigurate, confort, comerț și zei. De ce n-ar fi avut și ei?

De la Adam, la Avraam și, mai departe, calea pare scurtată și scurtătura este realizată prin Moshe, un beduin cultivat, care de la turmele și fiica lui Ietro cu terafimii ei, ajunge la seminții și-l transformă pe Iahve al Madianului într-un Dumnezeu universal. Și le-a reușit. Evreii aveau obiective precise, ceilalți domni și Baali, trebuiau inițial subordonați henoteist și apoi eliminați ca urăciune. Fără *homo religiosus*, omul este incomplet. Cel puțin, așa se pretinde! Un popor dotat are o cultură, dobândește tradiții, acoperă un teritoriu. Este un popor deosebit, distinct, printr-o înaltă intelectualizare și spiritualizare, totul prin interdicția oricărei reprezentări. Interiorizarea, abstractizarea, sublimarea se adaugă acestui nou stil original.

Procesul este îndelung și anevoios. Sunt cucerite înălțimile sterpe și, mult mai târziu, luncile și câmpiile mănoase. Filosofia și religia lor este una a separării, delimitării, originalității. Sunt invocate concepte ale curățiai și necurății, sunt impuse reguli specifice, se clădește o identitate, un specific, o cultură, o spiritualitate. Ceea ce trebuie să remarcăm este istoricitatea procesului. Acesta nu se dezvoltă în vid, împrumută idei, aduce inovații, revoluționează concepte, creează un stil. Secole și milenii se scurg, tradiții se încheagă, se naște o națiune.

Această națiune, descoperă și militează pentru originalitate și distincție, are puține atuuri materiale, militare, cantitative și trebuie să supra-compenseze calitativ. În orice domeniu, dar fără rabat de la principii și caracterul specific. Se perindă imperiile, abundă suferințe, foamete, robie, moarte, dar acest popor este oțelit. Semințiile și germenii săi sunt profunde, reprezintă valori autentice, sunt susținute ritualic, dogmatic, cu tenacitate, cu perseverență. Vin grecii cu o cultură superioară, elenistă, care devine o modă a bunului gust, elitistă și în mare vogă. Apoi, se impun romanii, cu igiena lor, cu edificiile și drumurile lor, cu pacifismul lor feroce.

Dar, tocmai distincția dintre monoteism și politeismul decadent, avea să răstoarne pietrele templelor, să le transforme în ruine. Fiindcă ceea ce edificaseră imperii și nații, o societate structurată și o viață socială, o politică și o viață economică, comercială, avuseseră în vedere, de fiecare dată, puternicii lumii, care își împărțiseră bunurile și surplusul, dar cei trecuți cu vederea fuseseră tocmai cei care le produceau, oamenii simpli, sclavii, prizonierii și străinii.

Erau deja prea mulți, prea împilați, prea nedreptățiți. Nu, cu puterea armelor, încă nu se putea schimba nimic. Societatea era prea crudă, viața omului prea lipsită de valoare. Era nevoie de o schimbare. De atenția cuvenită omului sărman, nu neapărat a drepturilor sale, dar cel puțin a recunoașterii lor, a locului său important, o recunoaștere de jure a existenței și poziției sale, o promisiune de mai bine, dacă nu aici, cel puțin într-o lume viitoare, într-o împărăție a fericirii dumnezeiești.

Și atunci, pe dealurile Galileei, a venit un Fiu al Omului, un Sfânt sortit sacrificiului și jertfei – un model perfect a ceea ce aștepta orice lucrător simplu și manual – care avea să fie răstignit, dar cum altfel – avea să învieze ca Enoch, ca Moshe și Ilie Tișbitul, avea să fie înviat, proslăvit pentru scaunul de domnie de la dreapta Tatălui. În sfârșit, exista o soluție. E drept, amânată. Dar, ce contează. Slava cerească pentru cei umili și obidiți, gheena și focul iadului veșnic pentru toți îmbuibații și îmbogățiții acestui veac. Compensare prin proiecție. Tot e ceva, decât nimic. Și lumea a mers înainte.

Religia trăiește din ambiguitate. Și credulitate. Din naturalul metamorfozat în supranatural. Toți asistăm, în fiecare moment, la măreția copleșitoare a naturii mari, complexitatea și surprinzătoarea natură infinitezimală, frumusețea și coloritul vieții, parfumul și dulceața roadelor. Oamenii asistă, trăiesc, privesc și gustă din toate astea. Devin recunoscători.

Și, până să afle detaliile, se înfiripă imaginea unui Dăruitor mânios care pretinde reciprocitate, căruia îi datorăm închinare, adorare, ascultare. Nimeni nu pretinde nimic. Și adevărul și eroarea, și binele și răul, și frumosul și grotescul, urâtul cel mai monstruos, sunt dimensiunile fundamentale și reale, ale unei existențe lipsite de zei, care există doar în conștiința prin care nu reflectăm doar existența, ci și viața, pe noi înșine, relațiile dintre noi, oamenii.

Religia este o oglindă. Care se folosește de altă oglindă – limbajul. Cuvântul reflectă realitatea și relațiile dintre componentele sale. Inclusiv pe noi înșine. Din această dublă oglindire, se nasc zeii și provine religia. Zei pe care i-am imaginat, par foarte reali, dar nu i-a văzut nimeni. Se povestește despre ei, dar ei continuă să fie absenți. Prezenți doar în imaginația și poveștile noastre, devenite mituri, scripturi. Devenim astfel recunoscători, evlavioși, mai buni, dar și fanatici, intoleranți, ucigași de conștiințe.

Religia este prin natura, definiția și substanța ei, o demisie. O înlocuire. A cogniției, conștiinței, capacității decizionale și responsabilității, cu o autoritate, mai mult cu o autoritate divină. Când spunem divină, presupunem și afirmăm, supranaturalul, magia, imaginația, imposibilul, inexistentul.

A valorilor. Conexiunea dintre valorile fundamentale și ființa umană este presupusă a fi în divorț, fracturată ireparabil. Adevărul nu este și nu poate fi distins de eroare și minciună, fără ajutor din afară, exterior. Binele este înstrăinat și compromis de rău, într-o conștiință bolnavă, incapabilă de alegere elementară. Frumosul și valorile estetice, nu au niciun răsunet asupra gustului, bunului gust, care s-a pierdut. Este adevărat că trăim într-o lume finită, imperfectă și corectabilă, dar tocmai acesta este secretul devenirii, progresului continuu și îmbunătățirii. Absolutul și perfecțiunea sunt himere ideale și abstractizări. Învățăm din greșelile altora și propriile erori. Așa se definește experiența, pe care o valorizăm în sine.

Ideea e că toată ideologia, butaforia, ritualurile, ierarhia, beneficiile se reduceau la un instrument de control și supunere. Deși au o esență fundamentală constantă, valorile se modifică cu epoca, zona geografică, cultura, obiceiurile și tradiția – nu sunt imuabile, absolute, date odată pentru totdeauna. Prin excelență și definiție, valorile sunt mijloace ale ființei umane și nu omul, viața sunt sacrificate, în folosul sau pentru salvgardarea lor.

O zi de odihnă are valoarea ei, o tradiție și aura sa de sfințenie, totuși exagerarea și transformarea sa într-o povară, îi subminează însăși rațiunea de a fi: Marcu 2, 27 „Sabatul a fost făcut pentru om, iar nu omul, pentru Sabat." Valorile aduc beneficii prin definiție. Există o legitate a determinismului. Opțiunile bune au consecințe bune. Ele vor fi preferate instinctiv. Asta nu înseamnă că sunt excluse surogatele, pseudovalorile. Aici intervine experiența acumulată, cunoașterea și selectivitatea.

Toate acestea au fost privite cu neîncredere. Pe bună dreptate, s-a ivit nevoia și s-au instituit judecăți, motivare prin vinovăție, pedepse și recompense.

Dar ele rămân o valoare instrumentală, circumstanțială. Nici promisiunea raiului, nici amenințarea iadului sau gheenei, a unor pedepse veșnice, nu vor optimiza carențele etice, morale sau civice. Substanța existenței, vieții, constă în natura și valoarea în sine, nu în surogate sau proteze originare, apocaliptice sau divine. Există temeiuri suficiente să trăim o viață autentică, să urmărim binele aproapelui și al nostru, să ne bucurăm de frumusețe, de bunătăți și de cunoaștere deplină, funcționând în viața reală, fără apel confortabil, dar găunos, la supranatural, la origini imemoriale, sau apocalipse înfricoșătoare.

Religia este o instituție milenară care oferă un cadru de aderare sau asociere pe baza unor convingeri religioase specifice. Având în vedere că trăsăturile unei entități religioase au o specificitate pregnantă, apartenența și aderarea la o astfel de instituție este marcată de proceduri (catehizare, botez), presupune o perioadă de pregătire, condiții de îndeplinit, un ceremonial care subliniază pragul de trecere, achiziția verificată a unor cunoștințe și implicit acceptarea, însușirea lor drept convingeri personale.

Apartenența la o denominațiune religioasă poate fi redată și ca o tranzacție între o persoană, un individ și un grup cu identitate ferm conturată. Oferta atractivă trebuie să se situeze undeva în câmpul majoritar al trebuințelor personale, care să fie satisfăcute pozitiv (să zicem între 51-66%), venind la pachet cu toate condiționările. Aceste trebuințe fac parte din lista lui Maslow (existență, subzistență, siguranță, afecțiune, apartenență, realizare de sine, etc). Condițiile sunt întărite – în cazul instituțiilor și denominațiunilor religioase de autoritatea divină, în numele căreia a fost instituită și funcționează formațiunea, au caracter ferm, indiscutabil, prescriptibil, și se insinuează în majoritatea domeniilor de existență și manifestare a unei ființe umane. Multe dintre ele au caracter etic, moral și sunt acceptabile oricărei societăți umane, cu unele variații, altele au caracterul unui stil de viață pretins sănătos, dar cu prescripții cantitative și calitative exagerate, pentru a conferi nota de originalitate a confesiunii.

Cred că o confesiune religioasă poate fi considerată cu atât mai strictă, îngustă și riguros fanatică, cu cât aceste cerințe sunt mai detaliate și mai exagerate. În emulația care apare, oamenii pot inventa și exagera ei înșiși, aceste cerințe, chiar dacă nu este necesar și nu există stipulări prescriptive. Ele pot deveni un motiv de exemplaritate, prestanță, sfințenie, chiar dacă au devenit dăunătoare. Practic, orice manifestare a existenței și vieții umane poate intra sub control. Gândirea, limbajul, emoțiile și afectivitatea, voința și practica de fiecare zi, funcțiile de sinteză psiho-socială – conduita, caracterul, personalitatea. Apoi, alimentația, îmbrăcămintea, accesoriile, profesia, timpul liber, hobby-urile, veniturile, proprietățile, moștenirile etc.

Oamenii simt nevoia să se asocieze, să facă parte, să se identifice cu astfel de grupări. În interiorul lor, sunt ventilate aceleași doctrine, repetate până la saturație, pentru fiecare generație. Ele sunt simple, ușor de înțeles, de bun simț, elementare, dar pigmentate și condimentate, exact atât cât trebuie, pentru a conferi distincție. Astfel, confesiunea devine o cameră de ecou, o bulă distinctă, care poate avea unele avantaje, dar are și nenumărate impedimente – izolare, ruperea de fluxul general al societății, de trendul contemporan de valori.

Deseori, membrii devin monocolori, pregnanți, militanți, misionari, fiind subjugați total de „idealurile" confesiunii cu care se identifică excesiv. Ei își intră în rol, se iau în serios, primesc funcții care se numesc slujbe, votează în adunările administrative și activează în viața bisericii, se simt utili și importanți.

Deși mă repet, o voi face pentru a sublinia un aspect mai mult decât evident. În antichitate, oamenii păreau și erau mai înțelepți, dar în multe privințe erau ignoranți. Și-au explicat ordinea lucrurilor și cauzele fenomenelor copleșitoare sau uimitoare prin invocarea puterii, autorității și misterului. Miracolul era pretutindeni, lumea era plină de zei. Pe măsură ce oamenii au înțeles ordinea lucrurilor și legitățile existenței, detaliile lumii infinitezimale sau astrale, au putut judeca cauzal, iar zeii și puterea lor au devenit tradiție, butaforie, anacronism.

Un clip nostim de pe YouTube arată o pasăre împodobindu-și penajul cu panglici colorate. La prima vedere, gestul acesta justifică moda vestimentară, dar e mult mai profundă. Oamenii, ființe complexe, au înțeles curând că competiția dintre ei nu are loc doar individual și personal, că însuși grupul dobândește valențe care pot marca identitatea, rangul, trăsăturile specifice, ca un motiv și argument al distincției. Trăsături de grup, etnie, localizare, profesie, folclor, cultură, religie, obiceiuri, tradiție, vestimentație, artă, etc, au devenit markeri de evidențiere, atu uri de supremație sau măcar, notă distinctivă a identității. Aceste note distinctive nu sunt gratuități, ci ajută grupările de oameni să relaționeze, să facă schimburi materiale, culturale, valorice, artistice, spirituale, să trăiască în armonie.

Unul dintre secretele înțelepciunii, constă în a nu îngurgita categorii și sisteme de categorii, de-a gata, cum sunt servite cu regulile de întrebuințare și utilitățile sau beneficiile aferente. Să reținem că în timp ce totul este învesmântat sau chiar împodobit, în aparența unui altruism dezinteresat, nimic nu este gratuit. Orice ofertă, oricât de generoasă, are un preț, niște costuri. Cu certitudine, schimburile corecte, oneste, sunt necesare. De cele mai multe ori, sunt oneroase, vizează nu doar resursele tale, ci chiar pe tine – identitatea ta, libertatea ta, conștiința ta, timpul și valorile tale, conduita și gusturile tale, și lista poate continua. Trăiești cu iluzia unui răsfățat al sorții, în timp ce te-ai transformat într-un stereotip mecanicist de consumator furajat ideologic sau doctrinal, sistematic.

Religia este prima filosofie, doctrină, ideologie, asezonată cu valori morale și spirituale, care pretinde supunere necondiționată în numele unei iluzii personificate superlativ, cu scopul nedeclarat de a te transforma într-o marionetă. Deși religia, confesiunea de credință, cere și pretinde, invocând în acest scop instanțe supranaturale, iar enoriașul răspunde prin consacrare și dedicare fără rezerve, ambele părți știu, consimt și recunosc limitele și imperfecțiunile umane în această situație. Cea mai curată conștiință este dureros de conștientă că acest ideal este o simplă amăgire de sine și reciprocă. Pot exista momente de extaz și devoțiune, dar oamenii se întorc de fiecare dată la îndeletnicirile lor firești și naturale. Golgota, substituția, harul și ruga, sunt implicate. Astfel, una din piesele de rezistență ale religiei constă tocmai în acest ideal intangibil, divin, care nu poate fi atins niciodată, fiind înlocuit cu această oscilație, această zbatere care face obiectul recidivelor, pocăinței și reînnoirii legămintelor, sortite încălcării. Da, aceasta este și pretinde că face religia – administrează absolutul ideal, într-o lume a finitudinii, a muritorilor.

Biblia este o carte complexă de cultură și spiritualitate, cu efecte neîntâlnite în alte cazuri. A contribuit la urzirea celor trei mari religii ale cărții – iudaismul, creștinismul și islamul. Este o bibliotecă fundamentală. Ilustrează istoria, cultura și spiritualitatea omenirii pentru toată perioada civilizației scrise – cca 4-5 mii de ani. Reflectă perfect trăsăturile umanității, forța și slăbiciunile ei, înțelepciunea și nebunia ei, credințele, miturile, legendele și basmele ei, literatura, satira și fabulele ei, ideologia și literatura de curte a unor potentați, fragmente originale și pastișe stângace sau imitații vulgare. În esență, un bazar oriental literar, cultural.

Spiritualitatea și cultura oamenilor are caracter dinamic, evoluează cu epocile, cu devenirea societății. Într-o carte ca biblia, toate aceste procese se regăsesc și sunt reflectate. De ce este, aparent, ignorată? De la renaștere și iluminism, oamenii manifestă secularismul ca o reacție la autoritarismul ecleziastic antic și medieval. Este un proces continuu de emancipare. Este o luptă pentru putere, influență și ideologie. Oamenii muritori, vulnerabili și în mare măsură, masificați ca gloată ignorantă, trebuie conduși, administrați, manipulați, exploatați. O poți face prin forță, dar este incomod, costisitor și epuizant.

O poți face, supunându-le conștiințele. Religia, în complexitatea ei, are și o parte instrumentalizată. Este utilă. Realizează supunerea soft, interioară, de bună voie și nesilită. Pe de altă parte, nu putem ignora procesul de modernizare a umanității și societății. Oamenii au făcut pași uriași în domeniul științei, tehnologiei, cu impact direct, copleșitor, asupra calității vieții. Mobilitatea umană, călătoriile, internetul, informarea tuturor, în timp real, democratizarea informației, are impact profund asupra omului, pozitiv și negativ. Dezinformarea, manipularea, intoxicare informațională reprezintă o adevărată patologie cu efecte nefaste.

De ce pierde teren religia, literatura religioasă, cultică. Este poate, un rebound, o idiosincrazie. Dar, spiritualitatea religioasă nu va dispărea niciodată. Ritualurile și ceremoniile au resorturi inconștiente ancestrale. Vom continua să ne rugăm, să ne închinăm, până în ceasul morții și, mai ales atunci! Religiile sunt unul dintre instrumentele soft, care ne invită să ne asumăm conștiența și conștiința de sine. Un mod care poate fi apreciat ca subtil și ingenios, privit în perspectivă istorică, evolutivă și ignorând excesele de tot felul. Începând cu familia, în forma restrânsă sau lărgită, cu relațiile intra și intergrupale, există forme hard ale organizării și administrării micro și macrosociale, care presupun puterea cu diversele ei coloraturi, inclusiv cazonă, justiția, forțele de ordine, politica, opinia publică, sistemul de taxe și impozite. Sunt și alte forme soft, poate mai nimerite – educația formală și informală, arta, cultura.

Dar, religia, pare forma soft, prin excelență, pentru consimțire socială. Oamenii aderă voluntar la formele instituționalizate ale religiei, și o fac temeinic, profund, fiindcă temeiurile sunt de așa natură. Temerile noastre, vulnerabilitățile, caracterul muritor, finitudinea noastră, ne fac să jinduim după sprijin și ajutor. În religie puterea, deși absolută este expediată la distanță cosmică – cel atotputernic – dar este păstrat caracterul intim, prin ceea ce se numește spiritul sfânt, care are mult de a face cu conștiința noastră și cele mai intime preocupări. Pedeapsa, dincolo de încredințarea într-o justiție imanentă care îți poate administra o corecție instantanee, este amânată sine die, spre finalul apocaliptic, din viața de apoi.

Și, cum realizează cultura și spiritualitatea iudeo creștină, acest lucru? Pentru ultimii 3500 de ani pretinși, deși este consemnată în forma care a ajuns până la noi, doar în ultimii cca 2500 de ani, cultura iudaică ne impregnează cu această cultură, aureolată de Iahve. Un popor mic, dar cu o inteligență și aptitudini excepționale.

Apoi, creștinismul, realizează o tranziție istorică, tot în persoana unor evrei celebri, Isus Hristos, apostolii toți, în frunte cu Petru și Pavel, creștinismul tot mai instituționalizat și divizat proteiform, inclusiv marea schismă, de după anul o mie. După alți cinci sute de ani, răsar luminile reformei, în paralel cu Renașterea artistică, culturală, intelectuală, mai ales prin tipar, și spirituală. După alți două sute de ani, iluminismul, devine tot mai laic, științific și academic, pentru ca zorii modernității să înceapă să perceapă cunoașterea ca pe o metodologie tot mai tehnică și specializată, progresul imprimând un ritm exponențial.

Ultimii o sută cincizeci de ani au schimbat fața lumii, iar ultimii cincizeci de ani par să schimbe însăși ființa umană, mentalitățile, societatea și capabilitățile. Ritmul este amețitor, realizările fascinante, miracolul devine cotidian, atât în proporțiile infinitezimale, cât și în cele cosmice.

Ce mai oferă religia? Importanță! Imaginați-vă oameni simpli, primele generații ale secolului XX, cu patru clase, unii buchisind, alții mai fluenți, țărani modești sau muncitori cu palme bătătorite și crăpate de muncă, cu transpirația transformată în săruri pe cămeșoaie și ițari, catrințe și ilice, care încep să citească biblia regulat, fac studii zilnice la clasa de botez și școala de duminică sau de sâmbătă, își fac baia săptămânală, nu mai beau și nu mai fumează. Din violenți și arțăgoși au devenit blânzi și blajini. Mănâncă sănătos și sunt cinstiți, amabili și săritori, când e vorba de ajutor. Îmbracă haine curate de biserică, pun cărțile sfinte sub braț și îi vezi mărșăluind spre locul de închinare, cu copii, cu nepoți. Nu sunt neapărat sfinți, dar arată ca sfinții! A fost o revoluție! Una spirituală și culturală!

La biserică sau acasă, au loc studii și comentarii, dezbateri și emulație. Despre ce discută acești oameni simpli, plugari, meșteșugari sau producători? Ei nu aveau cultură, n-aveau pasiuni sau idoli, actori sau sportivi. Au un subiect teribil de interesant! Forțele binelui și cele ale răului se află într-o încleștare pe viață și pe moarte, de la obârșia lumii, de-a lungul istoriei și se precipită acum, la sfârșitul veacului. Acești oameni simpli și umili, în viața cărora nu exista decât trudă și sudoare, se dezvăluie deodată cel mai pasionant conflict, drama tuturor mileniilor, tragedia tuturor veacurilor – lupta dintre bine și rău, dintre Dumnezeu și Satan. Cum ai putea să rămâi rece? Cum să nu te implici? Și religia le oferă un rol!

Cultura sau structurile culturale sunt construcții împotriva haosului, desemnate să reducă caracterul întâmplător, surprinzător al experienței. Sunt răspunsuri adaptative[9], asemenea penajului pentru păsări sau blănii pentru mamifere...

Expresia latină religo, din care derivă cuvântul religie, înseamnă a unifica sau strânge împreună, ca într-un mănunchi sau snop.

Depinde la ce se referă. Dacă se referă la oameni, motivați pentru a rămâne uniți, pare un aspect salutar. Dacă se referă la unirea oamenilor cu Dumnezeu, pare mai vag, mai greu de realizat, dar asta pretinde religia să facă. Dar, dacă leagă oamenii de un set de norme sau dogme, care nu vor putea imita realitatea complexă pe deplin, și chiar dacă le vor facilita unele relații, îi vor incomoda, în cele mai multe privințe – prin asta devine religia reacționară, retrogradă.

De ce povestim? Fiindcă avem limbaj. Imaginație, creativitate, fantezie. Ce este fantezia? Capacitatea de a-ți imagina o lume, existență diferită de cea reală. Cu personaje, evenimente, legi diferite. E un joc literar, artistic, creativ. Legile cauzalității, determinismul, sunt puse în discuție, sunt manipulate și distorsionate. Orice joc presupune o convenție – presupunem că..., ne purtăm ca și cum... ar fi adevărat, deși nu e – știm bine! Personaje îndrăgite sau care îți dau fiori, forțe ale binelui sau bestii înspăimântătoare, personaje eroice, comice, inspirate sau neisprăvite trec prin întâmplări nemaipomenite. Ne plac poveștile, romanele, filmele. Petrecem timpul liber, ne relaxăm, ne cultivăm, avem nevoie de timp liber, deconectare.

De ce? Viața este frumoasă, dar continuă. Pentru somn avem visele. Atunci imaginația, vine din străfunduri, din inconștient. Deretică prin viața noastră. Prin povești, povestiri, romane, ne condimentăm existența, viața, o completăm, o îndreptăm, utopic și imaginar. Izgonim urâtul, plictiseala. Dar acestea nu sunt cele mai grave probleme ale noastre, ale oamenilor. Ne naștem greu, în chinuri, și sfârșim urât – în suferință, neputințe și disperare. Bine că există obnubilarea, pierderea cunoștinței, starea comatoasă. La trecerea dintre lumi, nu mai știm pe ce lume suntem.

---

[9] Csikszent Mihalyi, din DS Wilson, *Darwin's Cathedral*, The Univ Chicago Press, 2002, pg 219.

Dar aceste aspecte existențiale, nu pot fi expediate. Sunt presante. Fiecăruia ne vine rândul – anonimi sau celebrități, sărmani sau bogați, insignifianți sau importanți – nimeni nu scapă de moarte. Nu se poate! Nu putem sfârși așa – ca niște învinși! Ca și cum, n-am fi nimic, ca și cum n-am conta, noi, care într-o perioadă – a copilăriei naive – ne consideram ombilicul lumii, buricul pământului – ne ofilim, ne împuținăm pe zi ce trece, nu mai avem memoria de altădată, ne-am smochinit, ne-am umplut de riduri, ne-am gârbovit de tot.

Trebuie să existe o soluție. Dacă lumea e crudă, dacă soarta e rea, vom inventa niște soluții originale, impunătoare, intangibile, atotputernice, care pot rezolva chiar și această situație, aparent imposibilă. Zeii, îngerii, forțele luminii. Și, fiindcă lumea noastră e polară, fiindcă trebuie să existe acțiune, conflict și suspans, a trebuit să fie introdus, imaginat, invitatul nechemat, vinovatul vinovaților pentru toate relele, molimele și bolile, neșansele și necazurile omenirii – Satan, Diavolul, Scaraoțki cu oștile întunericului, aflate în slujba sa.

În povești și basme, pot exista oameni ca și noi, dar în viață și în religie, e vorba de noi înșine, de slăbiciunile noastre, de trebuințele și neîmplinirile noastre, de drama pe care trebuie s-o trăim la începutul și la sfârșitul vieții noastre. N-o putem ocoli! Și, atunci am imaginat o evadare! Pe un tărâm în care legile vieții și ale morții nu mai acționează, unde veșnicia e la ea acasă. Împărăția Cerurilor, a lui Dumnezeu! Dar, aici s-a terminat cu joaca, deși tot un joc e! Dar, e unul serios. Morga e la ea acasă. Iertați expresia „morgă" – se aplică în toate sensurile posibile! Personajele suntem noi înșine. Nu ne putem eschiva, nu putem șunta. Multe am făcut noi în viață, dar de data asta, ne-a sunat ceasul.

Cine-ar fi crezut vreodată că oamenii se vor avânta până acolo? Cine ar fi gândit vreodată, că de la particulele elementare, de la quarci și fotoni, până la stele și galaxii, nebuloase, pitice albe și gigante roșii, omul va cerceta, va afla și se va edifica. Dar, va rămâne muritor! Alții vor urma și ei se vor termina și ciclul se va relua. Universul însuși se pliază, se împachetează și apoi explodează la câteva zeci de miliarde de ani. Și viața, conștiința, existența, apare, dispare, reapare.

Păcatul fundamental al religiei: cu ochii la lumea de dincolo, ratăm viața autentică!

Biblia. Este singura bibliotecă care face reclamă lui Dumnezeu. Dincolo de ceea ce spune Biblia, mai este un singur loc în care sălășluiește Dumnezeu – în capul nostru. Nicăieri n-o să-l găsești pe Dumnezeu. Foarte ciudat! Dumnezeu este un concept, o sintagmă, o proiecție, o credință, o așteptare. E al nostru.

Noi, oamenii, l-am creat. După chipul și asemănarea noastră. Noi oamenii am scris Biblia. Noi avem nevoie de el. Ne completează. Ne împlinește. Ne face viața și moartea mai ușoară. Nu ne dezamăgește. Nu ne poate dezamăgi. Îl investim! Dar, el rămâne inert! Iar noi, nu putem accepta acest adevăr!

De ce simte omul nevoia de zei, ființe supranaturale? Cum se naște o asemenea idee, nevoie? Ce lipsește, care este neîmplinirea pe care vrea s-o acopere, s-o satisfacă, s-o rezolve? Finitudinea, slăbiciunile și vulnerabilitățile, mortalitatea, suferința sau toate la un loc? O relație? Și ce-și dorește, în primul rând? Ce vrea să obțină? Timp și veșnicie, nemurire, transcendență, putere, efectantă, înțelepciune, sagacitate, anduranță? Un ideal? De unde vine această nevoie? Din el însuși, din pornirile sale animalice, considerate improprii? Din sentimentul incompletitudinii, inadecvării? Către ce aspiră? Și ce crede că va obține? Liniște, împăcare, fericire, împlinire? Sau, toate acestea?

Sau poate că prin religie, omul se regăsește pe sine, se centrează. Prin aspectele sociale și de grup ale participării la biserică, locașul de cult, rugăciune, îi sunt împlinite trebuințele sociale, de apartenență, consens, împărtășire, prietenie, înrudire și schimb. Există în conștiința umană un gol? O aspirație, către înalt, către autodepășire, spre perfecțiune? Ce l-a făcut să-și creeze zeii? De ce are nevoie de ritualuri, ceremonii, treceri, sărbători, festivități și comemorări? Pentru a-și sublinia și împărtăși bucuriile, succesele, rodnicia și, respectiv, pentru a-și plânge pierderile, necazurile și neșansa.

Posibil că răspunsul se află în finitudinea ființei umane și, mai ales, în conștiența acestei finitudini. Ajungând la capacitatea de a judeca, evalua, raționa, compara, omul s-a văzut și simțit aruncat într-un mediu extern, necesar și suficient pentru supraviețuire, dar pe care trebuia să-l exploreze, cucerească, învingă. Fiindcă, în timp ce mediu era o sursă și oportunitate, era ostil, imprevizibil, rezistent. Omul nu s-a trezit peste noapte în relație cu mediul său, deși fiecare individ, pe măsură ce se maturizează, are această revelație, că existența sa este complet dependentă de mediul în care există. Nimeni și nimic nu-și este suficient sieși. Această dependență și codependență imediată, conduce la ideea unei dependențe de fond. Relația de interdependență cu mediul imediat, efortul, șansa și neșansa, fac viața nesigură, probabilă și improbabilă. Riscurile și pericolele pândesc la tot pasul.

Desigur, chibzuința, efortul, prevederea, contează în mod realist. Dar, nu sunt întotdeauna suficiente! Este necesar mai mult, pentru a dobândi o presupusă certitudine, siguranță. Este necesar un suport, un factor extern. Și nu unul oarecare, ci unul atotputernic, generos, inepuizabil, desăvârșit. Acesta nu poate avea aceeași natură cu omul, ci de o esență calitativ și cantitativ superioară. Așa s-au născut zeii!

Ideea de suflet a făcut pentru prima dată, în gândirea omului, distincția dintre trupul, fizicul său și, psihicul său, care avea ulterior să se dezvolte prin categorii psihologice analitice – cogniție, afectivitate, voință – și cele de sinteză – caracter, personalitate, mentalitate. Ideea de spirit, adaugă la sufletul omenesc o imagine similară ființelor divine sau malefice, imaginate – zei, demoni, îngeri, duhuri. Astfel, spiritele își comunică omului o informație pretins esențială, din alte tărâmuri, cu alte surse de putere și posibile miracole.

Pe măsură ce omul a devenit conștient de sine și de mediul distinct de sine, a remarcat că nu este doar un trup, ci a dobândit o funcție a cunoașterii. Limbajul, a fost mijlocul simbolic prin care cuvântul a definit obiectele și părțile realității. Dar părțile distincte ale realității, identificate și clasificate prin analiză și sinteză, n-au întârziat să fie aplicate propriei ființe. Și-a descoperit un trup, dar și o minte, simțiri, afectivitate, aptitudinea de a lua decizii și a le îndeplini. Ipoteza creării lumii spirituale, animiste inițial, apoi religioase, pe baza viselor nocturne nu rezistă. Vezi critica lui Durkheim, în Formele elementare ale vieții religioase[10].

Mult mai probabil, omul și descoperit o dimensiune ideatică, imaterială, pe care a identificat-o ca spirituală. La gânduri, idei, cuvinte, s-au adăugat apoi sentimente, proiecte, decizii. Ulterior viața psihică s-a îmbogățit cu funcțiile de sinteză: personalitate, caracter, temperament și cele de relație, sociale. Religia poate avea menirea să ne liniștească temerile existențiale, să ne stimuleze speranțele și credințele, dar eșuează în scopurile lucrative și practice, prin mijloacele sale inadecvate.

Când vorbim despre religie, lucrurile nu sunt simple deloc, de altfel ca orice parte complexă a realității. Studiind totemismul detaliat de Emile Durkheim în Formele elementare ale vieții religioase, după a treia ediție, apărută în Paris 1937, preluată în 1995 de Centrul EU University Press și tradusă în același an la Polirom Iași, îmi dau seama că în orice act de asimilare și percepere, înțelegere a realității, musai trebuie să ținem seama de binomul cunoscut – cunoscător. Mai mult, în procesul cunoașterii, nu e suficient să despicăm, să disecăm realitatea, cu tot ce ne oferă ea ca detalii infinitezimale, până la particulele elementare. Pe parcursul formării noastre intelectuale și nu numai, ne-am

---

[10] Emile Durkheim, *Formele elementare ale vieții religioase*, p 83, I al, CEU Press, 1995, POLIROM.

însușit o schemă categorială cu care operăm. Aceasta ne este proprie fiecăruia dintre noi, ca grupa de sânge sau dermatoglifele palmare.

Și nu e vorba doar de intelect, de înțelegere! Intervin factori afectivi, convingeri, afinități, atașamente. Și nu e vorba doar de evoluția noastră personală, intelectuală. Umanitatea însăși, societatea, are o devenire culturală și spirituală, care nu e neapărat omogenă, chiar dacă – în ansamblu – ajungem la rezultate, convergente și congruente. Pe măsură ce cunoașterea progresează, oamenii pun în practică aceste cunoștințe. Lumea se schimbă, evoluează tehnologic, se modernizează. Și o face într-un ritm de progresie exponențială. În ultimele secole, acest proces pare să fi devenit exploziv. Dar, ceea ce este mai puțin evident, sau mai ușor de neglijat, este transformarea cunoscătorului însuși, a omului și societății. Schemele de categorii fundamentale, concepția asupra existenței se schimbă, cultura și spiritualitatea dobândesc o altă față.

În totemism, ne spune Durkheim, oamenii considerau că există o forță, o mana, impersonală, care străbate ființele și realitatea. Cum însă, oamenii nu dobândiseră capacitatea de a generaliza, de a abstractiza, ei foloseau totemul ca emblemă, imagine a acestei forțe. Putea fi folosit numele unui animal, al unei plante și chiar al unor locuri, forme din natură, inclusiv apa. Totemul nu definea imitativ și vulgar un trib, o fratrie sau o persoană, ci îl prezenta ca o sinteză a forței sau manei care se afla în spatele acelei embleme, și care avea caracter religios, spiritual, divin. Într-un fel, totemul, așa cum sună și în românește, reprezenta o sinteză, o totalitate. Când un indigen spune despre fratria corbului că sunt corbi (pg177, Durkheim), nu se referă la asemănarea exterioară și servilă, ci la trăsătura proprie imaginată sub forma corbului.

Revenind la procesul cunoașterii, perceperii lumii, la conceptele și concepțiile noastre, am putea rezuma, fără să mai folosim corbul – nu pentru că e negru, ci pentru că e doar o pasăre – că există un versant obiectiv, științific al cunoașterii, cu date foarte exacte, exprimate predominant cantitativ, dar și calitativ, și, de asemenea, un versant subiectiv, la fel de precis și exact, al schemelor și categoriilor de înțelegere și cunoaștere, care chiar dacă nu mai este exprimat în unități de măsură cantitative, definesc proprietăți calitative cât se poate de obiective, traduse în termeni senzoriali, raționali, acceptați și verificați prin consens indisputabil.

Totuși există o dispută eternă, dar o eternitate foarte umană, între știință și religie. Într-un mod oarecum sensibil egal, oamenii au tendința să le vadă, fie compatibile, dar referindu-se la domenii diferite, fie incompatibile, ținând de concepții diametral opuse. Ceea ce le dezbină, sunt factorii predominant obiectivi, ceea ce le unește, este versantul categoriilor operaționale, epistemologice, ale cunoașterii personalizate.

Deveniți conștienți, raționali și exprimându-se prin limbaj, oamenii au început să-și gândească mediul, existența. În prima etapă au făcut distincție între obiecte și ființe. Între viu și neviu, mineral și organic. Apoi, au observat că, în desfășurarea și mișcarea lor, cele existente manifestă o putere, forță, energie. Abia apoi, s-au îndreptat spre ei înșiși, și-au descoperit psihismul, trăirile, simbolismul, conștiența de sine și caracterul finit, muritor.

În primă etapă, luând notă de ceva existent, care ți se impune, nu-l cunoști pe deplin, ascunde încă necunoscute și mister. Acest gol a fost umplut, cu titlu necesar și convenabil de imaginație – spirite, zei, zmei, îngeri și demoni. Inițial, această putere, forță, energie, era impersonală – ca în totemism – fiind numită mana, sau echivalente. Ulterior, s-a constatat că există efecte benefice sau malefice, și a intervenit distincția. Apoi, domeniul existenței, preocupărilor, intereselor, este atât de vast, încât a fost enumerat, denumit, clasificat și partea necunoscută încă, misterioasă, era acoperită imaginar de spirite, puteri și forțe care dobândeau – ca și partea cunoscută, identitate, personalitate, caracter, benefic sau malefic.

Deși, ființa umană devenise operațională, gândea, raționa, simboliza, totuși, individul ca atare era marcat de finitudine, nimicnicie și caracterul muritor. Pe de altă parte, câmpul cunoașterii părea infinit. Spațiul pare de o întindere nesfârșită, timpul de o durată veșnică. Tot ce nu putea fi încă cuprins, cantitativ și calitativ, intra în economia divinității, zeilor, spiritualului. Așa numitul Dumnezeu al golurilor. Ce se va întâmpla, când toate golurile vor fi umplute? Noțiunea de infinit, ne face să fim circumspecți.

Vă place mai mult amurgul sau vă plac mai mult zorile? Sunteți bufniță sau ciocârlie? Preferați toamna bogată în roade și iarna în mantaua, hlamida ei de hermină albă doar când ferestrele înfloresc în flori de gheață? Iubiți primăvara mugurilor care plesnesc, înfloresc și înfrunzesc, împreună cu vara dogoritoare, cu efortul muncii în natură și lenea bronzului sănătos care se luptă cu osteoporoza? Multe aspecte ale existenței sunt alternative viabile, nuanțe preferabile, până când ești pus în situația imposibilă de a fi sau a nu fi! Viața se scurge, se retrage, treptat, cu discreție, ni se scurge printre degete, o risipim, oarecum plictisiți și neglijenți, fiindcă ne obosește să fim tot timpul în priză. Ne împuținăm cantitativ și calitativ, până când nu mai rămâne nimic din noi, până când toate alternativele atât de diverse și promițătoare se restrâng, se înjumătățesc, dobândesc un sens unic – neantul. Moartea!

S-a întâmplat tot timpul altora! Era o vreme când credeam că într-o lume polarizată, noi înșine aveam monopolul, monopostul, ne purtam ca nemuritorii și acceleram. Dar, sub pedală stă neclintită podeaua. Pe pământ există dale și ne extaziem de facilitățile civilizației, de confortul lumii moderne, dar sub orice dală se află câteva oase. Nemișcate. Cândva, erau animate de gânduri, motive, sentimente. Acum zac descărnate și lipsite de viață. Se încăpățânează să reziste, dar singură lor șansă rămân fosilele. Și totuși, viața e frumoasă! Merită trăită. Iar prețul morții nu e prea mare, este doar respingător.

Existăm ca persoane, indivizi și grupuri: familii, ginte, clanuri, triburi, popoare. Organizarea vieții în grupuri mici este simplă. În grupuri mai mari, se complică. Este necesară ordinea, pre-vizibilitatea. Oamenii pot fi liniștiți, pașnici sau agitați, violenți, având interese contradictorii. Grupurile mari, societatea, pot avansa măsuri coercitive, dar acestea sunt incomode, violente, costisitoare și inadecvate, greu suportabile. Regulile necesare, dar neimpuse, între persoane și grupuri, sunt de natură etică sau morală. Acestora li se opun interese egoiste și contradictorii, porniri violente, dezordinea. Este mai comod să obții o atitudine și comportament decente, prin apel la conștiință și autoritate divină, decât prin constrângere și restricții. O docilitate liber consimțită, este preferabilă. Pe măsură ce detaliile și legile psihologiei sociale, principiile sociologiei au fost deslușite și înțelese, apelul la autoritate divină devine desuet. Oamenii înțeleg natura societății. Desigur, o mare parte a societății va rămâne secole de-a rândul, tributară autorității și puterii sacre, divine, ecleziastice.

Ar mai fi ceva. În intimitatea firii omenești, calmul, liniștea, devin plictisitoare. Oamenii simt nevoia de competiție, distracții, spectacol – un exces de energie pozitivă sau negativă, care trebuie consumat. În societățile așa-zis primitive, aceste manifestări începeau ca sărbători, dar se terminau ca orgii, violență, auto și hetero mutilări. În timp, manifestările s-au rafinat, distilat și excesele s-au diversificat, disimulat, sofisticat. Însăși termenul de „mana", în limbile melaneziene, înseamnă autoritate, putere.[11]

Astăzi, omul modern și-a sublimat ideile, gândurile și sentimentele religioase, le-a unificat, le-a sintetizat într-o divinitate unică, fie ea și triunică. Inițial

---

[11] Durkheim, *Formele elementare ale vieții religioase*, cap VII, Originea credințelor, ppg 192-220), 1937, trd 1995

însă, tot ce era necesar vieții și existenței, tot ce stârnea interes și devenea important, tot ce hrănea și potolea setea, tot ce provoca plăcere sau teamă, era sacralizat, proiectat ca favoare și voință a zeilor. Însăși identitatea, emblema grupului, locului, tribului sau neamului din care făcea parte, era sacră, împărtășită cu zeii atotputernici. Un mod de asigurare a vieții și existenței.

Religia aparține mentalității preștiințifice. Este prima tentativă reușită de organizare și normare a existenței, realității și vieții. La capătul conativ, cognitiv, conștient, se situează conștiința, spiritul, divinitatea. La celălalt capăt, considerat pe nedrept, inferior, se situează instinctele, nutriția și reproducerea, creșterea, înmulțirea, iar ambele concură la ceea ce numim dezvoltare, civilizație, cultură.

Iei o bucată de pânză colorată, fie în culorile focului, roșu jăratic sau galbenul flăcărilor și simbolizezi în bătaia vântului, flamura energiei care arde, care se consumă. Această flamură poate fi și albastră, și atunci simbolizează talazurile mărilor și oceanelor, trei sferturi din orice țesut viu și două treimi din suprafața pământului. Dacă va fi verde va reflecta verdele frunzelor, culoarea vieții, a clorofilei și generatorului de oxigen vital. Pentru oșteanul care a jurat credință și sacrificiu, roșul drapelului reprezintă cel mai scump și sfânt ideal. Mișcarea lui reprezintă însăși viața și sângele care o întreține, care se jertfește, la nevoie! Oamenii își conturează, formulează și definesc gândurile, idealurile și solidaritatea prin intermediul simbolurilor, al senzoriului, al obiectelor concrete. Ființe spirituale cu terminații și rădăcini materiale.

Un studiu și o analiză atentă, metodologică, precisă a religiei și termenilor ei, va conduce la concluzii devastatoare. Suntem puși în fața unor erori, prin care, polaritatea este împinsă spre contraste izbitoare, de tip alb/negru, excesele și exagerările devin regulă, gândirea este confuză și prost determinată cauzal, procesual și prin consecințe, nuanțele și măsura sunt deficitare. Mulți termeni sunt lipsiți de orice suport verificabil, aparținând imaginarului, mitului, susținut de ritual și ceremonial, forme vetuste ale spectacolului. Creaționism științific este o disciplină hibridă imposibilă.

Convertire. Analiză. Nu punem în discuție sinceritatea deplină a noilor convertiți. Ea este reală. Dar fiecare dintre noi suntem un ghem de personalități accentuate, modalități de adaptare, *know how* de soluționare, care-și vor pune amprenta pe figurația noastră într-un nou job, pasiune, atașament, sau convertire. Astfel vom avea mai multe stiluri de funcționare a laicului în biserică: workahoolic, hobbyc, descurcărețul, morga-depresivul, hei-rupistul, profesionistul, optimistul, blajinul, consacratul, alifistul, ipocritul, mucalitul zeflemist, misteriosul, umilul, iscoada puterii. Fiecare își joacă rolul, devenit a doua natură. Ceea ce vreau să spun este că, în cele mai sacre confesiuni, denominațiuni – astfel denominate – vom întâlni întreaga gamă a slăbiciunilor morale ale oamenilor.

Poezia este metafora misterului, frumosului, sentimentului și lacrimii, măreției și umilinței, vulnerabilă și veșnică, purtându-ne în tumultul adâncului și înălțându-ne în văzduhul rarefiat al tăriilor. Este seninătatea, împlinirea, gândului rostit și nerostit, dar intuit.

Partea cea mai contrariantă din doctrina unor confesiuni evanghelice sau neoprotestante – deși foarte logică, în evoluția ontologică și epistemologică a fenomenului religios – este abandonarea parțială a ideii de nemurire a sufletului. Timp de cincizeci de ani, între zece și șaizeci de ani, am fost membru al unei confesiuni neoprotestante care își făceau un titlu de glorie din a refuza nemurirea constitutivă a sufletului.

Se făcea vorbire de o nemurire condiționată de ascultare, care va fi fost acordată, în Eden sau în Paradis, celor ce vor fi trecut proba verificării credincioșiei, devenind astfel, mântuiți pentru veșnicie. Prima probă – cea din Eden – a fost ratată, astfel că s-a pus în mișcare întregul proces al soteriologiei, mântuirii prin jertfa de pe Golgota, a Fiului Omului care era și Fiul lui Dumnezeu.

Încercând să-mi explic această evoluție cultural – spirituală, nu pot vedea decât influența cunoașterii științifice, care în mod instinctiv, poate inconștient, a impus, renunțarea la o entitate fără niciun suport material, biologic, neurofiziologic, în momentul nașterii oficiale a acestei confesiuni apărute în a doua jumătate a secolului XIX.

În germene, Durkheim (p 247, Formele elementare ale vieții religioase) are o explicație fundamentală pentru natura subtilă a religiei, care reușește să transforme un fapt pur natural, fiziologic și social, într-unul supranatural, miraculos[12]. Noi înșine, ființe umane conștiente de succesiunea generațiilor, a timpurilor (trecut, prezent, viitor), totuși ființe muritoare, supraviețuim prin copiii și copiii copiilor noștri – nepoții și strănepoții noștri.

În timp, omenirea acumulează cunoaștere, tehnologie, competență, transmisă, preluată și perfecționată, dezvoltată de aceste generații. În termeni științifici, aceste fenomene au devenit pur naturale. În termeni religioși, sufletele

---

[12] Durkheim, *Formele elementare ale vieții religioase*, cap VII, Originea credințelor, pg 247, 1937, trd 1995.

nemuritoare, purtătoare de mana și ale principiului totemic, se reîncarnează în fiecare generație. Ele poartă mai departe, viața, nemurirea, cunoașterea și potențialul creator.

Unii dintre noi suntem cuceriți de concepte ideale, imposibile, de o posibilă coerență a lor. La durate foarte mari, nici universul nu e veșnic. Și el are ciclu. Marea noastră dramă provine din faptul că putem gândi infinitul, că ne trăim foarte clar și dureros finitudinea, că suntem conștienți de noi înșine și că cele două par incompatibile. Uite că nu sunt! De unde, filosofia și teologia.

Religia, ca fenomen social, este concepută complet diferit de către credincioșii practicanți și necredincioși. Pentru aceștia din urmă, toate religiile, credințele și practicile religioase sunt la fel, ca și categorii generale, nu în ceea ce le este specific. Esențial, sunt o formă de abordare, trăire și rezolvare subiectivă a dilemei cu care se confruntă orice ființă gânditoare, conștientă de sine și de limitele inerente ale unei ființe muritoare. Instituțional și ca formă de manifestare umană, religia are calități, limite, defecte și efecte secundare nedorite, dăunătoare. Calitățile constau în oferta individuală de speranță, mângâiere, suport. Sub aspectul de grup și colectivitate, oferă apartenență, convivialitate, viață culturală și spirituală.

Limitele constau în faptul că toată infrastructura și suprastructura religioasă este bazată doar pe imaginație, inspirație, fără nicio dovadă obiectivă verificabilă. Defectele și efectele secundare constau în imperfecțiunile oricărei activități umane, frecușurile și conflictele intra și interconfesionale, războaiele și atrocitățile motivate religios, manifestările extremiste, individuale, confesionale și regionale. Pentru credincios, există un aspect fundamental diferit. Toate religiile sunt eronate, false, niște rătăciri, un fel de insanitate spirituală, un escapism imaginar, o soluție facilă a unei probleme insolubile, o amânare prin amăgire, dar una singură este cea adevărată, credința mea, Dumnezeul meu. Este o formă de excepționalism subiectiv, existențial.

Cauza acestei erori universale nu este obiectivă. Nu există nicio evidență dovedită pentru o asemenea stare de lucruri. Ea se bizuie doar pe o motivație subiectivă și oamenii, factorii implicați în această mașinațiune care este departe de a rămâne pur spirituală, se coalizează mutual și acționează de coniventă, înșelați, autoamăgiți și înșelători, de-a valma sau organizați, instituționalizați, cu tradiții impresionante, cu anecdotică și miracole neverificabile, neverificate, cu ritualuri și ceremonii, cu sărbători și procesiuni. Sunt o majoritate confortabilă, se bazează pe slăbiciuni și inconsecvențe atât de umane, pe temeri și nevoia de relație, de speranță, încât au un viitor lipsit de strălucire sau cu una de tinichea și mucava, asigurat pentru multă vreme.

Religia are o funcție fundamentală benefică. Viața noastră, a fiecăruia, a familiei, grupului, colectivității sau etniei, este concretă, reală, practică, contingentă, imperfectă. Confruntați cu tot felul de impedimente, avem nevoie, dincolo de trebuințele punctuale, de o sinteză de maximă generalitate și condiție ideală, la care să ne raportăm cu optimism și încredere, care să ne furnizeze o foaie de parcurs sintetic, un model de rezolvare complexă și multiplă, o finalitate acceptabilă. Asta face religia. Și nu o face schematic, ci temeinic și istoric. Ne prezintă o altă societate, nu neapărat ideală, dar una amestecată, pretins istorică, dar cu origini și începuturi mitice, parcurgând etape ale devenirii omenirii din perspectivă religioasă și biblică. O mare parte din istoria veche, pentru care existau multe zone albe, a fost imaginată. Chiar și biografiile întemeietorilor ancestrali au fost mitologizate. Tărâmul divinității comunica curent cu cel al patriarhilor, văzătorilor, profeților sau înțelepților.

Evenimentele se succed și conțin o tramă semnificativă, pentru mesajul de ansamblu. Dumnezeu are personalități ca modele, dar sunt realiste, cu greșeli și slăbiciuni. La un moment dat, eșecul pare predominant, astfel că un diluviu trebuie să îndepărteze ratarea generală. Un neam de oameni devine poporul ales, dar istoria confirmă cu greu, țelurile propuse. Travaliu divin compensează din plin atitudinea refractară a factorului uman. Prin Hristos, natura dumnezeiască și omenească se unifică, dar rămâne unicat cu final tragic, metamorfozat în apoteoză glorioasă. Astfel că, chiar omul simplu, care percepe succesiunea erelor istorice și devenirea umanității, în timp ce se confruntă cu aspectele practice ale vieții de zi cu zi, poate găsi modele și similitudini cu lumea, societatea, cetatea – ideală – călăuzită de Dumnezeu.

Toate dilemele, controversele, dubiile, dificultățile insurmontabile, ispitele ruinătoare – găsesc corespondent, modele, soluții acceptabile și salutare. În timp ce lumea și societatea reală navighează de-a lungul istoriei și civilizației, trăindu-și situațiile limită, poate scruta cu ochiul credinței la societatea quasi ideală, biblică, care navighează printre cazane, chei și cazne, din portul originar al Edenului spre portul destinației finale al Apocalipsei. E o soluție. Una dintre ele – cea oferită de religie.

Ce au în comun oamenii care se adună într-o sinagogă, o biserică creștină sau o moschee? Asta definește religia. Nu ceea ce le este specific și îi separă, ci ceea ce le este comun. În esență, ei fac același lucru în mod diferit. Religia are două mari capitole: relația cu zeii și relația între oameni sau semeni. Primul capitol pare să fi fost cândva motorul celui de-al doilea. Religia stimula sentimentele și faptele de compasiune, iubire, caritate, față de cel nevoiaș, lipsit, neajutorat, suferind, flămând, înfrigurat, însetat. Oamenii erau și ar trebui să fie apropiați, legați, uniți. Între ei trebuie să circule resurse, sentimente, relații.

Dar s-a întâmplat ceva. Societatea în ansamblul său a conștientizat trebuințele reale ale celor defavorizați. Resurse financiare sociale puse în comun au fost rezervate pentru cei sărmani. Aceste prevederi sociale, mult mai eficiente și sigure, conforme criteriilor și standardelor precise, au avut un efect secundar indezirabil, înstrăinându-i, relațiile au fost depersonalizate, poștașul sau contul din bancă materializat printr-un card bancar de plastic, au înlocuit spațiul relațiilor interumane. Resursele continuă să circule cu contribuția tuturor, dar oamenii s-au îndepărtat, nu se mai recunosc. A fost bine, a fost rău? Cert este că a fost și continuă să fie. Ne suntem suficienți. Aparent, nu mai avem nevoie unii de alții. Nu cumva, religia acoperă și completează acest gol? Ea este instituția care continuă să apropie oamenii, semenii, unii de alții și dată fiind natura sa, o face în numele lui Dumnezeu.

Poate că chiar asta este religia. Interesele oamenilor pot fi heterogene, divergente, heteroclite, dar religia îi recheamă împreună, îi adună în „numele Domnului" și în căutarea lui Dumnezeu, a unor deziderate nerealiste, în așteptarea unor întâmplări fantastice și evenimente imaginare, se regăsesc unii pe alții și pe ei înșiși. Nu există colectivitate, societate, fără religie. De ce? Este o nevoie a omului finit și muritor. Dar răspunsul este incomplet. În însăși natura, esența și conținutul religiei trebuie să aflăm răspunsul.

Când omul, oamenii spun că Dumnezeu a creat lumea din nimic, fiindcă „el zice și se face", (Psalmul 33:9 Căci El zice și se face; poruncește și ce poruncește ia ființă) trebuie să înțelegem că ne aflăm într-o lume a reflectării, a oglinzilor. Singurul răspuns plauzibil pare să fie că omul își crează zeii din nimic, el însuși „zice și se face", crează și fecundează religia ca pe o necesitate. O necesitate proprie caracterului său finit, limitat. De fapt, este un joc pe care îl joacă cu sine însuși. Tot ce este inacceptabil existenței sale, tot ce îi lipsește condiției sale, îi este oferit pe tavă, de-a gata, de către zeii, religia, ritualurile și ceremoniile create de el însuși, drept care și le însușește ca pe niște adevăruri de un ordin superior, adevăruri sacre, intangibile, venite prin inspirație din ceruri, coborâte cu tot cu soclu, aflate deja la o înălțime convenabilă, gata să strivească orice opoziție sau contestație.[13] Probabil că acest principiu, prin care autorii Bibliei se trădează pe ei înșiși s-ar dovedi lucrativ și productiv.

Un șaman vindecă cu succes o boală psihică, în Panama, printr-un ritual constând într-un șir dublu de statuete, față în față, fum toxic, cântând un cântec. Totul este făcut, invocând spirite ajutătoare împotriva altor spirite malefice. Întreaga ceremonie este postulată tradițional. Desigur, cultura tribului are alte explicații decât opinia unui antropolog. Ce înseamnă să explici un eveniment, proces? Nu doar să înșirui un gând după altul, ci să folosești informația disponibilă și aranjezi în ordinea generală cunoscută și acceptată a lucrurilor, astfel ca nimic să nu mai aibă caracter surprinzător. Or, religia are obiceiul și mijloacele de a complica lucrurile, în loc să le simplifice. Pentru asta, crează în expresia antropologului Dan Sperber, „mistere relevante", în locul relatării simplificate. Ordinea spiritelor invocate complică determinismul cunoscut, distorsionând ordinea cunoscută a legilor fizice[14], ceea ce este absurd.

Trebuie să recunoaștem că, prin acumularea datelor fosile, confirmate și congruente în toată lumea, ca și ale arheologiei, antropogenezei, istoria poporului evreu este relativ recentă, ca eveniment, în urma unor civilizații care erau deja la apogeu. De altfel, Tora, cele patru plus una, cărți atribuite lui Moise, despre care se face vorbire la persoana a treia, probabil redactate în secolul VI-V î.Hr. (Ezra), din surse mai vechi, orale sau scrise, neoficiale și private, are câteva caracteristici tipic legendare:
- predomină cumulul unor conținuturi morale (atemporale), juridice și ceremonial-religioase, tradiționale;
- relatările factuale sunt personale și neverificabile, biografii de familie, etc;
- parte din evenimentele relatate, globale sau locale, sunt imposibile, imaginare, neverosimile, neconfirmate din surse externe, exagerări supranaturale ale unor catastrofe naturale, explicații tradiționale inventate, existente în toate culturile de pretutindeni (potopul, Edenul, biografiile exemplare, tip erou (Campbell), strămoși etc.
- atunci când apar dovezile arheologice, acestea sunt mult mai târzii și privesc evenimente consemnate și confirmate, inclusiv din surse externe. Au caracter istoric.

---
[13] Emile Durkheim, *Formele elementare ale vieții religioase*, 1937, trd 1995, CEU Press, colecția Plural, Polirom, Iași.
[14] Pascal Boyer, *Religion Explained*, Basic Books, ppg 13-15, 2001, NY.

ID: Toate popoarele au mituri fondatoare, eroi exemplari si o misiune speciala, fiecare este „poporul ales"... La românii de azi, unele exagerări fac aceste caracteristici să devină caricaturale – Dacia ar fi centrul lumii, limba dacica ar fi limba originara a omenirii, etc, etc... Spuse de lideri ca CG aceste „descoperiri" atrag adepți ca o religie ... Miturile mor greu, renasc, se transforma permanent! De ce e atât de persistentă mitologia biblică?... De ce ar fi ea singura variantă „adevărată?"...

S: O tentativă de răspuns: pentru Europa și Americi, e cea mai veche. Când a fost consemnată, aici erau niște sălbatici? Barbari? Evoluția creștinismului a devenit o punte culturală și spirituală. Ce va urma?

ID: Lumea e în mișcare... numai credincioșii adevărați stau (la spărtură)! Fiecare dintre noi este aruncat în lume, devine conștient de ea și de sine, ar vrea s-o înțeleagă, s-o priceapă și s-o explice. Realitatea este de o complexitate, frumusețe și varietate inepuizabile, ne atrage, ne fascinează, ne provoacă și reclamă un răspuns, o atitudine.

În ansamblu și generic vorbind, există două mari posibilități. Prima, cea mai facilă, este una simplă. Ignori firea lucrurilor, mersul lumii, dar știind că tu însuți, pentru a exista, trebuie să știi, să poți, să faci tot felul de treburi și spui: ceva atât de complicat, atât de divers și atât de minunat, nu poate să fie decât făcut, creat de către cineva foarte înțelept, foarte puternic, foarte bun și care nu poate fi decât Dumnezeu, sau Iahve, sau Buda, sau Allah. Aceasta este credința, religia.

A doua posibilitate ar fi să nu te grăbești să dai un răspuns facil și imediat, să observi, să numești, să enumeri, să calculezi și să găsești, cantități, calități, legi, forțe, care se îngemănează, se articulează și procesează, relaționează și se transformă, se diversifică și există din vremuri imemoriale, se modifică imperceptibil, și devine mereu altceva, altcineva. Aceasta este cunoașterea, știința.

Văd protestantismul și comunismul ca două rele care se anihilau reciproc, creând un spațiu minimal de supraviețuire socială, culturală, intelectuală și spirituală. O biografie ca a lui NM, este exemplară tocmai din această perspectivă. Desigur, fiecare dintre noi, apreciază și reține nuanțat, detaliile.

Fiecare dintre noi are o perspectivă nuanțată. Solstițiile de iarnă și de vară sunt sărbătorite diferit. Sporirea luminii după cea mai lungă noapte din an este sărbătorită ca naștere, speranță, optimism, încredere. Solstițiul de vară reprezintă triumful luminii! Pentru optimiști. Pesimiștii, cârcotașii, depresivii, nu apreciază pârga apropiată a roadelor, ci se lamentează cu împuținarea progresivă a zilelor lumină. Rămânem sub vremuri!

Oamenii, deveniți ființe conștiente de sine, fiind grupați în perechi, familii, grupuri funcționale, crescând în dimensiune și complexitate, au simțit în mod inerent nevoia să se organizeze, structureze, necesitate evidentă, impusă de însuși procesul existenței și vieții, trebuințelor și ameliorării permanente ale calității vieții.

Individul, familia, microgrupul, societatea au interese relativ identice sau cel puțin compatibile. Ei își organizează viața în comun. Pot face lucrul acesta prin consens, sau prin forță, după cum există sau nu interese divergente, competiție, resurse, exploatare, avantaje sau frustrări.

Un grup, o colectivitate de oameni, nu poate rămâne niciodată nestructurată, haotică, ci viața în comun presupune o minimă coordonare, o distribuție a sarcinilor, o repartizare a beneficiilor. Membrii cu inițiativă, viziune, idei și soluții, sunt selectați spontan sau prin alegere, drept conducători, iar ceilalți, marea masă ca executanți.

Deja această împărțire, selectare, generează avantaje, frustrări, inechitate. Cum haosul nu este o soluție, oamenii au acceptat compromisul, au plătit prețul și au ajuns la o înțelegere, atât a trebuințelor, organizării, cât și a frustrărilor acceptabile. Asta din perspectiva maselor conduse.

Pe de altă parte, conducătorii, au intuit întotdeauna avantajele, resursele și beneficiile. Această tensiune rămâne inerentă, este permanentă. Desigur, soluția este ca distribuirea să fie echitabilă, să asigure un trai decent fiecăruia.

Atunci când apar inechități, nedreptate, exploatare, crește și nemulțumirea, frustrarea. Ambele categorii pot încerca rezolvarea problemelor prin negociere, dialog, sau prin forță, putere, constrângere, luptă, insubordonare, revoluție, război.

Desigur, violența nu poate rămâne prima soluție. Este nedemnă, nedreaptă, costisitoare. Diferendele de opinie, perspectivă și soluționare practică vor avea mereu un interval de inadecvare, o diferență de viziune, interese etc. Oamenii au căutat să găsească, înaintea forței, violenței, căi soft, de negociere. Cum interesele rămân disociate, au fost căutate căi alternative.

Religia este una dintre cele mai importante. Ea teoretizează și conține o autoritate alternativă, o sursă de putere, în care forța, violența rămâne potențială, dar nu actuală, mai degrabă o amenințare. Miza instrumentală rămâne soft.

Cel mai important mecanism soft, dincolo de negocierea intereselor, este cel religios. Astfel sunt evitate forța, constrângerea, violența. Supunerea devine liber consimțită, o problemă de conștiință. Astfel, religia devine un instrument al puterii deloc neglijabil. Și foarte eficient.

NOTE, GÂNDURI, AFORISME

RELIGIA RĂZLEAȚĂ

ASPECTE ANTROPOLOGICE

- De ce s-ar ascunde Dumnezeu? Ce justificare, scuză, rațiune, ar avea? Când spui: păcatul pune un zid de despărțire de netrecut, stabilești deja o ierarhie nefirească! (Isaia 59:2 „... ci nelegiuirile voastre pun un zid de despărțire între voi și Dumnezeul vostru; păcatele voastre vă ascund Fața Lui și-L împiedică să v-asculte!)" Este răul, păcatul, Satan, sau sunt acestea mai eficiente, puternice, decât Dumnezeu? Toate argumentele în favoarea acestei poziții sunt aporii de conveniență! Nejustificate! Iar, omul nu este, prin natura lui rău. Este un amestec contradictoriu de valori și nonvalori moral-spirituale și culturale. Sinteza tuturor calităților și defectelor omului rezidă în istoria omenirii și civilizației! Orice fel de progres, de orice natură, înclină balanța în favoarea umanității!
- Într-o doză rezonabilă, incertitudinea face farmecul, frumusețea și aventura vieții! Probabilitatea este sora ei geamănă!
- William James a remarcat că timpul subiectiv se măsoară în experiențe noi. Pe măsură ce trăim, le cunoaștem pe toate. Am putea conchide că oamenii mor de plictiseală!
- Dacă oamenii ar trăi veșnic, nu și-ar prețui zilele vieții! Clipele sunt prețioase!
- Egalitate – un ideal, din nefericire, utopic. Singura egalitate rezistentă apare între cei la fel de săraci.
- Egoism și altruism. Un dipol valoric fundamental. De obicei, îl conotăm valoric după împrejurări, natura discursului, interese etc. Dincolo de suprafața valorizării moral – spirituale circumstanțiale, pot exista temeiuri mult mai profunde. În istoria unor grupuri de oameni a existat canibalism. Pentru conștiința noastră modernă, evoluată și sensibilă, canibalismul nu poate fi decât detestabil. Dar, într-o criză teribilă de resurse, faptul că vor exista supraviețuitori sau nu, s-ar putea să fi hotărât soarta existenței sau stingerii omenirii. Egoismul, atât de hulit, poate fi un factor esențial de supraviețuire individuală. Desigur, sacrificiul de

sine în favoarea semenului are o semnificație de o noblețe rară! Dacă rămâne ineficient pentru salvarea speciei, sigurul care ar putea oferi oarecare speranță, poate fi egoismul individual, primar și primitiv.
- Celebritățile au strălucire în contrast cu derizoriu. Oamenii obișnuiți au fond, n-au strălucire. Spectatorul poartă strălucirea în privire. Toți sunt oameni.
- Complexitatea unitară a ființei umane cuprinde didactic un etaj biofizic, biochimic, biologic, psihic, cognitiv, noetic, intelectual, spiritual. Creierul, sistemul nervos, pare să fie materia biologică aflată în cea mai complexă structură morfo-neuro-fizio-psihologică. Sunt enorm de multe date cunoscute, o imensitate – necunoscute. Pe acest gherghef se pot broda multe povești. Michael Egnor promova inteligent design în cadrul Discovery Institute, atunci când nu mai era activ ca neurochirurg.
- Istoria lumii se reduce la ideologii, putere, avere și plăcere. Restul – detalii.
- Oamenii își pun capul în primejdie.

În preajma puterii, oamenii se comportă ca muștele în preajma dejecțiilor![15]
- Puterea. Un om este o persoană, un individ, cu biologie, psihologie, ființă socială, economică etc. O mulțime de oameni, este o colectivitate, relativ omogenă, și/sau heterogenă, care are trebuințe și nevoi, structură și funcții, relații etc.

Exercitarea judicioasă a puterii, presupune administrarea, organizarea eficientă a unui grup. Este o necesitate. Ea se poate face prin autoritate:[16] – administrativă – norme, cerințe, fișe post și responsabilități; – juridică – legi, reguli și principii; – coercitivă sau executivă – forță, violență, război, pedepse; – diplomatică – negociere, relații, avantaje, schimb, resurse, mituire; – religioasă – convingere, apel conștiință, etică, spirit, invocare zei, tărâm sacru. Probabil, tagma sacerdotală.
- Oamenii se gratifică periodic, într-un fel sau altul, cu tabieturi și bunătăți. Multe dintre ele hulite ca toxice, dăunătoare. Nu cred că e vorba doar de pofte, vicii sau tendințe morbide. Poate fi modul nostru secret de a ne simți cineva, o categorie specială, care se poate răsfăța, spre deosebire de toți ceilalți. Care fac la fel, de fapt.

---

[15] *Bizanț: o lume pierdută*, Jonathan Harris, trd Mihai Moroiu, BB & Arts, 2016. Orig Yale Univ Press, 2015.
[16] Idem.

- Există o asincronicitate între speranța de viață medie a omului și ritmul istoriei. Asta ne face să nu sesizăm procesele istorice în desfășurare. Nu avem perspectiva istorică necesară. Se întâmplă ca o cultură, un imperiu, să fi încetat să mai existe, conteze – în lumina istoriei, dar persistă în memoria, reflexele și obiceiurile oamenilor. Ele continuă să fie prezente ca niște fantome ale trecutului, dar oamenii le consideră și tratează ca pe realități foarte concrete. Și asta este o deșertăciune. Mode culturale, tradiții vetuste, au fost cultivate ca moaște prețioase, deși ele nu mai ofereau decât un confort familiar. Deveniseră un balast arhaic.

Perioadele acestea sunt numite tranziție și se întrepătrund, privind întreaga fenomenologie, procesul însuși. Nu ne hazardăm să exemplificăm, dar fiecare dintre noi ar putea indica cazuri reale. Erodarea unor monumente ale culturii și istoriei durează generații, fiind sesizate doar de scrutători perspicace. Deseori, în reflexul de rezistență, redobândesc roluri și funcții culturale sau spirituale succesive.

Regalitatea, titlurile nobiliare, castelele transformate în muzee, constituind azi doar atracții turistice, castele care structurau cândva societatea, calfele profesionale, instituții religioase sau tradiții devenite curiozități și ciudățenii, deși altădată făceau legea și hotărau destinele oamenilor, colectivităților și societății.

- Se pare că există o relație între speranța de viață și cutumele moravurilor sexuale. Afecțiunile contagioase, epidemiile, războaiele, favorizau sexualitatea liberă sau forme tradiționale de sex consimțit în vederea reproducerii, prin poligamie, țiitoare sau haremuri.

- Realitatea ne izbește prin duritatea, greutatea, densitatea, evidența ei. Rocile, pietrele pot fi reprezentative. Solul este ubicvitar prin întinderea și cantitatea lui. Subsolul, prin cuprinderea și destinația lui. Oase, oale, ulcele, cenușă. Dar, nouă ne plac textele. Coerența, caracterul lor persuasiv, convingător. Cuvântul!

Avem o tărie care este și slăbiciunea noastră. Limbajul, gândurile, conștiința de sine, implicit finitudinea, moartea noastră. Nimic nu este mai absurd, pentru orice ființă vie conștientă, ca dispariția, moartea, inexistența. Totuși, lumea în care trăim, ceea ce pare absurd, deține maxima certitudine.

Nu vrem și nu putem să pricepem că, așa cum, înainte de concepție, nu existam și nu era nicio cauză de suferință, simetric, pur și simplu, nu vom mai fi, nu vom exista. Este trăsătura esențială a vieții și a morții. Teama de moarte și nevoia de speranță a ființelor vii și conștiente de sine, spațiu, timp. Cromozomii, genele, alelele, ADN ul, vor continua să existe în combinări și recombinări noi. Dar, asta ne lasă rece. Chiar dacă, altădată, sângele nostru părea și era, cald.

- Există un proces extrem de complex prin care noi traducem, interpretăm atitudinea, gesturile, dispoziția interlocutorilor, rudelor, colegilor, oamenilor cu care avem o relație. Nota bene! Deși, aceste opinii și convingeri personale se bazează și pe fapte exterioare, obiectivate, ele au un conținut mare de subiectivitate, mai ales la personalitățile cu rudimente paranoide. Să nu ne lăsăm înșelați! Întreaga culoare afectivă ne aparține!

- În înțelegerea marilor probleme ale omenirii, ne concentrăm pe origini, procesualitate, evoluție, ritm, etape și ignorăm aspectele aparent banale, dar fundamentale privind trebuințele cotidiene care conțin răspunsurile evidente și la îndemână: cum trăiau, ce mâncau, unde dormeau, cu ce se îmbrăcau, ce unelte foloseau, cum se organizau, ce făceau în timpul liber, dacă îl aveau.

- Ce erau sau sunt în societate, istorie, antropologie – nazismul, fascismul, comunismul, chiar islamul – ca ideologie, nu religie? Edmond Constantinescu ne oferă un model politico-religios. Citează din Steinbeck, Strugurii mâniei, expresie apocaliptică. Încerc să înțeleg, folosind un model medical, oarecum impropriu. Sunt aceste derapaje, maladii de sistem ale umanității, simptomatice pentru conflictele sale insolubile, care degenerează în jertfe și sacrificii umane neînchinate unor zei, ci demonilor care zac în sufletul omenesc? Va trebui să ne expiem păcatele la fiecare 50-100-500 de ani, printr-o baie de sânge mondială, pentru ca mai apoi să ne lingem rănile neputincioși? Este clar că modelul apocaliptic nu reprezintă terapia, ci este gaz pe foc! De parcă am fi condamnați la autoexterminare! Nu suntem!

- Romani 6:23 „Fiindcă plata păcatului este moartea, dar darul fără plată al lui Dumnezeu este viața veșnică în Isus Hristos, Domnul nostru."

Fecundare, germinare, nidare, viață, creștere sau dezvoltare, înflorire, rodire, înmulțire, maturare-maturizare, moarte. Toți aceștia sunt termeni biologici, ținând de regnul animal sau vegetal, de ciclurile și finitudinea universală a viului. Peste ei, teologia, înarmată cu argumentul valorilor, aruncă vălul presupusei răsplăți nemeritate și al certitudinii pedepsei implacabile. Ceea ce este neviu, nu știe să-și dorească viața. Se mulțumește să existe. Ceea ce este viu și-ar dori să simtă, să gândească și să trăiască veșnic. Și o face, dar nu prin permanență sau concomitență, ci prin succesiune și delegare.

Este o certitudine că trăim într-o lume a contrariilor, o lume bipolară, în care nu putem face abstracție de adevăr/eroare, bine/rău, frumos/grotesc, așa cum nu putem ignora polaritatea fizică, electrică, magnetică, chimică, geologică, dar tradițiile și odăjdiile religioase, cu tot farmecul, credibilitatea și eficiența lor relativă, nu pot fi decât un ingredient cultural și spiritual supra-adăugat, care nu are nimic de a face cu esența existenței.

- „La trecutu-ți mare, mare viitor! Insistența asupra trecutului, contemporaneității și viitorului, trădează tradiționalismul conservator, realismul, respectiv viziunea, atitudinea progresistă. În politică trebuie să manevrezi cu idei puține, adevăruri fundamentale exprimate simplu. Deseori, lozincile sunt trunchiate. Politicienii se cantonează pe trecut sau viitor. Realitatea prezentă e incomodă. Religia are tradiții și apocalipse, în lipsa viitorului. *Oamenii adevărați corectează prezentul în viitorul imediat.*
  - Am putea spune că marea binecuvântare a omului și omenirii, ca și blestemul adiacent, provin tocmai din caracterul bipolar al existenței, astfel că chiar din momentul în care devine conștient de sine și dobândește conștiința valorii sale, îi este atașată și conștiența caracterului său muritor, a temporarității sale în temporalitate și într-un spațiu aparent, infinit. Măreția sa nu poate fi detașată de infinitezimalitatea sa, gândul veșniciei lui nu se rupe de efemeritatea sa.
  - Care sunt trăsăturile cele mai indezirabile ale omului? Finitudinea, vulnerabilitatea, perisabilitatea, mortalitatea, neputința relativă. Aceste trăsături creează angoasă, teamă, frică. Și totuși, unii oameni reușesc! Devin puternici, celebri, aparent nemuritori pentru o vreme, au parte de bogăție, frumusețe, bunăstare. Toate astea vin de undeva, au o cauză, o sursă. Generoasă, iubitoare, binevoitoare. Acesta este Dumnezeu!

Ce ne împiedică să ni-l apropiem, să-l îmbunăm, să-l adulăm, să ne închinăm lui, pentru a-l convinge să ne ofere protecție, să ne favorizeze, să fim și noi privilegiați! Aceasta este religia. O formă mascată de egoism pe cât de sfânt, pe atât de sfruntat și totuși, disimulat. O amăgire. De sine. Contagioasă. Misionară. Ceea ce vreau să subliniez este că omul și omenirea au căutat și au găsit mereu soluții antidot pentru problemele insolubile cu care se confruntă. Astfel, problemele reale, spinoase, care nu puteau fi rezolvate, erau amânate, redefinite, recontextualizate, referite sau proiectate, în sensul, debarasate.

- De ce acest travaliu? Pentru că are trebuințe „spirituale". Nevoia de ocrotire, de închinare, adorare, poate, chiar recunoștință. Omul are nevoia ciudată de a-și proiecta propria existență printre astre. Vrea să fie ceea ce nu e. Origini edenice, și final apoteotic, paradisiac. Varianta apocaliptică este pentru cumințirea răzvrătiților.
- Cele mai ignobile patimi, toate ambițiile noastre, pulsiunile și compulsiunile cele mai josnice, interesele cele mai meschine, scopurile cele mai perfide, toate obiectivele malefice, au nevoie de o mască, trebuie cosmetizate agreabil, justificate legic și legislativ, întărite practic și executiv, astfel că sunt convertite cu rezonabilitate, sunt asezonate în doctrine generoase și fantastice, în ideologii inclusive, dar acerbe, în politici pragmatice și acceptabile, ale unui rău necesar. Tâlharii abuzează de scurtături, dar există un mecanism acceptabil și totuși diabolic, de a struni individul, colectivitatea, societatea. Toate acestea par necesare, dar reprezintă prețul propriilor neîmpliniri.
- Oamenii își inventează stăpânii. Este un atavism al unor complexe de vinovăție imaginară, un reflex compulsiv al tendințelor masochiste. Ne este foarte greu să ne asumăm libertatea și, mai ales responsabilitatea. Astfel am inventat delegarea și lanțul slăbiciunilor, umilinței și propriului supliciu răscumpărător. Cu o mentalitate de sclavi, altcineva trebuie să ne redea dreptul ancestral de a exista neatârnați.
- Religia este o oglindă. Care se folosește de altă oglindă – limbajul. Cuvântul reflectă realitatea și relațiile dintre componentele sale. Inclusiv pe noi înșine. *Din această dublă oglindire, se nasc zeii și provine religia. Zei pe care i-am imaginat, par foarte reali, dar nu i-a văzut nimeni. Se povestește despre ei, dar ei continuă să fie absenți. Prezenți doar în imaginația și și poveștile noastre, devenite mituri, scripturi. Devenim astfel recunoscători, evlavioși, mai buni, dar și fanatici, intoleranți, ucigași de conștiințe.*
- Ce ar fi important în viață? Este important, cred, să avem o coerență, să fim închegați și unitari, să fim activi, să tindem spre consecvență, să acceptăm cu seninătate ceea ce nu poate fi schimbat, să ne păstrăm curiozitatea și pasiunile, să progresăm permanent.
- Avem receptori și simțuri, un centru de integrare – creierul – cu limbaj, gândire, rațiune, judecată, memorie, și efectori, mușchi, tendoane, oase. Nutriție, reproducere, imunitate. Multe ființe vii ne sunt superioare

senzorial – văzul, auzul, mirosul sunt de zeci de ori superioare omului. Altele, sunt superioare prin efectori: viteză, alergare, zbor, putere, colți, gheare.

Ce îl face pe om superior? Gândirea, limbajul, proiecția, rațiunea, judecata, imaginația, creativitatea. Cu acestea, el a depășit toate vitezele, forța și orice capacitate animală. Și-a adjudecat mediul și l-a cucerit, poate dispune de orice creatură, deși poate să-i cadă și victimă. Ce sunt cultura și spiritualitatea umană? Rezultate exterioare ale interiorității noastre. Tot ce proiectăm și nu se regăsește în mediul exterior, se află în interiorul nostru, în mintea și conștiința noastră! Până la proba, evidența contrarie, sunt realități imaginare, virtuale. Inclusiv – și, mai ales – zeii, Dumnezeu.

- Afirmația „Viața este o clipă" este o exagerare a scurtimii vieții care ar trebui să fie fără sfârșit. Viața este alcătuită dintr-o infinitate de clipe. Felul în care le umplem, le trăim, le simțim, le gândim, ne face unici, cu preocupările, dominantele, pasiunile, profesia și toate celelalte trăsături aflate într-o proporție proprie numai nouă. Ca și dermatoglifele, amprentele. Nimeni nu ne cunoaște cu adevărat, ci ne intuiește destul de exact. Nici noi înșine nu ne știm, nu ne cunoaștem pe deplin. Suntem de o complexitate uluitoare, ghem de reacții, intenții, gânduri și proiecte care exced realul. De la Freud și Jung, avem și inconștient, subconștient, individual, ba chiar și colectiv. Nu neapărat, în detrimentul conștiinței, ci dimpotrivă! Multe dintre acestea nu vor fi actualizate niciodată. Poate că asta e diferența dintre mulțimea anonimilor care ne complace să fim și oamenii capabili de realizări fenomenale, care devin celebrități.

- De ce facem monumente funerare? Ne consumăm, ne etalăm, ne mângâiem. Un obiect neînsuflețit, cu oarecare virtuți estetice, nu poate înlocui viața, dar speră să ascundă, să facă uitată putreziciunea. Ne înșelăm. O efigie nu poate înlocui o ființă.

- În India, la ei acasă, am constatat prezența pitorească și specific orientală a unei categorii de „sfinți", *the sacred men*", probabil hinduși sau budiști. Sunt sfrijiți, împuținați și, deseori cam nespălați, cu tuleie rare ale inaniției, acoperiți sumar cu ceea ce ar putea părea niște zdrențe ale unor țesături care au fost cândva prețioase, cântărind cu tot cu haine vreo 30-40 kg, vegetând într-o stare de aparentă prostrație, trăind din mila cuvioșilor darnici.

Alții, mai cultivați, mai activi, dau consultații sau oferă consiliere spirituală, contra cost, în bunuri materiale, de obicei alimentare, sau câteva rupii. Totul este un bazar încropit, în preajma obiectivelor turistice, temple hinduse sau stupe budiste. Cele mai impunătoare erau în Tibet. O stupă este un altar de închinare sub formă de cupolă orientală, în care se află relicve, oseminte, texte sacre, cilindri rotativi pentru rugă și închinare. Poți vedea animale tranșate așezate pe pietre sau direct pe caldarâm. Porții de orez fiert sau fructe, legume, proaspete sau confiate. Atmosfera orientală este foarte pregnantă și inimitabilă.

- Suntem ființe complexe: avem cinci simțuri, funcții cerebrale și psihice pentru analiză, sinteză și integrare a cunoașterii, limbajul pentru a comunica și funcțiile sociale pentru a relaționa. Suntem ființe curioase, ne dorim și ne hrănim cultural și spiritual cu date despre mediul în care ne-am format, natural și intelectual. Ne place să interacționăm, suntem gregari, facem schimburi materiale, afective, de informație, iubim frumosul, dar palierele noastre de evaluare sunt foarte diverse și stratificate. *Ne fascinează misterele și ne dăm silința să explicăm totul, mai întâi fantezist, mitologic și imaginar, apoi tot mai realist și exact.* Ne trăim măreția și finitudinea, ne încântă orice germinare, naștere și creștere, dar ne deprimă și ne sperie suferința, decrepitudinea și moartea. Suntem vii, cunoscători, comunicatori, tezaurizăm și perpetuăm tradiții. Suntem și ne numim oameni.

- Dar, de ce au inventat oamenii o lume imaginară, spirite și zei, îngeri și demoni? Desigur, problema este complexă și răspunsul complet nu poate fi simplist. Totuși, simplificând, am putea spune că, fiind confruntați cu dificultățile vieții și existenței, cu soarta schimbătoare a șanselor și eșecurilor, oamenii au jinduit după ajutor, s-au dorit asistați și însoțiți. Văzându-se vulnerabili și expuși, și-au dorit puteri și ocrotire. De aceea, spiritele și zeii polimorfi și multi-funcționali au devenit tot mai sintetici și omogeni, atotputernici și unificați. În speranța că riscurile ar putea fi transformate în oportunități, în timp ce trebăluiau, acționau și proiectau cu chibzuință ceea ce îi învăța viața și existența, oamenii au dorit dintotdeauna să aibă și puterile necunoscute, copleșitoare, în natură sau în imaginar, favorabile sau nefavorabile, de partea lor. Au înțeles că asta presupune sacrificii și jertfe, ceremonii și ritualuri, dar toate acestea își

meritau costurile, fiindcă își doreau o *existență a certitudinii și siguranței*, o viață îmbelșugată și binecuvântată.
- Factori de mediu natural, cultural, spiritual. Teza lui Newberg este că: 1. *creierul nostru este prizonier traductorilor și neurotransmițătorilor*, iar noi suntem prizonierii săi. Și ai mediului. 2. Totul are, în ultimă instanță, semnificația supraviețuirii și evoluției.
- Poate că cel mai important lucru pe care trebuie să-l avem în vedere atunci când studiem omul, fenomenologia și procesualitatea sa, habitatul și devenirea sa, în fine antropologia, în general, baza și primum movens, ar fi esența funcționării ființei umane.

Omul trăiește în *mediul* său, în lumea sa, pe care le modifică „după chipul său", „după asemănarea sa". Da, dar să avem în vedere că întreg mediul nostru natural și social, existențial, ontologic, este dublat de o *imagine interioară*, mai mult sau mai puțin conștientă – multe dintre *achizițiile noastre, migrând în subconștient și inconștient*, în timpul devenirii și trecerii noastre prin viață. Această imagine de ansamblu a situării fiecăruia dintre noi, în lume, în natură, printre ceilalți, este profund subiectivă, deși se referă la datele obiective ale situării noastre în lume. *Probabil că adevărul despre fiecare dintre noi este o sinteză a celor două realități – cea exterioară, obiectivă, evaluată doar în ochii celorlalți și – cea interioară, subiectivă, a modului cum vedem și interpretăm noi înșine, lumea.*

- Oamenii se împart în două categorii: ruminatori și rumegători.
- Există genii. Minți sclipitoare. Există aparențe: un geniu al derizoriului alcătuit din esențele derizoriului.[17]

---

[17] Charles Foster, *Ce înseamnă să fii OM*, Humanitas, 2024. *Being Human*, 2021.

CULTURĂ & EPISTEMOLOGIE

- În timp și prin sârguința lecturii, lucrurile se leagă, informația se adună și te familiarizezi cu marii autori, mari gânditori care au defrișat și deștelenit istoria culturii, au creat concepte și noțiuni, au articulat raționamente și judecăți, au descris structuri și funcții, au modelat și inventat mecanisme tehnologice aplicând principii fundamentale din fizică și matematică, au prescris reguli și legi, au imaginat o lume în care civilizația și calitatea vieții, sensul și semnificația sunt înțelese și converg pentru dreptul la viață, libertate și fericire.

- Atât bucuria, cât și suferința, durerea, sunt ritmate de timp. Pot fi scurte și intense sau prelungite, cronice și interminabile. Ca și viața. Agonia unui organism tânăr, a cărui vitalitate nu este încă epuizată, este mai violentă decât sfârșitul unui organism epuizat printr-o vârstă înaintată.

- Problema morții a devenit imensă, imediat ce omul a devenit conștient de sine și condiția sa muritoare. Desigur, sunt aspectele culturale, dar mai ales cele personale. Moartea proprie, moartea cuiva drag, semnificativ, moartea ca statistică. Primul semn de civilizație a hominidelor antropoide a fost considerată înmormântarea, înhumarea, mumificarea, cimitirul, cultul strămoșilor. Au fost vremuri în care clanul trăia cu scheletele, scalpurile, capetele lor conservate. Dinastia Chin a înmormântat o armată de câteva mii, poate zeci de mii de oșteni sculptați la Sian. Fiecare cu alt chip, personalizat. Ce risipă!, am zice. Azi, locul le aduce chinezilor un mld $ anual, din turism. Dar, moartea proprie? În tinerețe suntem nemuritori, apoi, volens nolens ne confruntăm cu acest eveniment catastrofal. Orice teorie, filosofie, credință, devine superfluă. Momentul este inexorabil! De o certitudine egalizatoare și dreaptă! Binecuvântată fie obnubilarea, coma, demența, scleroza! Lucid, putem accepta moartea, așa cum ne acceptăm nașterea! Un eveniment necesar, biologic. Ne naștem în chinuri. Nu ni le mai amintim. Mare binecuvântare! Vom muri urât! Cu boli incurabile, escare, lucizi sau demenți. N-avem de ales! Sinuciderea este o prostie! Viața este frumoasă!

- Când am admirat pe David, când am fost la mormântul lui Michelangelo, Santa Croce sau când am vizitat Capela Sixtină, la Vatican, aș fi vrut ca timpul să stea pe loc, să devină o veșnicie! Mă simțeam atât de mic! Atâta nimicnicie față de atâta măreție!
- Valorile au un grad mare de abstractizare, sunt greu de surprins, descris, definit. Par vagi, imateriale, distante, ideale, dar sunt ingredientul vieții de fiecare zi. Ele pot face viața ușoară, frumoasă, fericită sau viața poate deveni un iad, în lipsa lor. Cum puteau oamenii rezolva această dilemă. Așa s-au născut pildele, parabolele, poveștile. Valorile au fost îmbrăcate în veșmintele evenimentelor, ale personajelor, întâmplărilor, intrigilor, conflictelor și rezolvărilor care conduceau la sfârșitul fericit al insecurității, instabilității și statornicirea unei ordonări vitale!

Asta a devenit funcția religiilor, zeilor, profeților și preoțimii! Literaturii. Artei.

- Dacă bijuteriile muzicale ar fi doar bijuterii, atunci întreaga natură ar reprezenta întreaga muzică simfonică. Dacă gingășia copiilor frumoși ar fi singura frumusețe, atunci frumusețea tuturor oamenilor frumoși ar reprezenta frumusețea lumii, iar toate locurile celebre ale lumii ar purta numele celor mai frumoase femei.
- Prin interacțiunea cu mediul fizic, biologic, psihic, social, cultural, spiritual, am devenit și continuăm să devenim oameni. O ierarhie a valorilor și priorităților ne asigură fiecăruia, un sens al existenței spațio-temporale. În topul acesteia se află o idee, un ideal, către care tindem asimptotic și căruia credința îi conferă o narațiune și concretețe. Așa funcționăm azi. Ne vom reînnoi, mâine. Persoană și specie.
- Diferența dintre geniu și gust: primul aparține autorului, cel de-al doilea, spectatorului, privitorului, cititorului, ascultătorului – receptorului. Dacă îl are.[18] Inspirat de Hannah Arendt.
- Numim destin sau soartă, narațiunea aparent coerentă, procesuală, având oarecare sens și semnificație, a evenimentelor succesive rezultate din confruntarea contrariilor, legităților realității, libertății și alegerii personale, precipitate în sinteza unei biografii. Un amestec extrem de variabil și divers între spectaculos și tern.

---

[18] Hannah Arendt, *Viața spiritului*, Humanitas, 2018, p 405, cu referire la Kant, Critica judecății estetice.

- Sursa celor mai mari erori o constituie raportul real sau răsturnat dintre subiectivitate și obiectivitate. Realitatea este una singură, universală, legică, observabilă, verificabilă, repetabilă. Subiectivitatea este disproporția atenției, concentrării, importanței pe care o putem acorda generos unui aspect, chestiuni, interpretări, semnificații, presupoziții. Marea noastră dramă este că realitatea, faptele și rațiunea nu strigă, nu folosesc retorica sau persuasiunea, ci pot rămâne tăcute, dar prezente. Martori neclintiți.

Teoriile pot fi atrăgătoare, doctrinele impunătoare, ideologiile sforăitoare, interesele copleșitoare, puterea constrângătoare, dar adevărul va reflecta doar esența realității, fie ea și misterioasă, deocamdată.

- Arta este tot ceea ce geniul creativ impune senzoriului, rațiunii și puterii de judecată prin materialitate concretă, intuiție și talent, astfel încât sunt necesare tomuri întregi și discursuri prelungi, pentru a enumera bogăția de sens, semnificații și aplicații încorporate într-o capodoperă.
- Prin narațiuni, mituri, artă, călătorii, ș.a., omul își proiectează o existență ideală, imaginară care funcționează ca reper.
- Semnul înțelepciunii vine din dreapta măsură a lucrurilor și valorilor, ceea ce presupune ca acestea să rămână ceea ce sunt – mijloace, nu scopuri. Scopul este ființa, viața.
- Identic, diferit, asemenea. Ce unește și ce separă, delimitează lucrurile și categoriile, noțiunile, conceptele. Înrămăm un tablou, o poză de familie, trasăm un hotar, o graniță, păstrăm obsesia gardurilor, a proprietăților. Există socluri, piedestaluri. Impunem atenției. Supra-evaluăm. Și, totuși, în cele mai multe cazuri, existența este amestecată. Dar, noi păstrăm dificultatea de a suma roluri, atribute și atribuții, funcții dinamice.

Pictăm sfinții în manieră bizantină și nu ne putem imagina că erau oameni firești, naturali, supuși acelorași trebuințe, nevoințe și servituți ca orice ființă biologică și umană.

Există obiecte, lucruri – pe de o parte – și, simboluri, concepte, idei – pe de altă parte. Efortul ideologiilor și credințelor de tot felul, este acela de a le suprapune, confunda, de a le considera biunivoce. Și pot fi! Dar numai prin intermediul conștienței și conștiinței noastre. Altfel, *sensul este univoc: realitatea determină discursul. În afara conștienței, cuvântul este un nonsens pentru realitate. Un zgomot.*

Pe de altă parte, oamenii pot avea har, talent, geniu, perseverență – ieșite din comun. Pot excela, deveni geniali, pot avea șansa de a crea și realiza capodopere nemuritoare, unice. De cele mai multe ori, o viață, un proces, sunt continui și totuși punctate de germinare, generative. Conștiența naturii complexe și detaliate a realității ne protejează de exagerări, omisiuni, idolatrizări și impostură.

- Tărâmul de dincolo, împărăția lui Dumnezeu, viața de apoi – sunt doar metafore, imaginație, figuri de stil. Există doar conștiință de sine și absența ei, în moarte. Da, moartea este o certitudine. Nu, neapărat singura, dar una dintre cele mai sigure!
- Semnificativ, câtă rimă există între aroganță și ignoranță!
- Unele expresii dobândesc un sens al lor, autonom, inclusiv pe scala valorilor. Vulgar este un termen ce ține de vulg, de categoria largă a oamenilor obișnuiți, între care, mă număr și pe mine. De unde încărcătura aceasta peiorativă pe care a dobândit-o prin adjectivare? Probabil, din tendința fiecăruia dintre noi, de a ne considera speciali. Și suntem! Dar, numai pentru noi înșine!
- Conștiința? O sinteză a tuturor cunoștințelor, prezențelor, valorilor, lumii și relația proprie cu toate acestea.
- Conceptele, noțiunile, care sunt cuvinte, au o flexibilitate, suplețe, fiind la prima vedere o mare calitate, dar la o analiză de profunzime și un defect. Dacă vom întreba zece oameni asupra sensului unui cuvânt sau expresii vom primi zece răspunsuri diferite care se suprapun în mare măsură, dar nu sunt identice și prezintă diferențe semnificative.

De pildă, cuvântul *transcendent*. Din definiție, termenul indică: – Ceea ce trece și depășește experiența; – trece și depășește realitatea – lucrurile, obiectele; – Se află mai presus de inteligența obișnuită. Am putea adăuga, consecință a primei părți a definițiilor: – Este subiectiv (interior) sau intersubiectiv – împărtășit; – Nu are o întemeiere obiectivă, nu poate fi susținut cu fapte; – Are caracter abstract, este o idee.

Realitatea, lucrurile pot face obiectul cunoașterii, analizei, evaluării, deci a cercetării *științifice, forma supremă a cunoașterii*. În conștiința noastră, pot fi diferențe semnificative de înțelegere a unui termen. El poate fi creditat valoric, colorat afectiv, încărcat cu semnificații subiective, culturale sau spirituale. Mai este un aspect deosebit de important. Realitatea existentă este alcătuită din lucruri, fapte, evenimente. Tuturor acestor părți de realitate le dăm nume care sunt cuvinte ce alcătuiesc limbajul. Pentru că limbajul, cuvintele definesc părți ale realității, deseori ele dobândesc în conștiința noastră consistența acesteia. Este un renghi pe care ni-l joacă imaginația.

În religie, ca și în Biblie, cartea sacră a iudaismului și creștinismului, cuvântul are o pondere foarte mare. Poate înlocui sau mai bine zis defini, denomina chiar pe Dumnezeu Fiul. El poate suplini realități intangibile, poate răsturna realitatea, transformă imaginarul în real, abstractul în concret, și pe orice credincios autentic, într-un martor misionar, eventual martir sau măcar rob ascultării de Dumnezeu.

Acest aspect poate fi declarat, invocat, explicit sau doar implicit, subtil sau categoric, intuit sau evident. Poate suplini sau vehicula puterea creatoare – prin *fiat* – este descriptiv până la personificare – vezi Înțelepciunea din Proverbe, sau prescriptiv, prin excelență – Decalogul.

Care ar fi explicația pentru astfel de excese? Când te referi la o realitate prezumată, potențială, obiect al credinței, discursul, evanghelia, povestea devine o epistolă vie care supralicitează conținutul, conferindu-i aparență de concretețe. Ps 33,9; Ioan 1,1.14.

- Fericirea este rodul sufletului, pusă în coșul vieții, existenței, și ambalată cu fundița sărbătorilor! Să ne bucurăm împreună și unii de alții! Odă Bucuriei!
- *Am aflat: Crăciun ar veni din slavizarea latinescului creatio – Kracun!*
- Într-o criză politică europeană sau mondială sunt implicate procese atât de complexe, forțe colosale, interese opuse și controverse ireductibile, încât există puține minți scrutătoare geniale care să prevadă pericolul și să aibă argumente hotărâtoare pentru a furniza măsuri profilactice.
- Arta autentică are în fundal o dimensiune etică care îi susține propria dimensiune estetică. Când frumosul este conservat, dar bagatelizat până la proporția de „drăguț", poți fi sigur că ai ieșit din căminul artei pe ușa de serviciu a utilitarismului ieftin și deocheat. Rămâne doar cenușa cochiliei care se voia savantă, dar s-a spulberat în derizoriu.[19]
- Un discurs poate fi asemuit cu o privire printr-un microscop gradual, să zicem, cu obiective măritoare de o putere egală cu ordinele de mărime: limbaj uzual – vedere normală; pregătire medie – * 10; pregătire tehnică – *100; pregătire superioară – *1000; cercetător activ – *10000; savant – *100000; inventator, descoperiri epocale – *1000000;

Cunoașterea înseamnă o creștere a rezoluției cognitive, a puterii discernerii, asociative, analiză și sinteză, generare de idei noi, surprinzătoare, direcții nebănuite, cu fructificare rodnică, inepuizabilă.

---

[19] Umberto Eco, *Pe umerii giganților*, La Milanesiana, 2018, original 2017.

- Omul este o ființă biologică, psihică, socială, economică, epistemologică etc. Corespondența dintre gene și meme (Dawkins) a fost deja făcută. Suntem determinați cultural și spiritual, prin dimensiunea conștienței, ca și biologic, prin intermediul geneticii. Poveștile ne fac ceea ce suntem! Anecdotele au influență plastică! Debităm discursuri, convingeri, dar în acest timp, ele ne transformă, ne schimbă! *Spunem povești care ne fac!* Un truism.
- Sue Prideau, Sunt dinamită, Viața lui Nietzsche, Polirom, 2020. Rezumatul ideilor: Nietzsche: sinuciderea rațiunii prin impunerea doctrinei religioase. Valorile iudeo-creștine ne-au transformat în vite obediente. Am adoptat morala sclavilor. Senzualitatea și dorința de putere au fost demonizate. Creștinismul a transformat negarea dorinței de viață într-o religie. Resentimentul ca nevroză, se purifică prin răzbunare. Sf. Augustin: ca și cum ai lua otravă, sperând că va muri celălalt. Instinctele au fost pedepsite. Pedeapsa a fost interiorizată. S-a născut conștiința care generează vinovăție, nevroză existențială. Maltratarea prin răni provocate de loviturile în gratiile (nu grațiile) cuștii sale.

Antidotul – spiritul liber, independent, afirmativ, care nu e decât supraviețuitorul celui mai adaptat al lui Darwin. Voința de putere a lui Nietzsche nu este rea, fiindcă este restrânsă la simbolul potențialului uman, parabolă a depășirii de sine. Libertatea voinței. Stăpânirea de sine. Supraomul devine argonaut al spiritului. Vai de creștinii incompleți care se bucură de religia confortului, agățându-se de certitudini inexistente, depășite. Se născuse „bestia blondă" exploatată de nazism.[20]

- Orice doctrină, concepție, filosofie sau ideologie își are fundamentul într-o ecuație simplă. Deși realitatea are rolul determinant, totuși discursul este un limbaj aparținând unei conștiențe și conștiințe subiective, cu un punct de vedere, care devine decisiv. Astfel, nu ne plictisim.
- Adevărul practic are un efect mult mai pregnant, uneori devastator, față de adevărul teoretic.
- Un truism: Viața e frumoasă! Distractivă, nu distructivă!
- Despre istoria sacră. Suntem naivi. Ar trebui să facem istoria și filosofia istoriei la nivel universitar. Credem cu naivitate că istoria este relatarea succesiunii faptelor. De fapt ea reprezintă *istoria interpretării, distorsionării, politizării, propagandei faptelor. Interesele imperiale, etnice, de*

---

[20] Sue Prideau, *Sunt dinamită*, Viața lui Nietzsche, Polirom, 2020, pp 234-237.

- *clasă, religioase, ale învingătorilor sau învinșilor, ale stăpânilor sau sclavilor*, ale religiei dominante sau a celei subversive, reformiste – toate sunt diferite și au puncte de vedere diametral opuse, de cele mai multe ori!
- Marele secret al unei vieți cu adevărat frumoase constă în modul cum o privești. Adevărata frumusețe este interioară. Dar, diversitatea este exterioară.
- Dacă am avea un Van Gogh în fiecare secol, pictura ar renaște estetic de fiecare dată. Și noi, odată cu ea!
- Ontogenetic, din copilăria devenită conștientă de sine, traversând perioada școlară, adolescența, cu achiziția culturii generale, uneori pregătirea universitară și profesională superioară, învățăm să receptăm lumea. În aceste stadii inițiale formative, privim spre adulți, dascălii, oamenii realizați deja, ca spre modele ale noastre. Nu, că ar fi perfecți, dar în multe privințe erau imitabili.

Apoi, timpul trece, viața se scurge, și noi, odată cu ea. Vechile noastre repere umane, dispar. Între timp, am devenit adulți, am îmbătrânit, de voie, de nevoie, fie că avem o brumă de cultură sau nu, o școală a vieții, sau suntem încă repetenți și corigenți, dar ne credem premianți!

Privim în jur și lumea e alta. Nu e străină, este aceeași. Totuși, alta.

Un fior existențial ne trece prin oase. Noi înșine ar trebui să fim repere, generațiilor următoare. Dar, acestea au alte preocupări, pasiuni și cunoștințe, gusturi și mode noi sau aceleași dintotdeauna.

Transgenerațional, ne dăm mâna, și totuși, suntem diferiți. Un „gap" se cască ca un hău. Poate avem o brumă de înțelepciune, dar nu folosește nimănui. Nu suntem genii. Ne îndepărtăm, perspectiva își spune cuvântul, ne micșorăm, apoi, dispărem. Și totuși, lumea rămâne aceeași. Sau se schimbă în ritmul ei. Iar noi? Ne păstrăm seninătatea. Ca serenitate!

- **Una e să știi și alta e să fii!**

EVOLUȚIE

O generație după tristețea pierderii sfâșietoare (cred că este aluzia la moartea celei mai mari fiice ale sale, Ani, în 1851, de febră tifoidă), Darwin s-a consolat de pierderea personală prin realizarea evidenței științifice că moartea individului este ceea ce propulsează evoluția speciilor și am fost consolați în prealabil cu acest adevăr cosmic despre ceea ce se întâmplă când murim, Burrough (J.W., istoric) adaugă:

„Fără moarte și descompunere, cum ar putea viața merge înainte? Fără ceea ce numim păcat (care nu este decât un alt nume pentru limită și imperfecțiune), ca și frământările legate de această realitate dureroasă, cum am putea merge mai departe, cum am putea depăși pierderile?...

Priviți iarba, florile, farmecul serenității și unduirea calmă a lanurilor – cu ce preț s-au realizat, cu ce transformări ale elementelor, cu preschimbări, spulberări și modelări ale uscatului și mărilor... Deplângem pierderile și moartea, dar aceste realități nu vor putea fi eliminate niciodată din procesul evoluției. Ca indivizi, le putem minimaliza; ca populație, rasă și națiuni, trebuie să le acceptăm și să le suportăm. Evoluția vieții pe această planetă, inclusiv viața omului, a avut și va avea loc numai în condițiile acestui conflict al forțelor, al influențelor care favorizează viața și progresul spre forme tot mai sofisticate și perfecționate, spre un final glorios."

- Peste câteva decenii, când vom fi descoperit mijloace de locomoție evidente, aflate dintotdeauna la îndemâna noastră, rezultând din combinarea elegantă și inteligentă a raporturilor dintre câmpuri, spațiu-timp, energie, vom privi spre perioada resurselor fosile, ca o epocă barbară asemănătoare cu epoca de piatră. Totuși, nepoții noștri vor avea nostalgii.
- Argumentul fundamental în favoarea evoluției constă în variabilitatea infinită a unei populații, în unicitatea fiecărui individ. O populație serială, robotizată, cu indivizi identici, nu s-ar preta la evoluție. Evoluția are loc numai în interiorul populațiilor. Alte cinci teorii esențiale evoluției: 1. Inconstanța sau nonconstanța speciilor. 2. Strămoșul comun – ramificarea arborelui evolutiv. 3. Caracterul gradual, fără salturi. 4. Generarea

diversității prin multiplicarea speciilor. 5. Selecția naturală. Aș adăuga importanța primordială a 6. geneticii moleculare. 7. Epigenetica – histonele cromatinei, metilarea ADN și ARN mesager. Probabil, argumentul suprem în favoarea evoluției este faptul că aceeași genă a unui vertebrat mamifer se poate regăsi într-o musculiță sau vierme inelar, chiar într-o bacterie.

- Ce înseamnă a asorta? O compoziție de forme, culori, texturi, obiecte, articole, naturală, vestimentară, de habitat, realizează o unitate diversă, dar armonioasă, în ansamblu și prin relațiile dintre părți. Organismele vii, alcătuite din celule, cu nucleu, cromatină, cromozomi, gene și ADN, par să depindă și să se asorteze, cel puțin prin genele foarte vechi, Hox și Pax, cu dispoziția în spațiu embrionar, vecinii adiacenți și momentul temporal evolutiv, transcripționând de fiecare dată exact structurile necesare ontogenezei. Este la fel de important textul ca și contextul genetic, structural, embrionar și biologic. Pare miraculos. E natural!

Dar asta e doar prima etapă, aparent dominată de întâmplător – mai ales în timpul meiozei prin recombinarea *crossing-over* din prima diviziune și a celei de a doua, reducționale. Dar, a doua etapă – a supraviețuirii și reproducerii este mult mai deterministă. Deși, viețuitoarele, oricât de adaptate sunt grevate permanent de prădători, catastrofe etc. Așadar, necesitatea și întâmplarea se împletesc în procesul evoluției. Chiar dacă vorbim de *rapids imediate gens*, este un fapt bine stabilit și contrariant: niciun caracter dobândit nu se moștenește! Adaptarea, selecția naturală și evoluția sunt procese mult mai complexe, stadializate și se produc pas cu pas, de-a lungul generațiilor, numai la nivel populațional.

Mai mult, selecția este un proces eminamente negativ, eliminatoriu, nu unul teleologic, de alegere pozitiv preferențială, cum sunt tentați cei mai mulți dintre noi să credem. Doar infinitatea de trăsături puse treptat în joc, le fac să dăinuie pe cele care conferă orice șansă, avantaj, supraviețuire. Evoluția este necruțătoare, dar foarte generoasă. Este un truism să spui: Viața este o luptă! Mai mult, lupta are reguli, câștigători și perdanți. Evoluția este arta, știința acestui efort de supraviețuire. Și perfecționare continuă!

- Creierul nostru – 2% din greutatea corporală consumă 20% din O2. Și vrea musai glucoză, cel mult creatină depozit. Creierul hominidelor, homininelor și al homo sapiens s-a dublat de trei ori, la fiecare 1-1,5 milioane de ani. Desigur, aportul de vitamine și minerale al alimentației vegetariene este important, dar ceea ce ne-a împins înainte, în fruntea tuturor mamiferelor și primatelor a fost alimentația carnată și nu oricum, nu crudă, ci friptă, grătar! Pactul cu focul. Omul este singurul mamifer prometeic. La asta se adaugă socializarea, viața de grup, cultura. Fiecare cultură are un mit al focului și al potopului!

- Al doilea principiu al termodinamicii este pregnant și evident. Totul este supus disoluției, ruinei, degradării. Singura parte a realității care se opune – temporar – acestei legi universale a entropiei și se comportă negentropic, sunt organismele vii. Această trăsătură face parte din definiția vieții. În același timp, tocmai această trăsătură face posibilă variabilitatea și evoluția. Analogiile șchioape ale creaționismului privind ceasul și ceasornicarul, chiar grădina și grădinarul și faptul că tot ceea ce este conceput, proiectat și realizat, fabricat, are în spate o inteligență în design, ignoră feedback ul, autoreglarea, reproducerea și forța miraculoasă a vieții.

Ceea ce este neviu este făcut, ceea ce este viu se face. Pentru că o celulă are deja un soft! Cred că asta este ceea ce ne lipsește – modul în care articularea și funcționarea, relația dintre materie, energie – pe de o parte și informație – pe de altă parte, generează viața. Deși, viața începe la nivel cuantic, nu doar la nivel organitic. Apoi, arderea, consumul de energie, metabolismul, lucrul mecanic, circuitul anaboliți – cataboliți, înseamnă un fragment de viață. În esență, conștiența și comunicarea începe cu primul receptor efector, cu prima buclă de feedback.

- Viața este confruntarea eficientă și temporară, cu entropia.
- Ne înverșunăm împotriva **evoluției**, dar însăși spiritualitatea noastră, a oamenilor, îi poartă amprenta. Natura, o grădină hrănitoare care ne asigură subzistența și supraviețuirea, abundă de forțe care ne depășesc, ne copleșesc. Am personificat și spiritualizat aceste forțe superioare, benefice, malefice, le-am adorat și ne-am închinat lor.

Apoi, când am intuit și descoperit sursele de hrană, mai întâi pe cele culegătoare sau rezultat al vânătorii, am avut plante și flori, animale și fiare ca simbol al vieții și divinității. Când am descoperit agricultura, am transformat religia și spiritualitatea într-un proces ciclic al anotimpurilor, al luptei pentru bunăstare și supraviețuire. Viața și moartea, jertfa și sacrificiul deveneau momente esențiale în încleștarea pentru supraviețuire. Pe măsură ce bunurile deveneau abundente, iar activitățile se diversificau, oamenii renunțau la starea de nomad, se stabilizau pe văile mănoase ale râurilor, se specializau și se descopereau pe ei înșiși. Panteonul reflecta acest lucru. Zeii se specializau, deveneau antropomorfi, cei buni reflectau calitățile umane, iar cei răi, defectele și răutățile acestora.

Sexualitatea, munca, suferința și moartea erau inerent legate de viață, bucuria de a trăi și se regăseau în sărbători, religie, spiritualitate și închinare. Apoi, am realizat că relațiile interumane, conviețuirea, presupun reguli, principii și legi etice și morale, am sfințit acest aspect care părea esențial, prin focalizare. Dar, dacă am devenit conștienți de noi înșine, de psihismul și spiritualitatea noastră, am devenit conștienți și de **religia** noastră. Astfel, ea a devenit un domeniu distinct, specializat, ierarhizat, privilegiat. Și când te ocupi de lucruri atât de înalte, nu mai e timp pentru a năduși. Ce urmează? Care va fi religia și spiritualitatea noastră de mâine? Arta a slujit deja spiritualitatea. Poate informația? Sau poate vom înțelege, în sfârșit, că totul izvorăște din noi înșine și conștiința noastră? Cred că ne-am luat deja în stăpânire întregul domeniu al valorilor, intelectului și spiritului. Le vom folosi cum se cuvine și nu ne vom mai lăsa folosiți.[21]

- Într-un limbaj marxist desuet, evoluția poate fi redusă la jocul dintre necesitate și întâmplare. Orice întâmplare norocoasă, numită biologic și genetic, mutație – în sensul unui avantaj al luptei pentru existență și supraviețuire, este menținut, întreținut și cultivat de selecția naturală, transformându-se în trăsătură caracteristică permanentă. Această realitate devine evidentă în 3.5 mld de ani, pentru viață, iar pentru om, homini și hominizi, în câteva sute de milioane de ani. Istoria amprentelor civilizațiilor preistorice rămase – în afară de fosile – se reduce la câteva zeci de mii de ani, iar istoria scrisă, inclusiv în artefacte, la zece, cincisprezece mii de ani.

- Cum ponderăm rolul civilizator al individului față de o colectivitate? Ce deosebește o zonă care fructifică revoluția industrială, culturală, științifică, față de una care le ratează sistematic pe toate, într-o anumită perioadă? De ce și cum de există, cum sunt selectate, zone dezvoltate și zone înapoiate, ale umanității. De ce au fructificat doar westeuropenii și americanii, dezvoltarea exponențială și nu africanii, orientul, america latină? Este vorba doar de emulație? Nicidecum! Probabil că pe termen

[21] Karen Armstrong, *Scurtă istorie a mitului*, trd Mirella Acsente, 2005 orig, Orion 2022, Nemira Pub House.

- lung, ce pot ajunge la un mileniu, se produce o egalizare. Dacă nu are loc un holocaust.
- Au existat dintotdeauna valori și antivalori – adevăr/eroare, bine/rău, frumos/grotesc – au existat și imperii puternice și lacome, au existat și oi de muls, de tuns și de jupuit, au existat și contagiuni psihice colective – revivalismul, au existat și continuă să existe legi ale fizicii și istoriei, cauze și determinism. Subiectivul se împletește cu obiectivul, atribuirile cu retribuirile, generațiile trec, civilizațiile înfloresc și se sting…
- Dacă doar 1,2% din genomul nostru ne diferențiază de cimpanzeu și bonobo, acest procent constituie specificitatea omului. În ce constă și unde este situat? Este clar că în creier, în sistemul nervos central. ADN uman conține trei miliarde de nucleotide. **1,2%** reprezintă 35 de milioane de diferențe. Diferențele dintre literele genomului uman a doi oameni – adenoglicozide sunt de doar una la mie, pe când la primate sunt de 2-3 ori mai frecvente. În timp ce primatele mari au rămas în zone izolate din Africa și Asia, noi oamenii, am populat planeta întreagă.[22]
- Că lumea în care trăim, existența, sunt imperfecte, rămâne un truism. Dacă noi înșine trăim în această lume, suntem în mod necesar imperfecți. Totuși, ne păstrăm idealurile, gândul perfecțiunii, nevoia reușitei. Pare ceva elaborat, suprastructural, dobândit, dar cred că este primar, reflex, instinctual.
- Avem instinctul ororii de eșec. Gândurile, sentimentele, acțiunile noastre poartă pecetea identității noastre, se lipesc de eul nostru, ne influențează trăsăturile, reputația, renumele, dar mai ales imaginea de sine. Când apare aversiunea față de eșec, nevoia de perfecțiune? Foarte timpuriu! Înainte de controlul sfincterelor, chiar înainte de edificarea completă și conștientă de sine.
- Forul nostru interior, decide să-și aproprie și asimileze normalitatea, reușita, succesul, binele, frumosul, autenticitatea, înainte de a le putea defini, dar recunoscându-le intuitiv, sau cel puțin opusul, antipozii acestora. Inocența pare să aibă un preț, dar ea trebuie păstrată cu orice preț.
- Ai udat pantalonii, ai vărsat laptele, ai spart jucăria? Nu! Există o mulțime de obiecte, ființe gata să preia vina, jena, mustrarea, pedeapsa. Păpușa de pluș, pisica care toarce sau doarme dusă, orice alt personaj imaginar.

---

[22] Evelyne Heyer, colab. Muller Xavier, *Odiseea genelor: Aventura speciei umane*, trd Voiculescu Alunița, Nemira, 2021, Flammarion, 2020.

- Probabil că evoluția este cel mai înălțător imn închinat vieții și cel mai nimerit mod de a proclama și proslăvi Creatorul.[23]
- Orice organism bio are un mediu intern și altul extern, despărțite de cel puțin o membrană. Chiar organismele aparent rudimentare, au un grad oarecare de organizare, funcționare și un rudiment de reglare, autoreglare, conștiență, nu de sine, ci doar procesuală. Apariția subordonată a unor organite, presupune complexitatea. Reproducerea, presupune replicare, memorie. Gradul de complexitate transformă conștiența în conștiință de existență întâi, și apoi, vag, de sine, memoria – în gene și cromozomi.

Principiul a doilea al termodinamicii este disiparea, dar viața este – prin definiție – temporar – negentropică. Așa cum, încetarea vieții, este prin definiție, entropică.

Originarea, supraviețuirea și dezvoltarea vieții și viețuitoarelor – toate finite și limitate în timp și spațiu, presupun atitudinea activă, rezolvarea blocajelor, învingerea rezistenței, depășirea obstacolelor. Când această activitate este rodnică, eficientă, modifică adecvat mediul, îl optimizează și dă sentimentul de realizare, de împlinire. Când nu reușește, acest efort devine nevrotic, dăunător, generator de anxietate, inadecvare, neîmplinire.

- Lumea noastră poate fi caracterizată, limitat și incomplet, deoarece nu avem termeni de comparație reali, ca o lume diversă, viabilă, contradictorie. Toate aceste aspecte sunt relative. Grupuri specifice de obiecte, ființe pot avea o percepție sau opinii opuse privind același segment al realității. Este evident că ceea ce este bine pentru pradă, victimă sau substrat, va fi advers, opus pentru prădător, agresor sau profitorul oportunist. Această luptă, concurență pentru supraviețuire și subzistență, deși organică, funcțională, de înțeles, este cel puțin tulburătoare, crudă, deprimantă și fără perspectiva unei rezolvări.

În extremis, dacă ai vrea să protejezi țesuturile vii care constituie alimentația noastră vegetală, animală, embrionară, n-ai avea multe șanse de supraviețuire. Suntem scufundați într-o mare de microorganisme cu care ne luptăm, suntem în competiție sau război. Le supunem sau ne răpun. Devorăm semințe, fructe, plante, cu duiumul. Răpunem animale care au viața lor prețioasă, pentru ca să le fierbem, frigem, prăjim, afumăm și lucrul acesta este o crimă atât de

---

[23] Inspirat de Jim Baggott, *Povestea științifică a creației*, Humanitas, 2018, trd Tudor Avram, cf Origins. The Scientific Story of Creation, 2015.

obișnuită, încât am transformat-o într-o artă – arta culinară. Un termen banal ne amorțește toate simțurile, judecata, rațiunea și conștiința – lanțul trofic! Ne convine, suntem în vârf!

Între anumite limite, necesitatea poate justifica sacrilegii. Dar, asta deschide calea pentru nedreptate, compromis, forța majoră. Am exclamat adesea: *„Viața e frumoasă!", ignorând cât de nedreaptă, plină de cruzimi, violentă și asimetrică e.* Aceste impunități lasă loc unui ținut al nimănui, exonerează aparent justificat, tocesc conștiințe, crează breșe în justiție, fac loc bunului plac. Se profilează, în depărtare, amorf, chipul hidos al anomiei.

- Suntem fascinați de miracolul vieții, de complexitatea celulei, specializarea țesuturilor, perfecțiunea organelor, minunăția organismului, dar rămânem orbi față de procesul încercării, reușitei și erorii, care operează selecția naturală și propulsează evoluția.

- Aș vrea să subliniez că orice proces are temeiurile, logica, rațiunile și secvențierea lui, decurgând din legile fizicii, chimiei și procesele subiacente sau supraiacente. Voi deveni anecdotic. Vase de cinste și vase de ocară. Medicina nu operează cu această distincție paulină. 2Tim 2,20. Ne așezăm la masă. Luăm prima îmbucătură, prima înghițitură. Poate că ne închinăm înainte și după masă. Dar aparatul digestiv n-o face. Sunt sigur că și, numai gândul mesei, pentru un om flămând și obosit, declanșează salivația, pornește secreția enzimelor gastrice, hepatice, pancreatice, intestinale. Așa se petrec procesele în natură! Așa decurge selecția naturală. Într-un fel, acesta este secretul evoluției, începând cu fuziunea stelară, cu fizica cuantică, cu apariția planetelor, a vieții și a morții inerente, fiindcă fără descompunere nu există încolțire.

- Universul este creditat cu cca 23,8 mld ani, sistemul solar cu cca 4,5 mld ani, viața cu cca 3,8 mld de ani, hominizii și homininele ar avea cca 200 de mii de ani, între care erectus, habilis, neanderthal, cromagnon și, în fine, sapiens. Spunem miliard, dar nu putem cuprinde efectiv durata. Unitatea noastră subiectivă standard de măsură a timpului, poate că este secunda, minutul, ora, ziua, săptămâna, luna, anul, deceniul, secolul. Dincolo de asta, de speranța medie de viață a unui om, duratele de timp sunt blurate. Suntem siguri că putem cuprinde durata de 500 de ani sau un mileniu? Aaa, putem spune – da, asta este istoric, de la evenimentul cutare, până în prezent. Cunoaștem sau ne putem aminti o serie de evenimente remarcabile.

Am pus un jalon – începutul erei noastre și înaintea erei noastre. Era necesar! Timpul poate trece foarte încet sau foarte repede. Psihologic. Subiectiv. De fapt, el e constant. Pare îndestulător și totuși, generații întregi nu mai sunt. Pare să nu cunoască nici grabă, nici întârziere, și totuși, se acumulează în miliarde de ani incomensurabile. Cum a fost posibilă evoluția. Și de ce este așa de lentă? Fiindcă, pentru accepțiunea comună, frecventă, orice mutație este dăunătoare sau fatală. Cunoaștem boli ereditare, familiale, ba chiar predispoziții morbide sau degenerative.

Și, totuși, rarisim, o mutație poate reprezenta un avantaj enorm, atât de important încât, prin selecție naturală, supraviețuiesc în decursul generațiilor, doar purtătorii ei! Pare greu de crezut, așa cum nu pot fi concepute miile, milioanele și miliardele de ani. Când e vorba de timp. Dar pentru a înțelege cât de reale sunt aceste durate, amintiți-vă de spațiul în care se mișcă universul cu miliardele de ani lumină, roiuri de galaxii, sori, stele și planete. Sunt cât se poate de reale. Observabile. Fotografiate. Dovedite.

*Întreaga structură a existenței, începând cu cea cuantică și terminând cu megaliții sau roiurile galactice, este funcțională și procesuală, fiindu-și *suficientă*, fără adaos sau intervenție supranaturală. Structuri, legități fizice și chimice, biologice, psihologice, sociologice și informatice, fac ecosistemele posibile. Determinismul cel mai natural conduce succesiunea evenimentelor fără intenție sau scop, persistând ceea ce este existent și viabil. Așa numitele sisteme complexe ireductibile sunt de o simplitate, uniformitate și regularitate uimitoare. Este bine că așa este, fiindcă deși nu e totul perfect, trăim totuși în cea mai bună dintre lumi și, mai ales, știm la ce ne putem aștepta. Restul? Mituri. Interesante ca năzuințe, aspirații, speranțe, care să ne mângâie în necaz.

Adenda: Prin anii '90 ai secolului trecut, americanul neoprotestant, Brad Thorp făcea furori cu o serie de conferințe prozelite prezentându-ne **teoria sistemelor complexe ireductibile** ca argument și dovadă a creaționismului. Michael Blehe, autorul teoriei era deja dezavuat.[24] În ansamblul societății, putem vorbi despre evoluție și progres. Individual, oamenii sunt de multe feluri, au motivații contradictorii, șubrede, absența profunzimii, disponibilitate la erori, incapacitatea de analiză a consecințelor pe termen variabil etc. Am început cu o supă primordială și vom sfârși într-un ceaun escatologic, apocaliptic.

---
[24] DC Dennett, A Platinga, *Știință și religie*, RR, 2014, orig 2011.

- Mi-e greu să fac inferențe asupra culturilor de bacterii sau fungi, deși pare verosimil să aibă oarecare comportamente gregare de turmă. Însă atunci când prima amoebă și-a retractat prima membrană digitiformă, iritată de mediu, cred că putem nota, ipotetic și încrezători, prima scânteie a viitoarei conștiențe și conștiințe, edificate prin acumulări cantitative și calitative, într-o complexitate crescândă.
- Descoperirea formelor de viață extraterestră în formă activă sau fosilă, ne va face mai realiști, mai modești, mai puțin fantezisti, mai științifici. Dovezile vor fi irefutabile. *Nu, religiile nu vor dispărea, miturile vor perpetua, creaționismul va fi dezavuat. Evoluția va fi răzbunată!*

METAFIZICĂ

- Deși cosmogoniile și argumentele metafizice, nu ale existenței lui Dumnezeu, ci ale existenței propriu-zise și-au dovedit inconsistența, pentru cele mai serioase – cel cosmologic, al cauzei prime și cel teleologic, al scopului urmărit, ar trebui înlocuite cu un argument al procesualității, remarcând că, prin însăși calitățile intrinseci ale materiei, energiei, spațiu-timpului, existența evoluează în mod necesar și suficient, într-o perpetuă mișcare și schimbare, conducând la diversificare, așa cum o cunoaștem și înțelegem astăzi.
- Atunci când ne izbim de realitate, noi folosim cuvinte, facem schimb de idei, dar există un singur criteriu al verificabilității – corespondența cu realitatea. Este permis și nu este interzis să ne mângâiem, să ne amăgim – poate fi chiar constructiv și util. Dar, trebuie să fim pregătiți și să facem față momentului adevărului. Nu ne putem minți la nesfârșit.
- Cred că Diogene este un precursor, în sens mult mai larg și profund. El a înțeles că ne este necesară o sursă personală de lumină pentru a ne orienta și a găsi ceva cu adevărat semnificativ. Putem lua ca reper geniile: pictorii, pentru felul cum văd ei realitatea, culorile, formele și armonia lor, muzicienii, pentru modul cum o aud, o armonizează, crează linii melodice și ne încântă, savanții care detaliază un fragment al structurii și funcțiilor unui domeniu, sau matematicienii, fizicienii, astronomii, cercetătorii biologiei și neurofiziologiei care ajung să deslușească și să limpezească cel puțin o parte din realitate.

Ce se întâmplă cu omul comun? Cât din această realitate ne este accesibilă și cât rămâne în ceață? Trăim fiecare în lumea noastră, am învățat cu ajutorul părinților, dascălilor sau prin imitație, social, să instrumentalizăm stereotipii adaptative, să facem față provocărilor. Ne descurcăm destul de bine, dar suntem departe de o înțelegere completă, totală, adecvată a realității. Realism. Continuăm să orbecăim. Totul este să nu facem greșeli mari, gogonate. Iată de ce, principiile, normele, procedurile și codurile rămân importante. Dar, incomode!

- Poate că definiția înțelepciunii este tocmai înțelegerea profundă a ierarhiei valorilor, în viața obișnuită de zi cu zi, fără nicio amenințare.
- De cele mai multe ori, ceea ce numesc oamenii evlavioși semnificație, nu este decât o povestire convenabilă despre cum am vrea să fie aranjate lucrurile în aspectele noastre existențiale fundamentale. *Wishful thinking*. Frici, temeri, spaime, speranțe, năzuințe, credințe.
- Dintotdeauna, omul își va declara și declama răspicat dragostea pentru adevăr, dar va prefera valorile afective, îndrăgite, în practică. Pragmatism ipocrit?...
- Este tonic să știi că aceleași legi fizice determină dinamica, atât pentru praful din pledul pe care îl scutură gospodina, cât și cel care alcătuiește roiul galaxiilor.

Astfel, dobândești o imagine mai realistă asupra lumii și existenței.

- Există un *timp psihologic*, e o certitudine. În vacanță, când suntem fericiți, într-o dispoziție bună, timpul fuge, trece repede. Când suntem triști, suferim sau suntem plictisiți, timpul curge lent. Dar, astea sunt doar percepții subiective. Tot subiectiv, timpul psihologic trăit pare să depindă de durata timpului trăit, de numărul de evenimente la care participi sau asiști. Pentru mine, cel puțin, zilele copilăriei păreau nesfârșite, vacanța de vară dura un veac. Astăzi zilele, săptămânile, lunile, anii chiar, par să treacă în zbor. S-a spus că *percepția timpului trăit ar depinde de durata totală trăită*.

Mă întreb, atunci: există diferențe în percepția timpului trăit de un fluture, o efemeridă, o țestoasă de două sute de ani și timpul perceput de noi, oamenii? Cum percepe Dumnezeu cel veșnic, timpul trăit de el? Sau nu-l mai percepe? Aceleași aspecte sunt valabile și legat de cealaltă parte a binomului spațiu-timp. Ne mișcăm într-un spațiu proporțional cu dimensiunea noastră proprie. Restul spațiului, pare să fie ignorat, sau devine arareori conștient. Există diferențe între viziunea microbului, puricelui sau păduchelui din pădurea de vilozități sau capilară, și pasărea zburătoare, elefant, cașalot sau om. Care este viteza propice? Fiecare are o viteză proprie. Sinteza spațiului-timp propriu. Impunători, grațioși, insignifianți. Trăim, parcurgem, dispărem, ne pierdem – în mulțime, în neant, în abis sau paradis.

- Complexitatea, rangul, poziția, avuția sunt dorite, invidiate, dar presupun responsabilitate, competență, profunzime, percepția atentă a detaliilor. Privești în sus și excesul de lumină devine un impediment. Privești în jos și înțelegi. Poți aspira, te poți mobiliza, dar efortul efectiv și mișcarea eficientă sunt esențiale. Există o structură, o stratificare. Să cobori e ușor, să urci e mai greu.

- Conceptul sistemic fundamental care postulează că relația dintre părți întrece suma părților este valabil de la nivel cuantic, continuă cu cel fizic și chimic, devine dominant la nivel biologic și psiho-social, constituind fundamentul organizării existenței, lumii, vieții.
- Numim destin, modul eliberării noastre de tină.

Libertatea este o altă valoare greu definibilă.

- De fapt, știm aproape totul despre toate, nimic despre totul, totul despre nimic, și nimic despre nimic. Mă opresc, fiindcă apar mulțimile și analiza matematică, la care am o alergie idiosincrazică.
- Dacă ești locuitor al unei metropole, te bucuri de o relativă libertate și independență. Ai un job, o familie, îți petreci timpul liber după placul inimii și preferințe. Desigur, metropola are infrastructuri, rețele, organizare și o conducere. Totuși, oamenii își fac singuri agenda, se mișcă brownian și își aleg nestingheriți ora de culcare! Ei fac parte nemijlocită dintre cei 10-20 milioane de locuitori ai urbei, dar fluența și ritmurile vieții lor, au rareori coliziuni cu imperativele și inconveniențele metropolei. Fiindcă raportul bipolar dintre contrarii ca necesitate și întâmplare sau libertate și determinare, chiar funcționează.
- Pentru mine ca neurolog clinic pensionat, cuvântul, limbajul, poate fi și deveni o realitate, discurs, sumă de idei sau ideologie, dar ele nu încetează să fie doar o reflectare a realității materiale, pur și simplu, niște nume, sau o sumă de semne ale realității. Oamenii au obiceiul să așeze un discurs, o poveste, convingere sau opinie, ca fiind preponderente față de realitate, doar pentru că fac parte din epistemologie, instrumentul nostru de cunoaștere. Aceasta pare o sursă de confuzie. Modifică ecuația lui Einstein $E = m*c2$ realitatea sau doar luminează conștiința noastră asupra felului cum a funcționat dintotdeauna această realitate și legile ei fizice? Cu siguranță, putem broda la infinit asupra unei realități sau lumi imaginare, dar ea trebuie supusă criteriilor obligatorii ale cunoașterii științifice ale ființei umane, și anume: observația, experimentarea, analiza, validarea, concluzia, unei ipoteze științifice care trebuie să fie întotdeauna falsificabilă pentru lumea și existența cunoscută de noi.

- Naivitatea este modul de a trăi cu uimire printre realități banale, în care descoperi clipă de clipă, miracolele existenței. Ferice de cei bogați în spirit!
- Papa Francisc: Războiul este întotdeauna o înfrângere!...
- Adevărul este o propoziție afirmativă sau infirmativă aparținând limbajului. Această propoziție are nevoie de corespondența realității, existenței, pentru validare. Deci, *adevărul reprezintă corespondența dintre sensul propozițional și realitatea sau segmentul acesteia, la care face referință.*
- Criteriile adevărului. Adevărul este dat de corespondența dintre realitate, fapte și limbaj, care trebuie să fie logic, coerent, propozițional. Din nefericire, adevărul poate fi distorsionat prin selecția tendențioasă a datelor, faptelor, susținerea unor afirmații prin mijloacele puterii, identității, interesului.
- Moartea este prețul vieții!
- Valorile fundamentale – adevărul, binele, frumosul – ar putea fi definite astfel:

Adevărul reprezintă o afirmație propozițională concordantă și necontrazisă de realitate. **Binele** este rezultatul consensului între ființe conștiente de sine și mediu, privind relațiile interumane și cu mediul. **Frumosul** este categoria sintetică a criteriilor estetice, a bunului gust și a bucuriei receptării, variind cultural cu epoca și cultura.

- A fost pusă o întrebare filosofică care pare o nerozie, dar este o genialitate: de ce există ceva, în loc de nimic. Și dacă există, de ce este așa, și nu altfel. În privința asta, sunt posibile surprize. Posibilitățile structurărilor, organizărilor și funcționărilor sunt, matematic – infinite. Deși cunoaștem foarte puțin, totuși cunoaștem cel puțin, o parte esențială. Aparent, realitățile cuantice – masă, mișcare, sarcini electrice, legile fundamentale ale fizicii, determină forma, raporturile și organizarea existenței, așa cum o cunoaștem. Dar, dincolo de acestea, par să existe forme secundare de organizare și funcționare, fiecare cu legile sale. Viața cu biologia și regnurile ei, psihologia și sociologia, cultura și arta – toate se impun conștiinței noastre, cu specificul și legile lor.
- 50 de idei filosofice – Ben Dupre. Toate lucrurile astea sunt cunoscute, dar sunt exprimate concis, clar, răspicat! Se numește simplu: coerență. Logică. Simțul comun, bun simț. Lucrurile simple sunt cele mai profunde. Inaccesibile!

● Probabil că poziționările noastre epistemologice, filosofice și culturale, spirituale, sunt totuși, extrem de selective. Mintea umană, a unui singur om, nu poate cuprinde toate datele academice și interpretarea lor. Ca să nu mai spunem că, majoritatea populației le ignoră suveran și democratic. Selectivitatea noastră cognitivă se supune legilor – să le zicem – optice. Vă amintiți: difuzie, reflexie sau reflecție, refracție etc. Există zone luminate și zone întunecate, oarbe chiar, zone de penumbră și zone puțin clare. În finitudinea și limitele aptitudinilor și incapacităților noastre – ca să nu folosesc expresia „hard", incompetențelor noastre – suntem nevoiți să luăm decizii, creierul nostru este silit să opteze! Iar noi, noi înșine, suntem închiși în cutia lui, această tigvă de os cu prea puține vizoare, luminatoare și orificii.

MITOLOGIE

- Confruntați cu complexitatea existenței și vieții, cu anxietățile traiului și teama de moarte, de suferință și durere, însetați de frumos și năzuind la mai mult, oamenii s-au aventurat în explorare și cercetare care s-au dovedit mult mai laborioase și presărate cu obstacole de tot felul. Doar că nevoia de cunoaștere, trebuința unei concepții era imperioasă și urgentă. A fost ticluită o poveste credibilă și convingătoare, coerentă, despre cum stau lucrurile, care nu era decât chipul și asemănarea a ceea ce omul știa despre lume, dar mai ales despre sine. Astfel, într-o manieră familiară, el și-a ostoit setea de cultură și spiritualitate, fricile și teama, a cultivat năzuințele și speranța, credința și optimismul, păstrând ca rezervă apocalipsa, judecata și pedeapsa pentru rău, de care s-a delimitat. Aceste elaborări succesive, similare în esență, dar specifice prin particularități, au constituit cea mai venerabilă și veritabilă explicație a lumii. Mitologia. Apoi a apărut și s-a dezvoltat știința, cunoașterea bazată pe evidențe și dovezi reale, verificabile.
- Realitatea fundamentală a spațiului-timp pune probleme contraintuitive de asimilare, înțelegere și confruntă oamenii cu misterul aparent al naturii sale, a sintezei procesuale prin mișcare, a dimensiunii, întinderii sale, în raport cu speranța de viață, ceea ce i-a determinat să recurgă la mit.
- Toate miturile creației pornesc de la un <u>haos</u> primordial care este structurat și diferențiat, pentru a forma ordinea, cosmosul. De fapt, este procesul de luare în stăpânire și conștientizare a realității, concomitent cu conștiența și conștiința de sine. Miturile ne poartă în călătoria noastră existențială, culturală și spirituală, până când se desprind și rămân în urmă, ca treptele unei rachete ce explorează universul.
- Desigur, pacifiștii au păcatele și erorile lor, dar să-ți definești doctrina fundamentală ca o doctrină a conflictului, este o eroare strategică toxică. Crește nepermis, postura agresivă, ostilitatea, motivarea prin vinovăție. În condițiile în care o privire sumară aspra existenței indică prezența

ubicvitară și neutră a contrariilor care sunt, în ultimă instanță, criterii ale valorilor. De la o stare de fapt, o trăsătură universală a existenței, în mod subiectiv, imaginativ și aspirațional, sunt create istorii și povești – mituri – despre origini utopice, personaje nedovedite, scenarii improbabile, finalizări bipolare – apoteotice și, concomitent apocaliptice.

Pentru a fi credibile, scenariile au nevoie de credință. Și ignorarea științei. Dar, ele fac sens, ne mângâie, ne oferă confort, ne dau încredere, optimism și speranță – pentru o vreme. Apoi, toți ajungem în același loc, al entropiei maxime aparente – de fapt, un circuit pe termen lung, dar nu infinit, al materiei, energiei și informației, în univers.

- Geneza este săltăreață, fiindcă sare peste lacune, ca orice legendă. Ne scoate din Eden, ne udă cu potopul, ne dezorientează cu Babel și ne teleportează împreună cu Terah, Avraam și Sara, din Haran în Canaan, fiindcă îi privește pe evrei. Dar, asta nu este nici măcar istorie, dară-mi-te istoria omului. Sunt o atașare și adaptare de legende disponibile în cultura babiloniană a secolelor exilice și postexilice.

- Starea de mit este narațiunea care cuprinde elementele esențiale, fundamentale ale lumii, legate de temerile și speranțele ei, împletite cu cele mai intime și personale drame care înglobează temerile și speranțele proprii. Natura lumii, a universului și natura personală, coincid. Originile, istoria și escatonul sunt coerente, suculente în sens și semnificații. Convingătoare, cuceritoare, irezistibile, temeinice!

- Prin credință, este conceput, resuscitat și înviat un mit.

El continuă să trăiască, deși noi murim.

- Mistere, mituri, biblice și creștine. 1Petru 3:18.19 „… El (Hristos) a fost omorât în trup, dar a fost înviat în duh, în care S-a dus să propovăduiască duhurilor din închisoare…" 1Corinteni 15:24-26: „În urmă, va veni sfârșitul, când El va da **Împărăția** în mâinile lui Dumnezeu Tatăl, după ce va fi nimicit orice domnie, orice stăpânire și orice putere. Căci trebuie ca El (Tatăl) să împărățească până va pune pe toți vrăjmașii sub picioarele Sale (Fiul). Vrăjmașul cel din urmă care va fi nimicit va fi moartea."

1Corinteni 15:29 „Altfel, ce ar face cei ce se botează pentru cei morți? Dacă nu învie morții nicidecum, de ce se mai botează ei pentru cei morți?" *Criptic și misterios*. Creștinismul din primul secol conținea doctrine și concepții care ne sunt necunoscute, ciudate, bizare, străine. Este dovada unei evoluții, adaptări a creștinismului.

- Mitul este nevoia de mister elucidat.

Morala este nevoia de a conviețui civilizat.

- Andrew Newberg spune, în *Neurotheology*, capitolul *Religious myths and the brain*, subcapitolul *The structure of myth*, în care îl citează copios pe Joseph Campbell, o somitate în materie: Esențial, între ipotezele neverificate – încă – ale științei și mitologiei, nu ar fi mare diferență. Dar, asta, până când ipotezele sunt verificate! Odată verificate, acestea devin certitudini.[25] Mitologia, miturile au un rol cultural și spiritual extraordinar. Ele ne pot da aripi sau ne pot frânge aripile. Ni le pot topi, dacă sunt de ceară. Miturile spun o poveste. Ascultă povestea și tâlcuiește-o! Miturile sunt o iluzie! Știința este o posibilitate, care prin tehnologie, devine realitate. Știința – dacă nu este, încă – devine o certitudine! „Societatea a modificat mitul, încurajându-ne să uităm o bună parte din el, și a creat o cultură în care ne amintim constant unii altora de pericolele care ne așteaptă dacă ne ridicăm și ieșim din anonimat, dacă devenim vizibili. Industriașii au făcut din *hybris* un păcat cardinal, dar au ignorat complet un neajuns mult mai des întâlnit: mulțumirea cu puțin". O parte din mitologie, cele reînviate prin credință, ne promit o verificare escatologică, adică, sine die, sau fără noi.

- Problema mitului. Oare, nu cumva, relatarea anecdotică, cu fapte, personaje și evenimente, multe reale sau posibile, altele, imaginare și neverosimile, rămâne un mijloc cultural, didactic și pedagogic, istoric? Nu ține el de copilăria omenirii? Cu toată pasiunea noastră pentru filme de acțiune, pentru nuvele și romane. Nu cumva, omul modern își distilează gusturile? Are nevoie de informație nudă, știri și cunoștințe exacte, proaspete, eventual multimedia. Sofistica, frazeologia și plimbatul vorbelor de clacă, pierd teren, în favoarea preciziei, conciziei punctate. Gonflăm miturile istorice, religioase, peltele și siropuri, în detrimentul statisticilor exacte, sintezelor avizate, prognosticurilor așteptate.

- În vremea barbariei, sau vremurile biblice, când încă, oamenii erau condamnați sumar la moarte și lapidați, ar fi fost drept ca fiecare om care punea mâna pe o piatră, s-o primească direct în cap, printr-un artificiu fizic sau cuantic, justițiar.

---

[25] Andrew Newberg, *Neurotheology*, Columbia Univ Press, 2021.

BIOGRAFICE

Oct 2022, 10 ani de la absolvirea *Seminarului Teologic. Cernica. Tema, dacă va fi cazul: Curiozitatea lui Dumnezeu și curiozitatea (certitudinea) oamenilor. Avem certitudinea că știm care este voia lui Dumnezeu, ce gândește, ce simte și ce planuri are Dumnezeu, ce-i trece prin cap. Fiindcă este sigur că Dumnezeu are cap! „Ca să vadă cum are să le numească" este scris despre Dumnezeu. Dumnezeu este mai modest.

Gen 2,19.20. Adam a dat nume. Numele sunt cuvinte. Cuvintele reflectă realitatea, lucrurile, faptele. Din cuvinte alcătuim discursuri, povestiri, narațiuni, doctrine, mituri. Materialul religiei. Realitatea, faptele și lucrurile, structurile și legile lor, fac obiectul științei. Aceasta dă cel mai bun răspuns, la orice moment dat. De aceea, prefer să fiu un antropolog al religiei, decât un om religios.

- Cernica. Banal! Straniu. Îi evaluez cu detașare din exterior. Nu era decât întâlnirea unei promoții de studenți care au făcut cu mine doctrina sănătății. Eu am crezut că este promoția noastră. Dar, noi am terminat cam când începeau ei. Am fost aplaudat când mi-a venit rândul să vorbesc ca profesor. Scurt. Am amintit în treacăt, fără să șochez, că din om al credinței, am devenit antropolog al religiei. Că am un orizont mai larg și că, în calitate de medic și om de știință, oricât de importantă ar fi ponderea cuvintelor, greutatea faptelor cântărește mai greu. N-am rezistat până la sfârșit. Pe la 14.30 am plecat, cu scuzele de rigoare. Vorbesc tot timpul de sistem. Că sunt în „sistem"! Or fi!

- Cernica. Deși erau veseli, cred că eram singurul neinhibat. Ei sunt și se consideră niște profesioniști ai sacrului. Nu-ți trebuie decât morgă, conștiența castei, că ești pus deoparte. Par să existe mici secrete, pe care pastorii și profesorii cu experiență le transmit novicilor. Goran, pastor și director economic când eram student și profesor, era cam zbir. Cu cei mai mici. A făcut o scenă de penitență. Și-a cerut iertare și a ținut să îmbrățișeze toți profesorii, dar nu și pe studenți. Când ne îmbrățișam, i-am zis că această culpabilizare și sentiment de vinovăție ar putea fi simptomul unei depresii incipiente, care nu e gravă. Fiindcă poate încă zâmbi. Un hohot năvalnic de râs a izbucnit atunci. Le-am cam tulburat apele cu prospețimea spiritului meu lumesc. De aia nu m-a vrut Bocăneanu pastor și să mă hirotonisească, ulterior. Nu călcam a pastor. Eram normal!

- Medic fiind, m-am declarat enoriaș al biologiei, vieții, singura sacră, fără ca limitele temporale să-i diminueze în vreun fel sacralitatea!
- ID are o sentință: pastorii au abandonat solariile și au urcat pe amvoane. Mă amuz uneori, să polemizez cu câte un pastor, fost student la Cernica. Unul dintre ei, tot bălmăjea niște crâmpeie de afirmații șchioape, după care adăuga obstinat: Q.E.D. Era o chichiță nou descoperită! Dădea bine! Îl întreb: unde ți-e raționamentul, premizele – majoră, minoră, silogismul, cu concluzia lui clară? Nimic. El declama o formulă goală de conținut și găunoasă, fiindcă i se părea că sună foarte epatant! N-am fost uimit și impresionat decât de prostia lui! Zic: Nu încerca să inversezi rolurile! De partea noastră, a agnosticilor stă realitatea. N-avem nimic de evidențiat, totul este proeminent și evident! Voi credincioșii, trebuie să demonstrați realitatea pe care vă bizuiți atunci când pretindeți că aveți convingeri și credință.
- Nu, nu urăsc co-dependența, manipularea și samavolniciile spirituale ale religiozității, dar mă simt eliberat de ele!
- Azi îmi dau seama că, dintotdeauna m-a intrigat termenul religios, teologic, al ispășirii. Definiția scurtă și suprasimplificată a acestui termen este aceea de exonerare prin suferință de vinovăție. Pentru că religia absolutizează relația cu Dumnezeu, face posibilă și acceptabilă ispășirea substitutivă, în care Domnul Isus Hristos, Fiu al Omului și Fiul lui Dumnezeu, poate suferi pedeapsa capitală, pentru ispășirea noastră de vinovăție.
- Când, Alex, băiatul nostru de 35 de ani a murit de cancer al sângelui – limfom Hodgkin rezistent – am înțeles, oarecum mai bine, încărcătura termenului. Scriu aceste cuvinte în lacrimi. S-a împlinit doar o lună de la dispariția sa. Alex, copilul nostru, nu mai e o persoană reală, cu defecte și calități, ci a devenit o ființă inocentă, perfectă, care a avut o soartă tragică și pe care l-am pierdut printr-o moarte prematură.
- Suferința și moartea sa au făcut ispășirea lui în conștiința noastră. Ne doare atât de rău, fiindcă a devenit o victimă inocentă. Nu merita

această soartă. În astfel de trăiri nu e vorba de judecăți și raționamente, ci de dragoste, afecțiune și sentimente. Și totuși, astfel de lucruri au loc. Din ele este alcătuită viața reală. Suntem muritori.

- Cred că sunt atâtea forme de teism, câți credincioși sunt și reciproca. E greu de exprimat o sentință pentru un aspect atât de complex. Nu mă consider ateu, ci doar nereligios. Dar, dacă îmi fac o analiză lucidă, rămân doar cu un spirit deist îndepărtat, despre a cărui natură (a lui Dumnezeu) nu știm nimic. Cred într-un Dumnezeu trecut și într-unul viitor. N-am un Dumnezeu prezent! Am unul absent. Despre care, mulți spun multe!
- Claudia: Exact și mă gândesc des la ce spuneai odată, că ne place să credem că știm ce vrea Dumnezeu. Și nu e atât de simplu.
- Credem în Dumnezeul unor mici dumnezei care ne-ar place să fim!...
- Am văzut zidul chinezesc și piramidele, baraje și lacuri de acumulare, Transalpina și Drumul Trolilor, zgârie nori și Burj Khalifa, catedrale și piețe, cetăți și locuri virane. Eram uimit și extaziat. Până când am înțeles că fiecare dintre acestea și-au cerut obolul, nu doar de sudoare, dar și de sânge, nu doar de frustrare și privațiuni, ci și de vieți omenești. Și nu e drept! Și totuși, lumea va continua în același fel! Unii se vor sacrifica și alții vor trece nepăsători sau nici nu vor observa.
- Am doi prieteni deosebiți care au dezvoltat, cred, câte o **dependență** bizară, de tip rețea de informație și relație socială. Primul dintre ei, pe care l-aș numi **știristul** sau consilierul de presă, face o revistă a presei, în genere, nu de cea mai bună calitate, ci mai degrabă, a tabloidelor și pare să fie devorat de pasiunea de a ți le furniza cu toptanul. Ceea ce au comun în această ciudățenie, acești doi amici ai mei, este și mai bizar, legat de atitudinea lor compulsivă, faptul că nu sunt dispuși sau nu au timp, nici să reflecteze asupra calității intrinseci, a informațiilor, știrilor pe care le colportează și nici să aibă o comunicare directă cu tine, legată de subiectele în flux. Stai și te întrebi: bine, dacă nici informația nu te privește și nici persoana mea nu te interesează – de ce faci asta? Dintr-o falsă nevoie, din compulsie, o dependență ca oricare alta. O patologie modernă, informațională, de rețea, a schimbului. Traficanți de informație.

Celălalt, un alt prieten vechi de câteva decenii, trăiește departe, avea o profesie de rutină și meticulozitate, certat cu mișcarea, supraponderal – puțin spus. Același tip de **colportor**, dar nu de știri, ci mai elaborat – pps uri, power-point uri, pe temele cele mai diverse, cancan uri politice sau cu celebrități, locuri și călătorii, artă și showbiz, elemente de top, ciudățenii și bizarerii, un fel de talcioc, cu de toate, colportate cu un sârg și anduranță de câteva decenii. Trebuie să recunosc – am profitat! Se pare că există o rețea cu astfel de hobby!

- Pierderea unui copil este o durere incontrolabilă care rănește profund, în străfunduri. Singura mângâiere a fost să alerg către artă, frumusețe exprimată. O replică a Rugăciunii lui Brâncuși, așezată pe un fragment de trunchi răsturnat, a îndeplinit acest rol. Atunci când viața devine moarte, orice frumusețe este spiritualizată.
- Eu sunt unul, o entitate, o ființă. Da, dar pot face conversație cu mine însumi, mă pot evalua critic, pot dialoga cu mine însumi. Deci, poate avea loc un clivaj între mine – conștiența și conștiința mea, ca un proces normal, nesuspectat de psihoză delirantă.

Și, totuși, cine cu cine vorbește? *Eu care percep, acționez, cu eu care gândesc.*

- Care este diferența dintre conștiență și gândire? Dar, între conștiență și conștiință? Pot conștientiza prin percepție, fără verbalizare. Simțurile îmi transmit forme, culori, sunete, temperatură, arome sau mirosuri. Le stochez, fără să reflectez. Conștient sau semiconștient, oarecum automat. Când gândesc asupra lor, când reflectez, n-o pot face decât prin verbalizare, propozițional. Focalizat, di-scursiv, di-alogal, di-alectic. Pot percepe ceva, dar nu pot gândi, decât despre ceva. Cu percepția mă aflu în primul sistem de semnalizare, cu gândirea mă aflu în cel de al doilea sistem de semnalizare. Conștiența ține de ontologie – chiar dacă pe derivata subiectivă. Conștiința ține de valori, de axiologie.

Conștiința este invocată, vehiculată, polarizată frecvent, pentru că reprezintă cursul de schimb. Conștiența presupune doar emblematicul „a fi sau a nu fi", adică totul, dar aparține radicalismului – totul sau nimic, este invocată în serviciile ATI, de către medici și în cimitire, de către preoți. Conștiența presupune viața însăși ca apariție, reflectare de sine și dispariție (fie ea și graduală), conștiința presupune poziția față de valori, oricare ar fi natura lor. Odată reflectez asupra lumii – obiecte, fenomene, procese, alte ființe, altădată asupra ființei proprii, apoi asupra relațiilor care se stabilesc între aceste entități. Dintre care, cel dintâi, sunt eu, doar ca ființă cunoscătoare, fiziologică – deocamdată –

nu morală sau spirituală. Acestea sunt straturi supraiacente. Țin de conștiință. Și totuși, conștiința nu este decât un caz particular, o categorie a conștienței. Cea moral – spirituală.[26]

- Sens, proces, efectanță, afirmare, autorealizare. Toate astea ard ca o vâlvătaie în prima parte a vieții, apoi ai parte de jăratic, care se transformă în cenușă. Poate că cel mai mare secret este să te împaci cu tine însuți, să fii mulțumit și recunoscător, împlinit. Să consideri viața o mare șansă, să-i apreciezi frumusețea, darurile. Să ajungi, în final, sătul de zile.
- Coment la Evoluția, ipoteză, teorie sau fapt. Emisiune pe blog net. Mulțumesc! Un dialog instructiv. Ambii interlocutori s-au investit mult în studiu. Domnul Ghitta s-a achitat mai mult decât onorabil de o sarcină uriașă. Nu sunt sigur că înțelegem pe deplin fenomenul Edmond Constantinescu. Este de o erudiție uriașă. În domeniile de interes pentru un comunicator, om de cultură, pastor, umanist, este citit, informat, face asociațiile cele mai potrivite și surprinzătoare, are curajul asumării, îndrăzneala marilor gânditori și reformatori. Raportul dintre știință și religie, credință și cunoaștere, este unul dintre cele mai tulburătoare. Puțini oameni înțeleg, așa cum o face Edi C, profunzimea crizei creștinismului, nevoia unei re-așezări a spiritualității în contextul noilor perspective biologice, moleculare, cuantice, astronomice. Edmond C abordează la nivel savant, universitar, aspecte interdisciplinare cu ușurința enciclopedistului care a stabilit deja asocierile, a făcut legăturile, a tras concluziile și se află cu mult înaintea noastră! Felicitări! Mulțumim! Nimic nu se compară cu bucuria cunoașterii autentice!
- R lui Gitta: Este o iluzie superbă să credem că vreunul dintre noi ia faptele așa cum sunt, că nu face interpretare, hermeneutică. Obiectiv și subiectiv coexistă în orice discurs. În proporții variate. Mai mult decât atât, e o chestiune de viață și de moarte culturală, intelectuală, să punem amprenta înțelegerii noastre specifice, să ne pronunțăm cu privire la orice chestiune de interes, să ne edificăm identitatea și specificul cultural personal. Nu e nimic rău. Schimbul de idei produce emulație!
- Probabil, profeția și hermeneutica (interpretarea) sunt cele mai mari tentații, ispite și erori – păcate ale religiei, creștinismului. De fapt, este

---

[26] Inspirat de Hannah Arendt, *The Life of the Spirit*, 1971, inițial *Gândirea*, trd SG Drăgan, *Viața spiritului*, Humanitas, 2018.

moara, morișca vieții de credință, a teologiei, a aflării în treabă (ID). Nu sunt peiorativ, nu am căderea să insult sau să jignesc pe cineva. Vreau doar să înțeleg, caut o explicație.

- Întreaga noastră preocupare, tentativă și activitate, după ce am fost aruncați în existență, este să cunoaștem, să înțelegem, să testăm, să observăm, să verificăm și să ni le apropiem, toate părțile acesteia. În acest timp, ne completăm o imagine a acestei existențe, o formă abstractă, ideală a ei, numită, reflectată, denominată prin cuvinte. Apoi, cu aceste cuvinte jonglăm, ne jucăm, facem propoziții, fraze, construim discursuri, teorii, emitem ipoteze. Inflație de cuvinte. Aceste cuvinte se demonetizează, devin excesive. În dorința de a da sens vieții și existenței, ele își pierd sensul, semnificația. Atunci oscilăm către extrema opusă. Ne impunem asceza tăcerii, începem un post al muțeniei. Pe parcurs, am folosit deja metafora, figurile de stil care par mai rezistente, dar și ele se uzează cu epoca, devin vetuste, își pierd sensul și expresivitatea, cad în derizoriu. Și totuși, **limbajul** persistă. Poetic, plastic, abstract, el continuă să transmită gânduri novatoare, creatoare.
- Probabil, primul semn de regresie, absența progresiei sau o stofă personală inadecvată, este pierderea umorului. Chiar și când e vorba de umor îndoielnic, deplasat sau de proastă calitate. Minima inteligență are trebuință de niscai design.
- **Alex, la un an***

Moartea este cel mai năpraznic eveniment. Aparent, se întâmplă tot timpul altora. Apoi, se apropie de tine. Îți ia pe cineva drag, însemnat. E dureros. Poți pierde un prieten, un părinte, un frate. Zicem că murim și noi câte un pic, cu fiecare dintre ei. Poate că e adevărat. Dar, nu vom ști și nici nu suntem curioși, nu vrem să știm, cum e să mori. În cea mai mare parte a timpului, instinctiv, intuitiv, cultural, trăim ca și cum am fi nemuritori. Dar, moartea este cel mai sigur eveniment. Suntem muritori. Fără nicio excepție.

Când moare copilul tău, carne din carnea ta, sânge din sângele tău, tipar și model din ADN ul tău, este sfâșietor! Un băiat frumos, vesel, fericit, plin de umor este lovit de cancer, într-o formă incurabilă, deși acest fel de cancer se vindecă în 90% din cazuri. A suferit mult. Enorm. A devenit un model de bărbăție. A sperat până când a devenit evident că nu mai e nicio speranță. A fost strivit metodic, sadic și totuși pe neașteptate, ca un trăznet. Poate este bine că nu mai suferă, pentru că nu mai este, dar nouă ne lipsește mult. A fost răpit. Și nu e drept. Este profund nedrept, fiindcă este al nostru și îl iubim mult, îi ducem dorul și ne lipsește. Este mai mult decât un gol. Este o durere, o sfâșiere.

Și totuși, face parte din viață. Oamenii suferă, mor, pier și nu mai sunt. Face parte din viață! Și noi, fiecare dintre noi, vom muri negreșit. Să acceptăm această realitate, să iubim, respectăm și să prezervăm viața, să ne bucurăm de frumusețea ei, a naturii, a pământului, grădina noastră. La Multi Ani! Niciodată, nu sunt prea mulți!

- În prima jumătate a vieții am cultivat, cunoscut și iubit oamenii. Am socializat, profesat, relaționat. Continui s-o fac. Dar, în a doua parte a vieții, am început să prețuiesc mult, și să cultiv plantele, să prețuiesc prietenia, cuminţenia și relația cu animalele. Mă simt onorat. Oarecum, mă asigură că nu sunt o lichea. Poate că, totuși, cea mai bună formă a mea este țărâna.

- De fapt, pledoaria ta (NM) nu este pentru reflexie – în oglindă – ci pentru reflecție – lăuntrică. Ce-aș putea vedea în afară? Un anonim, boșorog, ca alte milioane, miliarde, chiar. Interior, mă simt bine cu mine însumi. Cu Dumnezeu. Și cu oamenii. N-am făcut tot binele pe care puteam să-l fac, dar am făcut o parte. M-am ferit să fac răul care m-ar fi ispitit, fiindcă mi-a fost teamă. Nu sunt vinovat de păcate mari. Sunt destul de fericit, mulțumit și împlinit – în ansamblu. Mă bucur de natură și de pământul acesta ca un Eden, muncesc cât să nu ruginesc, îngrijesc plante, hrănesc animale și ele îmi arată afecțiunea și recunoștinţa lor simplă și sinceră. Consiliez și consult cunoștințe, dar o fac tot mai rar. Frecventez autori mari și am ce învăța. Citesc mult și scriu puțin. Sunt fericit.

- Greising a avut merite intelectuale, spirituale, poetice și euristice incontestabile. Era un original, o personalitate. Dar, i-a lipsit permanent ceva fundamental – bibliografia. El era, prin excelență, creator, dar nu era un erudit, nu avea surse – era doar un monument singuratic, solitar!

- În copilărie, între consăteni, am avut un surdomut din naștere. Nescolarizat. Comunica în modul său original, primitiv și necesar. Cele mai evidente și elocvente manifestări erau cele emoționale, afective. Era zilier, nevoit să-și câștige existența. Handicapul lui era ușor de taxat drept naivitate, prostie, prilej de abuz și nedreptăți. Dar, omul era dârz, inteligent, punea piciorul în prag și lupta pentru dreptul lui la o existență onorabilă, egală cu a celorlalți. Târziu am realizat că omul acesta m-a învățat multe lucruri. Am dobândit oarecare suplețe în deslușirea mesajelor și comunicării nonverbale, interpretând celelalte forme de limbaj: al stărilor, atitudinii, gesturilor, posturii, mimicii.

Poate că și formația mea de medic, instruit să vadă și să interpreteze semne și simptome ale bolilor, a fost de un real folos. Plantele și animalele sunt constrânse să comunice astfel, nonverbal, dar noi, deținătorii celui mai performant mod de comunicare – limbajul – comitem eroarea de a le ignora pe celelalte, în paguba și pierderea noastră proprie. Viața devine foarte incitantă și surprinzătoare, dacă facem efortul minim de a deschide ochii.

- Pietrele sunt fascinante. Privite cu atenție, pot constitui un ceas imperfect al timpului geologic care depășește – fără nicio exagerare – de mii de ori speranța de viață a oamenilor. Există pietre omogene și pietre conglomerate. Coalizate din spărturi ale generațiilor anterioare de pietre. Apoi, sunt cizelate de apă ca pietre de râu. În sute și mii, zeci de mii de ani. Câte generații de pietre cuprinde vârsta pământului, de cca 4,5 mld de ani? Dar, universul? Câte generații de meteoriți are, în cei 23,8 mld de ani? Suntem niște embrioni, prunci geologici. Nou născuți pe harta geologică a lumii. Asta mi-a spus o piatră, în dimineața asta. Eu le zic „pietrele mele". Ele îmi răspund: „Fii respectuos cu cei în vârstă! Nu ești decât țâncul nostru!"

- De ce ar fi atât de greu de admis faptul absolut banal, multiplicat de miliarde de ori, repetat la infinit, că ne naștem, trăim și murim? Da, blestem este că știm! De noi înșine, de viitor, de implacabil. Privind cu mai multă atenție, observi semne discrete și reconfortante de anulare, detașare. Da, e adevărat că cu fiecare mort, moare și ceva din tine, dar totuși, ce bine că de data asta, nu mi se întâmplă mie. Apoi, ritualurile. Totul se face într-un anumit fel. Dar, fiecare tradiție este altfel! Apoi, culoarea – negrul – în cazul culturii noastre, însemnele, procedurile, credințele și speranțele, poveștile, doliul.

Unii pacienți terminali vorbesc despre adevărata frumusețe a vieții, pe care au descoperit-o abia atunci când au aflat că vor muri curând. Frumusețea și parfumul unei flori, viața efemeră a frunzelor, azurul cerului senin și infinita remodelare a norilor. Ce valoare! Pe care, aparent, o risipim indiferenți, pe când moartea are darul de a le conferi valențe aparte. Da, prețuim viața, cu adevărat, doar în preajma morții. Revenirea la viață. Făclia va fi purtată mai departe. Sentimentele sunt o parte. Amintirile, spiritul, amprenta celui dispărut. Dar, perisabilul, ceea ce nu poate fi întreținut? Cenușa e o soluție. Dar, e cenușă. Doar, o pulbere. Asta suntem.

- Unele dintre fericitele binecuvântări dobândite odată cu înaintarea în vârstă, decurg din reducerea turației motoarelor, atenuarea imperativelor, organizarea previzibilă a evenimentelor, instalarea rutinei, care departe de a plictisi, aduce certitudine, siguranță, liniște, seninătate, productivitate și nicidecum secetă. Deodată, descoperi căile prin care îți apropii oamenii, animalele, plantele și obiectele semnificative, de universul tău interior și exterior. Alte culturi numesc asta zen. Eu i-aș spune împlinire, liniște și pace, seninătate.
- Nu e ușor de trăit! Dar, e mai greu de murit!
- Interviu Andrei Ioniță STV: Tot ce poate fi mai frumos și admirabil! Un tânăr, un bărbat îngemănat cu Arta muzicală, cu munca și sacrificiul, un model care ajunge pe cele mai înalte culmi ale realizării! Felicitări lui, felicitări Mihaelei, mama lui, un pios omagiu pentru tatăl lui, cinste mediului și poporului în care s-a format. Cinste Profesorilor. N-a fost ușor, dar rămâne memorabil! Îi doresc o evoluție strălucită, multă sănătate, echilibru, o familie completă și fericită! Multe binecuvântări și succes!
- Poate că secretul prieteniilor durabile constă în arta de a sublinia și accentua trăsăturile favorabile și dezirabile ale interlocutorului tău, pe care îl promovezi la gradul mai apropiat și mai înalt de prieten, trecându-i cu vederea asperitățile incomode. Nu e deloc greu, având în vedere că toți suntem făcuți din același aluat și avem nevoie de același tratament.
- N-am fost niciodată un misionar bun. Nici unul rău. *Consider literatura deconvertirii o literatură valoroasă, problematică! În America e la mare căutare. Asta vreau să limpezesc – temeiurile credinței, ale necredinței și trecerea, tranziția dintre ele.*
- Sunt nostalgice, frumoase, dar noi știm cum era viața fără telefon, electricitate, computer, internet… Eram student… Terminasem anul trei și mă întorceam acasă. Cred că am avut o mașină doar până la Podiș. Se înnoptase. Urcam de la Stejaru' către Grigoreni și, deodată am observat luminile electrice. Ai mei ignoraseră să-mi spună. Am plâns de bucurie, ca prostu', în timp ce nădușeam prin Fălci!…
- Singura mea pregătire filologică este că buchisesc ca tot omul curios. Ceea ce urmează nu este o încumetare. Am aflat despre frumusețea cuvintelor, despre rădăcinile și familia lor, despre sensul pluristratificat

și amplificat între noroadele de limbi diferite care pot folosi același cuvânt. Ceea ce a ajuns astăzi până la noi este un tezaur de cultură de-a lungul erelor sau chiar eonilor, al perioadelor istorice, inițial, milenii de cultură orală și, în ultimii 5-10 mii de ani, prin semne înscrise în piatră, argilă arsă, papirus, pergament, hârtie, suport electronic.

Dincolo de semiotica, semiologia și semantica lor, cuvintele sunt în primul rând monumente de cultură, simboluri, metafore, includ nuanțe, trezesc amintiri și trăiri, dau aripi creativității sau stârnesc puterea de viață și de moarte, poruncesc, rănesc sau pot aduce multă alinare! *Cuvintele sunt miracole mișcătoare prin conștiința fiecăruia dintre noi! Să le prețuim!*

- Avem parte, fiecare dintre noi, de durere și fericire, de necaz și bucurii. Cu bune și rele, neîntrebat, aș lua-o oricând de la capăt. Imposibil. Ar trebui să prețuim mai mult viața, clipele, să trăim fiecare moment. Căutăm sensuri, semnificații, dar secretul e altul. Să trăim și să reflectăm ceea ce trăim. Nimeni n-o poate face, cu adevărat.

- Încerc să recuperez pastori care-mi sunt apropiați, convertindu-i la evoluție. E greu. Pentru ei, știința e o bazaconie. N-au cultura lecturii. Bine, zic. Câte înmormântări și câte nunți ai avut în ultimul an? Șoc: 10 înmormântări și 3 nunți. Păi, unde ajungi, în felul ăsta? Se golesc bisericile! Replică: În 20 de ani vom fi în ceruri! Ceea ce s-a întâmplat cu Galilei, se întâmplă și cu Darwin. Dar, sunt orbi! Totuși, pretind că văd! Ioan 9,38-41.

- Dumnezeu este locul intim și profund al prinosului și prisosului inimii, ființei și conștiinței noastre. Îl putem imagina, modela, proiecta după propriile așteptări, împliniri, trebuințe și nevoințe. Îl putem apropia, expedia, supra-dimensiona până la copleșire, sau insignifia până la pipernicire. Îl putem mistifica, nega, fanatiza sau instrumentaliza. Poate deveni indispensabil sau doar un vizitator, un amic virtual. *Fiecare om a avut și va avea Dumnezeul său. Este netransmisibil. Este aici, acolo, pretutindeni și nicăieri. Există cu certitudine și totuși este nedovedit. Prezent și totuși, absent.*

- Viața este valoarea al cărei preț nu poate fi depășit de idei, credințe sau opinii. Și totuși, oamenii au murit și au omorât în numele multor valori pasagere, fiindcă le considerau definitive. Așa se nasc și mor eroii, martirii, salvatorii și dușmanii. Din ură! Unii exclamă: „Ce păcat!" Și îi transformă în sfinți. Cauze ale zădărniciei și deșertăciunii? Poate. Incurabile!

- Cheile Râșnoavei sunt un traseu de o frumusețe rară pe cursul pârâului cu același nume, care pare să se fi acumulat cândva într-un lac dintre masivul Postăvaru, Culmea Trei Brazi și Șaua Timișului de Sus. Apa a perforat roca poroasă a calcarului, a dizolvat-o, fărâmițat-o și dislocat-o, creând o breșă spectaculoasă pe valea sud-vestică, spre Râșnovul Țării Bârsei. Muntele, rănit în maiestatea și mândria sa, își dezvăluie măruntaiele pietroase, surprins de fluiditatea și neliniștea firicelului de apă care i-a venit de hac. Rana i-a rămas deschisă. Cam la jumătatea cheilor, un izvor quasi perpetuu, cu un debit impresionant, se alătură pârâului. Un izvor ieșit dintr-o stâncă pare a fi însăși definiția miracolului. Moise, legendarul ne-o reamintește, pretinzând că a trăit-o! Dar izvorul lui care este izvorul Domnului se numește Meriba (Ceartă). Numeri 20,7-13. Măreția lui rănită nu dispare, ci se înfățișează în toată splendoarea verticalității sale, mai ales pe versantul nord-estic. Stau față în față și se înfruntă încruntați doi coloși palizi, încruntați, mânioși. Au fost învinși, despuiați și spintecați de un firicel zglobiu și neliniștit de apă.

Acolo, pe un perete împietrit, se află placa de marmură albă a copilului nostru: Alex Săndulache, 19 iulie 1987-31 iulie 2022.

- Religia este o cumătră de mahala, care se pretinde, dar nu-și poate depăși condiția. Puțin inconștientă, puțin demodată, puțin anacronică și regresată. Face parte dintr-o venerabilitate scăpătată.
- O sectă este o separare. Motivele sunt și exterioare, dar – mai ales, interioare. Bine, ne-am născut în familii afiliate. Da! Dar, genetic, îi moștenim. Nu vreau să exagerez. Dar, eram receptivi. Singura scuză valabilă – făceam față totalitarismului. Ce era ăsta? Un stres! Poate că asta fac religiile și spiritele. O alternativă de soluționare a dificultăților existențiale. Nu paranormală. Ci, pe alături, o soluție imaginară, elaborată timp de milenii!
- S: Putem discuta oricât. Trebuie să cunoști în detaliu ambele poziții. Am fost creștin convins până la 60 de ani, știu cam tot ce se poate ști despre argumentele creaționiste, în diversele sale variante, am absolvit și seminarul teologic neoprotestant cu lucrare de licență și diplomă obținută la Institutul teologic evanghelic. Apoi, am studiat antropologia religiei și culturală (program doctoral în antropologie medicală), evoluția, biologia, neurofiziologia, astronomia, fizica clasică și cuantică. Dacă sunt sincer cu mine însumi, nu există altă explicație în afara celei

științifice, asupra existenței mai redutabilă, prestigioasă și cu dovezi imbatabile, că nu există nici creație, nici susținere, nici teleologie. Totul funcționează legic, ciclic, fără scop, fără sens, fără finalitate. Procesual, pas cu pas, intim.

- Când căutăm și definim un sens al existenței, ne dovedim vulnerabilitățile și finitudinea.
- De ce am renunțat la religie? *Fiindcă toate preocupările noastre, pasiunile și îndeletnicirile noastre, sunt religie! Orice om vrednic de acest nume se investește în ceea ce face, cu toată ființa și conștiința sa. Dacă are o strategie a cărei întindere durează toată viața, dacă are un proiect fundamental împărțit în derivatele sale, dacă tot ce gândește, face și desface este, devine și rămâne temeinic, atunci implicarea sa este totală, fără rezerve și, în fiecare moment el trăiește un act de* **închinare prin dedicare.**

Poate că obiectul efortului și muncii lui este umil și banal, dar el rămâne un artist. Tot ceea ce realizează este unic și dăinuie pentru totdeauna, fiindcă este rarisim, are geniul și splendoarea creativității. **Omul acesta anonim crează și se crează, chiar și atunci când se crează**.

- Când se apropie toamna, viespile își construiesc cuiburi de iernat, unele chitinoase, altele lutoase. După ce au lipit pământ pe zid, n-au fost mulțumite, fiindcă erau încă afară. Au găsit o fisură, un spațiu și au pătruns în tabloul de comandă al aspersoarelor pentru irigație. Ele aduc mâl, oarecum ca rândunelele și fac galerii „fagure" care se întăresc prin evaporare. De câteva zile, acest minicomputer, nu mai funcționa. Era mort. Nu primea curent. Am deschis primele capace, am curățat galeriile din pământ, parțial uscat, am lăsat capacele desfăcute. Probabil, dedesubt, sub capacul următor, mai erau galerii încă umede care făceau scurt, la voltajul mic de 24V. S-au uscat și n-au mai condus curentul electric. Astfel, **„miracolul"** reluării spontane a stării de funcționare ar avea o explicație logică.
- Am un prieten bun. Un om inteligent, cu formație medicală, dar nepracticant, om de afaceri, cândva prosper, neoprotestant în copilărie, redevenit după decenii de „rătăcire", multigamie și toxice uzuale, cu o sănătate precară, invalidată de o afecțiune metabolică curabilă, în întreținere, dar nevindecabilă, la matca creștinismului strămoșesc, în forma lui cea mai ferventă, nu atât adorabilă, dar îmbibată în ardoare.

Acest om complex, inteligent, are de ales între știință, religie, bussines și misticism fanatic. Pentru afaceri nu mai are nici energia necesară, nici resurse biologice sau financiare. În schimb, hoby-ul său arheologic, rămâne, cu multe realizări notabile, dar fără o documentare academică – mai ales în domeniul datării. Practic, este nevoit să se mulțumească cu o salată de cronologie biblică după ureche, care acceptă plomba geologică preedenică, dar ignoră complet datele irefutabile ale paleontologiei. Traducând, în termenii neuroteologici ai lui Newberg, am putea spune că focarul personalității prietenului și colegului nostru, balansează între lobii temporal, parietal și afectivitatea fanatic-emoțională a sistemului limbic, fără controlul integrativ prefrontal.

- Oricât de docte, detaliate și inaugurale ar fi, Creanga de aur a lui Frazer sau Tratatul, Istoria credințelor și religiei lui Mircea Eliade, sunt simple cataloage, cu enumerări savante, dar care nu explică nimic privind natura fenomenului religios.

În 1989, când – aparent – comunismul a căzut, aveam 38 de ani. Aproape de 1/2 vieții. Trăisem în totalitarism. Moldova. Est european. State satelite sovietelor. Una e să povestești și alta să trăiești. Dar, eram membrul unei confesiuni creștin evanghelice sau neoprotestante, de origine americană. Toată suflarea ortodoxă românească ținea duminica, musulmanii vinerea, noi credincioșii, împreună cu evreii – sâmbăta. Din această cauză eram poreclit în școala primară și elementară (gimnaziul), „jidane".

Dincolo de ciudățenia unei astfel de apartenențe, într-un ocean de ortodoxie, astăzi realizez că era o formă relativ eficientă de veto, de rezistență pașnică, dar ideologică, în fața comunismului. Pot spune că mi-a folosit. Era incomod, eram diferiți, ieșeam în evidență, trăgeam ponoase, dar aveam și o brumă de avantaje. Cel mai important consta în diferența pe care o punctam. Sub masca ateismului și materialismului, comunismul era în mod evident, o ideologie, dar nu ne apărea ca o religie, deși avea fanaticii săi. Atunci, de ce eram percepuți ca opozanți – oarecum neputincioși, dar evidenți și proeminenți – chiar dacă eram etichetați ca obscurantiști? Nu puteam face niciun rău regimului – aceasta era puterea totalitarismului – dar, nici nu puteam fi asimilați. Eram diferiți și stingheri, dar bănuiam că aveam ceva imunitate și foloseam citatele democrației comuniste și ale filosofiei marxiste, ca să ne justificăm și să ne apărăm drepturile. Era o luptă.

- Iubesc lectura. E o pasiune. Ca orice domeniu, și acesta este unul infinit, la durata unei vieți. La vârsta mea și la calitatea mea de pensionar, îmi aleg singur temele de studiu. Restrânse. De pildă, câteva luni voi încerca să înțeleg *ce îi împinge, determină pe oameni să fie religioși? Care sunt avantajele și dezavantajele vieții religioase și profesării unei credințe? Care este structura și care sunt componentele vieții religioase, religiozității? Ce se întâmplă în sufletul, în creierul unui om religios, care este neurofiziologia religiozității?* E o temă pasionantă. Am ales pe sprânceană vreo zece autori și tot atâtea monografii, tratate, majoritatea în engleză. Trăiesc în compania autorilor.

● S: pt RD: Gândirea ta este axiomatică. Ai deja ordinea, regulile și pui realitatea în sertarele tale. Eu sunt mai modest. Învăț, continui să învăț de la realitate, de la alți autori competenți. Sunt optimist, nu sunt defetist. Întreaga existență este structurată, are legi raționale, este polarizată și are cicluri de evoluție pe care, datorită efemerității noastre, le confundăm cu infinitul. Nu vreau să știu totul. Sunt încântat că am avut șansa de a trăi. Este palpitant, sunt optimist și încrezător. Cu cât mă simt mai împlinit, cu atât pot accepta moartea mai ușor, ca pe ceva natural. Nu sunt vinovat de păcate mari și sunt sigur că, în fața lui Dumnezeu, voi trece testul veșniciei. Totuși, nu mizez pe credință, ci pe cunoaștere. Structura mea este științifică, ancorată în realitatea relativă și nu în religie.

● Care este relația noastră cu mediul? Cu alte cuvinte, unde se află legătura dintre mediul înconjurător, lumea noastră și noi înșine? Întrebarea pare simplă, dar răspunsul este surprinzător! Dacă n-am avea organele de simț, senzorii, dacă nu am avea traductorii, dacă n-am avea creierul și capacitatea lui de integrare, dacă n-ar exista o lume virtuală, imaginară, în mintea noastră, am fi orbi, surzi, incapabili de percepție, niște oameni morți, obiecte inutile și dăunătoare, cadavre. *Întreaga existență, memoria ei, se află ca soft, în mintea noastră!* Chiar cu riscul de a mă umple de ridicol, trebuie să vă mărturisesc: am făcut – parțial – Olympul. Nu până în vârf. De fapt are peste cincizeci de vârfuri. Cel mai înalt – Mytikas, are 2918 m. Olympul are măreția și grandoarea lui, mai ales, privit dinspre Marea Egee. Jena mea provine din faptul că l-am „făcut" cu mașina. Pe asfalt.

Cred că asfaltul a alungat zeii. Simptomatic. Știința și tehnologia pune pe fugă poezia. Desigur, când softul cerebral al oamenilor popula Olympul și Sinaiul (2287) cu zei, *mitologia explica totul, făcea și desfăcea totul*. Ei, bine, ceea ce vreau să spun este că *zeii și dumnezeii populează doar softul cerebral al realității. Ei sunt numai în mintea și în capul nostru.* Nu, altundeva.

- Prin structură și formare, pot trece mai ușor peste pierderi. Comunic mult cu semenii, familia, prietenii, colegii, pacienții și cu mine însumi, prin scris. Țin un jurnal, scriu eseuri. Am o viață interioară bogată. Nu sunt perfect. Sunt un om.
- Redescoperind „America" Pare un truism, dar are ceva semnificativ. Ființele umane au o mare plasticitate. Ea poate avea caracter definitoriu, structural, devine o notă dominantă. Poate este și tendința noastră de a defini, eticheta, încadra în categorii realitatea, oamenii, populațiile. Profesia ne influențează personalitatea. Obiceiurile, tradițiile, etnia și zona, regiunea de proveniență. Abnegația și dăruirea noastră pentru o profesie, pasiune, performanță, ne marchează și ne definește irevocabil. Modul de percepție al realității, rigiditatea sau flexibilitatea noastră ca persoane, crezurile și valorile, toate își pun amprenta asupra noastră, ne marchează cu trăsături de neșters. Apoi, vorbim despre categorii pregnante, care ne sar în ochi: împătimiți, fanatici, teroriști, ciudați, neisprăviți, împătimiți etc.

ȘTIINȚĂ & RELIGIE

- **Concluzie** pusă de Lawrence M. Krauss, la finele cărții sale, ***Universul din nimic*** „Fără știință, totul este miracol. Cu știință, nimic nu e miracol. Știința nu face imposibilă credința în Dumnezeu, ci face posibil să nu credem în Dumnezeu (Steven Weinberg). Einstein a pus această întrebare fascinantă: Dumnezeu a avut de ales atunci când a creat universul? Până la Newton, Keppler și Galilei, răspunsul era clar: nu, Dumnezeu n-a avut de ales, lucrurile pot fi doar așa cum sunt. Dacă fizica cuantică a introdus o îndoială în această privință, este numai pentru că nu cunoaștem încă toate detaliile. Posibilitatea ca, chiar și un Dumnezeu aparent omnipotent, să nu fi avut niciun pic de libertate în crearea universului, sugerează un Dumnezeu nenecesar sau redundant.
- Există o singură realitate și singura disciplină care oferă cel mai bun răspuns, în orice moment, este știința. Opțiunea mea pentru adevărul științific și tehnologic este irevocabilă. Minima onestitate mă obligă!
- „Să nu ucizi" este lege. „Corola de minuni" a lumii se bizuie pe legi similare. N-o strivim. O respectăm. Și e profitabil! Tehnologie.
- Luca 19:40 Și El a răspuns: „Vă spun că, dacă vor tăcea ei, pietrele vor striga." Evanghelia documentată a doctorului Luca se împlinește. Pietrele vorbesc. Și ceea ce spun este dezvăluit de arheologie, paleontologie și istorie. Nu le mai putem ignora.
- Mișcarea este sinteza spațiu-timp.
- Viteza luminii și zero absolut Kelvin sunt finite.
- A sosit timpul să înlocuim teologia cu fizica astrală a găurilor negre și cu fizica cuantică, iar religia – cu știința, cum ar fi, biologia.
- Este posibil să fie o legătură între proprietatea pur fizică, numită câmp și realitatea psihică numită comun intuiție, sau spirit, fie acestea benefice sau malefice? Să menținem granița dintre cunoaștere și mistică. Totuși!
- Omul este boala autoimună a naturii, existenței. CTP, op. cit., 112.
- Alan Turing, englezul inventator al computerului, s-a sinucis după ce a fost sterilizat chimic, fiindcă era homosexual. CTP, op cit, 116.

- Profeție, alchimie, astrologie – denumiri patinate ale ratării pseudoștiințifice.
- CA – Cuvintele schimbă realitatea prin noi.

S: Ne supraestimăm. Poate. Doar realitatea noastră. Realitatea pleacă de la tabelul periodic al „elementelor". Ce face ca numărul particulelor elementare de același fel – protoni, neutroni, electroni, pozitroni, neutrini, quarci – să schimbe proprietățile fundamentale ale unui element?

- **Creație sau evoluție?** Să folosim o analogie cu toate imperfecțiunile ei. Un oraș sau un mușuroi. Orașele ne sunt mai familiare. Trăim în ele. Există unele inconveniente, limitări chiar, dar și multe facilități. Putem avea iluzia, nu pe deplin nejustificată, că ne bucurăm de oarecare libertate. Ne organizăm viața, ne urmăm interesele, ne vedem de treburi și avem totul la îndemână. Putem călători, putem face piața și cumpărături, putem găti, putem face o baie și ne putem regla temperatura în casă, putem aprinde lumina, deschide laptop-ul sau TV. Bine, dar fiecare dintre aceste gesturi sunt adevărate miracole! Când s-a înființat prima linie de tramvai? Cum de există canalizare și cine a conceput rețeaua electrică? Cine aprovizionează magazinele și cum de se găsesc la câțiva pași de locuința noastră? Exact așa funcționează și organismul nostru. Moleculă cu moleculă, membrană cu membrană, celulă cu celulă, fiecare cu organitele sale, cu nucleele sale și cromozomii săi, cu enzimele lor, își fac treaba din aproape în aproape.

Totul este firesc și natural. Totul decurge din proprietățile fizice, chimice și biologice ale fiecărei structuri, ale fiecărei secvențe. N-o să găsiți nicăieri un impiegat, demon sau înger, care pune totul la cale. Ne credem importanți, buricul pământului sau chiar al universului. Da, suntem. Dar, în același timp, nu suntem decât niște rotițe insignifiante, care își fac treaba lor umilă, atunci când le vine rândul. Umilă, dar necesară și utilă. Există lucruri care se fac, sunt confecționate, fabricate. Și există lucruri vii, care încolțesc, cresc, înfloresc, rodesc, se ofilesc și cad. Apoi, totul se reia. Concepție, embrion, naștere, creștere, maturare, maturizare, regresie, moarte. Iarăși, n-o să găsiți niciun duh, demon sau înger care să schimbe macazul. Totul decurge natural, normal.

Din aproape în aproape, ceea ce părea simplu, devine complex și complicat, este greu de cuprins dintr-o privire și simțim nevoia unei explicații supranaturale. Imaginația ne joacă feste. Nu există demoni, nici îngeri. Doar procese naturale, normale.

- Această distincție este elementară, dar o reiau fiindcă este semnificativă. Nouă medicilor, ni se trage de la profesie. Și este dovada profesionalismului. Un pacient vine la chirurg, fiindcă este trimis. El începe o poveste întortocheată, generată de simptome care l-au impresionat subiectiv: durere, inapetență, greață etc. Chirurgul pare să-l asculte cu o ureche, plictisit și îi spune: întinde-te. Pune ambele mâini pe abdomenul pacientului, palpează și găsește o tumoră. O verifică printr-o ecografie sau un CT scaner, RMN abdominal, cu sau fără substanță de contrast. „Trebuie să te operezi!" „Bine, dar eu vreau doar să scap de greață!"

La neurolog sau psihiatru, vine o pacientă între 30-40 de ani. Ea povestește problemele pe care le are cu soacra, că nu-și mai suportă copiii, că nu-i mai stă mintea la treabă. Ce observă medicul? Pleoapele și vocea îi tremură, ochii îi înoată în lacrimi, în timp ce vorbește. Reflexele sunt foarte vii, dar simetrice și egale, Chwosteck pozitiv. De-a lungul anilor, orice medic cu experiență, face o distincție clară între conținutul anamnestic al poveștii pacientului și semnele, simptomele bolii, mai mult sau mai puțin subtile sau evidente. În termeni religioși, un om de știință, un antropolog, ca și un medic, se va opri doar tangențial la conținutul crezului unui credincios. Ceea ce-l va interesa, sunt pârghiile și mecanismele motivaționale care îl conduc și motivează pe credincios să facă din religia sa, o profesiune de credință.

- **Știința** funcționează prin demonstrarea falsității teoriilor. „Ptolemeu respinge astfel idea unui Univers heliocentric, expusă în lucrările lui Aristarchus din Samos și Seleukos din Seleukia, care abia 1300 de ani mai târziu avea să fie recunoscută prin contribuțiile lui Nicolai Copernic, Johannes Kepler și Galileo Galilei."[27] Pg 294, Gaia Vince, Transcendence…, 2019, Humanitas, 2022, trd Ines Simionescu.

Doar revelația încearcă să reziste demersului științei.

- Numim mister ceea ce este încă, inaccesibil cunoașterii. Necunoașterea celor accesibile și cunoscute este ignoranța. Sacrul își extrage aura din mister, nu din ignoranță. Este ceea ce îl deosebește de superstiție. Știința, cunoașterea, delimitează și restrânge domeniul sacralității, inclusiv ca sursă de putere. Morga, ierarhiile și odăjdiile nu vor putea suplini această carență. Rămâne teama. Antidot? Dragostea! De oameni!
- **Să visezi la o împărăție antică, într-o epocă cuantică!**

---

[27] Gaia Vince, *Transcendence…*, 2019, Humanitas, 2022, trd Ines Simionescu, p 294.

- Când parcurgi și compari literatura științifică cu cea de popularizare misionară religioasă, te șochează diferența de calitate. Chiar literatura de popularizare științifică este densă, surprinzătoare în detalii și precizări, sistematică, bogată în dezvăluiri neașteptate, pe când literatura de promovare spirituală este plină de locuri comune, de bun simț desigur, întesată cu truisme și sloganuri.
- Un om mare de care se vorbește (Richard Dawkins – Povestea strămoșilor noștri), nu e niciodată un palavragiu.
- Ce ar demonstra efortul oamenilor de știință de a crea viață? Dovada absurdă că viața este creată! Acest lucru nu se va întâmpla niciodată pentru simplul motiv că singura formă de viață despre care avem cunoștință, în condițiile universului cunoscut, cu masă, energie, informație, este aceea care se autogenerează și regenerează, reproduce, adaptează, auto-reglează, diversifică și moare. Individul nu este decât forma de exprimare efemeră a speciei, a vieții, în toate formele ei.
- Când vorbim despre verbe, acțiuni, atitudini sau comportamente, ne referim la succesiunea în timp a acestora, deci la o dinamică ce are darul să provoace imitație, să influențeze. Astfel este generată ascendența, **puterea** asupra celorlalți. Se naște astfel, o monedă de schimb social, politic, convertibilă în orice altă valoare sau nonvaloare, valoare pozitivă sau negativă, la nivel uman. Exercițiul puterii dă dependență și corupe, așa cum s-a constatat de foarte multă vreme. Știința politică.
- Integrarea socială presupune deschidere, efort, adaptare, competențe Este clar că numai o parte din omenire, dintre oameni, le au. De ce activează religia, monahismul, sectele, pârghiile antisociale? Pentru că ei iubesc ghetourile, izolarea, spațiile închise. Acolo înfloresc, aduc roadă și se dezvoltă dogme, ideologii și doctrine ale separării, limitării, dependenței și estorcării! Viața, în universul cunoscut apare, evoluează și încetează, la nivel individual, ca moarte. Conștiența de sine presupune în mod necesar conștiența condiției de muritor. Păcatul nu este decât o încercare de explicare și justificare a dezastrului. Păcatul nu este cauza morții care este o necesitate amorală, biologică, fizică și statistică – deci, matematică, ci este doar un concept teologic găunos. De fapt, chiar dacă există valori, bine și rău, nu există păcat, nici pedeapsă. Există doar procese, cauze, consecințe. Când determinismul își cedează mecanismele, o face în favoarea probabilității.

- Neoprotestanții sunt captivi, așa cum ex-neoprotestanții am fost captivii unei secte radicale, extremiste, manipulatoare, generatoare de codependență, izolare, gândire circulară, deziderativă, provenită din revivalismul nord american de secol XIX, care n-a fost decât un fel de contra-renaștere și contra-iluminism al lumii noi, sau doar a unei părți a ei, care s-a cufundat în marasmul obscurantismului. Cel mai bun argument care susține aceste afirmații, este acela că acești oameni – chiar intelectuali fiind, într-o eră a dezvoltării științifice fără precedent, a filosofiei cunoașterii care nu poate conduce decât la concluzia că universul, existența, materia și energia, își sunt suficiente loruși – nu se pot desprinde din lanțurile codependenței, rămân claustrați în bula magică și funestă care îi subjugă.

- Se pare că în vremea organismelor unicelulare, procariote și eucariote, a început un proces de simbioză între mitocondrii și celelalte viețuitoare. Cooperarea era atât de benefică, încât au fost încorporate, primite în casă, nu ca oaspeți, ci ca membri ai familiei. Un firicel de apă al unui izvor își caută calea și se prelinge conform unor legi aparent foarte simple, ingenioase și elegante. Invariabil, se întâlnesc, afluenții confluează și din munte ajung în vale, printre dealuri, la câmpie. Izvorul se transformă în pârâu, acesta în râu și poate deveni fluviu. Cine i-a proiectat meandrele? Cine i-a desenat parcursul? Este rezultatul curgerii lui Heraclit, o luptă între o rocă rezistentă și apa perseverentă. Exact așa se succed, din aproape în aproape, toate fenomenele fizice, procesele chimice, biofizice și biochimice care alcătuiesc viața. Inteligent design rezultă, nu este conceput. Viața se autoîntreține, reproduce, autoreglează, crește, funcționează, se uzează și moare. Tot ceea ce este făcut, prefăcut, prefabricat, creat, este lipsit de viață. Chiar dacă se mișcă, are putere și se învechește.

- Probabil că ai auzit: a fost realizată pentru câteva secunde, reacția de fuziune nucleară controlată, care a emis mai multă energie decât cea consumată pentru a o iniția și stăpâni. Consumul total de energie necesar unei familii obișnuite, pentru un an, se găsește într-un pahar cu apă! Lumină, căldură, refrigerator, mașini mecanice de efort utilitar. Prometeu a furat focul. Acum, oamenii fură soarele. Practic, apa conține hidrogen și oxigen. Hidrogenul (trei forme: ionizat, nonionizat, molecular) se combină – 4 atomi H dau heliu și multă, foarte multă energie. Totul, în viitor. Există un secret: spațiul și timpul există numai împreună, unite de mișcare perpetuă la nivel cuantic și astral. Raportul dintre particule, distanțe, viteze este același cu cel al astrelor și galaxiilor. Dacă omului îi va fi îngăduit să parcurgă acest pas, va realiza o revoluție cutremurătoare în toate domeniile.

E (energie) = m (masa) * C2 (viteza la pătrat). Ecuația lui Einstein. Relativitatea. Unește infinitul mic cu infinitul mare. Mișcarea circulară, singura care conferă starea de echilibru între forțele centrifugă și centripetă, atomul, protonul, electronul, quarcii și sistemele solare, planetare, galactice – se supun acelorași legi fundamentale. Pe unele le cunoaștem, altele nu sunt încă, cunoscute! Aceasta este Evanghelia de mâine!

- O **definiție** a vieții? Viața este este procesul negentropic de inversare temporară a celui de al doilea principiu fundamental al fizicii termodinamice și transformare a lui pe cale biocuantică, biofizică, biochimică, în structuri și fiziologie, membrane și gene, organisme vii capabile genetic de reproducere, epigenetic de plasticitate, turme, haite, sistem nervos, conștiență și conștiință, cultură, colectivități și societate.
- Uneori, indiferent de domeniu, noi ne atașăm de idei, iubim coerența, eleganța prezentării. Nu e rău, cu condiția să nu facem rabat față de relația organică, logică, cu realitatea. Oricât de atrăgătoare și captivante ar fi, o ideologie, un discurs, o doctrină, principala lor condiție este verificabilitatea. Acesta este avantajul suprem al cunoașterii, al științei! Oferă cel mai bun răspuns, la un moment dat.
- **Istoriile** par mai interesante când sunt mai animate. Războaie, cuceriri, lovituri de stat, tiranii, răscoale, revoluții!... Aparent, perioadele de pace, de prosperitate, sunt neinteresante. Să reținem, când interpretăm istoria, că perioadele cele mai fertile de trăit, nu sunt cele mai fecunde de povestit! Acesta este paradoxul istoriei! Istoriile cele mai fascinante sunt despre viețile cele mai chinuite, despre cele mai mari tragedii. Istoria banală este istoria celor mai prospere perioade. Excepțiile confirmă regula.[28]
- Gravitație și radiație – două dintre forțele impersonale ce țin universul în echilibru.
- Religia este profund intuitivă și emoțională. Știința poate fi extrem de contraintuitivă, dar profund rațională, legică și logică.

---

[28] David Graeber & Wengrow, *Zorii tuturor lucrurilor, O nouă istorie a omenirii*, Polirom, 2022. Orig 2021, p 300.

- Credința este doar demisia facilă în fața efortului cunoașterii. Ce poate fi mai futil decât miracolul, ca surogat al deslușirii și înțelegerii mecanismelor intime ale unui fenomen sau proces.
- Poate că legea fundamentală a universului este aceea a omogenității lui, în cadrul unității în diversitate. Cantitativ, planetele, stelele, pot să difere foarte mult, dar calitativ, toate elementele – fizic și chimic posibile – sunt aceleași, pretutindeni.
- **Conștiința** Viața este o sumă de adevăruri contradictorii. Conștiența și conștiința dau seamă de aceste contradicții. O linie poate fi infinită, dar viața este doar un segment. Acest segment de dreaptă poate fi foarte sinuos. Cert este că, deși suntem dureros de conștienți de finitudinea noastră, avem și conștiența infinitului, ca posibilitate teoretică. La început, trăim fără să gândim. Apoi, în jurul vârstei de trei ani sau mai târziu, dar nu mai devreme, devenim conștienți de noi înșine, de lumea noastră, în care am apărut. Comparându-ne cu cei mai vechi și mai mari ca noi, realizăm că avem o istorie, o devenire longitudinală. Apoi, acumulările noastre, trăirile și preocupările noastre, ne oferă o imagine a complexității care suntem și devenim, la un moment dat.

După ce constatăm că sfârșitul se întâmplă doar altora, realizăm într-o zi că suntem muritori. Și asta pare terifiant, dureros și inacceptabil, așa că ne grăbim să amânăm acest deznodământ, fiindcă, nu-i așa – nu e nicio grabă. Dar e inevitabil. Dilemele existențiale sunt atât de profunde, chinuitoare și îngrozitoare, încât am creat povești credibile despre tot ceea ce ne-am dori mai mult și s-ar realiza. Le-am asezonat și articulat cu cele mai sfinte valori, am pus în ele tot ce aveam mai de preț, le-am făcut convingătoare și trainice, le-am așezat pe tărâmuri din alte lumi mai bune, le-am înrădăcinat cu puteri supranaturale, administrate de ființe peste măsură de bune, iubitoare și binevoitoare. Le-am dat frumusețea artei, le-am cântat în muzică și poezie, le-am plămădit în statui și culoare, le-am clădit în catedrale nemuritoare. Adică exact ceea ce simțeam că ne cam lipsește pe aici. Așa s-a născut veșnicia.

ID: Știți cât a durat până când numărul zero (gol, nimic) a fost adoptat și inclus în matematică! Și cat de util s-a dovedit?! Conceptul de Dumnezeu personal a fost util ca o abstractizare a aspirațiilor etice ale omului, dar care a venit la pachet cu o mulțime de aberații și derapaje! Una e matematica, ancorată în concret, alta e etica, supusă unor infinite interpretări subiective.

S: Este posibil că oamenilor le-a fost peste măsură de greu, inclusiv instinctiv și inconștient, să-și reprezinte și simbolizeze – nimicul, neantul. Zero.

- Life-span sau speranța de viață diferă destul de mult – de la câteva zeci de minute sau o zi, pentru efemeride, până la zeci de ani, o sută sau câteva sute, pentru țestoase, pentru a ajunge la milenii, în cazul unor arbori. Cunoaștem azi, vârsta universului (care pare să se fi dublat, după date mai noi: de la 13,8 la 23,8 mld ani), sistemului solar și pământului, dar fiecare dintre noi trăiește clipa cu iluzia nemuririi, deși suntem convinși că ne auto-înșelăm. În timp ce, explicabil, pentru niște muritori, noi dilatăm cosmic prezentul, alcătuit din diviziuni ale secundei, unele realități culturale omenești se întind peste generații, epoci, ev-uri și eoni. Desigur, ritmul pare să aibă o accelerație proprie, ca și gravitația, fiindcă timpul nu poate fi separat de spațiu, viteză, iar toate astea se comportă foarte ciudat când sunt relativizate relațional. Ca și oamenii, de altfel.
- Mereu m-am întrebat (ID), ca – oarecum – intelectual, cu perplexitate, de ce „căderea" este pusă în contrabalanță cu – cunoașterea. Am avut o iluminare, (sau o sclipire luciferică?) – Nimic nu e mai devastator pentru fanatism, credulitate, bigotism, credințe, religii – decât cunoașterea, înțelegerea – lumii, alcătuirii, structurii, legităților ei. Pe mine mă liniștește, mă înseninează. Mă înfrățește cu universul, existența.
- Natural este real, autentic, obiectiv, adevărat, verificabil.
Supra-natural este artificial, făcut, confecționat, conceput, nedovedit.
- Este specializarea un câștig sau o pierdere? O pierdere pentru subiect, un câștig pentru obiect. O pierdere pentru individ, un câștig pentru omenire.
- Cheia raportului răsturnat dintre știință și religie. Oamenii obișnuiți tind să râdă de ceea ce înțeleg și să se închine în fața Tot ului pe care nu-l înțeleg.
- Modelul mesianic și apocaliptic al lumii. Compatibilitate. Dacă sfârșitul cosmic al existenței, așa cum o cunoaștem azi, va avea loc peste 20 mld de ani, având în vedere că vârsta universului este 23,8 mld, iar a sistemului solar 4,5 mld de ani – merită să rămânem obsedați de ele? Chiar și în cazul iminenței unui holocaust!
- Mă întreb uneori, ce îi determină pe oameni să aleagă sau să mizeze pe mit sau știință, în privința originilor? Este oare o trăsătură temperamentală, de personalitate sau cultură? La prima vedere, o dominanță

afectivă, pare să încline spre credință, în timp ce dominanta rațională ia ca reper știința. Poate că sunt aceeași factori care îi determină pe unii să fie conservatori sau liberali, tradiționaliști sau progresiști. Desigur sunt și determinații aleatorii, circumstanțiale, oportuniste, care transformă opțiunile în complexitatea unei jungle. Cu toate aventurile și riscurile ei. Se pare că se întâmplă ca în meioză și mitoză, odată separarea alelelor făcută, procesul devine ireversibil și nu mai e cale de întoarcere. Excepțiile confirmă regula.
- Ar fi posibil ca seceta dominantă pe majoritatea întinderii Australiei să fi determinat, nu doar dispariția mamiferelor amniotice, dar și apariția marsupialelor?
- Celebritatea și derizoriul sunt pandemii inerente.
- Poate exista vreo legătură între cuante și Eden? Într-o altă formulare: Atena și Ierusalimul sunt incompatibile, ce șansă ar avea compatibilitatea între cuante și Eden?
- Istoria nu este doar o relatare descriptivă a evenimentelor, nici măcar atunci când se încumetă să tragă concluzii prescriptive. Istoria presupune înțelegerea în profunzime a vectorilor de putere, a tramei intereselor, a sintezei motivațiilor și complexității relațiilor. Istoria este o realitate fluidă, nu vizează doar trecutul, ci modelează prezentul și scrutează viitorul.[29]
- Imaginea complexă a lumii în care trăim ne obligă la realism, actualizare, evaluare continuă, permanentă prin prisma achizițiilor științei. Fie că este vorba de spațiu – timp, în termenii universului sau cuantici, fie de biologie, biochimie, biofizică, fie de tabelul elementelor, în care acumularea *cantitativă* de materie nespecifică – protoni, electroni, neutroni, pozitroni, quarci – conduce la revoluția diversității *calitative* fantastice a lumii în care trăim. Cum e posibil? **N-avem un răspuns**. *Adică electronii, protonii din noi, lemn, piatră, aur, fier, cupru, sunt identici... Cum e posibil ca nr atomic – cantitatea să schimbe calitatea, fundamental?!? Singurul răspuns logic este că la nivelul particulelor elementare, cuantic, cantitatea se confundă și identifică cu calitatea.*
- Aminoacizii esențiali, douăzeci la număr, „cărămizi" sinistro-gire (de stg) stereo-biochimice ale proteinelor, nu pot fi sintetizați de organismul

---

[29] Henry Kissinger, *Diplomația*, trd Mircea Ștefancu, Radu Paraschivescu, ALL, Buc 2018, orig S&S, 1994.

uman, deși viața este posibilă numai cu ei. Concluzia logică: pentru a evita carențe grave, produsele secundar sau primar animale, ca origine, sunt indispensabile. Unul dintre exemple – B12, ca produs final complex, de origine covârșitor animală, rămâne absolut necesar. Este un aspect endemic printre credincioși, mai mult sau mai puțin vegani, să aibă tentă clorotică, străvezie, anemică, fiindcă ignoră carența B12, agravată cu vârsta, prin deficit de factor intrinsec Castle, din mucoasa gastrică atrofică. Anemia secundară, polineuropatia de fibre lungi, pseudoataxia, tulburările psihice și de personalitate, fac din această afecțiune gratuită, voluntară, un un risc redutabil considerabil. Fructele și legumele, la fel de importante și chiar, mai necesare – fie și din „toți pomii din grădină" – nu sunt suficiente!

- Fiecare dintre noi existăm fiindcă tocmai spermia care ne reprezenta a reușit din partea tatălui, să fecundeze ovulul mamei. Apoi, au urmat niște giganți: morulă, gastrulă, foițe endo, mezo, ectodermice și s-a plămădit un plod, un embrion care a devenit făt, copil, tânăr, adult, și asta nu e tot. Fiecare din miliardele noastre de celule este o uzină extrem de complexă. Cum de funcționează? Fiindcă există masă atomică, nivele energetice ale orbitelor electronice, câmpuri electromagnetice, constante gravitaționale, legi ale mecanicii clasice enunțate de Newton, sisteme solare și planetare, nebuloase și pitice albe, găuri negre și orizonturi ale evenimentelor. Noi avem un limbaj, gândire, judecată și conștiință de sine, chiar dacă și celelalte animale au un psihic – zicem noi – rudimentar. *Știm că vom muri. Este inevitabil pentru orice sistem biologic. Moartea este condiția vieții. Înainte să moară organismul, ne mor celule la fiecare 3 sau 30 de zile! Nu datorită vinovăției sau vreunui păcat ancestral sau apocaliptic.*

Atribuim sens existenței, pentru că viața, natura, mediul, arta – sunt frumoase, interesante. Ne plac poveștile, miturile, fiindcă avem cultură și nu putem trăi fără speranță. Și fiindcă avem fantezie. Ne place să improvizăm. Unii au și halucinoze, halucinații. Ce este real și ce este adevărat? Care este diferența dintre Iahve, Isus, Buda, Confucius, Tao sau Shiva, Vishnu? Trebuie să recunoaștem că este doar o problemă de cultură, preferință, gust, familiaritate.

- Guru, cabaliști, vraci și vindecători – sunt un amestec subtil de ne-adevăruri, simboluri antice și moderne, transformate într-o doctrină năucitoare, asemenea numerologiei. Lichidul cefalo-rahidian este secretat în plexurile coroide din ventriculii laterali, este un lichid apos, nu uleios, cu valori fiziologice sau patologice ale substanțelor solvite în el sau elementelor normale ori patologice. Sacrum, secreție, secret – sunt doar cuvinte cu o istorie ce poate fi absolutizată atunci când vrei să creezi o doctrină sau o dogmă. Acestea reprezintă constant, un delir para-cultural cu pretenții totalitariste. O salată de cuvinte și doctrine hinduse, creștine, antice și moderne, pentru a obține o înregimentare!? Tipic!

- Concepția asupra existenței poate fi clasificată primar în două mari categorii:

    A. Dedusă prin evidență, dovedită.

    B. Atribuită prin providență, prin credință.

Prima conține domeniul științei, cea de a doua, al religiei.

- „Freeman[30] predica neobosit evanghelia lobotomiei." Dacă n-ar fi cinică, ar fi cea mai intuitivă și inteligentă propoziție, din ac lucrare. Nu e de mirare: și religia este tot un fel de lobotomie!

- Propolis. Literal – înaintea cetății – ziduri, porți, întărituri, protecție. Expresia tradusă de Cornilescu, „leac alinător", ar fi chiar propolis, în original. Jeremiah 8, 22; 46,11; 51,8. Care este sursa? Compoziția? Utilizarea? Producătorul? Secreția cleioasă a cca 20 de specii de plante, prelucrată de albine, folosită la izolarea, protecția stupului împotriva intrușilor, bolilor, curenților. Are efect bactericid, cicatrizant. Cam așa face și omul cu religia.

- **Conștiința** presupune câteva etape esențiale: – Conștiența detaliată a mediului prin organele de simț – senzoriale – care ne dau informații despre lumea exterioară și se coroborează între ele. Nu se contrazic. – Limbajul. Mijlocul prin care vehiculăm nume, gânduri, sentimente, informații. – Conștiența de sine ca entitate distinctă, autonomă, cu structură, funcții și limite spațiale, temporale, informaționale. Compararea permanentă între acestea, toate. – Intenționalitatea și autonomia sinelui, voința independentă.

- Între argumentele existenței, cu cât ființa umană este mai vulnerabilă, cu atât Dumnezeu este mai puternic. *Un Dumnezeu atotputernic presupune un om anihilat. Pentru că este simplistă în esența sa, gândirea religioasă devine radicală și, în ultimă instanță – absurdă. Operând cu absolutul,*

---

[30] Walter Jackson Freeman II (1895-1972), neurolog, practician al unei lobotomii transorbitale (cca 4 mii intervenții), controversat, mutilant, pompierist, un deces chiar într-o ședință foto, 1951.

veșnicia și infinitul, consecința necesară devine anularea și negarea tărâmului finit, care este cel al realității imediate. Astfel, viața, existența, bunurile imediate, prosperitatea și confortul – deși frecventate copios – în practică, sunt negate sentențios – în teorie, adică dogmă. Toate absolutismele **religiei**, devin himerele ipocriziei. Împăratul e gol, sau odăjdiile nu îmbracă nimic.

- Uneori, prostia cea mai crasă nu este lipsa cunoștințelor, ci incapacitatea de a acționa prompt și decisiv, atunci când situația o impune. Se numește prostie din inerție. Miriam zice că, ar fi chiar mai frecventă, impulsivitatea de face ceva, orice, fără cumpănire atentă. Când devine boală psihică (Miriam este psihiatră în Franța), cred că devine compulsie. Nu mai este prostie, este nebunie curată. **Psi Pat**
- O ipoteză, teorie, prezumție – este fie verificată, falsificată, fie demodată, căzută în desuetudine, uitată.
- ID: Școala-i rea, lopata-i grea!

COMPONENTE RELIGIE.
SACRUL

- **Miracolul**. De ce este atât de toxică noțiunea de miracol? Fiindcă presupune o ignoranță completă a intimității proceselor, determinismului, cunoașterii realității și explicării originilor doar prin putere, autoritate și buna plăcere, care nu se mai regăsesc și în consecințe. Or, secolele și mileniile de cunoaștere, investigare, analiză, descoperire, aduc cunoștințe care vorbesc tocmai despre aceste realități și legități. Ele presupun o asumare, nu o ignorare. Într-o stare de exaltare și surescitare, o persoană poate face afirmații incredibile sau furniza relatări imposibile. Sunt înregistrate sau rămân în memoria colectivă. Sunt preluate, îmbogățite, asezonate credibil. Ulterior, intră în scenă persoane cucernice, cu frica lui Dumnezeu care trăiesc în atmosfera cerului și evlavie și vor relata cu toată convingerea evenimente cu neputință de contestat. Voința de a crede! Așa se nasc miracolele.
- Unul dintre primele instincte manifestate fără echivoc este acela al exonerării, al proiectării responsabilității, al albirii vinovăției, al identificării țapului ispășitor. Complexul vinovăției, amplificat, dramatizat, exagerat, ridicat la proporții cosmice, a făcut necesar complexul jertfei, substituirii, complexul mesianic.
- *Țapul indezirabil a devenit miel de jertfă inocent. Inocența și-a asumat pedeapsa, iar abjecția devine neprihănire. Este posibil acest lucru? Simbolic, da. În viața reală, nu.*
- Atunci când este masificat, complexul vinovăției naște războaie, revoluții, răzbunare. Se autoîntreține prin sânge. Naște monștri. Iar conducătorii acestora nu sunt oamenii normali, ci oamenii fără milă, inumanii, cei care – aparent – și-au depășit complexele, dar de fapt, au regresat la condiția primitivă a sălbăticiei. Ei rămân în istorie. Religia? Este forma sublimată a mizeriei acestei lumi. Și totuși, viața învinge, poate fi frumoasă, chiar în condițiile acestea.[31]

---
[31] Inspirat de Florin Tudose, Devis Grebu, *Psihopolitica*, Ed ALLFA, 2014

- Ritualul de orice fel, dar în special, ritualul religios, conferă omului simplu, importanță, noblețe, demnitate, preocupări înalte. El umple viața, aduce cu sine apartenență, deschide domenii noi, semne distinctive, asociere, relații, timp liber, sens și semnificații. Nu poți refuza atâtea valori, chiar dacă asta presupune unele sacrificii.
- Cu cât ai mai multe certitudini și cu cât acestea sunt mai ferme, cu atât ești mai limitat. Cu cât încerci să pătrunzi mai departe și mai profund, vastitatea gândirii, cu atât tinzi spre adevărata cunoaștere și inserție în măruntaiele acestui univers, de la infinitul mic, la infinitul mare.
- Profeția – o imposibilitate. Problema mișcării și interacțiunii celor trei corpuri este atât de complicată, fiind aproape imposibil de prestabilit. La fel se întâmplă și cu trei evenimente viitoare. Ele au determinații infinite. Existența are o complexitate infinită. Ființele umane sunt de o complexitate infinită. Noi luăm cunoștință de prezent, ne amintim trecutul și ne putem imagina viitorul, dar o facem, fiecare în felul său. Apoi, le dăm sens, le interpretăm pe fiecare, specific și, fiecare, în felul său. Desigur, există futurologia, dar nu este o știință, ci o tentativă între intuiție și utopie. Putem emite generalizări, putem greși sau nimeri, dar, de cele mai multe ori, viitorul este o surpriză totală!

Prezicerile, profețiile? La fel cu ghicitul. Se emit judecăți etico morale, sunt invocate voința divină sau configurația astrelor, dar realitatea are legitățile sale, iar viitorul poate cuprinde orice eveniment imaginabil sau inimaginabil. Biblia este plină de „profeții" post-factum. Limbajul cuprinde categorii de maximă generalitate, regiunile se reduc la două din cele patru puncte cardinale, articolele sunt întotdeauna nehotărâte, frazeologia este oraculară, unitățile de măsură – temporale – sunt specifice – „profetice": ceas, zi, zile-noptimi, săptămână, cu subdiviziuni sau multipli – și pot fi convertite după orice regulă care se potrivește sau dă un rezultat așteptat, la un moment dat. Perioadele profetice pot începe la o dată istorică sau alta, după cum cer calculele, iar evenimentele sunt alese după argumente morale, spirituale sau teologice. Numerologia și metodele cabalistice sunt utile. După ce s-a petrecut un eveniment, apreciat ca semnificativ, la câteva secole sau milenii, încep interpretările, configurările. Profețiile sunt ca și câștigurile la loto sau alte jocuri de noroc – cele mai multe pierd și furnizează șanse de reușită celor foarte improbabile sau probabile. La ruletă & Co, singurul câștigător permanent este organizatorul. În cazul nostru, religia, ca instituție.

- Duhurile răutății care locuiesc în locurile prea înalte, sunt de fapt, mult mai josnice și se află printre noi, în viața și faptele oamenilor. Încă un nonsens religios.
- De fapt, religia este prima formă de psihoterapie empirică aplicată. Prin ritualuri și ceremonii, prin invocarea zeilor, oamenii și-au liniștit angoasele și temerile, și-au cultivat speranțele și încrederea, și-au deslușit un sens al existenței, dobândind aparența unei certitudini. Și-au creat premisele progresului.
- Ce este Euharistia? Ioan 6:54-56: „Cine mănâncă trupul Meu și bea sângele Meu are viața veșnică; și Eu îl voi învia în ziua de apoi. Căci trupul Meu este cu adevărat o hrană și sângele Meu este cu adevărat o băutură. Cine mănâncă trupul Meu și bea sângele Meu rămâne în Mine, și Eu rămân în el." Este momentul sacru al împărtășirii omului cu dumnezeire și a lui Dumnezeu cu umanitatea. Diferența dintre oameni și zei este o problemă de viață și de moarte. *Cine, pe cine creează?* Cine dă viața? Și de ce este inevitabilă moartea? Răspunde religia acestor întrebări, sau biologia? Și, dacă Euharistia este atât de sacră și dacă esența sa este împărtășirea reciprocă și, atât de puțini oameni mai fac acest lucru, de ce nu este înțeles Nietzsche, când constată: „Dumnezeu a murit!"? De ce este considerată o blasfemie? Este Nietzsche, Antichristul? Nu! De fapt, Christos este Arhetipul. Din fericire, travaliul vieții, morții și învierii lui Hristos este urmat de fiecare dintre noi. Când omul a realizat că organizarea complexă a materiei este lovită de entropie, fiind perisabilă, s-a refugiat în jocul ideilor, limbajului și spiritului, considerându-l nemuritor. Deșartă iluzie! Datorată ignorării procesului. Nu înțelesese că, fără substrat, spiritul dispare, se evaporă.

Gustav Jung este un guru academic. Teoria lui este că inconștientul bântuit al omului proiectează zei în supraconștient, care prin sacralitatea lor să aibă rol vindecător și expiator. Și atunci, unde se regăsește procesualitatea naturală? În procesiunea rituală. Religia continuă să fie un fel de magie, descântec al pericolelor, îmblânzire a soartei, rugăminte, jertfă și înduplecare a Necunoscutului problematic, convertire a sorților izbânzii. Pentru asta e nevoie de credință. Multă și mare credință!

- Durata de viață activă a zeilor este 3-5 mii de ani, pe parcursul a 30-50 de generații. Apoi, devin istorie, se sting.

- Expresia revelație care pare să aibă o rezonanță înălțătoare, reprezintă o abdicare de la aptitudinea de a gândi cu mintea ta, de a te adapta, de a respecta regulile logice și legile fizice ale naturii. Iov s-a ridicat împotriva ideii arhetipale de zeu prin suferința celui neprihănit. Ajutat de Jung, mă voi ridica împotriva ideii de zeu atotputernic și absolut – de fapt o simplă ficțiune – cu onestitatea omului modern, tot mai conștient de sine, de structura, legitatea și procesualitatea realului, de existența concretă imediată, refuzând expulzarea sterilă și inutilă spre extremele originilor sau cele escatologice, concentrându-mă pe clipa imediată a unei speranțe medii de viață. De fapt, revelația este o conștientizare a conținutului inconștient din sine, care reprezintă totalitatea, divinitatea, în umanitate.

ID: „Acesta este *efortul principal al religiei/teologiei – decuplarea omului de realitate și afundarea lui în ficțiune prin texte „sacre" si ritualuri*! Revelația este un termen pompos dar găunos folosit pentru a impune axiomatic afirmații ilogice!"[32]

S: Ce îți spune cuvântul „sacrificiu"?

ID: Pentru mine are două sensuri:
- a renunța la ceva personal pentru a obține altceva mai bun, mai valoros... sacrifici timp, comoditate, valori materiale dar și efort, preocupare pentru a obține cunoștințe, calificări sau alte valori materiale superioare celor sacrificate.
- în sens religios mă duce cu gândul la ritualul prin care practicantul aduce o ofranda „de sânge" unui zeu ca să-l îmbuneze, ca să-i obțină bunăvoința/aprobarea, ori pur și simplu ca să-i dovedească atașamentul față de un grup – familie, oraș, stat, biserică.

S: Foarte elaborat. Ești un intelectual rasat. Dar, dacă te referi la etimologie?

ID: Sacru? Nu m-am gândit! Ar fi un gest care ține de magie, de tabu.

S: Sacrificiul conține ideea de sacru. Este o ofrandă costisitoare, deseori presupune jertfirea unei vieți, adusă zeilor sau zeului pentru a-l flata, gratula, îmbuna. Astfel se obține anularea unei presupuse vinovății – de moarte – și recâștigarea vieții. Schimbate. Convertite. Sfințite. Sacralitatea nu e pământeană. Este a zeilor. Religie. Scheme. Scamatorii.

Încercarea de a negocia moartea în favoarea vieții. Sacrifici un inocent pentru a salva un păcătos. Curat murdar!. Jocuri ale minții – culpabilitate,

---

[32] Carl Gustav Jung, *Psihologia religiei vestice și estice*, trd Viorica Nișcov, Ed Trei, 2010, Vol 11, Opere complete, Walter-Verlag, 1995, Zurich.

speranțe, iluzii! Da. Tranzacții cu dublu sens între materie și spirit. Ca și tine, am fost șocat să sesizez ca o revelație, relația indisolubilă dintre sacru și sacrificiu! Este o esență. Cu asta se ocupă!

> ID: Mă gândesc că religiile precreștine din lumea greco romană sunt prea puțin cunoscute. Religii fără doctrine, cu o teologie subînțeleasă, fără inchiziție, practici variate care se tolerau reciproc, sisteme deschise la sincretism și înnoire! Poate așa va fi post modernitatea!

Sacrul. Sacrificiul. Ar putea fi un imbold inconștient? Religia exacerbează sentimentele de vinovăție, datorie. În fața miracolului existenței, vieții, naturii, măreției, omul se simte dator și recunoscător. Și atunci, într-un fel sau altul, plătește. Eu cred că singura plată și răsplată datorată, este comportamentul etic, onest, față de tot, toate și toți care fac posibilă această frumusețe. Ceea ce îndeobște definim ca mediu.

- Evrei 11:6 „Și fără credință este cu neputință să fim plăcuți Lui! Căci cine se apropie de Dumnezeu trebuie să creadă că El este și că răsplătește pe cei ce-L caută." Când încetează credința? Când nu există dubii, când cunoașterea este completă. Credința este exercitată când cunoașterea este incompletă, mediată, povestită, discursivă, second hand. Ne putem pune încrederea, foarte bine, în țeluri încă neatinse, în proiecte de viață, în dorințe arzătoare, în posibilități virtuale, dar nereale, în iluzii. Povestirile, discursurile, doctrinele și ideologiile se pot referi la trecut sau la viitor. Cele din trecut sunt asezonate, cele viitoare sunt imaginate. Credința este un proces, fenomen și mecanism afectiv, mobilizator, antrenant, dinamizator. Dar, la fel de bine, poate produce deziluzii, dezamăgiri, pierderi ireparabile. Credința este interioară. Este precipitată în atitudini, comportamente, semne exterioare. Putem vorbi de congruență, integritate, dar și de oportunism, autoamăgire, anxioliză existențială.
- Religia are acest mare har și avantaj: fiindcă promovează credința într-un zeu – în cazul creștinismului, în Dumnezeu și Trinitate, poate vorbi cu ușurință despre lucruri imposibile, care pot fi acceptate doar prin credința într-un Dumnezeu absolut, atotputernic, desăvârșit, infinit de binevoitor. În afara credinței, toate aceste relatări, nu pot fi tratate cu bun simț, decât ca mituri. În genere, toți marii teologi sunt de acord că Ioan din Patmos nu este același cu Ioan, ucenicul, unul dintre „fiii tunetului" și ai lui Zebedei.

- Emile Durkheim, *Formele elementare ale vieții religioase*, p 83, I al, CEU Press, 1995, POLIROM. Pg 85, nota 1: Max Muller: Psychology Religiouse, 132 & Mythologie comparee, p 58: „Zeii sunt nomina și nu numina, nume fără ființă și nu ființe fără nume."[33] Rudolf Otto a creat și dezvoltat termenul numinos. Monografie: Sacrul. Despre numinos. A fost tradus și Rudolf Otto, creatorul termenului numinos.[34]
- Principala limită a lui Durkheim este faptul că expediază prea superficial – chiar dacă este o minte genială – resorturile, nu doar istorice, antropologice, științifice – ale religiei. Dincolo de istoria milenară și răspândirea universală a religiilor, factorul omniprezent nu sunt zeii, ci omul – muritor, vulnerabil, confruntat cu întrebări fără răspuns, cu riscuri și dificultăți insurmontabile, care avea, are și va avea întotdeauna nevoie de un suport, fie el și imaginar. Dincolo de toate celelalte argumente ale esenței religiei, pe care Durkheim le trece în revistă atât de savant![35]
- Există un Isus istoric, real, din anii 30 d Hr. Un Hristos al Ap Pavel din anii 50. Și un Hristos al profeților și evangheliilor, din anii 70-100, și sfârșitul primului secol.

Însuși VT, deși există manuscrise parțiale, copiate de esenieni, contemporane sau precedente lui Isus, a fost ratificat de un consiliu iudaic la Jamnia, după distrugerea celui de-al doilea templu, între anii 70 și sfârșitul primului secol. Desigur, Tora – cărțile atribuite lui Moise, au fost redactate relativ unitar în timpul lui Ezra – secolele V-IV î.Hr. NT a fost stabilit ca și Canon creștin abia la începutul secolului IV dHr, când apar primele liste ale cărților, așa cum le știm noi azi. Criteriul de selecție era teologic și liturgic. Liturgica orientală (coptă, siriacă) era diferită de cea ortodoxă, și mai diferită de cea apuseană. Totuși, în Europa, canonul a fost „canonizat" după 367 e.n. Au fost precedate de Canonul muratorian și Codex Sinaiticus. Diferențele au fost aprig disputate.

- Ce reprezintă Golgota și Isus Christos dacă nu exact opusul, soluția și vindecarea, mântuirea omenirii de răutate, violență, agresiune, crimă, hoție, imoralitate!?! În extremis: Un antidot! Sacru. De la sacrificiu. Jertfe. Pigmeii din codrii Ituri, mediul lor de supraviețuire, sunt convinși că pădurea este vie, are suflet, îi urmărește dacă sunt cumsecade, sociabili, generoși, prietenoși, onești.[36]

---

[33] Max Muller: *Psychology Relig, 132 & Mythologie comparee*, p 58.
[34] Rudolf Otto, *Sacrul* (orig 1917), *Despre Numinos* (orig 1923), trd Ioan Milea, Editura Limes, 2015, Cluj.
[35] Emile Durkheim, *Formele elementare ale vieții religioase*, p 83, I al, CEU Press, 1995, POLIROM.
[36] Pascal Boyer, *Religion Explained*, Basic Books, 2001, NY, pg 69.

- Sociologii spun că un grup de oameni este mediul social în care individul se identifică cu sine, cu ceilalți și că religia, zeii sau zeul ar fi expresia acestei ascendențe. Este o explicație. Dintr-o perspectivă opusă, deși omul este o ființă eminamente socială, dependentă de anturaj, totuși rămâne o oarecare rezervă față de semeni – vezi măștile sociale, rezervele intime păstrate de individ pentru sine. Din acest punct de vedere, dacă nu inițierea duhurilor și spiritelor însoțitoare, cel puțin *dezvoltarea și diversificarea fenomenului religios, ar putea fi justificată prin nevoia omului de însoțire și suport, de alungare a singurătății, de conversație și comuniune cu cel mai intim prieten, căruia să-i spui totul, cu care să stai de taină, să te confesezi, să-i ceri părerea și să identifici cea mai bună soluție. Isus pare a fi imaginea ideală pentru acest rol.*
- Genesa 1:26 Apoi Dumnezeu a zis: „Să facem om după chipul Nostru, după asemănarea Noastră...", poate fi pusă în gura omului. Sună mai realist: „Să facem Dumnezeu..."
- Oamenii au avut intuiția cauzalității și determinismului, relativ rapid, după ce au devenit conștienți de sine și mediu. Așa cum remarcă și își construiește tezele, Pascal Boyer, în Religion Explained, mintea umană face inferențe, inclusiv inferențe sociale sistematice (p 170). Dar, acestea nu excelează întotdeauna prin acuratețe, ci au doar rolul tranchilizant al atribuirii unei explicații pentru neajunsuri sau dezastre, pentru justificarea unor interese sau răzbunări etc. În acest proces al atribuirii – de multe ori imprecis, ambiguu sau inexact – personificarea unor zei, spirite bune sau rele, în ignoranța sau absența unor explicații plauzibile, supranaturalul a jucat un rol facilitator. Și mitologic. Totuși, atunci când faptele devin evidente și fără dubiu, determinismul cauzal obișnuit, real, își intră în drepturi, iar explicațiile mitologice rămân rezervate misterelor.[37]
- Ritualul, ca exercițiu în act, se adaugă ideii de zeu/zei, spirite, atașamentului afectiv față de supranatural și conferă caracter plauzibil acestor forțe. *Prin repetare periodică se realizează întreținerea și întărirea acestei prezențe. Impunând reguli, restricții și proceduri, este asigurată perpetuarea și asigurarea certitudinii într-o existență riscantă. Sunt întărite concepte ca: limită, puritate, purificare etc. apare ca o formă socială, colectivă a tulburării obsesiv compulsive.*

---

[37] Pascal Boyer, *Religion Explained*, Basic Books, 2001, NY, pg 170.

- Întreg sistemul religios este bazat pe stipulări. Dintre acestea fac parte și se disting: Prescripții/Interdicții/Ritualuri/Ceremonii/Acte de închinare/Servicii divine/Sărbători și servicii festive/Comemorări și proclamări/Sacrificii, jertfe, donații și danii.
- **Jena jertfelor** La prima vedere, sistemul ceremonial al jertfelor părea foarte împovorător, sângeros, dezgustător și respingător. În mare măsură, așa și era. Dar, existau multiple portițe de eludare și scăpare. Doar țapul pentru Azazel era pierdut pentru totdeauna, dacă nu-l prindea sau vâna cineva, înainte de a fi răpus de fiare sălbatice. Desigur, nu sunt specialist în ceremonii levitice, dar, până și arderea de tot, presupunea arderea viscerelor, însă carnea propriu zisă revenea preoților. Nu mai vorbim de cele dintâi roade, darul sau jertfa de mulțumire – toate erau consumate la templu, într-o masă ceremonială. Doar mirosul și fumul erau pentru nările lui Iehova.

Astfel, toată lumea era mulțumită. Poporul își arăta dărnicia și recunoștința, mâncând un prânz sacru, înaintea Domnului, preoții și leviții aveau partea lor – dar nu era permis abuzul – era păcat să bagi furculița în oala omului ca fii lui Eli, iar Dumnezeu primea mirosul, parfumul și aromele din aer, ale unei arte culinare sacralizate. Totul se face și se desface, se petrece și se îndeplinește, sub privirile și la recomandarea, cu binecuvântarea ecleziastică. (Observați ce cuvinte lungi? Ca și slujbele interminabile și zilele de post care nu se mai termină).

Poate că acesta și este rostul religiei. Ritualul sau ceremoniile sunt sau devin în timp, o pantomimă a dăruirii, umilirii și închinării fariseice, pentru a ne etala spiritualitatea, pentru a mima renunțarea la egoism, venalitate, lăcomie, competiție, selecție naturală, aspecte necesare succesului, prosperității sau evoluției, dar atât de penibile sub aspect etic și moral.[38]

- Toate conceptele vehiculate de religie, examinate în profunzime și minuțios, sunt absurde, contradictorii și paradoxale. Păcatul originar, actual și însăși conceptul de păcat, vinovăția imaginară sau reală, mecanismul expierii, substituției, mântuirii și răsplătirii veșnice – toate sunt imposibile și iraționale. Ele nu sunt decât un lanț nesfârșit de absurdități imaginare care împrumută termeni asociați valorilor, adevărului sau binelui, pe care le mimează, dramatizează sau doar frizează, proiectându-le cosmic, deși sunt intimități omenești banale și cotidiene.

---

[38] Pascal Boyer, *Religion Explained*, Basic Books, 2001, NY, pg 242.

Inițial, o mare parte dintre ritualuri și ceremonii nu aveau nicio noimă, erau practicate fiindcă erau tradiții și așa au fost apucate. Este posibil ca cicluri întregi și repetate de semnificare și resemnificare a unor obiceiuri pierdute să fi fost reluate.

În timp, ele au dobândit oarecare coerență, o logică internă, aplicații și utilități mai mult sau mai puțin adecvate. Dar, rolul lor nu este atât explicativ, semnificativ, ci doar ca jalon de trăire, consumare și trecere, depășire a etapelor, pragurilor, obstacolelor, în procesul devenirii adulte. Frecvent, reacția participanților este de perplexitate, nu pot explica ce și de ce sunt supuși acestor adevărate ordalii, dar ulterior simt că ceva nedefinit s-a întâmplat, a avut loc și acest ceva i-a marcat ireversibil.

Deseori, religia nu conține realități, ci idealuri, nu avem de a face cu fapte, ci cu deziderate, nu ne aflăm pe terenul nominativului, ci al optativului condiționat. Avem nevoie de norme și stachete impunătoare, pentru a realiza fapte mărunte.

- Intuiția este procesul cognitiv prin care facem inferențe privind efecte din lumea noastră fără să stabilim cauzele sau precizându-le prin presupuneri, din experiență, fără o documentare. Interesant că efecte similare privind existența și evoluția noastră ontogenetică, pot avea și ritualurile. Efecte fără cauze precizate.

Cel mai bun exemplu este o nuntă. Tinerii priviți ca necăsătoriți, înainte de eveniment, devin o familie după nuntă. Datele din conștiința noastră se modifică. Implicarea unor cauze supranaturale este foarte tentantă, deși se manifestă în toate cazurile la fel. Credincioși sau necredincioși.

- Surpriză, aventură, provocare, vis, vedenie. Este și modul de a funcționa al creierului. Se menține alert, antrenat, prezent. Trecut, prezent, viitor, scenarii, reactivate, strategii, fazat și implicat. Profețiile, miturile, parabolele și experiențele sunt fructele, rodul și grefele prin care brodează religia.

- Există profeți „mari" și profeți „mici". În literatura biblică, ebraică. Einstein este evreu. Deștept, superdeștept, ca toți evreii. Și el este un profet – al științei! $E = mc^2$. Unde îl vom așeza? Între cei mari sau între cei mici?

- Când EGW (Ellen G White, pionier fondator american, creditată cu însușiri profetice)[39] șoptea sau striga „Slavă!, Slavă!" în viziune, trăia un extaz religios, posibil într-o criză de epilepsie psihomotorie complexă, rezultată și posttraumatic, din copilărie. Gradul de probabilitate este

---

[39] Steve Daily, Ellen White, *A Psychobiography*, Page Publishing, 2020.

foarte mare. Asemănător, Dostoievski. Amigdala era focarul, cortexul insular era excitat, hipotalamusul, inhibit. Hiper-religiozitate epileptică.

- Dincolo de dimensiunea existențială a religiozității practicată, gândită, simțită, trăită, de ființa umană conștientă de sine și de finitudinea sa, mai există un aspect bizar care ridică probleme serioase de interpretare. Se constată că principalele droguri psihoactive – LSD, dietilamina acidului lisergic, psilocibina din așa numitele „ciuperci magice", sau dimetiltriptamina conținută în ayahuasca, generatoare de experiențe psihedelice, par localizate în aceleași localizări cerebrale, utilizând aceiași neurotransmițători și îndeplinind aceleași funcții, ca sediu de reglare și control cerebral, al propriului eu și al religiozității. Acești centri sunt localizați medio prefrontal, fronto temporal și fronto parietal, insular și rostral.

Este un aspect comun că experiențele psihedelice dau dependență. Mai mult, ele conțin stări modificate ale conștiinței (reverii, vise, viziuni, iluzii, halucinații, cu sau fără comă sau stare vigilă, memorate parțial sau total) de natură religioasă și ale conștienței, conștiinței de sine, incluzând și valențe valorice. Aceste trăiri pot fi extrem de realiste, uneori o realitate augmentată, pot avea conotații pozitive afectiv, dar și negative, mai rar, pot fi populate de creaturi zoomorfe fantastice, dar și divine, sacre. Oricum, ele sunt remanente, memorabile, deci persistente mnezic și au frecvent un efect transformator, referențial. Această asociere a nucleului personalității individuale, a setului de valori, a religiozității și a experiențelor psihedelice, ar explica și justifica, dincolo de aspectele existențiale, morale, spirituale, *universalitatea fenomenelor religioase, esențialitatea lor și, nu în ultimul rând, caracterul lor dependent*.

Dimensiunea existențială și organică este importantă. Toate subspeciile umane arhaice au practicat ritualurile. De înhumare, de trecere etc. *Este o dimensiune universală a ființelor conștiente de moarte, de nevoia unui suport, o legătură a neputinței cu o atotputernicia divinității. O chestiune de putere. Viața modernă este organizată, codificată, sigură. Ne conferă iluzia nemuririi. Falsă. Sunt doar două posibilități: să ne acceptăm propria condiție sau să ne mințim frumos!*[40] Textul acela din Geneza 1,26: „Să facem om după chipul și asemănarea noastră..." este invers, oglindit: „Să facem Dumnezeu după chipul și asemănarea noastră..."

---

[40] Patrick McNamara, *The Cognitive Neuroscience of Religious Experience. Decentering and the Self*, ed II, Cambridge Univ Press, 2009, 2022, pp 125-144

RELIGIE RĂZLEAȚĂ

- Misticismul este doar o evadare escapistă determinată de teamă, o încredere irațională în oferte și promisiuni imaginare, generate de frica de suferință, nenorocire, catastrofe și moarte. În decursul istoriei, la aceasta s-a adăugat frica foarte concretă de sabie și arme de foc, represalii.
- Tradiția „mi s-a arătat", „mi-a fost arătat"! Mare este Dumnezeu, dar ce mică e lumea![41] Similitudini viziuni, sure, hadith-uri. Revelația în istorie!
- Ciocăniturile misterioase din New York și Ciocăniturile din Rochester – Aici se face aluzie la întâmplările care se leagă de începuturile spiritismului modern. În 1848, s-au făcut auzite ciocănituri misterioase în casa familiei Fox din Hydesville, o comunitate aflată la treizeci și cinci de mile la est de orașul Rochester, New York. Într-o vreme în care existau diferite ipoteze în ce privește cauza ciocăniturilor, Ellen White a anunțat, în baza autorității viziunii ce-i fusese dată, că ele erau o manifestare a spiritismului, că acest fenomen se va dezvolta rapid și că, în numele religiei, va câștiga popularitate și va înșela o mulțime de oameni, ajungând în zilele din urmă să fie capodopera amăgirii concepute de Satana. ST 300.2 Dimpotrivă, Margaret recunoaște în oct 1888 că totul a fost o înșelăciune.[42] Kurtz, 382.
- Ideile, doctrinele, dogmele chiar, ideologiile ar putea fi și uneori chiar par generoase, luminoase, benefice. Dar, de cele mai multe ori sunt preluate, înșfăcate de militanți obsedați, agresivi, fanatici, care le folosesc ca pe un baros, stindard, al propriilor ambiții, obsesii, sete de putere, extremism sau ură elementară față de semeni, le aruncă într-o luptă absurdă, provocatoare de suferință, abuz, crime și război zadarnic.
- Legea fundamentală a religiei este proiecția – o tentativă în declinarea responsabilității și inițierea ipocriziei, asezonată cu ritual și ceremonial.
- Prima și cea mai importantă condiție a unui pastor: Cameleonismul.

---
[41] Paul Kurtz, *The Transcedental Temptation*, 2013, trd Ines Simionescu, Humanitas, 2021, 266-276.
[42] Paul Kurtz, *The Transcedental Temptation*, 2013, trd Ines Simionescu, Humanitas, 2021, 382.

- Substituirea christică, creștină, are toate trăsăturile unui mit – este nerealistă, contradictorie, imorală. Totuși, rămâne fundamentală pentru creștinism. Acesta este temeiul unei religii. Misterul ei.
- **Ideologia** este discursul prin care cele mai nobile idei sunt puse în slujba celor mai *josnice interese*.
- **Dogma** este alcătuirea din cele mai înalte valori, cele mai nobile personaje, cele mai intense trăiri, cele mai alese sentimente, irosite pentru cele mai *zadarnice iluzii*.
- Existența este o realitate atât de complexă, încât a crede că un Dumnezeu cu atributele unui Zeu va lua o hotărâre de viață și de moarte în funcție de o decizie atât de complicată, este o utopie! De fapt, este invenția unor psihopați sadici, apocaliptici, în odăjdii sacerdotale.
- De la: nu sunt nimic fără Dumnezeu, toate dorințele mele sunt păcătoase, tot ce contează este sinele tău spiritual, spiritualitatea ta, salvarea celorlalți cade în sarcina mea, este responsabilitatea mea, nu există decât un singur mod corect de a trăi, sunt un păcătos nenorocit și am nevoie disperată de salvare, nu pot avea încredere în mine însumi, nu trebuie să mă bizui pe mine. „Adevăruri" religioase care trebuie uitate, dezvățate. Imperative toxice ale religiei!
- ID: Dumnezeu ne iubește pe toți, dar e nemulțumit de fiecare dintre noi! (Isaac Asimov)
- Devenind conștient de sine, omul care în acel moment ignora cele mai multe din procesele și legitățile naturale ale existenței, a considerat necesar să imagineze un creator, o cauză primă, după chipul și asemănarea sa, personalizând astfel divinitatea. Geneza 1,26, este un fragment în oglindă. Omul îl descrie pe Dumnezeu exprimându-i intențiile. Se năștea religia. Faptul că ne trebuie un Dumnezeu, nu-l poate face să existe.
- Conceptele de sens și semnificație ale credincioșilor religioși, pe care le rostesc oarecum emfatic și pretențios, nu sunt decât o altă expresie a celor mai intime, profunde și convenabile – egoiste chiar – dorințe secrete ale fiecărei ființe umane. Și cum, orice profeție sau dorință este condițională, nu e de mirare că au apărut și scepticii, pe lume.
- **Ingredientele religiei?** Afirmații de o generalitate extremă, expresii și limbaj sibilinic, oracular, privind subiecte de preocupare maximă universală, invocând o autoritate de top și generând perplexitate completă sau credință oarbă, fără rezervă, în absența evidenței, a oricărei dovezi.

Totul beneficiind de odăjdiile, scenariul și regia unor valori morale indispensabile.

- Dintotdeauna, de-a pururea și în veci, a existat și va exista un divorț pe cât de profund, pe atât de răsunător, între cel și ceea ce numim Dumnezeu, pe de o parte și, formele religiei instituționalizate, pe de altă parte!

ID: Ok, dar ce face o poveste atât de stranie și ilogică să devină atât de atractivă?

S: Pretinde că răspunde trebuințelor și temerilor fundamentale, existențiale care-i frământă pe oameni. Pitrocesc folcloric prin cele mai luminate și interesate minți, timp de 50 de ani, apoi purced și scriu evanghelii.

ID: E interesant cum adepții unei forme de religie/creștinism găsesc absurde dogmele și riturile celorlalte. Ei se demască foarte bine unii pe alții! Și atât!

S: Nu primează logica, ci tautologiile. Mințile obișnuite nu sesizează absurdul. Mai este ceva. În materie de existență, practicăm o inhibiție de protecție. Excludem sau punem în stare dormantă, spiritul critic. Totul ne este dat, ne-a fost deja dat!

- Există o comoditate a acomodării. Primim afirmații cu caracter de sentință ca pe mantre ale unui adevăr absolut, dar care se dovedește perisabil și neîncercat, lipsit de rezistență. „Dați cezarului ce este al cezarului și lui Dumnezeu ce este al lui Dumnezeu."

Până la un punct, este de înțeles că există o infrastructură de întreținut, o administrație de susținut. Este salutară, separarea oricăror puteri. Dar, de ce modestul contribuabil rămâne întotdeauna debitorul. Niciodată, cei care acumulează profit. Dumnezeu nu are nicio nevoie, dar sfinții și slujitorii lui, te mănâncă de viu și de mort.

- „Precum în cer și pe pământ." Care cer? Cosmosul? Universul. Unde este acest cer? Cum este acest cer? Calitatea imaginației variantelor edenice ale paradisului și noului pământ sunt destul de precare, sumare și schematice ca desenele copiilor și pictura naivă. Lipsește perspectiva, tușele sunt groase, culorile crude. Pare de la sine înțeles că un asemenea loc ar presupune abolirea contrariilor în numele armoniei absolute. Dar, este această schimbare posibilă? Putem renunța la catod și anod, la distincția dintre lumină și întuneric? Primăvara veșnică și locurile cu verdeață încep și sfârșesc la cimitir.

Credința este temeiul interior al existenței lui Dumnezeu. Ca și ale oricărui alt zeu. Există și temeiuri exterioare. Alcătuite din cuvinte. Bazate pe convingere. Alte dovezi așteaptă să fie produse. Ele nu există încă. Oamenii numesc un anumit tip de îngemănare și imaginație – spiritualitate. Nu sclipirea de spirit a glumei, intelectului, starea de spirit alertă cu răspuns prompt și adecvat, ci spiritualitatea religioasă, propriu zisă.

Teama de necaz, suferință, pierderi, moarte, ne face vulnerabili, limitați, fragili. Prezența unui prieten imaginar atotputernic, iubitor, binevoitor, generos, deținător al tuturor valorilor ideale necesare, dobândește o aură și autoritate pe măsură. Este exact ceea ce îți este recomandat și oferit cu o binevoitoare, dar autoritară persuasiune. Oamenii religioși au un discurs specific împănat cu numeroase elemente ireale, improbabile și neprobate, neverificate în niciun fel sau doar prin aderență subiectivă și un discurs logoreic. Dar, altfel, au o gândire coerentă, inserție socială și profesională, comportament normal. Și totuși, discursul lor religios, viața lor religioasă interioară și rituală, instituționalizată religios, are multe asemănări cu un delir cultural sistematizat de natură spirituală. Toate societățile umane continuă să-l considere normal, deși un procent important se delimitează tot mai pregnant.

- Avem tendința de a accepta scrierile sacre, ca de la sine înțelese și drepte. O privire critică elementară va schimba definitiv această percepție. De pildă, cerințele decalogului. În prima poruncă apare cerința închinării. Zeul sau acoliții săi, consideră de la sine înțeles ca să pretindă omului, societății, închinare, adică abandonarea unui drept fundamental, acela al demnității umane.

Acest prim abuz deschide calea unui cortegiu întreg de abuzuri. În primul rând, abuzul exclusivității. Al geloziei. Exprimat ca atare. Nu ai dreptul alegerii, afinității, preferințelor. În timp ce politeismul nu avea nicio inconveniență cu toleranța, monoteismul devine intolerant prin definiție.

Apoi, chestiunea reprezentării care este de-a dreptul reacționară, retrogradă, din porunca a doua. Gândiți-vă ce a însemnat reprezentarea pentru cultura umană. Progresul, evoluția, diversificarea, dezvoltarea, ar fi fost blocate în absența reprezentărilor în întreaga lor gamă de aplicații. Semne, simboluri, comunicare, limbaj, scriere, calcul, artă și multe altele, ar fi trebuit să fie reprimate de dragul unui zeu care pretinde închinare, exclusivitate, interzice reprezentarea și promovează obscurantismul.

- Este posibil să fie o legătură între proprietatea pur fizică, numită câmp și realitatea psihică numită comun intuiție, sau spirit, fie acestea benefice sau malefice? Să menținem granița dintre cunoaștere și mistică.
- Să fiți diferiți – este un imperativ prozelit. Și unul al separării, discriminării, pseudo-etalării lipsite de orice merite utile, de dragul identității prețioase. Romani 12:2: „Să nu vă potriviți chipului veacului acestuia, ci să vă prefaceți prin înnoirea minții voastre, ca să puteți deosebi bine voia lui Dumnezeu: cea bună, plăcută și desăvârșită." Ideea principală se pierde în fumul unor invocări vagi, fără obiect, însoțite de adjective fără legătură cu subiectul, dar refugiindu-se în divinitate. Asta e religia! De la un imperativ etic legitim, trece în direcția unui apartheid religios dezastruos. ID: Refugiu psihologic/defensă? Bine zis! Defensa este un mecanism pseudo-securizant, dar ineficient!
- De acord! Dar, cuvintele ne schimbă doar pe noi, cuvântătoarele! Reflectă realitatea, nu o schimbă! Jocurile de cuvinte rămân doar jocuri. Analogiile sunt mai profunde. Cuvântul este o armă puternică. Pentru mase, de manevră, manipulare.
- Avem dovezi ale creștinismului, din surse necreștine. Dovezi documentare, altele decât cele biblice, ale lui Hristos, nu avem. Doar referințe sporadice. Istoricii au tendința de a-l considera o persoană fizică, istorică, reală. Există însă diferențe semnificative între Hristosul istoric, cel evanghelic și cel Paulin sau al creștinismului primar, al sfinților părinți. Isus Galileeanul, Nazarineanul, sau Nazariteanul se transformă treptat într-un personaj cu rol de întemeietor al unei religii. Nu rămâne personajul istoric. Dobândește o aură mistică, legendară, specifică nevoilor religioase ale oricărui credincios.
- În numele purității de credință s-a organizat inchiziția și s-au ridicat ruguri, în numele superiorității rasiale, a ordinii și disciplinei în muncă s-au organizat lagăre de concentrare și exterminare naziste, în numele unui viitor mai bun au fost lichidate prin înfometare, siberii sau lagăre comuniste, zeci de milioane de familii ale unor oameni simpli a căror unică vină era aceea că se născuseră și trăiau într-un loc toxic ideologic și blestemat ca sistem. Asta nu înțeleg zeloșii și zeloții.
- Unele dintre gesturile fundamentale ale închinării sunt înclinarea capului, prosternarea sau îngenunchierea, împreunarea mâinilor. Mă voi opri asupra ultimului. Închinătorul își dă mâinile singur. Dumnezeu nu întinde

nicio mână. Cineva a făcut remarca absenței mânii stângi la Rugăciunea lui Brâncuși. Este mâna lui Dumnezeu – care lipsește sau intervine providențial. Dar mâna dreaptă rămasă, strânsă la piept, deasupra inimii, exprimă esența închinării și o face într-o formă artistică desăvârșită. În acel pumn mic, stăruind în rugă, este focarul Rugăciunii lui Brâncuși!

- Dat fiind că toate argumentele în favoarea existenței lui Dumnezeu sunt de natură subiectivă, în lipsa oricărei dovezi obiective, în sens științific, cei mai credincioși oameni sunt cei cu personalitate accentuată, încredere în sine, mai mult sau mai puțin justificată, gregari și dependenți de legături sociale și de grup, cei cu spirit imitativ accentuat, cei care au deja o tradiție religioasă și habotnică, creduli sau cu o cultură sub medie sau mediocră. Termenii nu au nici cel mai mic sens peiorativ, ci încearcă să surprindă tipologia omului religios!

- Realitatea imediată se descoperă în fiecare moment printr-o complexitate, ingeniozitate, surprindere totală și aplicații practice cu impact asupra științei, conștiinței și calității vieții, încât consider absurd să mizezi iluzoriu pe narațiuni fasonate imaginar de-a lungul mileniilor, doar pentru că oferă oarecare coerență moral spirituală și o brumă de speranță, mângâiere, comfortare. Religia ca defensă.

- Edi. Informat, actual, citit. Dar, ticuri verbale, licențe inexacte, interpretări forțate, talentul pastoral de a face să pară foarte interesante, speculații. Deodată, am avut revelația unor sofistării care mă obosesc. Îmbătrânesc!

- Impenetrabilitate. Este un termen psihiatric și ginecologic. El surprinde caracterul irațional și rezistent în fața oricărei argumentații rezonabile, a delirului sistematizat din psihozele delirante, nonhalucinogene, al căror reprezentant de seamă este psihoza paranoiacă. Ignoranța deliberată și izolarea căutată cu orice preț, sunt atitudinile definitorii ale confesiunilor protestante, în cel mai înalt grad. O stare și atitudine profund toxică, cu consecințe iremediabile.

- Oamenii se grăbesc să dea un sens mistic, divin, apoi mitic, noțiunii de transcendență. Pentru a supraviețui, trebuie să ne autodepășim. Totul este foarte uman. Pentru a ne motiva, folosim scara de mătase sau onirică (vezi visul lui Iacov) a zeilor. Genesa 28 este actul de naștere instituțional al Religiei. Al Bisericii. Toate impedimentele insuportabile ale lumii de jos au fost legate și unite cu o lume ideală, imaginară, de sus. Pentru credibilitate, eficiență și rezistență, totul este inclus în țesătura unei narațiuni. Omul modern distinge acut și imperios între real și imaginar. Pentru generațiile trecute, importantă era utilitatea. Planurile ontologice se suprapuneau.

- Nietzsche considera că Dumnezeu s-a născut, a trăit și a murit în gândurile și conștiința noastră. Adică, e mort pentru că noi l-am omorât. Ceea ce nu e foarte departe de semnificația Golgotei – esența creștinismului.
- Astăzi am învățat un adevăr nostim și profund: cimpanzeii nu au prejudecăți. Gaia Vince, Transcendență.
- Dincolo de cercul polar încep să apară renii. Ei pot fi sălbatici, în turme independente, semi domesticiți, turmele sunt adunate în staule temporare pentru disponibilitate, sau domestici, reni puși la jug, atelaje, produse secundare etc. Există o credință a inuiților care face sens în condițiile vieții polare aspre, la limita supraviețuirii. Puterea propriu zisă aparține renilor, nu oamenilor. Când sunt vânați, aceasta este o concesie făcută de reni, pentru tribul oamenilor. Spiritului renilor i se aduce omagiu și închinare. Văd aici, esența religiei. Poate părea mercantilă. Și este.

Marea problemă a religiei, în perioada modernă este că omul cunoaște și își poate explica toate detaliile, legitățile, structurile și funcțiile fragmentelor de existență mediate sau imediate. În context, de ce ar mai proiecta asupra unei autorități divine ceea ce a devenit atât de evident? Aaa, mai este spectrul suferinței, morții, neajutorării, amenințarea iadului veșnic și promisiunea paradisului. Naiv și copilăros suport. În locul devoțiunii, oamenii devin cinici! Indiferent ce avem în minte, suflet, cultură, spirit, orice ființă mărșăluiește pe aceeași cale.

- Teologia este sămânța logică a necredinței. Afirmații care nu pot fi condiționate logic! Argumentare în absența dovezilor!
- Bârfa are conotație negativă excesivă în mediile cuvioase, fiind considerată doar în aspectele sale vulgare și derizorii. Dacă depășim acest stadiu, vom constata că bârfa este un *mecanism de autoreglare socială prin feedback negativ care sancționează orice comportament indezirabil, prin intermediul reputației și prestigiului*, folosindu-se de pârghiile rușinării și vinovăției. Social, ea acționează ca soluție antiseptică și dezinfectantă.[43]

---

[43] Gaia Vince, *Transcendence...*, 2019, Humanitas, 2022, trd Ines Simionescu

- Religia este o misiune imposibilă. Un domeniu pretins ideal, al absolutului, al superlativelor, al negării realității imediate! Totul, ca să te pună la colț, să-ți dovedească vinovăția, nimicnicia, nevrednicia și dependența! O instituție a flagelării spirituale! Ca să fii om, trebuie să te dezici! Dacă excelezi religios, devii un ratat! Nu există cale de mijloc! Orice religios autentic ajunge pe cruce, în mănăstire sau la balamuc!

- Controversele ecleziastice de natură doctrinală, dogmatică, ideologică, ar putea fi rezolvate pe cale logică prin argumente ce țin de substanța speței, dacă aceasta ar avea legătură cu o realitate tangibilă – ceea ce în privința religiei, nu e cazul – și dacă conflictul nu ar fi dublat de ambiții, răutate și interese pur omenești și lumești. În acest hățiș al conflictelor complicate și de nedezlegat este justificată ierarhia și autoritatea, odăjdiile și tradiția, puterea discreționară și mezalianța cu puterea laică și politică.[44]

- Mă repet și voi continua să mă repet! Am o scuză! Am îmbătrânit! Referitor la raportul dintre știință și credință. Credința e bătrână! Știința e tânără! Putem crede ceea ce nu știm! Încă! Dar, nu putem crede împotriva faptelor! Or, majoritatea prietenilor noștri credincioși, ignoră noianul de fapte științifice acumulate în ultimele sute de ani, cu precădere în ultimul secol. Convingerile religioase continuă să persiste, anacronice, ofilite, împotriva oricăror evidențe, acumulate în virtutea unei inerții tradiționale! Ne dau speranță, ne con(m)fortează, dar vremea lor a trecut de mult. Nu sunt decât iluzii, mituri, „wishful thinking". Totuși, putem fi optimiști! Există un cimitir al religiilor! Nicio religie nu e veșnică! Chiar dacă pretinde că are ca obiect și subiect, veșnicia! Baal, Marduk, sau Jupiter sunt zei, la care nu se mai închină nimeni!

Crucea și Puterea, Giovanni Filoramo, abordează nașterea unei religii – creștinismul, cu geneza ei/lui morfologică și structurală, cu funcțiile sale existențiale, psiho-sociale, necesare. Avem nevoie, dacă n-o fi existând deja, de un manual, tratat privind decesul unei religii. Până în prezent, nașterea unor religii, n-a însemnat decât substituirea celor vechi, perimate, cu alta sau altele noi, modernizate, adaptate, adecvate, democratice. A existat, cu timpul, și un proces de diversificare, variabilitate. Am avut animism, politeism, monoteism. Se vorbește tot mai persistent despre secularism. Este posibil, la scara timpului religios, să asistăm (nu noi, urmașii urmașilor noștri), în următorul mileniu,

---

[44] Filoramo, *Crucea și Puterea*, 2011 orig, trd Dionisie Ctin Pârvuloiu, Humanitas, 2022.

la înlocuirea fenomenului religios, oricât de util, necesar și benefic, cu fenomene și procese alternative laice, nereligioase. Acum, pare șocantă o astfel de profeție, dar germenii și fermenții acestui proces acționează deja. Miracolul supranatural este înlocuit de miracole reale, autentice, ale cunoașterii realităților cuantice, astrale, ale infinitului îndepărtat sau apropiat, imediat! Miturile își mai păstrează încă fascinația și seducția, dar devin tot mai expirate, în fața realităților care îți taie răsuflarea!

- Parafrază: Religia n-a influențat niciodată un om bun să facă fapte bune sau un om rău să facă fapte rele, dar a determinat adesea oameni foarte buni să facă fapte foarte rele.
- Ironie! Luciferescu și-a intitulat serialul și monografia – Galileanul. Este numele disprețuitor și peiorativ dat de Iulian Apostatul, împărat mistic al restaurației păgâne, creștinilor pe la jumătatea secolului al IV lea. Curat murdar!
- Conviețuirea impune valorile etice. Interpares – între egali lipsește argumentul autorității. Norma poartă aparența caducității. Reglementările riscă să fie încălcate și pot apare tulburări, conflicte. Astfel, este apelată autoritatea divină, sacră, ca mijloc de persuadare internă, liber consimțită. Aceasta, prin definiție ar trebui să fie călăuzită de principiul iubirii altruiste, incoruptibile, de unde își trage autoritatea care se impune conștiințelor.

Din nefericire, apelul la divinitate introduce două vicii concomitente. Absolutismul, totalitarismul și intoleranța cerute de monoteism și slăbiciunea umană, care nu va întârzia să-și revendice drepturi și privilegii, uitând că trebuie să rămână la cele smerite ale slujirii altruiste. Astfel, argumentul puterii transcendente ca sursă de autoritate echitabilă, împreună cu tentația cupidității naturale a oamenilor, devine sursă de privilegii, putere, bogăție și influență, prin pârghia interioară a conștiinței care devine coruptă. Mezalianța dintre puterea seculară și cea ecleziastică, nu face decât să perpetueze, accentueze și agraveze starea de fapt.

- Este cunoscut faptul că EGW (Ellen G White, profet al Bisericii Creștine AZS, secolele XIX-XX) tuna și fulgera împotriva asocierii de lapte, ou și zahăr. Privind cu atenție fizionomia ei cu nările mult lărgite, ignorând prăbușirea piramidei nazale care a fost dobândită, familia Gould – numele de fată – pare să fi avut fie gene africane, fie amerindiene. De obicei, acestea nu s-au ocupat cu păstoritul real (nu al oamenilor), având intoleranță pentru lactoză. Unde dai și unde crapă!

- Religia este o formă de îmblânzire a existenței, a omului și a sensului. Schimbarea fricii, groazei și temerilor cu credința, încrederea și speranța. Suferința, pierderile, moartea, amenințările, riscurile sunt preschimbate în siguranță, certitudine, o lume mai bună, un Dumnezeu iubitor, o veșnicie și alte superlative. Nesiguranța exterioară, viitoare, este transformată prin credință în liniște și încredere interioară. Zbuciumul este ostoit.
- Apoteoza religiei, bisericii, creștinismului, este viața de apoi, nu viața adevărată, moartea, masochismul, nu viața reală. Această mutație doctrinară, dogmatică și ideologică, dă frâu liber și deschide calea largă a oricărei ipocrizii. În numele bine-facerii, ne este servită o re-facere, perpetuare de sine a religiei, a mitului.
- Diderot: *Lumea va fi liberă când ultimul rege va fi spânzurat cu mațele ultimului popă!*
- Dumnezeu este reflexia și reflecția ideală a complexității existenței.
- Faptul că un cuvânt sau mai multe, sub forma unei propoziții sau a unui ordin, ar putea avea vreun efect asupra realității sau existenței, în afara conștienței și conștiinței umane – este o simplă iluzie.
- Adâncul biblic are o conotație profund negativă, mai întâi mitologică, a unei lumi subpământene populată de spirite malefice.
- Religia ne momește și îngrozește cu aspirații, promisiuni convenabile, pedepse veșnice și un paradis ideal. Știința ne condiționează realist, cu fapte și argumente logic imbatabile, cu progres tehnologic, creștere a calității și speranței de viață, legi și formule verificate fizic și matematic. Avem de ales între promisiuni încântătoare și amenințări terifiante ale religiei, pe de o parte, și realismul pragmatic, academic și verificabil, dar anost, chiar dacă fructuos, al științei, pe de altă parte.

Credința religioasă este antidotul iluzoriu al incertitudinii.
- Între anii 5 î.Hr. și 5dHr nu este consemnat istoric niciun recensământ. De asemenea, pare neverosimilă înregistrarea în localitatea natală și nu a rezidenței, mai ales cu mijloacele de transport ale antichității. Și totuși, după biserica Sfântului Mormânt, cea a Nativității din Betleem, rămâne cea mai importantă. Grozăvia și absurditatea uciderii pruncilor rămâne neconsemnată istoric, așa cum călătoria în Egipt a unei familii modeste și lipsite de mijloace, pare foarte puțin probabilă. Consemnarea profetică și analogiile cu alte biografii divine, par să fie cheia comună.

- Un candidat este rareori candid. CANDÍD, -Ă, candizi, -de, adj. Plin de candoare; curat, nevinovat, pur, neprihănit.
- Ceea ce se întâmplă astăzi, în 2022 cu Rusia, pentru mine este simptomatic și relevant pentru ce s-a întâmplat, se întâmplă și se va întâmpla cu Religia. Și asta, nu doar pentru sau din cauză că, Rusia este habotnică, în toate sensurile expresiei!
- În religie, visul și realitatea se suprapun și se confundă.
- Cât de drept este ceea ce este drept? Și cât de **relativă** este această pretenție fizică, juridică, filosofică, religioasă?
- **N-ar fi necesară credința dacă ar exista cea mai mică dovadă a existenței lui Dumnezeu!**
- Religia face următoarea mișcare șireată, necinstită: îmbrățișează valorile universal acceptate și necesare, încercând să răstoarne determinismul realității, pe care o supune imaginarului (Dumnezeu) în numele trebuinței de putere, autoritate și, implicit – privilegii. Omul confruntat cu finitudinea, precaritatea, necazul, teama, suferința, moartea, își dă asentimentul în numele nevoii de speranță, credință, mângâiere. Știința propune permanent jocul cinstit al determinismului legic, matematic, logic, al realității, pe care să construim o viață mai bună, civilizația, cultura și spiritualitatea umană.
- Mă tem că religia, cu oferta ei generoasă și nelimitată de valori, putere, strălucire divină, viață veșnică și sfințenie – sacru, este exact surogatul oferit celor mulți și lipsiți de tot ceea ce au, aici pe pământ, cei puțini, bogați și puternici. Așa că religia, atunci când vorbește despre harul ieftin, are în vedere consolarea ieftină că, toți suntem muritori și nimeni nu ia nimic în mormânt. Ca și cum intervalul vital, n-ar însemna nimic. Un dispreț ipocrit față de viața reală, în numele unei împărății desuete inexistente. *Această înțelegere elementară golește bisericile, spre disperarea sacerdoților fără viitor.*
- Esența ritualului de inițiere și a oricărui ritual este să impună, să imprime, un set de convingeri, valori, narațiune, ierarhie, putere și ordine, suprapuse peste cele reale ale existenței, vieții, schimbând prioritățile, competențele, generând și asigurând astfel *supunere*, în numele unei autorități și surse de putere, percepută ca superioară.[45]

---

[45] TGH Strehlow, în David Graeber și Wengrow, *The Dawn of Everything: A New History of Humanity*, 2021, trd Miruna Munteanu, Iași, Polirom, 2022, 133-134.

- Exodul 33:16 „... prin aceasta vom fi **deosebiți**, eu și poporul Tău, de toate popoarele de pe fața pământului?" Tendință universală. Distincție. Op cit, 137.
- Termenul amerindian potlach – masă, ospăț, acordat de un nobil indian înstărit, oamenilor din grupul său, pe costa de West, a fost preluat și de românii neoprotestant din America, pentru agapele de la bisericile neoprotestante.
- Cum poate moartea să fie plata păcatului, pentru om, când orice ființă vie – inclusiv mulțimea ființelor inconștiente de sine și lipsite de judecată, rațiune – mor, de asemenea, de aceeași moarte? O aberație religioasă lipsită de logică. Dar, bazată pe teama de moarte și conștiența că suntem muritori – aparent condamnați. La moarte. Moartea este necesitatea oricărui sistem viu. Nemurirea este un mit. Viața este frumoasă! Și interesantă!

Dacă mi se va răspunde, ca de obicei – blestemul păcatului a trecut asupra tuturor – din pricină că toți au păcătuit – vă voi întreba: poate păcătui o vietate inconștientă? Și, dacă blestemul se răsfrânge asupra inocenților vii inconștienți, ce fel de justiție este justiția divină? Ilogic!

- Spiritualismul a fost generat mitologic datorită incapacității de a sesiza relația fizică, materială, dintre informație, energie și masă. Dar, adevăratul salt va fi făcut atunci când vom avea motoare mecanice alimentate doar de schimbul dintre energie și informație.
- Religia a mizat pe un subiect de interes inepuizabil. A șlefuit un răspuns convenabil, a imaginat o sursă, a plasat-o pe un tărâm virtual, în oglindă cu cel real, i-a deturnat administrarea și-i culege foloasele foarte concrete și reale. O afacere necesară, utilă și profitabilă. Pentru naivi. Disperați și deprimați.
- La Isus, trupul, mâncarea și băutura, sunt simbolice, euharistice. Pavel, un schilod diform, un avorton, cum îi place să se autodefinească, promovează abstinența, probabil impusă de impotență. Astfel, într-un entuziasm ascetic, se constituie cenobiți – grupări ale deșertului, anahoreți, solitari ai pustiului, care umplu orientul apropiat în primele secole ale creștinismului. Au fost și excese fanatice, dar dominanta rămâne – trupul, biologicul trebuie negat în favoarea unei spiritualizări. Asceza și isihasmul, nu rămân exterioare, ci sunt interiorizate, în perioada protestantismului și culminează cu neoprotestantismul.

În lupta lor cu normalitatea, în înverșunarea lor împotriva cărnii și pulsiunilor instinctuale care ne-au asigurat supraviețuirea și adaptarea, creștinismul modern a inventat pentru originalitate și captarea atenției patologice, bizarerii și ciudățenii prin înfrânări și abstinențe. Vegetarianismul, veganismul, tratamentele naturiste, mortificări spirituale, carențe căutate și promovate, creștini străvezii și atoși cu apucături paranoice, scleroze combinate prin lipsuri vitaminice și minerale, moțuri spirituale, care să te pună în evidență. „Neobișnuitul" este căutat de atunci – de la predica de pe munte – Matei 5, 47: „...ce lucru neobișnuit faceți?" cu obstinație, ca mijloc misionar de atracție și propagandă.

- Aflu că ChatGPT predică minunat. La început era cuvântul și cuvântul era, este și va fi, doar o statistică a interesului.
- Religia este intuitivă. Știința poate fi contraituitivă. Ambele sunt productive. Religia ne confirmă afectiv. Știința ne formează și informează contraintuitiv. Dacă suntem suficient de iscoditori și modești. În cele din urmă, intuițiile însele se corectează și devin tot mai realiste, din afectiv mitologice cum erau la origini.
- Geneza 3 sugerează un set de valori și o tranzacție. În Eden, oamenii ar fi fost nemuritori, dar ignoranți. Feciori de bani gata! Au preferat cunoașterea, sacrificând veșnicia. A fost o afacere? Dacă înțelegem caracterul mitologic, este un sens profund, aici! Caracterul iscoditor, studios, efemer prin individ, poartă umanitatea înainte. De fapt, este secretul vieții, în schimbul veșniciei moarte.
- Daniel 12:4 „Tu însă, Daniele, ține ascunse aceste cuvinte și pecetluiește cartea până la vremea sfârșitului. Atunci, mulți o vor citi și cunoștința va crește." Afirmația este oarecum autoreferențială și arogantă. Unde mai pui că, în calitate de literatură, își permite libertăți falsificatoare – folosește procedee literare discutabile – personajul Daniel, plasat în secolul VI î.Hr. se exprimă la pers I a, sau participă la un dialog, la jumătatea secolului al II lea î.Hr., data documentată a elaborării. Cunoașterea conține idei exprimate și vehiculate, transmise prin cuvinte. Deseori se întâmplă că discursul, noutatea, surpriza, ne impresionează atât de mult, încât uităm un lucru esențial – cuvintele nu fac decât să denumineze, descrie, și să reflecte ceea ce numim realitate.
- În acest caz, rămâne întrebarea: Ioan 1,1-5 care enumeră o sumă de concepte fundamentale: Dumnezeu, cuvânt, viață, lumină, întuneric, comite această confuzie comună în rândul oamenilor sau se referă la un

domeniu inaccesibil – natura atotputernică a lui Dumnezeu, împrumutată și Cuvântului Său? Se pare că nici Ioan, autorul, nu este foarte sigur, fiindcă face afirmații contradictorii. Logic, cum ar putea Cuvântul să fie concomitent, atât distinct, cât și identic – cu Dumnezeu? Poate fi redus Dumnezeu doar la Cuvânt? Fie el și divin? Cu alte cuvinte, Dumnezeu nu este decât un nume?

Ioan 1:1-5: „La început era Cuvântul, și Cuvântul era cu Dumnezeu, și Cuvântul era Dumnezeu. El era la început cu Dumnezeu. Toate lucrurile au fost făcute prin El; și nimic din ce a fost făcut n-a fost făcut fără El. În El era viața, și viața era lumina oamenilor. Lumina luminează în întuneric, și întunericul n-a biruit-o."

- Este o tehnică a religiei: 1. Extragerea din realitate. 2. Focalizarea interesului pe teme impuse. 3. „Crearea" unei lumi, existențe paralele. 4. Asigurarea unui mediu de confort și dependență iluzoriu. 5. Manipulare. 6. Exploatare.
- Spiritualizarea – crearea unor entități viabile, gânditoare, exprimabile, pornind de la lumea ideilor, a cuvântului (Ioan 1,1-5) care nu poate fi decât denominarea și reflectarea realității, constituie esența idolatriei. Și religiei. Așa apar zânele și zeii! Maxima ispită. Și iluzie! Să alegi între moarte și viața veșnică.
- Într-adevăr, toate sistemele religioase se înlănțuie, relaționează cu sistemul de valori universale, care le percep ca pe o mezalianță – ceea ce și sunt.
- Iov 1,1-5. Pocăința preventivă – În fața unui Dumnezeu supărăcios, oamenii sfinți își iau toate precauțiile! Creștinii își cer iertare și pentru păcatele „cele fără de voie" Mintea avidă de control și dominație a clericilor a dus teologia (auto) culpabilizării la extrem – ești păcătos prin însăși îndrăzneala de a te fi născut, nu?!...
- Religia: Vinovăție, remușcare, penitență, păcat, sunt un mecanism al dipolului bine/rău de a condiționa conștiințe, un atentat la libertate, de aservire a ființei umane. Plecând de la o realitate ubicvitară a polarizării valorilor: au imaginat un adevăr, bine și frumos absolute, în contrapondere cu eroarea, răul și grotescul extreme, au complicat lucrurile prin ceremonii, expieri, danii și sacrificii, s-au cocoțat în slujbe și odăjdii impresionante pentru minți umile și cei săraci cu duhul, au pregătit o bursă a tranzacțiilor moral-spirituale, un barem al subjugării, un preț exorbitant al îndestulării parazite, profanat de zornăitul, concomitent

supărător, dar de o muzicalitate ce scoală din morți lăcomii hulpave. Din toată această mistificare adulmecată și interesată s-a născut o instituție în care funcționează – încă – cererea și oferta și care se numește impropriu, religie. Singura economie cu rentabilitate dublă, la ambele extreme, care susține că oferă totul și nu pretinde nimic, când nu oferă nimic, dar pretinde totul! Conștiința!

- Marea mea problemă cu Dumnezeu este că noi nu avem decât *substitute, surogate, interpuși* ai lui Dumnezeu. Totul este la mâna a doua, secundar, periferic, deși se pretinde a fi esențial, fundamental, de importanță vitală, veșnică! **Nu există nicio noimă, nicio scuză pentru absența lui Dumnezeu**.

- Prin religie, ne definim valorile, morala, spiritualitatea, relațiile, prioritățile. Este produsul ființei umane devenită conștientă de sine, confruntată cu existența despre care urma să afle detalii. Istoria și-a urmat cursul. Explorările, descoperirile, au luat cunoștință asupra detaliilor alcătuirii lumii, universului, vieții, elementelor, reacțiilor și tuturor aplicațiilor acestora. S-a născut știința. Și tehnologia.

Oricât am dori să le armonizăm, n-o putem face fără compromis. Prețuim tradiția, valorile, morala – ele reprezintă cultura devenirii omenirii. Dar, nu putem ignora realitatea. Ea ni se impune cu autoritatea faptului de netăgăduit. Pe când *tradițiile, cultura și spiritualitatea reprezintă doar imaginea convenabilă a ceea ce credeam în trecut că ar putea fi realitatea*. În trecut puneam accent pe *autoritate, putere, influență*. Azi, suntem constrânși să recunoaștem *fapte, procese intime, detalii tehnice*. Nu trebuie să ne temem. Domeniile vor rămâne distincte și specifice, dar vor alcătui o sinteză creatoare.

- Noi, credincioșii, credem în Dumnezeu! Relația, comuniunea cu Dumnezeu este un privilegiu și o datorie, obligație. Dumnezeu are multiple, infinite calități și atribute, dintre care două se impun: creator și mântuitor. Cum cămașa este mai aproape decât haina, calitatea de mântuitor prevalează, pentru că e în joc pielea noastră. Și dă-i și disecă și analizează și fă sinteze soteriologice grandioase despre cum a fost, este și va fi cu salvarea. Avem mântuirea, avem și un mântuitor, personificarea bunătății și iubirii desăvârșite, atotputernice și fără cusur a lui Dumnezeu în Isus Hristos.

Dar, cum rămâne cu creația? Cu creația? Aa, aia a fost de mult, la început! Da, dar creația, lucrurile și ființele create există și în prezent. Și nu sunt doar frumoase, mărețe și utile, dar sunt pline de aspecte detaliate care te umplu de uimire! **Religia creației se numește știință**. Și dacă ne place să stăruim asupra mântuirii, fiindcă e vorba de pielea noastră și vrem s-o știm la adăpost veșnic, atunci *poate ar trebui să fim mai puțin comozi și egoiști, să studiem mai atent și perseverent secretele creației. Ale științei!*

- Luca 19,46. „Peștera de tâlhari" este o multinațională extrem de prosperă, cu investiții minime și riscuri nule! Luca 19:46 Și le-a zis: „Este scris: *Casa Mea va fi o casă de rugăciune.* Dar voi ați făcut din ea *o peșteră de tâlhari."*

- Geneza 3:10 El a răspuns: „Ți-am auzit glasul în grădină și mi-a fost frică, pentru că eram gol, și m-am ascuns." Interesant este că înălțarea omului la demnitatea de ființă conștientă de sine, de realitate, valori, repere, timp, spațiu și procesualitate – numită în termeni biblici și religioși cădere – este prin definiție o antiteză. Și mai interesant, că este legată de acoperământ și de o expresie care în limba română are o semnificație cel puțin dublă – gol pe dinafară, dar mai ales pe dinăuntru.

Dar cel mai interesant lucru mi se pare, originea comună a acoperământului nostru glabru – pielea și acoperământului nostru real și figurat – cortexul, scoarța cerebrală – în ectoderm. Când omul a devenit om, când blana și părul animalic l-au părăsit, când a devenit conștient de sine și a început să gândească, când a început să se acopere (o goliciune) ca să se protejeze de intemperii și să se adăpostească, a început să acumuleze cunoștințe, să se umple cu înțelegerea de sine, a realității, mediului și sensului existenței (cealaltă gol-iciune sau gol-ire). La început, neștiind toate acestea, în golul necunoașterii a pus zeii. Pe măsură ce cunoașterea este completă sau completată, zeii se furișează în peisajul mitologic. Umbre ale temerilor dintre tufișurile Edenului.

- Toate convingerile noastre discutabile – cu precădere, cele religioase – provin dintr-o ignorare a unei părți importante a realității și istoriei, concomitent cu aservirea față de un corp de doctrine, dogme, ideologii – absolutizate ca supraiacente, sacre, intangibile. Valorile, ca de obicei, rămân doar pentru a fi clamate, sunt incluse, doar cu rol derutant, pentru manipularea vulgului, mulțimilor, în folosul oligarhiilor, castelor preoțești, capetelor încoronate. *Teologia a fost și rămâne prima filosofie a distribuției și exercitării puterii.*

Nimeni nu-și dorește metode coercitive – cu excepția sadicilor – și, în acest caz, orice mijloc de încătușare soft a conștiințelor este preferabilă. Pentru că lucrurile pot deveni complexe, pentru că e nevoie de evidențe, care trebuie inventate – fiindcă nu există – au apărut însemnele formale ale puterii, care sar în ochi – uniforme și grade militare, odăjdii și ritualuri, arme de recuzită sau reale. Fascii, săbii, stele și epoleți, vipuști sau tiare, coroane sau penaje, culori sumbre sau medalii strălucitoare. Odată cu modernitatea au căzut în desuetudine, dar revin simbolic, ca niște convulsii ale vremurilor apuse. Acoperirea de fond înlocuită de acoperirea formală. Și ceremonială. Vă sună cunoscut?

- Una e să trăiești, alta e să vorbești. Ce fac predicatorii pe amvoane? Vorbesc. La început n-a fost cuvântul, ci realul despre care vorbește acel cuvânt. Primatul discursului, mesajului este specific idealismului și ideologiilor. Doctrinelor. Oricât ar fi de semnificative și mustind de sens, sunt doar o aparență, **un nume al realității**. Vor continua să ne uimească cu povestiri frumoase lipsite de acoperire. Ceea ce este dat, simțit, trăit și murit este real. Restul? O poveste!

- „Știm atât de puțin despre existența lui Dumnezeu, încât însăși expresia existență este inacceptabilă, în context."[46]

- „Pentru oricine gândește, aparițiile rămân simple aparențe."[47]

- Care sunt originile și etiologia fariseismului religios? De ce sunt asociate aceste două domenii? O explicație ar putea fi aceea că, în timp ce ești presat cu mirajul împărăției de dincolo, de sus, arhiereii nu pridi‑ desc în a se chivernisi, beneficia și îndopa cu bunătățile acestei lumi. Ce altruism, câtă iubire! Ne sunt oferite cu generozitate deliciile paradisu‑ lui iluziilor, în schimbul unor danii, sacrificii și zeciuieli foarte concrete. Instituții și năravuri! Nici măcar nu sunt din fire, dar tot fără lecuire!

- Am fost șocat să constat cu câtă ușurință ne spun oamenii, *ce gândește Dumnezeu, ce simte Dumnezeu, ce îi place sau nu-i place lui Dumnezeu*, fără să realizeze proiecția, ca defensă psihologica, sau absurdul situa‑ ției, ca să nu mai vorbim de respect. Dumnezeu devine o fantoșă malea‑ bilă, obiect al disputelor, aliat de nădejde sau adversar de temut, subiect al modelor culturale sau justificare a ororilor și atrocităților umane, pretext al oricăror meschinării.

---

[46] Hannah Arendt, *The Life of the Spirit,* 1971, inițial Gândirea, trd SG Drăgan, Humanitas, 2018, p 17.
[47] Hannah Arendt, *The Life of the Spirit,* 1971, inițial Gândirea, trd SG Drăgan, Humanitas, 2018.

- Am înțeles, există „profesioniști" ai religiei, ai gândirii, filosofiei, ai politicii, dar de ce este necesară „Calea Domnului"? De ce suntem religioși? De ce societatea, colectivitățile, microgrupul, familia, ființa umană simte nevoia de religie? Un răspuns ar putea fi, realitatea că dincolo de business, de interese, oportunități, curente, ființa umană este torsionată de pulsiuni, pasiuni, valori, aspirații, limite, teamă. „Calea Domnului" este promisiunea, credința care dă sens și pune ordine în toate acestea. Și oamenii, individual sau în grup, distinctiv sau ca gloată – o îmbrățișează. Ca pe o iluzie dulce, dătătoare de speranță. Ceva care este mai bun decât nimic! Sunt șocat de un adevăr elementar. Condiția de aderent, față de condiția detașată. Sclav sau liber. Odată încazarmat unei ideologii, doctrine, ți-ai pierdut capul, autonomia, libertatea!
- Să începem prin a constata câteva aparente banalități. Beneficiem de limbaj, de cuvinte care pot fi și nume de obiecte, stări, fenomene. Lumea noastră și noi înșine funcționăm în spațiu și timp. Acestea sunt coordonatele noastre fundamentale. Dar, limbajul, cuvintele, sunt abstractizări. Aparțin unei lumi teoretice. Există, dar nu sunt date în simțuri, ci în gândire. Iar gândirea pare caleidoscopică. Pare să aparțină altei lumi decât cea a existenței fenomenale, concrete. Deosebirea dintre idei și realitatea concretă a condus la imaginarea unei lumi acorporale, aparent independentă de spațiu și timp, pe care a fost foarte convenabil și prielnic s-o dematerializăm, s-o spiritualizăm. Așa s-au născut zeii și întregul lor decor, cu îngeri, demoni, duhuri și spirite care pot exista fără suport material, dar care compensează energetic prin putere supranaturală. Captivați de potențialul acestor puteri ale gândului, am uitat că această lume este în întregime imaginară.
- Marea Luptă. Este o sintagmă neoprotestantă. EGW – Ellen White. Contrariile sunt universale. Au rol structural și funcțional bine definit. Este o caracteristică fundamentală a lumii noastre. Pentru că lumea noastră este polarizată, cu greu și simplist, ne putem imagina o altfel de lume. Dar, prin natura lucrurilor, contrariile sunt neutre ca sens și semnificație, în multe cazuri, chiar dacă polarizarea poate include și aspecte valorice, morale, culturale sau spirituale. A extrapola contrariile sau chiar caracterul contradictoriu al lumii la conflict, luptă, antinomie, opoziție, mi se pare dăunător.

Desigur, domeniul valorilor pare să fie cel mai net polarizat. Fiecare valoare pare să fie contrariată de o nonvaloare. Totuși, o gândire exagerat polarizată, care evaluează existența doar în alb și negru, păcătuiește prin reducționism și simplitate. Dincolo de antiteză, are loc o sinteză. Forța, creativitatea, generativitatea acestei lumi este dată de dipolii ei. Contrariile sunt o resursă și printr-o gândire nuanțată putem explora posibilități nebănuite. Altfel, imaginând doar îngeri și demoni, vom uita de oameni și omenie.

- Să începem prin a constata câteva aparente banalități. Beneficiem de limbaj, de cuvinte care pot fi și nume de obiecte, stări, fenomene. Lumea noastră și noi înșine funcționăm în spațiu și timp. Acestea sunt coordonatele noastre fundamentale. Dar, limbajul, cuvintele, sunt abstractizări. Aparțin unei lumi teoretice. Există, dar nu sunt date în simțuri, ci în gândire. Iar gândirea pare caleidoscopică. Pare să aparțină altei lumi decât cea a existenței fenomenale, concrete. Deosebirea dintre idei și realitatea concretă a condus la imaginarea unei lumi acorporale, aparent independentă de spațiu și timp, pe care a fost foarte convenabil și prielnic s-o dematerializăm, s-o spiritualizăm. Așa s-au născut zeii și întregul lor decor, cu îngeri, demoni, duhuri și spirite care pot exista fără suport material, dar care compensează energetic prin putere supranaturală. Captivați de potențialul acestor puteri ale gândului, am uitat că această lume este în întregime imaginară.

- Religia este o instituție de substituție. Arogantă, prin definiție. De ce n-a patronat Isus, Sinedriul? Nu era Israel, poporul ales? De ce a proorocit Isus împotriva Templului? Pentru că Dumnezeu venise ca Reformator. *Religia, prin aroganța sanctităților ei de tot felul, dorește să se substituie propriei conștiințe.* În cazul meu – conștiința mea. Poate că o parte a omenirii, denumită mulțime, are nevoie de îndrumare. Sfaturile sunt necesare, dar insuficiente. Fiecare ființă umană are dreptul și datoria sacră de a evalua existența, valorile, de a face selecții, alegeri suverane. Este un drept inalienabil. Toate odăjdiile, titlurile, pretențiile și slujbele pompoase, aparțin deja unor timpuri apuse. Întreaga tagmă așa zis „sacră" reprezintă o imixtiune nepoftită și neavenită. Dar, vor continua prin toate mijloacele, să se agațe de putere și privilegii.

- Trăind, realizăm că venim dintr-o eternitate a trecutului și ne așteaptă eternitatea viitorului, dar miracolul este că prin intensitatea și frumusețea clipei prezente, putem transforma însăși efemeritatea într-o eternitate. Astfel, deși suntem muritori, trăim în fiecare clipă, gândul veșniciei. De fapt, ignorăm moartea cât trăim. Pe bună dreptate. Iar, când se întâmplă, nu mai suntem. O fentăm. Îi dăm cu tifla. Și ea, nouă.[48]

- Geneza 1:1 La început, Dumnezeu a făcut cerurile și pământul. Într-adevăr, un început cu stângul. Sunt presupuse astăzi ciclurile existențiale ale universului, multiversuri, materia întunecată, deși neștiută, necunoscută, dovedită prin calcule. Acest „la început" este doar începutul unei istorii, legende, povești mitologice, ale unui popor măreț – cultural și spiritual – dar, mic și insignifiant în economia brută a istoriei.

- Sacrificiu. Mi-a rămas în minte exemplul unei doamne foarte titrată, asezonată cu multe titluri academice și universitare, trecută mult de jumătatea vieții, care avea onestitatea și bucuria (într-un cabinet medical) de a fi descoperit o noutate – sexualitatea! Mai bine mai târziu, decât niciodată! Solomon rămâne un înțelept: Eclesiastul 3:1 „Toate își au vremea lor și fiecare lucru de sub ceruri își are ceasul lui." Aș adăuga: și citarea este o deșertăciune! Și goană după vânt!

- Aflu de la Hannah Arendt: <Revoluția franceză a dovedit că „Adevărul în forma lui vie [se putea] etala în treburile lumii".>[49] Această propoziție simplă mă convinge de caracterul reacționar al religiei, care vede în revoluția franceza – pe bună dreptate – începutul dezastrului.

- Luca 18:22 Când a auzit Isus aceste vorbe, i-a zis: „Îți mai lipsește un lucru: vinde tot ce ai, împarte la săraci și vei avea o comoară în ceruri. Apoi, vino și urmează-Mă." Religiile și întemeietorii lor agrează paradoxul. Extremele. Imposibilul. Am înțeles. E un îndemn la binefacere! Dar, de ce atât de radical?! Cine poate face asta? Aa, da!

Holly man hindus, isihasmul, unii preoți, profeții, oamenii rătăciți. Toate aceste categorii practică excluziunea. Ei sunt niște ciudați. Nu mai au nicio funcție socială reală, practică, ca oameni obișnuiți, normali. De fapt, toate aceste categorii cerșesc sau se bizuie pe subzistența statului, obolul confesiunii. Împarți la săraci. Odată. Și? Apoi? Mâine vin iar! Mă căutați doar pentru pâine și pește.

Instituțiile religioase mizează pe o societate funcțională. Pe truditori. Scopul e iluzoriu și mercantil! Idealul este o comoară! Până și binefacerea este

---
[48] Hannah Arendt, *Viața spiritului*, Humanitas, 2018, trd SG Drăgan, p 190.
[49] Hannah Arendt, *Viața spiritului*, Humanitas, 2018, p 235, remarca lui Hegel (Prelegeri de filosofie a istoriei, v nota 108.

pervertită proiectiv. Cu profit. Nu cu procente, cu ordine de mărime. Că, gura nu ne doare. Și vulgul e docil!

Apoi, „Vino și urmează-mă!" Omul obișnuit, ca mine și ca tine, n-o poate face. Avem o profesie, o familie, suntem angrenați într-un sistem, care presupune și religia, spiritul. Paradoxul rămâne. Rolul lui este neîmplinirea, culpabilizarea, remușcarea, pocăința, umilința. Și, reușește de cele mai multe ori!

- De ce pentru o eroare inițială relativ nesemnificativă, purtăm cortegiul atâtor nenorociri, administrate de un Dumnezeu – culmea – iertător! De fapt, am putea și ar trebui să ne întrebăm: nu cumva aceste istorii sunt doar un pretext? *Motivarea și dependența prin vinovăție.* Trăim o realitate multipolară, cu veritabil și eronat, cu bine și rău, cu frumos și urât. Supraviețuim. Ne adaptăm. *Nu cumva, însăși noțiunea de păcat este toxică, exagerată, în același irațional al culpabilizării permanente.* Există niște consecințe ale actelor noastre. Sunt suficiente. Suprataxarea moralist spiritualistă este superfluă.
- Biblia înscrie temporalitatea prin debutul său: „La început..." Când definești un început, ai și antonimul său, sfârșitul, limita, gata făcute și, presupui distincția infinitului, veșniciei. Dar, înainte de a ne hazarda în filosofia fizică a **timpului**, să stăruim asupra scurgerii sale practice, prin trăirea lui mentală și reală, astfel că permanent, un viitor inexistent încă, se transformă într-un prezent, prin definiție efemer, lipsit de durată, devenind un trecut, care deja este istorie și devine inexistent ca un „fost". *Putem spune că deși trăim timpul, ne scapă printre degete.*

Aceasta este realitatea fiecărui individ, persoane, iar *dacă există o veșnicie relativă, aceasta aparține speciei.* Religia operează cu perioade mari de timp, cu calități superlativ absolute ale acestuia, ni se promite veșnicia – adică un prezent continuu, inepuizabil, care nu mai vine dintr-un viitor și nu se mai scurge în niciun trecut. Deși, este evident, o imposibilitate, oamenii trec ușor peste ea, ca peste o subtilitate neimportantă. Adică, împărăția antică, monarhică și monahală, a lui Dumnezeu este cam încremenită.

În universul cognoscibil, fie el astral, mecanic sau cuantic, totul este mișcare, iar mișcarea presupune prin viteză și nu numai, atât spațiul, cât și timpul. Finite, infinite sau ciclice. Pentru cunoaștere sunt importante, dar pentru viața noastră efemeră, de cca 90 de ani, discrepanțele sunt prea mari. Dar, domeniul prin excelență al religiei, nu este fizica, ci morala și spiritualitatea. Așa că, fără niciun simțământ de sacrilegiu, legăm fizica, timpul, spațiul, veșnicia, prin mezalianță cu morala, concepte de bine și rău, spirite, duhuri, îngeri, daimoni și alte ființe fantastice sau imaginare. Miturile dobândesc tărie și credibilitate, atunci când sunt asociate cu terenul ferm al fizicii. E un melanj. Nu putem amesteca naturi și domenii diferite.[50]

- *Moartea nu este plata păcatului, ci condiția vieții, a biologiei!* Desigur, valorile fundamentale sunt polarizate. Toate ființele biologice mor fără excepție. Cu un rudiment de psihism sau raționale, conștiente de sine și de finitudinea lor, de timp și de spațiu, sau inconștiente și nonraționale. *Nemurirea este o utopie. O imposibilitate. Acesta este un adevăr elementar.* Deși admitem contrastul dintre bine și rău, ca valori etice, morale, spirituale – considerăm noțiunea de păcat, creată de oamenii oripilați de damnarea morții, o construcție *monumentală mitologică a răului*, destinată anulării prin speranță și credință în tărâmuri ideale, desăvârșite, absolute. Rămân simple posibilități virtuale, împărății ale himerei.

- Dacă există, Dumnezeu nu are nevoie de apologeți. Dacă nu există, apologeții nu-l pot ajuta. Dumnezeu există. Dar, Dumnezeu este absent! Dumnezeu este prezent prin credință! Ca și Alah, Buda, Tao, Brahma, Baal, Astarteea. Pentru toți închinătorii, Dumnezeu există. Bineînțeles, nu putem vorbi de dovezi. Ele sunt indirecte, lăuntrice, deduse, subiective. Certitudini!

- Religia este și se asociază cu cele mai scumpe valori – prioritatea semenului, dragostea, modestia, altruismul, sacrificiul, speranța! Este o formă de cultură și spiritualitate care atenuează asperitățile vieții și existenței, pune ordine, inspiră și minte frumos în fața morții. O ființă existentă și conștientă de sine nu poate accepta inexistența, moartea și decorul ei – suferința. Religia numește asta *cădere, cunoaștere (conștiință, remușcare) sau păcat*. Esențialul, în această ecuație, este *salvarea, mântuirea, veșnicia, eternitatea*. Este ceea ce, sub o formă sau alta, reprezintă religia. O ofertă.

- Credința este ancora viitorului!

- **Obiectul muncii religiei**. Ar fi să ne schimbe natura umană rea, violentă, agresivă, într-una blândă, binevoitoare, îndatoritoare. Prin mijloace supra-naturale. Pentru asta apasă la maxim pedala firescului, carnalului, instinctualității, ignorând sau minimalizând, funcțiile emoționale, empatice, raționale, ale ființei umane. Ne înjosește ca să aibă de unde să ne înalțe. Astfel apar versuri ca: Psalm 40:2 „M-a scos din groapa

---

[50] Inspirat de Hannah Arendt, *Viața spiritului*, Humanitas, 2018

pieirii, din fundul mocirlei; mi-a pus picioarele pe stâncă și mi-a întărit pașii." Cu răsunet în Ap Pavel: Romani 7:24 „O, nenorocitul de mine! Cine mă va izbăvi de acest trup de moarte?" Sunt contrariile morale, amorale, imorale? Poate. E o certitudine că sunt universale![51]

- Credința religioasă oferă protecție. Extinsă! Protecția este oferită de cei puternici. Orice protecție are un preț! Libertatea și independența. Orice protejat este aservit. Timpul, resursele, energia, cultura, stilul de viață, spiritul. Totul! Prin masificare, protecția devine captivitate. Nu mai ești persoană, entitate. Devii membru! Al unei turme. Oaie.
- Există universul, pământul, natura. Apoi, existăm noi, cei care gândim (Descartes), vorbim. Noi, oamenii, știm câte ceva despre un domeniu sau altul. Fizică, filosofie, biologie. Suntem preocupați de sens, semnificație, valori, viitor și, în context – ne recunoaștem, *volens-nolens* – finitudinea, moartea. Greu de acceptat, dar inevitabil. Ca să ieșim din impas, am desenat o ușă. Ușa ține de un edificiu. Noul Ierusalim. De un proprietar. Creatorul. Dumnezeu. Așa ajungem la religie. Unii îi spun singularitate. Circularitate! Circ.
- Spiritualizarea este efortul de abstractizare neînțeles, neasumat și supra-investit.
- Religia este doar o făcătură foarte atrăgătoare pentru muritori. Prețul plătit conștienței și conștiinței. De sine. Una peste alta, merită. Nu religia, gândirea.
- Există tulburări emoționale, labilități și dezechilibre, psihoze mistice și delir de acompaniament. Mai nou, dar deja, nu foarte recent, există diagnostic și tratament psihiatric pentru astfel de afecțiuni. În secolul XIX, aceste trăiri interioare puteau dobândi încă, forme sociale organizate, instituționalizate, într-un continent fără tradiție culturală și spirituală europeană. Când zbuciumul emoțional, anxios, depresiv, labil este receptat, valorizat și resemnificat de anturaj, el poate fi descărcat terapeutic, poate dobândind valențele religiozității reale. Un suflet tulburat imprimă trăsăturile unui grup tulburat, care le preia și le structurează creativ.

Oamenii, bărbați și femei, privesc la viața lor imperfectă și limitată, sunt îngroziți și terifiați de simțăminte reale sau imaginare de vinovăție, au conștiența acută că sunt muritori și vor muri negreșit într-o zi, au nevoie de speranță și salvare, de protecție și iubire, de apartenență și părtășie, izvorâte dintr-un

---

[51] Frans de Waal, *Bonobo și ateul; în căutarea umanismului printre primate*, trd Ioana Miruna Voiculescu, Humanitas, 2017. Original 2013.

instinct gregar. Este exact ceea ce oferă, creează și creionează religia. Camp meeting. Secolul XIX. EGW (Ellen G White). Bipolară? Ce altceva ar putea fi oscilațiile acestea între culpabilitatea cea mai neagră și fervoarea, extazul religios cel mai înalt, acompaniat de slăbiciune extremă, pitiatism, pe fondul unui traumatism cranio cerebral cu pierdere de cunoștință și deformări faciale ireversibile, reale, închipuite sau imaginare. Fractură a piramidei nazale?[52] Inspirat de Ron Numbers, un intelectual universitar de calibru. Trecut la cele veșnice.

- Religia pretinde că este depozitara și se ocupă doar de aspectele fundamentale, foarte importante ale existenței, de viață și de moarte. Pentru asta și-a rezervat un timp – nu prea lung, 1/7 dintre zile, o oră, două sau mai multe, zilnic, ritualuri, ceremonii, odăjdii, temple, biserici, adunări, deserveți.

Te poți ocupa numai de asta? Or fi importante, dar schimnicii, isihasmul, călugării, preoțimea, ecleziasmul, sunt niște specializări stricte. Sunt puse deoparte. Chipurile, fiindcă sunt sacre, sfinte. Nu din aceste motive! Ci, fiindcă, dacă nu sunt împotriva firii, sunt separate de aceasta! Omul nu poate fi serios, grav, tot timpul. Există o vreme a jocului, a destinderii, a recreației – o adevărată răpire zglobie din țara sacrului!

Oricât s-ar încrunta obsedații sacralității clamate, mai degrabă decât trăite, ființele umane au nevoie vitală de râs, destindere, divertisment, timp liber. Concentrarea, efortul, trebuie să fie urmate de relaxare, uitare, hoinăreală a gândului, a trupului, a timpului, în spațiu, în natură, în plimbare. Vreme este pentru toate!

- Evaluând religia, avem de ales între văzătorul – profetul antic și omul de știință contemporan. Previziunea este o necesitate. Structura datelor, procesului, s-a schimbat enorm. Opțiunile imediate și de perspectivă, sunt evidente. Bobii și sorții au pierdut teren în fața analizei serioase și deciziilor asumate. Nu ne mai putem permite luxul de a lăsa întâmplarea să decidă soarta evenimentelor viitoare, individuale și colective.[53]
- **Religia** are câteva trăsături caracteristice, specifice, care îi dau nota distinctă.

Accent pe cuvânt, mesaj, solie. Acest aspect o situează în zona guriștilor, a zgomotului, a ideologiilor, doctrinelor și dogmelor. O îndepărtează de realitate, realism, existență, spirit practic, pragmatic. Apologia unui alt tărâm, altei

---
[52] Ron Numbers, *The Prophetess of Health*.
[53] Inspirat de D.C.Dennett, *Breaking the Spell*, 2006, Humanitas, 2023.

existențe, dominion, împărății – paradisiace, edenice, utopice, în care legitățile sunt presupus schimbate, nepolare, complet armonioase, noncontradictorii. Lumină fără întuneric, zi fără noapte, vară fără iarnă, existență biologică – sau spirituală – fără sfârșit, viață fără de moarte. Pentru ca aceste deziderate utopice să devină realitate, însuși cosmosul ar trebui bulversat, rearanjat. O polaritate rămâne, totuși, indestructibilă – raiul și iadul. Viața veșnică și moartea veșnică. Cu asortimentul și conotația fericirii veșnice, respectiv chinurilor veșnice. Inclusivă și totuși exclusivistă. Religia include la fel de utopic, toate trăsăturile moral pozitive, toți oamenii, dar este în mod absolut drastică, lipsită de orice negociere și compromis, intolerantă, față de presupusa alterare a purității Adevărului Absolut, considerat de origine divină, dar vehiculat și manipulat exclusiv de oameni. În numele acestui Absolut, imensitatea lui copleșitoare, justifică orice, devalorizează orice opoziție, chiar cu prețul vieții umane și al oricăror atrocități, inchiziții, epurări.

Vis a vis de atributele copleșitoare ale zeului, orice trăsătură, calitate, dimensiune sau realizare, realitate umană, devine insignifiantă. Sunt exacerbate infinit, modestia, supunerea, ascultarea, încrederea, umilința. Bineînțeles că o astfel de anulare, mutilare, este imposibilă. Dar este clamată și proclamată. Terenul viran al aberației este ocupat de ipocrizie și fariseism. Toate relațiile sociale aparente sunt edulcorate cu zâmbete și miere, dar sub pojghița subțire se află colții și ghearele vajnicilor apărători ai Domnului, recte al privilegiilor și impunității. De obicei, cumpătarea, modestia, caracterul simplu și umil al religiosului, îi asigură o bunăstare relativ modestă. Beneficiile sunt mai degrabă sufletești, afective și spirituale, decât materiale.

- R: Cerere/Ofertă real/virtuală(promisiune) imensă. O formă de socializare, cultivare, accedere, ascensiune etc. O posibilitate. Bunul simț îți cere să n-o irosești.
- Conceptul curat/necurat în conotații rituale, ceremoniale. Necurat, până seara, 10 zile, 40 de zile, un an, toată viața, veșnic – caz în care trebuie văzut ca o urâciune!

Ce sunt astea, dacă nu, doar reflexe ale ignoranței, incapacitatea de a înțelege în ce constă igiena, contaminarea, asepsia și antisepsia, decontaminarea. Ca să nu mai vorbim de vaca roșie sau praful din pridvorul templului care, înghițit într-o soluție, putea dovedi vinovăția sau nevinovăția de adulter. Practici la fel de ciudate ca și gelozia sau paranoia pe care și-o asumă însuși Dumnezeu!

- Noul Testament reprezintă doar o apgradare (upgrade) a Vechiului Testament, impusă de motive istorice. 500, o mie, două de ani, fac necesară o primenire, împrospătare a valorilor, principiilor, comandamentelor, idealurilor omenirii. Până și ceea ce se pretinde a fi divin, inspirat, se dovedește perisabil, cu trecerea mileniilor.[54]

Orice asemănare the Spell/the Gospel, nu e întâmplătoare. O variantă comună a lui the Spell în românește ar putea fi și blestem, descântec, pe lângă vrajă.

- Prin însăși natura contradictorie a lucrurilor, strălucirea maiestuoasă a absolutului va fi însoțită mereu de umbra funestă a fanatismului.
- Din nefericire, într-o lume contradictorie ca a noastră, până și credința **religioasă** este polarizată. Pe de o parte dragostea altruistă față de semen, pe de alta, separarea, delimitarea de ceilalți, de lume – noi și voi – care poate merge până la intoleranță și crimă, războaie religioase.
- Valorile absolute pot conduce la absolutism și înăbuși moderația.
- Pentru a deveni credibilă, religia are o sarcină insurmontabilă, aceea de armonizare a unui adevăr absolut cu diversitatea confesiunilor concurente.
- Mănușile sacre ale religiei sunt țesute cu urzeala absolutismului, autoritarismului, intoleranței, rigidității, dogmatismului și fanatismului.
- Caracterul sacru, specific și original clamat de orice religie, exclude *ab initio*, orice negociere. Este impusă supunerea necondiționată.
- Religia nu este decât o proiecție (defensă psihologică) a zeilor, care se întorc la oameni cu pretenții împrumutate prin credință, dintr-un tărâm imaginar – de autoritate, putere, privilegii, bogăție, influență și statutul sacralității. Deserveniți și deserviți. Numai că deserveniții au pârghiile, iar deserviții asigură costurile, cu vârf și îndesat. Totul este mitologie lipsită de acoperire, o realitate a himerelor răsturnate, în numele valorilor. Credulii sunt disponibili și se supun.
- Ordinea și disciplina sunt necesare. Valorile merită considerație! Cultura oferă satisfacții. Munca este o necesitate. Odihna și recreația, de asemenea. Ați fost, toți am fost opriți în trafic și sancționați. Contravenție, articole de lege, plată și răsplată. Pedeapsă. În cazuri mai serioase, proces penal! Judecată. Condamnare. Aceasta este religia. O oprire. Nu mai ești tu! Nu mai ești liber. Nu mai ești întreg. Ești disecat, încadrat,

---

[54] Dennett DC, *Ruperea Vrăjii*, Humanitas, 2023, orig 2006, Breaking the Spell.

împachetat și expediat! Motivare prin vinovăție. Zeii? Proiecție defensivă a autorității.

- Religia este asemenea unui muzeu arheologic ticsit de lăzi cu cioburi în care îngeri și zei restauratori de oameni – odată întregi – refac exponate antice superbe care pot fi admirate, dar nu vor putea fi niciodată utilizate.
- Valorile sunt polarizate: bine/rău, adevăr/eroare (subsidiar: minciună), frumos/grotesc. Oamenii au început ca familii lărgite, au continuat ca grupuri de interese și au ajuns ca mulțimi amorfe. Care trebuie conduse, călăuzite.
- Forma primitivă de conducere a fost puterea cu anexele ei violente, dar costisitoare și consumptive. Apoi au fost descoperite motivațiile mai subtile, discursul, coerența, convingerile. Acestea au fost împărțite între politică – cu ideologia, religie – cu dogmele, justiție – cu puniția reglementată, comunicare – cu informarea sau dezinformarea etc. Puterea este forma hard, toate celelalte, forme soft. Unele cu sâmbure hard. Puterea primitivă acționa din exterior către interior, formele evoluate de influențare și conducere acționează din interior spre exterior, în sensul că nu se bazează pe constrângere, ci pe convingere – cel puțin în stadiile inițiale.

Ceea ce am ignorat până în acest moment este faptul că oricând vorbim de existența valorilor, nu putem ignora poziționarea față de acestea și repartizarea, distribuirea lor, în funcție de interese. Și privilegii. Acest aspect complică lucrurile fiindcă interesele trebuie disimulate, iar privilegiile escamotate. Orice ideologie, doctrină, sistem juridic, comunicare, informare, este contracarată și parazitată de contra-curentul subteran, disimulat, al intereselor și privilegiilor. Acestea sunt întotdeauna de la sine înțelese și trecute sub tăcere. Așa funcționează corupția.

- Polarizarea lumii în care trăim este universală, ubicvitară, manifestată pretutindeni. Dar sunt greu de acceptat gânduri și concepții **contradictorii**, sentimente diferite, atașamente sau proiecte variate, toate pestrițe, având valențe variabile. De ce? Fiindcă astfel ne este facilitată orientarea, șansa, alegerea, progrediența.
- „Religia viitorului va fi o religie cosmică. Ea va transcende un Dumnezeu personal și va evita dogmele și teologia." Einstein.
- În ciuda ritualurilor și odăjdiilor a caracterului sacru presupus și pretins cu morgă, instituționalizarea religiei poate acoperi cu greu și doar parțial

obiectul credinței, Marele Absent. *Există temerile, nevoia de protecție, iubire, mângâiere și ocrotire, siguranța și certitudine. Proiecția defensivă către divinitate funcționează! Omul își exercită credința și dobândește la schimb, speranță, izgonirea subiectivă a morții, neantului – inacceptabile și de neconceput pentru orice ființă vie, conștientă de sine, de viitor și de caracterul muritor.*

- Religia este un basm frumos, realist, credibil, care mai are și marele avantaj stimulant, că te poți implica și participa direct, atât ca personaj, cât și ca autor colectiv. Trăiești foarte creativ fiindcă îți trăiești fanteziile. Riscurile pot fi eludate, cu oarecare pricepere și îndemânare.
- Dumnezeu este un artificiu comod și disponibil care înlocuiește orice limită în cunoaștere, înțelegere, posibilități, capacități. Într-adevăr, aveam nevoie de cineva care să *acopere totul, să facă totul, să știe totul, să aranjeze totul și să-și asume totul*. Bineînțeles că este o soluție de circumstanță, de avarie, compromis și temporară. În multe privințe am găsit rezolvări mai fericite.
- Miracolele au loc întotdeauna în vremuri imemoriale, în ținuturi îndepărtate, dar niciodată aici și acum.
- Transcendental, transcendență, pare un termen pur descriptiv, referitor la o altă lume – a zeilor, a imaginației, fără legătură cu noi. Până îl verbalizăm. Deodată, verbul a transcende sugerează dinamism, competiție, dominare, iar caracterul său exotic nu lasă nicio șansă negocierii, instituirii unor raporturi rezonabile.

Nu, *în fața zeilor nu poți spune decât „da" și „amin", nu poți decât să te supui, să te umilești, să te pleci și să te închini.* Sunt oare aceste reflexe masochiste? Este această cultură, o ură de sine? Sau, doar *perversitatea de a gratifica cu superlative o instanță, căreia să-i ceri totul și chiar imposibilul?!*

- Citind Lumea arhetipurilor lui Jung, mă întreb dacă *istoria* **devenirii** *spirituale a omului și omenirii, umanității, nu pornește cumva din exterior,* asimilat ca „primitiv" – comportament, stereotipii, vegetativ, instinctualitate și merge tot mai profund și interiorizat, spre afectiv, cerebral, trecând apoi la funcțiile psihice de sinteză – temperament, caracter, conștiință. Astfel, religia începe ca teamă și închinare, jertfe și sânge, iubire și sacrificiu, devenind tot mai psihizată, cerebrală, teologică și informatizată. Uneori, mă întreb dacă nu se întâmplă – când se întâmplă – același lucru și cu fiecare dintre noi.
- Religia – O nevoie foarte reală hrănită imaginar!

- Convingerile religioase, conținutul lor, sunt supranaturale, nereale și imposibile. Pentru a le conferi credibilitate, trebuie inserate în istorie, realitate și certificate. Cele mai multe mijloace pentru realizarea acestui deziderat sunt *indirecte*. Ceremonii impresionante, tradiții venerabile, clădiri somptuoase, odăjdii sclipitoare, istorie îndelungată, mulțimi supuse, narațiuni emoționante, valori incontestabile și altele. Când sunt puse la bătaie și mijloace *directe*, acestea nu pot fi decât negative – putere, influență, falsuri, minciuni, bogăție, combinații.

- Ideea de Armaghedon, deși are conotații antice legate de Meghido, nu este neapărat istorică sau escatologică, ci mai degrabă psihologică și apocaliptică. Ea trădează superficialitatea mieroasă a oricărui om religios, dublată de profunzimile sale radicalizate, intolerante și intransigente. Ideea iubirii și binefacerii este delimitată de ideologia mult mai pregnantă și agresivă a separării, destinului și destinației definitive.

- Când evaluăm rațiunile unui conflict sau doar a unei contradicții, o facem privind cei doi poli de putere și argumentare, de pe arealul unuia dintre ei. Care? Cel căruia i-am acordat deja girul, ne identificăm cu el și am devenit deja subiectivi, preferându-l. Înțelegem, deci, că obiectivitatea pretinsă este o himeră.

- Să știu niște povestiri, să aparțin unei tradiții, să am o cultură, să aparțin unei biserici, să am niște convingeri – asta e doar o introducere. Dar pot presupune că îl cunosc pe Dumnezeu, că suntem apropiați, că mă știe și îl știu, că-i cunosc obiceiurile, afinitățile și idiosincraziile. Și tot nu e de-ajuns – știu sau cel puțin intuiesc ce gândește! Despre multe! Dar, mai ales despre mine! Irezistibil!

- Dacă religia, biserica, Biblia, Dumnezeu sau papa, îmi spune: ce să citesc și ce să nu citesc, cum să mă îmbrac și cum să mă dezbrac, ce să mănânc și ce să nu mănânc, când să muncesc și când să mă odihnesc, care sunt valorile mele și care sunt valorile lor, care este cultura mea și care este spiritul lor, dacă pot și nu pot dispune de timpul meu, dacă devin un rob, un pion, o marionetă, un zombi, un papagal care repetă formule verificate, o flașnetă plină cu ziceri digerate, ce s-a petrecut cu omul din mine? Am murit și m-am născut din nou. Mort. Nu față de lume. Față de mine! Altul trăiește în mine! Nu-mi rămâne decât să privesc tablourile Sfântului Sebastian, să încremenesc și să mă crucesc! Apostolul Pavel spune că aceasta este transfigurare, dar este dezumanizare. Înstrăinare! Alienare.

- Unde se află bula, ghetoul? În practicile cultelor? În doctrina sectelor? În conștiința credinciosului? În cultivarea unei lumi, grup, enclave cu comportament, obiceiuri, tendințe de izolare și diminuare a contactelor sociale la strictul necesar? Probabil că în toate acestea. La care se poate adăuga și reacția socială, rebound ul colectivității, de evitare, stânjeneală, respingere.
- Exodul 3:14 Dumnezeu a zis lui Moise: „Eu sunt Cel ce sunt." Și a adăugat: „Vei răspunde copiilor lui Israel astfel: *Cel ce Se numește «Eu sunt» m-a trimis la voi.*"

Filosofic, ceea ce rămâne nedovedit, pretinde a fi baza, fundamentul existenței printr-o banală *tautologie, circularitate, pleonasm*. Ab solutus este lipsit de relații, limite, legături, suveran. **O fi. Sau n-o fi. Nu se poate ști**. Idei imposibile. Ca și cercul lui Cusanus, cu centrul pretutindeni și circumferința nicăieri. Toate argumentele lumii transcedentale sunt împrumutate din existența imediată, cu care n-ar avea nicio legătură prin însăși definiția ei. Ceea ce trebuia demonstrat.

- Apocalipsa 20:8 și va ieși din temnița lui ca să înșele neamurile care sunt în cele patru colțuri ale pământului, pe Gog și pe Magog, ca să-i adune pentru război. Numărul lor va fi ca nisipul mării. Delir... Religia este o formă de PTSD (post traumatic syndrom disease), un sindrom posttraumatic, o nevroză a catastrofei! Niște apocaliptici!...
- Pentru ce există religiile? Pentru defensă prin proiecție?! Nu există în adevăr, bine, frumos, în matematică, logică și filosofie, în morală și conviețuire socială, în artă și estetică, suficiente argumente și motive pentru Adevăr, Bine și Frumos?! Trebuie să facem teologie? Trebuie să ne raportăm și să așteptăm milă, îndurarea și bunăvoința Marelui Absent? *Arătați-mi o singură particulă care nu depinde și nu respectă masa, energia, numărul atomic și câmpurile care derivă din ele*. Invocați zei, îngeri și demoni pentru șanse, potriviri și înlesniri de-a gata. Fiecare dintre noi știe că sunt șanse egale să fie bine sau să fie rău.

Dar, *sperăm, credem, nădăjduim. Fiindcă nu suntem în stare să privim viața și moartea, în față*. Și, pentru că ne temem, *am făcut din Dumnezeu un tiran*. Apoi, ne-am pocăit și l-am îndulcit. Am adus duhul, dar era prea abstract, ne palpabil! Atunci, am găsit pe *Mesia. Am umanizat sacrul și religia*. Și l-am adus pe Isus, pe Hristos, și pe cei doisprezece. Dar, pentru că nu ieșeau la număr, fiindcă fusese trădare, a venit *Saul, Pavel care făcea cât toți, la un loc*. Așa se scrie *istoria – o adaptare din mers, între imperativ și necesar, benefic. Nu putem trăi fără Dumnezeu, fără religie.* Fiindcă suntem fragezi, nu suntem copți! *Să ne maturizăm! Avem o religie de trei-patru mii de ani și o știință de 3 sute de ani.* Nimic nu se potrivește! Totul este atât de contraintuitiv! Greu de acceptat noutatea!

- Religia pare să fie de două tipuri, categorii: aceea care pune zeul în afara, exteriorul propriului spirit și aceea care identifică zeul cu propriul spirit. Diferența pare fundamentală, dar în plan imaginar, devine inexistentă.
- Angoasa în fața jertfei de sine, pândește în spatele fiecărui eu, *confirmând eul ca sursă unică de angoasă, cum stipulase Freud, cu rădăcini în inconștient*. Devenirea de sine – individuația lui Jung, se realizează prin impunerea eului nuclear psihologic, nu teologic, atât față de tenebrele inconștientului – pulsiuni-compulsii, cât și față de ademenirile supra-dominantelor sufletești numinoase. În aceste condiții, oferta salvării propriei ființe, propriului eu, a mântuirii prin înlocuire, printr-un mântuitor, rămâne de nerefuzat, antrenând pârghii afective de încredere, credință și recunoștință fundamentale, implicând resorturi conștiente și inconștiente. Toate celelalte elemente psihice de identitate, apartenență, relații, cimentează transformarea.[55]
- Religia este prima și ultima proiecție. Proiecția fundamentală! Păcat că este doar o defensă!
- Toate broderiile despre Împărăția lui Dumnezeu sunt o fugă de, și o negare a vieții cotidiene. Singura reală!
- Isus Christos a fost cel mai mare reformator, revoluționar spiritual al tuturor timpurilor și totuși, majoritatea creștinilor, bisericilor și religiilor creștine afișează un conservatorism, tradiționalism și rigiditate crasă. Orbiți de interese meschine, anchilozați pe metereze egotiste!
- Religiile sunt un fenomen universal profund uman, impregnate de cultură și spiritualitate, totuși ele păcătuiesc grav și, în decursul mileniilor pierd audiența, relevanța și cad în desuetudine, pentru a fi resetate și a reapărea sub noi forme. Care ar fi principalele carențe ale religiei? Nu au nicio referință autoritară, veridică, confirmată și verificată privind natura realității, principiile fundamentale ale existenței, deși reprezentându-l pe creator, ar trebui să existe referințe foarte exacte și precise, chiar dacă de natură cu totul generală și accesibile.

---

[55] Carl Gustav Jung, *Psihologia religiei vestice și estice*, trd Viorica Nișcov, Ed Trei, 2010, Walter-Verlag, 1995, Zurich., Bardo Thodol, Opere complete, vol 11, p 555.

Trădează temeri, așteptări și valori profund umane, disimulând cu dificultate, discriminarea noi/ei, inechitatea preferențială, în funcție de valorile morale, spirituale și religioase ale grupului, pedepsirea exemplară și răzbunarea față de ceilalți, judecăți și atrocități exagerate și disproporționate, visuri utopice și naive pentru viitorul propriu sau al unor privilegiați. Toate acestea vădesc o elaborare simplistă și primitivă, o lipsă de orizont umanitar, caracteristici ale tribalismului desuet.

- Crăciun – Naștere și Renaștere
- Paște – Moarte și Înviere
- Religia se autodefinește ca obstinație a rădăcinilor, originii. Apocalipsele nu sunt decât o fantezie morbidă. Între acestea două, doar iluzie și deziluzie!
- Capul lui Ioan Botezătorul. Mai mult ca altă dată, sunt izbit de caracterul legendar al relatărilor evanghelice. Întâmplarea este relatată târziu, în cursul activității evanghelistice a lui Isus, cu caracter retroactiv. Evangheliile au fost scrise în deceniile 7-10 ale secolului 1, privitor la evenimente din deceniul 3-4. Caracterul colocvial cu care par a se întreține grupuri cu origini, rang, preocupări, diferențe enorme de venituri, putere, prestigiu și celebritate, este problematică și incredibilă.

Dramatizarea are culoarea basmului – dans, plăceri, o viață lipsită de griji, pe de o parte, samavolnicie, cruzime și nedreptate strigătoare la cer, pe de altă parte. Posibil, dar foarte puțin probabil. Literatură devoțională împânată cu miracole sau cruzimi terifiante.

ID: Dar cat de mare e nevoia maselor de a crede într-un Tată Atotputernic în care să-și pună nădejdea, care organizează haosul lumii și pe cel din sufletul fiecăruia. Un grăunte din aluatul credinței dospește întreaga plămădeală a vieții!

S: Da. Asta este credința. Ai un suport. Te bizui pe ceva. Important este efectul! De ce să despicăm firul în patru?! De ce să căutăm nod în papură? Este atât de frumos! Se potrivește atât de bine! Iluziile au efect narcotic. Opiu. (Lenin)

- *Convertirea este răstignirea.*
  Învierea este deconvertirea.
- Religia trăiește din ambiguitate. Și credulitate. Din naturalul metamorfozat în supranatural. Toți asistăm, în fiecare moment, la măreția copleșitoare a naturii mari, complexitatea și surprinzătoarea natură infinitezimală, frumusețea și coloritul vieții, parfumul și dulceața roadelor. Oamenii asistă, trăiesc, privesc și gustă din toate astea. Devin recunoscători.

Și, până să afle detaliile, se înfiripă imaginea unui Dăruitor mânios care pretinde reciprocitate, căruia îi datorăm închinare, adorare, ascultare. Nimeni nu pretinde nimic. Și adevărul și eroarea, și binele și răul, și frumosul și grotescul, urâtul cel mai monstruos, sunt dimensiunile fundamentale și reale, ale unei existențe lipsite de zei, care există doar în conștiința prin care nu reflectăm doar existența, ci și viața, pe noi înșine, relațiile dintre noi, oamenii.

- Religia reprezintă tentativa eșuată de a ne accepta limitele și vulnerabilitățile, o încercare de evadare într-o lume sigură, perfectă, utopică. Bună încercare!

- Genesa 1,26: „Dumnezeu a zis (iar omul a scris) <Să facem om după chipul Nostru, după asemănarea Noastră...> Ne putem imagina un Dumnezeu gelos, un Dumnezeu mânios?! Un Dumnezeu desăvârșit nu poate avea resentimente. Un Creator al vieții nu poate ucide! De fapt a fost invers. Omul, copleșit de măreția și stihiile, de proporție cosmică ale naturii, și-a făcut o reprezentare a ceea ce adora, ca și a ceea ce-l îngrozea. I-a numit *idoli, zei, dumnezei*. A vorbit cu ei și le-a cântat. I-a îmbunat și i-a descântat. Și i-a apropiat și li s-a închinat. Le-a oferit daruri și pentru a scăpa cu viață, le-a dăruit viață la schimb. Le-a jertfit copii, semenii, animale, sânge și grăsime, hrană și mirodenii, haine și podoabe. Cel puțin jumătate din timp, lucrurile păreau favorabile. Atunci cântau și dansau. Alteori, lucrurile mergeau prost. Atunci, posteau, se prosteau, se tânguiau și aduceau mai multe jertfe. Aceasta era, și așa a început religia.

- Reiau o idee mai veche, aproape eternă. *Cei mai religioși oameni pretind că știu exact ce gândește, ce simte, ce vrea, ce intenții și ce urmărește Dumnezeu. Vorbesc în Numele Lui! Pentru a justifica o astfel de enormitate au fost creați termeni ca: inspirație, profet-profeție, viziuni, experiențe, ba chiar și o Persoană extrem de eterală, Sfântul Spirit, Duhul Sfânt, cel care purcede.*

- Credința religioasă este o boală sistemică, mentală, autoimună, cu agent declanșator divin, imaginar, pro-(priu)-creat. Cuvintele sunt șchioape! Nu te împiedeca în ele. Fiecare dintre noi, orice ființă umană, are Dumnezeul său. Nu există reguli. Sau, dacă există, sunt omenești. Cele mai pregnante prezențe ale lui Dumnezeu, după umila mea părere, sunt: *într-o experiență unică, singulară, în natură, într-o capodoperă (toate artele), în cea mai neagră suferință, în cea mai înaltă fericire, în cea mai mare deznădejde. E doar o parte din modul în care mă străduiesc să mă apropii de Dumnezeu. Ca fiecare om, am avut și eu momente astrale. Cel mai important aspect, este comuniunea perpetuă cu Dumnezeu. Fiecare, în felul său!*

- **Pamflet** Există o suspiciune de ambivalență a religiei ca ofertă, sau a noastră ca percepție a ei. Religia proclamă sus și tare, regula de aur, grija față de semen, iubirea dezinteresată, prezervarea vieții, combaterea și interzicerea avortului, protecția vieții și sănătății prin eliminarea toxicelor uzuale, drogurilor, un stil de viață sănătos. O vitrină admirabilă! Dar! Cum se împacă această fațadă declarativă formală, cu temele majore ale militantismului religios care disprețuiește existența și viața prezente, terestre, în favoarea unei existențe fanteziste și iluzorii dintr-o „împărăție" democratică (termeni incompatibili), a armoniei desăvârșite, pregătită de Dumnezeu, în, și pentru viața viitoare?

De asemenea, individului i se recomandă insistent o viață frugală, de abstinență și înfrânare, cu negarea oricăror dedulciri și acceptări ale unor bucurii și satisfacții absolut naturale, uzuale și nevinovate, fără niciun efect secundar dăunător. De fapt, individul, persoana este strivită sub un isihasm steril și inutil, în numele mortificării firii, iar societatea, lumea, este dușmănită ca un loc de perdiție. Dramatic este faptul că totul este doar fanfaronadă ipocrită, tain pentru naivi, ideologie seacă, dogme răsuflate și nedemne, presupuse sacre, dar neglijate, ignorate, abandonate și uitate, fosilizate în racle de moaște.

Da, dar toate aceste fariseisme și fățărnicii, ritualuri și ceremonii, fac parte din morga creatoare de distanță, impunătoare prin socluri găunoase și pretenții stufoase.

Ele precipită în zecimi și daruri, privilegii și caste pentru cei ce slujesc și iubesc pe Dumnezeu care se înfruptă copios din cele dintâi roade și floarea făinii.

- Neemia 9:25 Au ajuns stăpâni pe cetăți întărite și pe pământuri roditoare; au stăpânit case pline de tot felul de bunătăți, puțuri săpate, vii, măslini și pomi roditori din belșug; au mâncat, s-au săturat, s-au îngrășat și au trăit în desfătări, prin bunătatea Ta cea mare.
- Ezechiel 34:16-22: «Voi căuta pe cea pierdută, voi aduce înapoi pe cea rătăcită, voi lega pe cea rănită și voi întări pe cea slabă. Dar voi păzi pe cele grase și pline de vlagă: vreau să le pasc cum se cade.» Și voi, oile Mele, așa vorbește Domnul Dumnezeu: «Iată, voi judeca între oaie și

oaie, între berbeci și țapi. Este prea puțin pentru voi că pașteți în pășunea cea bună, de mai călcați în picioare și cealaltă parte a pășunii voastre? Că beți o apă limpede, de mai tulburați și pe cealaltă cu picioarele? Și oile Mele trebuie apoi să pască ce ați călcat voi cu picioarele voastre și să bea ce ați tulburat voi cu picioarele voastre!» De aceea, așa le vorbește Domnul Dumnezeu: «Iată că voi judeca între oaia grasă și oaia slabă. Pentru că ați izbit cu coasta și cu umărul și ați împuns cu coarnele voastre toate oile slabe până le-ați izgonit, voi veni în ajutorul oilor Mele, ca să nu mai fie de jaf, și voi judeca între oaie și oaie.

- În privința inserției sociale, confesiunile protestante, turează motoarele interne și le amputează pe cele externe. De aici, izolarea!
- Neo-protestantismul poartă în sine o boală autoimună sau un cancer. Doctrinele, crezul, ideile teologice, cât se poate de fragile și discutabile, sunt permanent puse între paranteze, corectate, dubitate, optimizate, inovate. Dacă adăugăm la acest fenomen și proces, heterogenitatea personalităților accentuate, avem cocteilul perfect pentru borborisme și peristaltisme permanente. Așa se explică culoarea locală, în piele de pardos, a protestantismului, pletora de subsidii excentrice, neoprotestante. Creștinismul devenise deja un mozaic! În timp ce în creștinismul clasic, ortodox sau catolic, creștinul obișnuit este gândit, perceput și trăit, mai degrabă ca un receptor pasiv și deservit de personalul ecleziastic, în protestantism și neoprotestantism, orice credincios este încurajat să se implice activ, să trăiască fervoarea religioasă, doctrinală, misionară sau diaconală.
- Există o formă familiară de artă. Arta literară, arta nuvelei și romanului, arta dramatică și cinematografică. Acolo se perindă, se desfășoară scenarii, adevărate fresce sociale cu acțiune, suspans, metafore și încântare. Într-o confesiune mai radicală, toate aceste forme de artă sunt prohibite. De ce? Pentru că însăși doctrina și crezul creștin evanghelic sau neoprotestant este un scenariu viu, care se consumă zi de zi, care începe în Eden, trece printre profeți și scrieri, traversează Golgota și se împlinește, se sfârșește sau debutează pentru veșnicie, în Apocalipsa. Orice alt scenariu face concurență scenariului cel mai serios, important și vital. Nu ne putem permite să ne risipim. Trebuie să rămânem limitați, focalizați și ignoranți.

Ceea ce alcătuiesc ritualurile, ceremoniile, trecerile (botez, căsătorie, înmormântare, serviciile divine (rugă, cântec, studiu, predică, cina Domnului), personale sau în grup, devin obișnuință – a doua natură și crează nevoi pe care se presupune că viața religioasă le satisface, dar care de fapt, se întrețin și se întăresc reciproc. Cu alte cuvinte, în domeniul religios, oamenii își inventează spaime, pericole, demoni, fantome și capcane, din care apoi religia îi salvează și le redă pacea și liniștea. Oamenii care au tradiția unor astfel de convingeri pot enumera o multitudine de „dovezi" în favoarea acestora. Sistemul pare a dobândi autonomie și existență de sine stătătoare.[56]

- Religia, mai ales religiile clasice promit viața veșnică, dar cei mai mulți credincioși fac o priză puternică la siguranța zilei de mâine, la protecția din viața aceasta. Promisiunea există! Se și verifică? Uneori, da. Oamenii credincioși se simt binecuvântați. Alteori, nu. Oameni de toată ispravă au trecut prin tragedii și pierderi teribile, accidente stupide și monstruoase, amestecându-și sângele și ultima suflare cu bibliile transportate, ori în eforturi misionare, de binefacere, altruiste, caritabile.[57]
- Religia sub lupa scepticului
- Atmosfera într-o colectivitate religioasă. Vitrina este net superioară. Există mulți bărbați și femei de bine, tineri curați și idealiști, amabilitate, deschidere, suport reciproc. Situațiile conflictuale nu lipsesc. Oamenii pot avea simpatii și antipatii. Manifestările de ranchiună, ură, comportament intolerabil, violență verbală sau psihică, sunt rare, dar pot exista. Invidia, bârfa, lupta pentru funcții și putere, deși aflate la un nivel derizoriu, sunt prezente.
- Boyer: Lege – Model – Răsplată. Psalmul 19:7 Legea Domnului este desăvârșită și înviorează sufletul; mărturia Domnului este adevărată și dă înțelepciune celui neștiutor. Iacov 1:25 Dar cine își va adânci privirile în legea desăvârșită, care este legea slobozeniei, și va stărui în ea, nu ca un ascultător uituc, ci ca un împlinitor cu fapta, va fi fericit în lucrarea lui. *Niciun cod nu poate acoperi toate circumstanțele vieții cotidiene. Afirmațiile biblice de mai sus nu se verifică și sunt inexacte, imposibile. Orice lege, orice model, trebuie aplicate printr-un demers inferențial care face legătura dintre lege și spirit, dintre modelul de atunci și dilema de astăzi.*
- Evrei 11:6: „Și fără credință este cu neputință să fim plăcuți Lui! Căci cine se apropie de Dumnezeu trebuie să creadă că El este și că răsplătește pe cei ce-L caută." De ce are nevoie religia de această condiționare

---
[56] Pascal Boyer, *Religion Explained*, Basic Books, 2001, NY
[57] Idem. Pg 23.

care este într-atât de firească — nu în sens spiritual, ci pur lingvistic — și definitorie, încât nu i se mai percepe caracterul bizar. Chiar așa! De ce trebuie să „credem" în Dumnezeu? De ce prezintă religia această dificultate inerentă? Pentru că toate temeiurile, argumentele și dovezile credinței nu se regăsesc în obiectul credinței — în Dumnezeu — ci în subiectul credinței — în credincios. *Orice religie conține în ea însăși, prin definiție, o tautologie.* Dumnezeu este absent. Dumnezeu tace. Dumnezeu are interpuși — credincioși, mistici, teologi — doar oameni! Tot ce se spune despre miracole, supranatural, manifestări nemaipomenite, nemaivăzute și nemaiauzite — exact asta sunt — n-au avut loc niciodată, sunt ficțiune pură. Mituri. Povești. O mare parte din istoria veche a Genezei și originilor, potopului, patriarhilor, exodului — nu sunt probate arheologic, rămân nedovedite și intră în categoria mitologiei.

Și, dacă totuși ceva s-a întâmplat, a avut loc, este vorba despre vise, vedenii sau iluzii, halucinoze sau halucinații, folclor sau basme. Poate că expresia vi se pare exagerat de dură și neavenită. Ea apare de cinci ori în NT: Luca 24,11; 1Tim 1,4; 4,7; Tit 1,14; 2Petru 1,16. Am ales doar două, ca să nu pun accent pe aspecte etnice: 1Timotei 4:7 Ferește-te de *basmele lumești și băbești*. Caută să fii evlavios. Tit 1:14 și să nu se țină de *basme evreiești și de porunci date de oameni*, care se întorc de la adevăr.[58]

- De ce leagă oamenii moartea de religie, dumnezeire, spirite și zei? Pascal Boyer spune că sunt de aceeași natură (RE, p 204). E un răspuns. Cred că mai putem elabora. Primele înhumări apar odată cu homo sapiens sau îl preced cu puțin, în Neanderthal. Când oamenii devin conștienți de sine și de mediu, încep să comunice. Se dezvoltă limbajul. Pe măsură ce comunică, dau nume. Inițial sesizează și diferențiază obiecte, ființe. Apoi, procese. Obiectele și ființele au volum, ocupă spațiu. Ziua și noaptea, anotimpurile, ca și trebuințele vitale — foamea și setea, reproducerea și deplasarea sunt procese care se succed periodic, se desfășoară în timp.

Deși par mai filosofice și îndepărtate, viața și moartea sunt chiar aici, la vârful degetelor. Cum să fii și să nu mai fii? Există un ciclu sau sunt doar niște praguri de trecere? Cei dragi se duc și nu se mai întorc. Ai vrea să-i vezi și nu mai sunt! Să le păstrăm o imagine frumoasă. Să-i îngrijim. Pentru că îi iubim,

---

[58] https://ro.wikipedia.org/wiki/Biblia_dezgropată

îi petrecem și le oferim cele ce ar putea deveni necesare. Dar orice deplasare și trecere are o direcție, un sens. De la fizică și mecanică, până la psihologie și filosofie sunt doar câțiva pași. Deodată, totul capătă semnificație. Și sens. Și profunzime. Și frumusețe! Pragurile existenței nu stau în puterea și voința oamenilor. Dar zeii? Ei pot și știu mai mult! Să ne punem încrederea în ei! Viața este un dar, o șansă, un mister. Doar zeii o pot proteja! Moartea este definitivă și permanentă. Nimeni nu se întoarce de acolo. Este un prag, o graniță, un alt tărâm. Doar zeii îl pot controla! Momentele esențiale ale vieții sunt capitale, ele stau în puterea zeilor. Așa s-a născut religia.

- Cum se explică jertfele în ritualul și ceremonialul religiei? Să ne amintim că în cele mai vechi și primitive civilizații, jertfele erau umane. Apoi, animale. Pentru cei mai săraci, păsări. Apoi, au fost restrânse la o ceremonie anuală sau unică, de inițiere sau consacrare. Apoi, a fost atribuită sau returnată unui Dumnezeu – Om cu rol de Mesia, care devine Salvator, Mântuitor. Pentru creștini, jertfele încetează, sau sunt convertite în moneda templului.

Ce reprezenta jertfa? O trecere de la viață la moarte. Reală! Chiar, dacă ulterior, substituită. Nu era simplu. Mirosul sângelui, suferința victimelor, cruzimea spectacolului, a restrâns experiența, a simbolizat-o, a abstractizat-o, a expediat-o, a deturnat-o. Ideea este că trebuie să sacrifici ceva, oricât de puțin, dar să dai, să intri într-o tranzacție, să te coste – ca să primești. Ce? Mult mai mult! Veșnicia! Sau nimic! Pentru că totul pare butaforie. Pentru că e posibil să fie confiscată, transformată, obliterată sau alterată.

Dar, religia nu se vrea confundată cu o butaforie, cu o făcătură. Pentru a simți pe pielea ta că totul este foarte real, trebuie să faci un schimb, trebuie să te coste, dacă e posibil, chiar viața. Dar nu, biserica vorbește de sânge, dar nu se mai întoarce la jocul de-a viața și moartea, la războaiele religioase, decât rareori. Totul devine ceremonie, însăși cadavrele sunt expediate.

Orice fandare, orice evitare este considerată o ofensă. Dumnezeu, ca orice bărbat, se consideră îndreptățit să emită pretenții: apare în însăși inima legii iudaice, în decalog, ca un Dumnezeu gelos: Exod 20,5, apoi în repetarea legii – Deuteronomul 5,9 și la Ap Pavel – 2Corinteni 11,2. Că orice gelozie, mai mult sau mai puțin întemeiată, are o sămânță de paranoia, asta-i altă poveste. Și psihozele au sacralitatea lor, așa cum și sacru se poticnește sau frizează, uneori, patologia.

- Evrei 11:6 „Și fără credință este cu neputință să fim plăcuți Lui! Căci cine se apropie de Dumnezeu trebuie să creadă că El este și că răsplătește pe cei ce-L caută." De ce? De ce este atât de valorizată credința, credulitatea, supunerea fără crâcnire? De ce n-ar fi onorat Dumnezeu, Creatorul, care ne-a înzestrat cu aptitudini cognitive, să ne exercităm capacitatea de evaluare a tuturor argumentelor și posibilităților pro și contra existenței lui Dumnezeu? De ce ar prefera o supușenie molatecă și irezistibilă? Unde este Dumnezeu? Ce face Dumnezeu? Vom aplica o scală imaginară a veșniciei, atotputerniciei, fără nicio considerație față de proporțiile umane? Care este speranța de viață a unei ființe umane? 70-90 de ani. Trec secole, milenii, spațiile siderale se măsoară în ani-lumină și noi continuăm să ne simțim obligați să *ruminăm numai dovezi indirecte și argumente șubrede, contraintuitive și sfidând cunoașterea științifică, în numele unei credulități nejustificate.*
- *Dacă teologia, religia, cosmogonia creației, nu se schimbă radical în deceniile următoare, secularismul, viziunea științifică asupra lumii, internetul, dezvoltarea tehnologică și cultura viitorului vor da o lovitură decisivă și fatală oricărei forme de misticism.*
- Desigur, cercetările vor continua. Antropologic, nu există grup de oameni, civilizație sau trib non religios. Pe de altă parte, avem un centru al limbajului vorbit, scris etc. avem un cortex vizual foarte complex, unul motor sau altul senzitiv. *N-avem un centru al închinării, religios, mistic sau ateu.* Termin azi lucrarea lui Pascal Boyer – *Religion Explained*. El constată că avem niște funcții cerebrale sau mai degrabă mentale, pur funcționale – adică de soft, nu hard, prin care operăm cu categorii ontologice, organizate într-un sistem inferențial și altul intuitiv. Nu putem verifica, dovedi totul – cele mai multe informații sunt luate pe încredere. Oricum, fiind limitați, vulnerabili, muritori – dar neliniștiți și iscoditori, am acoperit adesea ignoranța sau neputința cu imaginarul, cu agenți care exced puterea obișnuită, au calități contraintuitive, supranaturale. Desigur, detaliile cresc în complexitate, cartea merită citită, deși e puțin prea stufoasă și nu ajunge de fiecare dată la rezoluții clare. Poate e o calitate, nu un defect.[59]
- Realizez totuși, că Pascal Boyer face o treabă excelentă, în felul lui. Un chirurg operează, un anatomist disecă. El este un antropolog al religiei

---

[59] Pascal Boyer, *Religion Explained*, Basic Books, 2001, NY.

care face o disecție spirituală a credințelor, ritualurilor și ceremoniilor. Parcurgând un astfel de studiu detaliat, dobândești inerent, nu neapărat o cultură – deși asta izbește la prima vedere – dar, mai ales o imunizare și imunitate față de diversitatea rătăcirilor omenești religioase. Ajungi să exclami, oarecum suficient, ca și Solomon, înțeleptul desfrânat – câtă deșertăciune sacră!

● Cred că am înțeles, în sfârșit care este esența religiei și, chiar a lui Dumnezeu. Era mai simplu decât mi-am imaginat. Definiția este și biblică și gnostică. Pare o glumă, dar e serioasă. Maleahi 3,16: Atunci, cei ce se tem de Domnul, au vorbit adesea unul cu altul. Domnul a luat aminte la lucrul acesta și o carte de aducere aminte a fost scrisă înaintea Lui. Ioan 1,1: „...și Cuvântul era Dumnezeu."

Dumnezeu era un Cuvânt. Timpul religiei este un timp al sărbătorii și odihnei. Când nu au treabă, oamenilor le place să vorbească, să predice, să cânte. Iar, Dumnezeu, Logosul, este acolo. Se întrețin. Convivi. În numele cui? Al Domnului, bineînțeles!

● Nu înțeleg de ce Dumnezeu e absent. De ce este nevoie de credință? De ce nu locuiește cu noi? De ce ne evită? Pentru că e doar un cuvânt? De ce nu e suficientă cunoașterea? Atotputernicul are un secret. Pomul acela de lângă pomul vieții, un fel de pom al morții – de ce mai este numit pomul cunoașterii etice? Dacă noi trăim 70-90 de ani, de ce îi trebuie mii de ani ca să facă un pas spre noi?

● Spunem că zeii sunt nemuritori. Și, așa par. Totuși, Baal a adunat oștiri, Apollo și Atena primeau venerația grecilor și cei care nu le arătau respectul cuvenit, erau ostracizați. Până când, Atena a coborât din Olymp ca să-și împrumute numele capitalei. Era o dovadă de venerație și adorare! Nu i-a făcut bine. În timp, s-a contaminat cu miturile urbane ale rigolelor urbei, cu practicile imorale ale Pireului.

Zeii par nemuritori, dar au parte de eclipsele lor. Cine se mai închină astăzi lui Baal, Astarteei sau pe câmpul lui Marte? Doar că mor generații de oameni până să se stingă un zeu! Iahve a fost resuscitat și botezat de Isus Christos. Dar, nu-i va face bine. Pierde teren. Din zeu al războiului a devenit Dumnezeu al iubirii. De ce? Fiindcă oamenii au realizat că nu războiul și confruntarea le lipsește, ci dragostea autentică i-ar putea scoate la liman! Din idol obscur al unui trib madianit, a devenit Dumnezeul lui Moise, al lui Israel, al Țării Sfinte, al Canaanului ceresc – fiindcă cel pământesc are o Mare Moartă și niște stânci sterpe, un Iordan fără izvoare și un loc de botez, unde totul a devenit un simplu ritual. Dumnezeul creștinilor! El se apropie, iar oamenii se îndepărtează! Nici

Edenul, nici Apocalipsa, nu mai sunt ceea ce erau odată! Doar, oamenii, în răutatea și nebunia lor, au nevoie de zei și dumnezei! Ca să-i salveze de ei înșiși!

Totul se află în mintea și inima oamenilor. Muritori! Având gândul veșniciei!

- **Bizar și totuși, de înțeles.** 2Corinteni 13:5 „Pe voi înșivă încercați-vă dacă sunteți în credință. Nu recunoașteți voi că Isus Hristos este în voi? Afară numai dacă sunteți lepădați." Care este raportul real dintre religie și conceptele psihologice de eu, sine, propria persoană? În așa numita cercetare de sine, manifestările egocentriste, egoiste, sunt înfierate spiritual și religios. Și totuși, nu putem funcționa fără o imagine a sinelui, bine conturată. Nucleul propriei noastre personalități trebuie să fie bine structurat, matur, capabil de relație cu mediul natural, social, spiritual, artistic, cultural.

Explorarea creierului este în curs. Suntem încă, la început. Oscilăm între localizări și integrare. În mod cert, există zone senzoriale și efectorii concentrate, dar ele sunt integrate anatomic și funcțional, întregului creier. Funcțional, fiecare hemisfer cerebral, are oarecare specificitate. Pare să se impună conceptul de rețea, cu centri și funcții multiple. Atât imagistica funcțională, cât și efortul euristic de înțelegere a celor mai complexe structuri, ne conduc la ideea veche, dar mereu reînnoită, a morfo-funcționalității

Cu siguranță, tendințele egoiste, de promovare a propriilor interese, sunt o realitate. Dar, a combate religios, structuri cerebrale și funcții psihice sau psihosociale fundamentale, ca dăunătoare, imorale sau nelegitime, ar fi o eroare. Însăși noțiunea religioasă de salvare sau mântuire se înrudește și se suprapune parțial cu cea biologică și evoluționistă de supraviețuire, inclusiv și mai ales, prin selecție naturală, nu artificială și nici supranaturală.

Unul dintre cele mai bune argumente în favoarea acceptării realității, în întreaga ei complexitate controversată, este oferită de structurile cerebrale și de neurofiziologie. Structurile corticale prefrontale ventromediale (vmPFC) în care a fost identificat sediul sistemelor centrale cognitiv religioase, sunt concomitent responsabile de funcțiile fundamentale de procesare ale eului, în relație cu sine însuși și biunivocă, cu semenii. Se spune că acest tip de rețea poate fi conceptualizat până la, maximum cinci ramificații și ar cuprinde cca o sută cincizeci de persoane.[60]

---

[60] Patrick McNamara, *The Cognitive Neuroscience of Religious Experience. Decentering and the Self*, ed a doua, Cambridge Univ Press, 2009, 2022.

DIALOGURI

DIALOGURI VERIȘORI

Cu Carmen Rusu
Mesaj Mihai pentru Verișori:

...Săptămâna trecută, nu cred că am avut alt subiect de conversație profundă între noi (în familiile noastre), decât plecarea prematură dintre noi a nepotului nostru, Alex Săndulache.

...Fiecare avem memoriile noastre – unii cunoscându-l pe Alex mai mult, alții mai puțin – dar de departe, vărul nostru Sorin – *pe care l-am inclus în mesajul de astăzi* – împreună cu Gabriela, fiica lor Miriam și în special Saina, soția lui Alex – trec prin momente de durere sufletească profundă.

Am fost întrebat pe diverse căi de comunicare, dacă știu ceva despre data când vor avea loc funeraliile lui Alex. Iată ultimul mesaj primit de la Sorin referitor la acest subiect:

„Miercuri, 17 August, ora 14:30 (Greenwich), vor fi transmise funeraliile lui Alex Săndulache pe YouTube. Disponibile o lună. Vom transmite adresa."

Vă propun dragii mei veri ca, săptămâna aceasta să îi avem pe Sorin, Gabriela, Miriam și Saina în inimile și rugăciunile noastre.

Un mesaj scurt, de încurajare și speranță va fi bine venit, pe această formă a noastră de comunicare.

Nu uitați că Isus a predicat despre subiecte diverse și profunde. Cu toate acestea, nu veți găsi în nici o Evanghelie o predică de înmormântare pentru că El a declarat despre Sine: „Eu sunt Învierea și Viața!". Ioan 11:25 Vă îmbrățișez și rămânem împreună în suferința – fizică sau sufletească – cu speranța întâlnirii cu Isus în curând. Mihai

Sorin pentru Mihai și verișori:

Mulțumesc, Mihai! Apreciez mult! Este mângâietor să știi că cei apropiați, pe care îi iubești participă la durerea și speranța ta! Ai realizat o adevărată bijuterie pastorală și omiletică. Poate într-un singur loc am putea face un adagio – să nu mâniem pe Dumnezeu – viața noastră, a tuturor este departe de a fi jalnică. Toți am fost binecuvântați, suntem și vom fi!

Desigur, pierderea lui Alex este extrem de dureroasă! Trebuie să știi că noi am purtat această durere în fiecare zi din acești șase ani de suferință! Am sperat și am deznădăjduit! Asta ne-a maturizat, oarecum. Cel mai acut și prezent simțământ a fost mila! Nu vă puteți imagina cât a luptat și suferit în acești ani. În prima săptămână din luna de miere, Saina și Alex au aflat diagnosticul fatal. Iubirea lor îngerească a fost nevoită să supraviețuiască în condițiile cele mai toxice și vitrege! Saina este un Înger, dar ea spune – Alex era foarte ușor și vrednic de iubit!

A, mai e ceva! Același Isus, într-o rugă celebră afirmă: „Nu te rog să-i iei din lume, ci să-i păzești de (cel) rău. In 17,15. Noi nu luptăm împotriva lumii, suntem parte din ea, primim foarte multe de la lume și contribuim fiecare dintre noi, după puterea noastră... Te rog să mă ierți, Mihai! Nu meriți un astfel de tratament. Dar, tu ești un sfânt și suporți, iar eu sunt încă un nelegiuit care nu se poate abține (înfrâna). Cu drag, pentru voi toți, Sorin S: Mulțumesc! Apreciez mult!

Carmen: Modul în care faceți față acestora, îmi dă speranță și curaj în viață... ești un model de supraviețuire nemaivăzut, dincolo de evoluția ta religioasă.

S: Mulțumesc, Carmen! Am șansa să te iubesc ca pe cea mai importantă verișoară, bineînțeles că în conștiința și admirația mea nu-l pot uita pe Cornel care vă face fericiți pe voi toți! Mulțumesc! Mult! Mi-ai înviorat sufletul amărât!

Carmen: Oh, Sorin, simt că ești mentorul nostru în defrișările cărărilor neumblate ale religiei sufocante și îți suntem recunoscători. Eu și Cornel împărtășim pagina de comunicare virtuală. El e ateu, eu agnostică. Azi dimineață i-am citit lui Radu din Canada care este la noi în vacanță din cartea ta și a fost un moment aproape sacru, ca și cum am fi avut altarul de dimineață, fiindcă simțeam că ne identificăm atât de bine cu ceea ce descrii...

S: Maricica, sora Nlinei, ar zice: „Vezi că-ți cresc cornițe!"

Carmen: Haha! Lasă-le să crească, meriți să primești recunoaștere pentru ceea ce ești și faci. Știu eu, cum spectrul vocal și psihic al părinților continuă să ne cicălească și să ne vibreze simțămintele.

S: Folosești prea multe expresii de slang american, dar le intuiesc, dacă nu le știu cu adevărat! Sărut Mâna! Pentru tot!... Priveghiul la români este vesel! Muritorii dau cu tifla morții!

Carmen: Mi-e mai ușor să mă exprim în engleză, în prezent, și... ar putea fi un prilej de a-ți lărgi vocabularul. Întreabă-mă orice, dacă nu te descurci.

Cu veri despre pierdere

EB (văr): Dragă Sorin & Gabi, Miriam cu familia, Saina

De când am auzit de durerea prelungită în care s-a desfășurat viața voastră, îndeosebi a lui Alex, de câțiva ani încoace, n-am încetat rugăciunile pentru voi prin care am dorit să vă fim aproape și să implorăm intervenția lui Dumnezeu în viața familiei voastre. Așa cum ai spus, dragă Sorin, în această viață a durerilor suntem și binecuvântați.

Continuăm să vă fim alături și să vă susținem atât cât ființa noastră o poate face, dar avem deplină încredere că Acela care ne-a creat, care este Izvorul tuturor binecuvântărilor și care are pregătite pentru voi și pentru noi, nu doar susținere când trecem prin necazuri, ci bucurii și binecuvântări desăvârșite și veșnice!

Va iubim, Livia & Eugen

S: Mulțumesc, Eugen! Este o dramă teribilă, o tragedie, o catastrofă existențială care ne-a secătuit! Este greu de înțeles. Și mai greu de purtat! Am participat la multe înmormântări. Cu fiecare dintre ele, am întipărit drumul pe care îl voi parcurge! Este singura certitudine din lumea noastră. Am asistat la înmormântarea semenilor, unchilor, mătușilor, părinților noștri. Era dureros. Apoi, a murit Pauluș! În fiecare lună îi trimiteam câte un articol despre boala lui. Ca majoritatea moldovenilor din familia Săndulache, avea personalitate – un eufemism doar! A căzut năpraznic! A murit cu zile! Totuși, prima înmormântare reală la care voi participa săptămâna viitoare este înmormântarea lui Alex. Nu merita această soartă crudă. Nici el, nici Saina! Așa cum nu merităm nici tot ceea ce ni se întâmplă bun, în fiecare zi! Lamentațiile mele arată cât suntem de plăpânzi, descoperiți și vulnerabili! Alex a suportat totul cu demnitate, dârz și din cărțile scrise de el – volumul 2: #poțisălupți este la editură și urmează să apară. #poțisăînvingi nu va mai apărea niciodată.

Acest eveniment trist mă face să înțeleg mai bine ce este religia. Ca unul care am fost un om religios 65 de ani, am un respect autentic pentru convingerile religioase ale semenilor, rudelor, fraților mei. Sunt un om credincios! Mai mult, cred în existența lui Dumnezeu! Nu mai sunt un om religios! Vreau să-mi lipesc cioburile, să-mi ling rănile, să-mi alin suferințele și să înfrunt moartea, să mă bucur de frumusețea vieții, existenței, creației – dacă vreți – folosind gânduri, idei, sentimente legate de realitate, nu surogate prefabricate! Vă rog să-mi iertați vehemența. Este strigătul durerii! Un psalm al imprecației... Cu drag, Sorin

Cu Corneliu Constantinescu.

Mesaj de la vărul meu Corneliu, Oregon: Dragul meu Sorin, știu ca dormi dus acum, însă când te vei scula aș vrea să mă lămurești puțin în nedumerirea mea. Eu vorbesc cu tine deschis anumite subiecte pentru că știu că mă iubești și dacă s-ar calul câteodată îmi vei atrage atenția.

Iată nedumerirea mea. În mesajul tău adresat verișorilor te-ai exprimat așa: „Desigur, și eu îl iubesc pe Isus și pe Dumnezeu, îmi place să cred și să sper! „Ce am înțeles de la tine în discuțiile purtate anterior e că Dumnezeu, așa cum îl vedem noi, nu există și dacă există o forță în universul acesta, El nu este interesat sau preocupat de noi pe planeta asta nesemnificativă. M-am bucurat când am citit despre atașamentul tău față de Dumnezeul în care cred eu. Te pronunți că îți place să crezi și să speri. La ce te referi?

Eu o fac pe deșteptul și încerc să mă dau mare în cele spirituale. Realitatea este însă că nu dau semne de vigoare în relația mea cu Dumnezeu. Totuși, nu vreau să abandonez ideea existenței unui Dumnezeu care este interesat de mine și care vrea să mă aibă cu El în veșnicie. O schimbare trebuie să aibă loc în viața mea. Cum și în ce fel încă nu știu, dar doresc. Și ca să-mi fie fericirea deplină, vreau să petrec veșnicia și cu tine.

S: Mulțumesc! Rezonăm foarte bine. Și mie mi-ar plăcea! Pământul, natura, plantele, animalele și oamenii sunt frumoși, toate bune și frumoase. Ceea ce înțeleg eu acum este că universul acesta se pare că are un ciclu de existență de 23,8 miliarde de ani. Fie că privești cerul sau atomul, proporția distanțelor este aceeași. Chiar acum se nasc stele, praful stelar alcătuiește planete și sisteme solare ca al nostru. Piatră, apă, gheață. În stele, hidrogen, heliu, plumb, plutoniu, fier, aur.

Până la nivel cuantic, totul se degradează, fărâmițează și risipește entropic. Când se formează cea mai mică bulă cu pereți din compuși mai complicați – carbon, hidrogen, oxigen – acești pereți despart un mediu de alt mediu. La început, totul e fizic, chimic, dar ceea ce e înăuntru începe să se apere și separe de ceea ce este afară. Înăuntru e viul, afară – zicem noi – neviul. De la o mică pată pigmentară se formează ochiul – cel mai complex organ. Există în toate stadiile! Viul – doar cât trăiește – câteva minute, ore, o zi, un an, o viață – este antientropic sau negentropic. Moartea înseamnă restabilirea entropiei.

Am devenit ființe organizate, complexe, conștiente, gânditoare și vorbitoare. Conștiente de realitate, de noi înșine și de faptul că suntem muritori.

Drama și măreția noastră! Ne trăim viața, dar ne gândim și ne trăim și propria moarte. Inacceptabil! Atunci, sau chiar mai devreme, când a fulgerat și a tunat, cutremurat, inundat, s-au prăbușit munți, au izbucnit molime și epidemii, războaie, secetă și foamete – s-au născut zeii! De ce sunt necesari zeii? Ca să transforme inconvenabilul în convenabil. Pentru asta trebuie să aibă putere – absolută sau infinită – să fie buni, să le prisosească valorile care le lipsesc oamenilor, să fie înțelepți, afectuoși. Și sunt. „Eu sunt cel ce sunt!"

Pe scurt, asta este povestea. Nimeni nu poate fi sigur de ea! Ne putem imagina miracole, basme, legende, sau putem privi cu atenție în jur, prin microscop, putem intra în laborator, experimentând, calculând, construind, devenind civilizați! Nu putem pretinde că existența este simplistă. Nici că cineva deține tot adevărul, inclusiv pe cel final, apocaliptic. Rămân rezervat. Am încredere. Promovez adevărul, binele și frumosul. Atât cât le înțeleg. Reține – toată cultura și civilizația – inclusiv istoria, religiile, tehnologia – ne aparțin nouă oamenilor, n-au căzut din cer, nu ne-au fost date – le-am cucerit. Să le prețuim!

Dumnezeul în care mă încred, îmi va fi binevoitor, cu toată nevrednicia și ticăloșia mea. Se pare că există o singură problemă între noi și Dumnezeu – percepția timpului. El trăiește la scara veșniciei. Noi suntem siliți să ne drămuim cele câteva decenii. Și cum timpul nu poate exista în afara spațiului, ci doar împreună cu el, Dumnezeul acesta care are timp berechet și spațiu infinit, se amuză, când pare, apare sau dispare.

Iar noi, ne confruntăm zilnic cu problemele noastre. Îi pasă? Da. În felul lui, suveran. Nu ne rămâne decât să ne înclinăm și să ne închinăm. Cam ca în Rugăciunea lui Brâncuși. Cum își pot imagina oamenii că un Dumnezeu atotputernic și infinit de bun, ar putea să chinuie și să omoare oameni de dragul unor privilegii, caste, dogme omenești!?! Absurd! Sunt optimist! Poate că ar trebui să adaug o anumită cultură a detaliului. Văd lucruri pe care oamenii le ignoră. Cum cresc frunzele, cum plesnesc mugurii, cum înfloresc florile. Ce fac insectele, păsările și animalele. Am observat că și animalele se împrietenesc cu mine. Asta mă face să sper că a mai rămas ceva bun în mine.

Cu Sergiu Constantinescu

Dragă Sergiu, Tu ești foarte inimos! Te admir! 65 de ani am avut convingerile tale! Am făcut amândoi seminarul! Respect foarte mult profunzimea convingerilor religioase! Este admirabilă! Din nefericire, niciunul dintre voi sau foarte puțini au citit și literatura non-religioasă, non-creștină: academică, științifică, filosofică, de antropologie culturală și istorie a religiilor, credințelor, sociologia și psihologia lor. În aceste condiții, nu se poate face nimic! Nu putem decât să ne respectăm și stimăm reciproc! Nu aveți nici cel mai mic termen de comparație!

Sunteți cufundați în oceanul credinței și vă simțiți ca peștele în apă! Ghetou, bulă, cameră ecou. Nu sunt deloc supărat pe Dumnezeu pentru dispariția lui Alex! El însuși spunea: mor în fiecare clipă sute și mii de copii, tineri, bărbați și femei. De ce aș fi eu o excepție! Există o statistică precisă: 9000 de copii pe oră pe planeta pământ! 18000 de părinți sunt distruși în fiecare oră! Și asta continuă de 2000 de ani! Cel puțin, proporțional la sporul populației! Să luăm viața, existența, realitatea așa cum sunt! N-are rost să ne îmbătăm! Cultură, Spiritualitate, mângâiere – Da! În rest? Nimic! Iartă-mă! Sorin

S: Mulțumesc, Sergiu!

Prezentarea ta este foarte bună, decentă, documentată, din perspectiva unui religios. Aparțin unei alte categorii! Documentat, bazat pe fapte, pe documente, pe argumente, pe dovezi! Mă abțin să mai fac afirmații contrare crezului tău care te dor, te jignesc și te supără. Ar face numai rău! Nu are niciun rost. Credința ta, care îți oferă confort spiritual, psihologic și social, un echilibru interior și satisfacții, o speranță – este un lucru bun. Poți fi și militant – vrei să împărtășești ceva bun cu semenii tăi. Nu vreau și nu pot să te smintesc. Nu urmăresc acest lucru.

În același timp, așa cum eu am încredere în credința și convingerile tale, știu cât Îl prețuiești și iubești pe Dumnezeu, și tu trebuie să ai încredere în mine că am temeiuri extrem de serioase să fac schimbarea pe care am făcut-o. Literatura academică, științifică, nu este alcătuită din sloganuri, clenciuri și capcane, minciuni și falsuri. Ea apelează la logică, bunul simț, rațiune. Aduce argumente, dovezi, fapte, evidențe. În urma acestora fiecare dintre noi dobândește o cultură. Tu, una spirituală. Eu, una realistă, științifică. Ținem de lumi diferite! Trebuie să înțelegi acest lucru! Nu pot spune mai mult, fiindcă te prețuiesc și te iubesc! Sorin

SC (văr): My Dearest Cousin, Te rog permite-mi să răspund la ultimele două mesaje trimise de tine. Dacă am înțeles bine ceea ce mi-ai scris (am citit mesajele tale de două ori și m-am gândit la ele aproape încontinuu, chiar și în timpul nopții) tu nu consideri că ar ajuta la nimic o conversație pe teme religioase și îți respect dorința dar pentru că tu ai făcut unele remarci care mi se par provocatoare îți cer permisiunea de a fi auzit, nu ca să mă apăr ci doar ca să-mi exprim convingerile.

1. De felul gândirii tale după cei 65 de ani de viață și credință asemănătoare cu a mea și cine a declanșat această schimbare în tine am cunoscut de câțiva ani de când tu te-ai deschis față de noi verii. Știu că această schimbare n-a avut loc odată cu tragedia vieții tale și a familiei tale și mă bucur că n-ai lăsat acest capitol întunecat din viața ta să te schimbe și mai mult spre direcția pe care viața ta spirituală o luase cu câțiva ani în urmă.

2. Ai scris: „...acest proces, este împărtășit de întreaga noastră familie lărgită și este irevocabil. Desigur, putem discuta mult și bine, dar argumente anecdotice, afective sau biblice n-au niciun efect." Două lucruri mi-au atras atenția în aceste două fraze: „este irevocabil" cu alte cuvinte niciodată nu se vor schimba. Îmi permiți să sugerez ca niciodată să nu folosim expresia niciodată? Noi nu știm cum vom gândi în viitor.

Al doilea, „anecdotice, afective sau biblice n-au niciun efect." Prin aceste rânduri îmi dai tu de înțeles că nu mai crezi acum în veracitatea sau acuratețea Bibliei?

3. Ai mai scris: „Mă simt eliberat, curat, în grația lui Dumnezeu și merg înainte!".

Mă bucur că te simți în grația lui Dumnezeu, este un lucru mare acesta, cât privește faptul că te simți eliberat pe mine mă îngrijorează această expresie. De ce? Pentru că majoritatea omenirii se simte eliberată pentru că omul cu tendința lui de a nu fi sub autoritate și deasupra supravegherii, se simte eliberată, cu alte cuvinte fără grijă de o cerere la răspundere. Nu mă interpreta greșit te rog, nu sugerez că tu ai dori să nu fii sub nicio autoritate, nu, eu te cunosc bine, dar faptul că te simți „emancipat spiritual" (expresia ta) mă face să cred că te simți acum ușurat de ceea ce îți provoca poate îngrijorare în trecut cu privire la judecata despre care vorbește Biblia.

4. Ai scris de asemeni „Sunteți cufundați în oceanul credinței și vă simțiți ca peștele în apă! Ghetou, bulă, cameră ecou.

Consider prima parte o declarație nevinovată, ne ofensivă și încă mai mult, o declarație de admirație. Da, mă simt cufundat și mă rog lui Dumnezeu ca să fiu cufundat mai adânc și mai adânc în oceanul credinței. În ce privește „Ghetou, bulă, cameră ecou" departe de realitate. Nu mă simt în cameră ecou sunt în companie bună și de fapt în majoritate căci dacă ai convingerea că Dumnezeu este acolo cu tine în oceanul credinței (și El este) oricât de puțini ar fi acolo cu mine dintre muritori mă simt în majoritate.

5. Ai mai scris: „Din nefericire, niciunul dintre voi sau foarte puțini au citit și literatura non-religioasă, non-creștină: academică, științifică, filosofică, de antropologie culturală și istorie a religiilor, credințelor, sociologia și psihologia lor. Iubitul meu văr Sorin, a. Nu sunt împotriva științei dar orice știință care are tendința de a te îndepărta de Dumnezeu nu vine de sus, ci de la forțele întunericului și nu vreau să am nimic de-a face cu ea. b. De ce aș studia literatură non-religioasă, non-creștină, filosofică? De ce să fac ceea ce Dumnezeu exprimă atât de dureros (când citesc acest raport biblic simt o parte din durerea inimii Lui care cu tenacitate ne vrea mântuiți: „Căci poporul Meu a săvârșit un îndoit păcat: *M-au părăsit pe Mine, izvorul apelor vii, și și-au săpat puțuri, puțuri crăpate, care nu țin apă.* Ieremia 2:13. În cei câțiva ani pe care i-am trăit am învățat printre altele că orice citești are efect asupra gândirii tale (conștient sau inconștient) și în cele din urmă asupra convingerilor tale care în final hotărăște soarta ta poate chiar pentru veșnicie. De aceea eu nu investesc timpul meu pentru a citi ceea ce ar afecta credința mea în Dumnezeu pe care o consider stabilită pe baza studiilor personale și a experiențelor mele personale cu Dumnezeu fără a avea nevoie de proptele omenești sau de instrumente de asediu din partea vrăjmașului lui Dumnezeu și al meu. Dacă primii noștri părinți ar fi avut aceeași gândire întreaga omenire și universul întreg n-ar trece acum prin această dramă care s-a prelungit timp de șase milenii.

În sumar, credința mea nu este oarbă, ignorantă, sau izvorâtă din teama pedepsei, ci rațională și experimentală ca și experimentată. Dumnezeu mi-a dat suficiente dovezi și evidențe despre existența Sa, despre veracitatea Bibliei și despre darul profetic al Ellen G. White și despre biserică și, ca atare cred din toată inima în toate aceste patru surse de inspirație și mă rog lui Dumnezeu în umilință ca să-mi dea credință până la sfârșit. Întrebarea Domnului Isus „Când va veni El, va găsi El credință pe pământ?" mă face să veghez la ceea ce studiez, cum folosesc timpul și la ceea ce voi face în viitor: Sorin Dragă, Eu admit că 1 într-un milion aș putea să fiu greșit. Poți și tu să admiți același lucru? Dacă la sfârșit se va dovedi că eu am fost greșit, ce am pierdut? A fost viața mea irosită, trăită în obscuritate, apăsat de restricții și lipsită de bucurii? Nu, dimpotrivă. Pot declara că dacă n-ar fi nicio răsplată veșnică eu tot religia aceasta aș alege-o. Nu baptistă, nu catolică, nu ateistă. Este viața cea mai frumoasă și sigură pentru mine și pentru cei din jurul meu.

Dar pentru cel care a ales o altă cale există un text în Biblie unic în felul, un text care trebuie să ne dea mult de gândit: „... dar ce vei face la urmă?" Ieremia 2:13. Ca ultim cuvânt vreau să-ți spun Sorin, deși am văzut lucrurile spirituale la fel timp de 65 de ani, iar acum diferit, nimic nu se schimbă între noi, te iubesc mult, te stimez și te rog să continuăm a ne ruga unul pentru altul pentru ca prin harul Său să petrecem veșnicia împreună și niciunul din noi sau din cei iubiți ai noștri să nu lipsească de la marea reuniune din ceruri.

Sergiu

S: Ești drăguț, Sergiu! De când m-am pensionat sunt tot mai convins că funcția mea de bază rămâne aceea de țăran. Am fost și neurolog. Mi-a plăcut și îmi place cartea. Dar am rămas un țăran! Ceea ce mă miră, este pasiunea mea pentru plante. N-o aveam în copilărie. Dar atmosfera profesională de contact cu suferința și munca grea de zeci de pacienți zilnic, m-au făcut să iubesc natura și arta, ca pe niște refugii! Îți Mulțumesc! Pentru cuvintele frumoase. Devenim tot mai nostalgici! Cu drag, S

SC: Thank you Sorin pentru cuvintele amabile pe care mi le-ai scris. Aș fi totuși ezitant to take you up on your offer chiar dacă aș fi într-o situație critică pentru că trebuie să-ți destăinui că de-a lungul anilor m-am gândit des la tine. Mulți ți-au călcat pragul casei tale pentru că ai fost singurul doctor în familie și ai avut multe rude. Nu mai uit de băiatul lui unchiul Ghiță care avea în copil handicapat. Eram la tine când a venit și l-ai culcat la tine și a doua zi l-ai dus la doctori...

Eu personal cu ani în urmă când am pierdut avionul din cauza orei schimbate, pe cine crezi că am telefonat? Pe vărul meu Sorin. Tu aveai pe atunci o persoană cu probleme speciale care stătea la tine și i-ai telefonat ca să-mi deschidă ușa, iar ea n-a vrut s-o facă. Era foarte responsabilă și protectivă dar greu de înduplecat ca un câine credincios care stă la datorie. Tu i-ai telefonat din nou și, în fine, a deschis ușa și am băgat în casa ta trei valize grele.

Îmi amintesc și azi seara când te-ai întors de la spital, ai pregătit cina pentru noi. Ai făcut mămăliguță moale bine fiartă și ai făcut într-o oală specială cartofi prăjiți pe care i-ai scos cu lingura cu găuri. M-am gândit atunci, aici este un om care este doctor și trăiește în capitală, dar acasă este un om cu picioarele pe pământ. Lucruri ca acestea nu le pui în memorie temporală, ci în cea permanentă... Cu recunoștință, Sergiu...

S: Dragă Sergiu, Îți mulțumesc pentru mărturia ta și pentru exemplul tău de eroism sfânt! Nu reușesc să identific și nu-mi amintesc exact articolul de care vorbești. O să fiu foarte onest și sincer cu tine. Până la 60 de ani, am crezut în Dumnezeu și în religie din toată inima mea, cu toată ființa mea, cu întreaga mea conștiință. Asta nu înseamnă că eram un sfânt! Sunt un om concret, cu multe defecte și foarte puține calități. Poate și puțin ipocrit, ca fiecare dintre noi.

Născut în 1952, în anul 2000, împlineam 48 de ani – rotunjim la 50. În 2010, 60 de ani. Pentru mine, mai mult inconștient, cea mai importantă funcție a religiei a fost accesul de rezistență pașnică, pasivă, dar și activă împotriva totalitarismului. După 1989, am avut acces liber la literatură! Am citit și continui să citesc mult, toată viața.

După terminarea liceului, a facultății de științe ale comunicării, Alex merge la un master în Turcia, țară musulmană. Periodic, am comunicat cu copiii noștri, nu doar formal, colocvial, ci fundamental. Proiecte, planuri, concepții! Alex ne-a spus multe lucruri, dar nimic privind concepțiile sale despre viață. L-am presat puțin. Atunci mi-a spus clar: Tată, eu sunt ateu! A fost un șoc! Eram distrus! Dar nu-l plângeam doar pe Alex!

Pentru prima dată se activau niște falii în mintea și conștiința mea, care produceau un cutremur existențial. Am copii buni! Și nepoate drăgălașe! Și o soție dreasă cu har și înțelepciune! Miriam nu spune ce gândește cu adevărat. E mult mai diplomată! Alex, însă, avea o franchețe dezarmantă, o sinceritate totală. Dacă copiii mei buni, serioși, plini de calități, au devenit necredincioși, de ce au făcut-o?!

Doctoratul meu este în antropologie medicală. Privește raportul dintre convingeri, credință și stilul de viață al unor grupuri etnice și/sau religioase din România, cu impact asupra morbidității. Au participat și copiii la măsurători, consultații, probe de sânge. Concluzia confirma datele din literatură, că un stil de viață sănătos, scade morbiditatea, crește speranța de viață (apreciată doar perceptiv, grosier), existând o variație în funcție de etnie, cultură – ceangăi, romi, români laici, români călugări sau călugărițe. Speranța de viață varia în același sens, călugării și călugărițele fiind cei mai longevivi. Nestresați! Deși, au și ei problemele lor.

Citeam literatură științifică, îmi îmbogățeam cunoștințele. Dar, până în 1990, citeam preponderent literatură botezată, creștină. Odată cu șocul produs de Alex, am vrut să aflu ce știau copiii mei buni și eu nu știam! Am citit cu nesaț, mai mult ca oricând, literatură nebotezată. Punctul de vedere antropologic asupra religiei. Ateism. Fizică cuantică. Astronomie. Istoria religiei. Cultură. Umanism. Care ar fi concluzia? Religia este una dintre instituțiile societății umane, ca toate celelalte. Ea este generată de temerile, fricile și groaza noastră de moarte. Dar nu numai atât! De nevoia noastră de mângâiere, speranță, credință! De faptul că nu vom deveni doar un sac de oase care continuă să existe câteva sute de ani după ce am murit, sau câteva milioane de ani, dacă au șansa să fie fosilizate.

Astfel, oamenii gândesc, vorbesc, prorocesc, despre veșnicie, deși speranța medie de viață a plecat de la cca 35 de ani și a ajuns să treacă de 80 de ani, în unele țări dezvoltate. *Nota bene:* mortalitatea infantilă este un factor mult mai puternic decât longevitatea efectivă a vârstnicilor. Există o întrebare care îmi urlă în urechi! Cultural, eu continui să fiu creștin. Dar la biserică nu mai mergem de ceva ani buni. Nici eu, nici soția, nici copiii. Eu nu mai sunt membru. Am cerut retragerea, fiindcă am considerat că așa e corect! Soției mele, Gabriela, nu-i place să comunice cu pastorul, cu oameni străini, despre problemele personale. Oricum, comunitatea știe că avem aceleași convingeri.

Nu sunt ateu. Probabil există un spirit diriguitor al acestui univers. Sunt multe necunoscute! Pare să existe un ciclu de remanență a materiei în univers de cca 30-50 de miliarde de ani, întrerupt de un Big Bang. Nu e o certitudine. Privim cerul. Stele, planete, galaxii, metagalaxii, pitice albe, nebuloase, sateliți naturali, exo-planete... Așa cum stau stelele, sorii, planetele și sateliții lor naturali, la o proporție oarecum identică a spațiului, a maselor, a materiei, a mișcării și a energiei, stau și particulele elementare subatomice în realitatea cuantică. Nu știm mai mult. Poate vom ști cândva.

Întrebarea mea fundamentală: Dacă Dumnezeu ne-a creat, ne iubește atât de mult, încât Dumnezeu, Domnul nostru Isus Hristos, a murit și a înviat pentru noi, de ce se ascunde? De ce nu comunică personal cu noi? De ce este absent? El este veșnic. Noi trecem cu greu de 90 de ani. Ține seama doar de veșnicia lui, nu și de speranța noastră de viață? Ce spun științele comunicării despre această atitudine a lui Dumnezeu? Ceva nu e în regulă cu zeii! Știi că au și zeii viața lor? Se măsoară în milenii. Ca și religiile. Odată la 500 de ani are loc o Reformă! Cum va arăta reforma viitoare? Nu vom ști! Dar nepoții și strănepoții noștri o vor trăi!

Ți-am făcut capul mare, ți-am făcut capul calendar. Te-am transformat în confesorul meu. De fapt, acest răspuns va deveni o pagină sau două dintr-o carte viitoare care s-ar putea numi „Deconvertire". Literatura americană creștină abundă de acest subiect. În lumea noastră ortodoxă, încă nu e popular acest subiect! Mulțumesc! Pentru mesaj. Pentru răbdare. Pentru misiune. În Ucraina. Sorin

SC: Dragă Sorin, Am ajuns cu bine în Ucraina, dar nu fără minuni de protecție din partea lui Dumnezeu asupra mea și asupra banilor pe care i-am adus cu mine. Este o mare lucrare de făcut aici, dar am sprijinul multor persoane locale și, în special, a Acelei Persoane care după înviere a declarat, „Toată puterea mi-a fost dată în cer și pe pământ."

În seara aceasta din întâmplare sau poate providențial am găsit un articol pe care tu ni l-ai trimis (Ai semnat numele tău ca expeditor), intitulat Răstignirea din 1961, care arăta bestialitatea și cruzimea Securității din trecutul istoriei României... Cu prețuire, Sergiu

S: Ești un suflet mare, o personalitate și ai făcut din convingerile tale, din idealurile tale, un mijloc de a-ți ajuta semenii, de a face lumea mai bună! Este un lucru mare, uimitor! Desigur există și alte abordări, perspective, unele religioase, care îl includ pe Dumnezeu și religia, altele laice, cum ar fi cele psihologice, fiziologice, sociale, politice, de self training etc. Toate au rolul lor. De pildă, ți-aș sugera să te gândești la următoarea perspectivă: de ce curățăm pomii de anumiți lăstari, numiți lacomi sau ne-lacomi?, de ce-și pune cucul oul în cuib străin și nu-și face propriul cuib?, de ce prășim culturile?, câte din semințele unui arbore, ajung la maturitate?, de ce există animale carnivore?, inclusiv omul? Știi că au existat canibali? De ce există concursuri de admitere și promovare în posturi profesionale?, care este rolul pandemiilor?, Sunt necesare războaiele, inclusiv cele sfinte, cruciadele, cele de pedepsire?, Are învingătorul dreptul la pradă de război, inclusiv în oameni sau sclave?... etc.

Te-ai gândit vreodată că egoismul cel mai feroce, care în lumea civilizată devine rareori necesar, a fost un mijloc esențial de supraviețuire, în sălbăticie și primitivism? Că au reușit să atingă maturitatea, să se reproducă și să supraviețuiască doar cei mai puternici, mai dotați? Ai rărit vreodată o cultură – porumbul, de pildă. Pe care îl tai? Pe care îl lași? Religia este o formă de cultură și spiritualitate! Necesară! Utilă! Dar, nu uita: este un lux! Până și în Biblie scrie că au fost situații – e drept extreme – în care mamele au fost nevoite să-și fiarbă pruncii!

Hagi: „Ar fi bine să fie bine, ca să nu fie rău!" Vorbim de origini, dar există variante opuse. Care este cea adevărată? Vorbim de predestinație, de privilegii, de preferințe. Ce justificare ar putea avea? Vorbim de apocalipse. Sunt soluția dumnezeiască sau omenească? Care este legea fundamentală?! Legea griurilor (culoare), (morală), sau legea „Totul sau Nimic". Avem impresia că religia, Dumnezeu, dau răspunsuri ultime. Că rezolvă toate dilemele! Că Dumnezeu este absolut! Poveștile sunt frumoase. Ilustrațiile și pildele sunt pline de sens și semnificație. Totul pare ideal. Perfect! Dar, întotdeauna există un rest, un dar... Aspectele insolubile, gunoiul din colțuri, de sub preș sau de după ușă. Îl putem ignora! Asta nu înseamnă că nu va continua să existe! Iartă-mi duritatea, franchețea și imparțialitatea! Va trebui să acceptăm realitatea relativității, progresului, evoluției, schimbării. Avem o istorie. Avem un viitor. Și o nădejde. Există speranță!

OB DIALOGURI

Cu OB

Al doilea principiu al termodinamicii este pregnant și evident. Totul este supus disoluției, ruinei, degradării. Singura parte a realității care se opune – temporar – acestei legi universale a entropiei și se comportă negentropic, sunt organismele vii. Această trăsătură face parte din definiția vieții. În același timp, tocmai această trăsătură face posibilă variabilitatea și evoluția. Analogiile șchioape ale creaționismului privind ceasul și ceasornicarul, chiar grădina și grădinarul și faptul că tot ceea ce este conceput, proiectat și realizat, fabricat, are în spate o inteligență în design, ignoră feedback ul, autoreglarea, reproducerea și forța miraculoasă a vieții. Ceea ce este neviu este făcut, ceea ce este viu se face.

OB: Apariția viului rămâne o enigmă și trebuie luată ca atare. Evoluția vieții este un fapt dovedit, aproape demonstrat! Enigma Biogenezei trebuie asumată, cercetată și nu transformată în pretext pentru mit-știință…

S: Desigur. Mai avem multe de clarificat, descoperit. Dar, însuși faptul, calitativ diferit, că viața este o sumă de procese biofizice și biochimice o face să fie exact ceea ce este – suma sau produsul acestora.

OB: Poate că Suflul Vital există și pune totul în mișcare… Dar ipoteza asta nu trebuie să ne conducă la un Dumnezeu antropomorf sau ceva similar…

S: Ca poantă, e bună!… Deci acesta e pericolul mitului!

OB: Putem sintetiza gene, membrane, etc dar nu putem să le asamblăm într-o celulă! Asta ar fi lovitura supremă a științei!

S: Te-ai ars cu ciorbă și sufli în iaurt! Pentru că o celulă are deja un soft! Cred că asta este ceea ce ne lipsește – modul în care articularea și funcționarea, relația dintre materie, energie – pe de o parte și informație – pe de altă parte, generează viața. Deși, viața începe la nivel cuantic, nu doar la nivel organitic. Apoi, arderea, consumul de energie, metabolismul, lucrul mecanic, circuitul anaboliți – cataboliți, înseamnă un fragment de viață. În esență, conștiența și comunicarea începe cu primul receptor efector, cu prima buclă de feedback. *Pe de altă parte, mi se pare suspectă această obsesie de a crea o structură vie ab initio, în laborator. Ce să demonstrăm? Creația? Viața n-a fost creată. Ingredientele vieții există la nivel cuantic, în* structuri, funcții, nivele energetice, informație, relativitate, spațiu și timp, cosmos, univers.

OB: Religia este toxică și distructivă tocmai prin pesimismul aruncat asupra naturii umane și asupra destinului omenirii!

S: Absolut! Sectă apocaliptică! Apropo de pesimism și caracter destructiv! Istoria umană o adunătură de fiare! Civilizația umană redusă la o menajerie! Grotesc! Grobian!

Legat de textul – Istorie, cultură, mit – Nașterea religiei confesiune.

OB: Textul este un pic prolix, cu introduceri largi, cu exprimări repetitive, lejere... Aș fi vrut mai multă conciziune – un proces de distilare ar aduce claritate! Începeți cu exemplul scrierii unui roman ca să faceți analogii cu apariția poveștilor mitologice, dar la început au fost poveștile de seară făcute de vânători în jurul focului. Apoi se conturează epopei transmise oral sute și poate mii de ani până ce au fost scrise.

Nașterea mitologiei nu s-a făcut peste noapte! Scripturile, ca toate epopeile sunt creații colective, trans generaționale supuse unui joc complex de selecție, adăugire, alterație... Dumnezeu era confuz, contradictoriu și inconsecvent!

S: Da, dar ăsta era marele secret nespus de nimeni! Afirmația din ultima frază. Textul nu e academic și nu se referă la mituri, ci mai degrabă la nașterea Evangheliilor în primele două secole de religie a tradițiilor creștine. De fapt substanța textului este nașterea și încorporarea fuziunii dintre o conștiință, o viață și atașamentul față de o poveste, un text sacralizat. Nașterea credinciosului, a fanatismului, ca mecanism psihologic, cultural, social și spiritual.

S: Întrebări care mă frământă: Ce îi face pe oameni să se identifice cu o poveste, un mit și să le promoveze? Care sunt ingredientele în acest proces? Cum se articulează ele? Care e procentul de credință, afirmare de sine, identificare, valorizare, activism, militantism? Ce îi motivează pe acești oameni? Care sunt limitele și evaluarea critică a acestui fenomen? Ce face să se nască, să se dezvolte și apoi să decadă și să dispară un astfel de proces complex ca existența unei religii confesionale?

OB: Sufletul uman tânjește după nemurire, fuge disperat de perspectiva morții! El are drept coloană vertebrală constitutivă instinctul de conservare/supraviețuire căruia i se subordonează practic celelalte componente. Construind permanent imagini, abstractizări și narațiuni, sufletul tinde să se obiectiveze, să devină autonom în raport cu realitatea fizică, iar la un moment dat să pretindă că a depășit-o! Așa apar minunile... Isus era visul lui Petru de a merge pe apa!

S: Ideea asta că ne spiritualizăm în materie și ne materializăm în spirit este valoroasă!

S: Ce să facem cu suferința? Aruncați cărbunele-jăratec! Unde? Înapoi la Dumnezeu! E un răspuns real? Crucea? Golgota? Nu! Religia nu rezolvă problema suferinței! O proiectează doar! Într-o altă lume! Va fi bine în cer! Suferiți! Evrei 12:7 Suferiți pedeapsa: Dumnezeu Se poartă cu voi ca și cu niște fii. Căci care este fiul pe care nu-l pedepsește tatăl? *Am trăit, trăiesc și voi trăi și voi muri într-o lume a condamnaților, a pedepselor fără sens, inutile...*

1Petru 2:20 În adevăr, ce fală este să suferiți cu răbdare, să fiți pălmuiți când ați făcut rău? Dar dacă suferiți cu răbdare, când ați făcut ce este bine, lucrul acesta este plăcut lui Dumnezeu. Este Dumnezeu sadic? 1Petru 3:17 Căci este mai bine, dacă așa este voia lui Dumnezeu, să suferiți pentru că faceți binele decât pentru că faceți răul!

Biblia este contradictorie! Existența este contradictorie! Împărăția lui Dumnezeu elimină contradicțiile! Oare?!? Cred că singurul răspuns valabil este că prin viața și caracterul credinciosului, idealul împărăției lui Dumnezeu este adus pe pământ. Osea pare să transforme această utopie în realitate. Dar, dacă rămâne doar literatură?! Evanghelie?! Deziderat?! Prin caracterul relativ sado-masochist, religia poate deveni, ea însăși, un instrument al abuzului.

OB: Punct.

S: Și de la capăt. Religia? Un cerc! Viciat! O circularitate absurdă.

OB: Așa vrea, poate, Dumnezeu... Așa e datul sorții...

S: Pastorii și enoriașii inteligenți, care gândesc, se îndreaptă instinctiv-rațional către răspunsuri competente, de know how, științifice, de specialitate, simțind că doar bunele intenții, năzuințele, convingerile și credința, oricât de necesare, nu sunt suficiente.

OB: Banul e una din rațiuni?...

S: Oricât de înaltă, orice filosofie și, mai ales credință, trece prin jertfă, prin burtă. Fiii lui Eli... 1Sam 2,12-17.

OB: Timpul nostru în lumina profețiilor climatice... Soluții?... Nema!

S: A suflat vreunul din profeți sau apocalipsa, o singură idee privind natura acestei crize? Nimic! Binele care aduce Răul și răul care aduce binele! ML (marea luptă bine/rău) are identitate moral spirituală! Nu! ML privește supraviețuirea!

OB: „Adevărații" profeți știu și visul și tâlcuirea... și cauza crizei și soluția... Eu trăiesc așa... în ceață! Mă mulțumesc cu puțina viață ce mi-a mai rămas... le las lor veșnicia!

S: La mila domnului!

OB: Să existe D... Și să fie și milostiv...

S: Din nefericire, în epoca comunicării, ar alege un stil mai direct și ne întortocheat! Un Dumnezeu Real! Ce subterfugii!

Într-un limbaj marxist desuet, evoluția poate fi redusă la jocul dintre necesitate și întâmplare. Orice întâmplare norocoasă, numită biologic și genetic, mutație – în sensul unui avantaj al luptei pentru existență și supraviețuire, este menținut, întreținut și cultivat de selecția naturală, transformându-se în trăsătură caracteristică permanentă. Tot ce nu ajută este condamnat la dispariție, eliminare prin deces, exitus. Această realitate devine evidentă în 3.5 mld de ani, pentru viață, iar pentru om, hominini și hominizi, în câteva sute de milioane de ani. Istoria amprentelor civilizațiilor preistorice rămase – în afară de fosile – se reduce la câteva zeci de mii de ani, iar istoria scrisă, inclusiv în artefacte, la zece, cincisprezece mii de ani.

OB: Dar de ce Selecția Naturală selectează într-un anume Sens? Și de ce nu s-ar implica și în sens moral?

S: Sensul este inexistent și inconștient. Individul dotat, capacitat, doar supraviețuiește. Conceptul etic și moral apare numai după ce omul devine conștient de sine și de ceilalți.

OB: Pentru că civilizația umană pretinde că vrea să capteze această voință cosmică în legi și legiuiri. Unul a pretins că a urcat pe munte și în 40 de zile a primit esența ei cuprinsă în 10 percepte fundamentale! Fiecare sacerdot asta pretinde că are legătură cu balanța morală cosmică și îi poate astfel ghida pe oameni care altfel ar orbecăi și s-ar dezumaniza!

S: Civilizația umană a creat arta în momentul în care a devenit înfloritoare. Legendele și miturile sunt o formă de literatură sapiențală, pretins sacră. Dar nu e decât literatură. Cuvinte. Când sacralitatea a simțit că s-a supra-spiritualizat, a simțit nevoia de echilibru, de revenire cu picioarele pe pământ. „Și Cuvântul s-a făcut trup!"

OB: Recunoașteți existența unei Legități/Determinism biologic al vieții? Întrebarea e dacă exista una/unul moral!

S: Desigur! Dar, n-au nicio legătură cu originea și evoluția, dezvoltarea vieții. Viața există, noi o observăm, o studiem, o ocrotim, o protejăm – în toate modurile necesare și posibile. Accidental, îi facem mult rău!

OB: Sugerez o analogie biologic-psihologic, biologic-moral. Materialismul istoric a făcut așa ceva: Legități fizice – Legități sociale.

S: Păi, psihologia, morala și filosofia, nu sunt decât produse secundare ale vieții – umane – devenită conștientă de sine.

OB: Ăsta-i un argument forte al credincioșilor – existența ordinii fizice cere cu necesitate existența unei ordini morale. Asta e una din temele centrale ale lui Isaia Berlin.

S: Legitățile sunt descoperirea repetabilului, a structurilor și funcțiilor existenței. Ordinea morală este consecința trăsăturilor gregare și sociale ale grupurilor umane. Morala nu face decât să reflecte necesitățile conviețuirii și supraviețuirii umane. Nu sunt date de nimeni, așa cum fizica cuantică și chimia sunt consecința structurii, funcției și legităților materiei, energiei, și informației elementelor, particulelor.

OB: Dar există, sunt reale chiar dacă nu le descoperim noi!

S: De acord. Tot ce există are structură, morfologie, funcții și implicit repetiții ale acestora, pe care noi oamenii le numim, întâmplător – legi!

OB: Pretenția că ai descoperit o Legitate Morală Absolută este o încumetare generatoare de tiranie cu toate relele care decurg din ea!

S: Ține de structura cuantică, mecanică, astrală a existenței! Tot ce se adaugă este conștiența și conștiința noastră care alcătuiește un discurs despre ceea ce constată! O încumetare! Bine zis!

OB: Gândirea se dezvoltă prin analogii – dacă așa... atunci așa...
Dacă există legi fizice, există și legi morale.
Cele fizice au un suport fizic, cele morale au un suport spiritual. Credincioșii sunt (mai mult sau mai puțin) spiritiști!

S: Realitatea socială, psihologică, filosofică, artistică este și face parte din aceeași existență. Faptul că o parte a existenței este materială sau alta abstractă, n-o face o existență de rang secundar. Dimpotrivă. Problema gravă este că oamenii au atribuit toate tipurile posibile de existență unor forțe, spirite sau zei antropomorfi, mai recent, absolut imaginare/i – pe care le-au împopoțonat cu atribute absolute, ideale, nereale și nerealiste. A fost o proiecție. Un fenomen defensiv, pseudo-protector, devenit cultură și spiritualitate – dar în esență, patologic, anormal, o proteză, un surogat.

OB: Recunoașteți acestei Proiecții și un rol pozitiv în evoluția omului?
S: Numai când e vorba de creativitate. De cultură, artă, spiritualitate. Dar, nu când e vorba de ontologie.
OB: Spinoza a formulat cel mai bine această Proiecție, a dez-antropomorfi-zat-o! Adică l-a dez-întrupat pe Dumnezeu! In Dumnezeu acesta descărnat cred și eu. Cred. Îmi cere doar să exist și să mă acordez cât mai bine cu El, atât. Dar să ne înțelegem nu e Spirit, Duh, etc, e doar un Concept, o Idee!

Costi Crețan, prietenul lui ID:

„Sunt ultimul călugăr dintr-o mănăstire
Ce-i părăsită până și de Dumnezeu
Și zidurile ce se surpă în neștire
Zidesc în loc bucăți din trupul meu..."

Prietenia noastră este foarte valoroasă și are două coordonate fundamentale: – ne-am ajutat reciproc în procesul complicat al desprinderii și eliberării noastre spirituale de sectarismul neoprotestant și de obscurantismul religios; – ne-am stimulat reciproc procesul ideatic prin dialog și schimb constructiv de opinii și idei. Atâta timp cât aceste trăsături rămân viabile, prietenia noastră va continua. Recunosc, eu sunt mai bătrân, mai analitic, bat apa în piuă, tu ești mai sintetic, nu pui preț pe vorbe, ci mai ales pe idei. Ce aș vrea să eviți, pe cât posibil: – tu conduci o clinică, ai subalterni, ți-ai făcut niște reflexe. Nu le poți aplica în cazul meu. Nu mă poți expedia cu un aer preocupat, plictisit, gen: întrevederea s-a terminat; – evită pe cât posibil expresiile de grijă protectoare, psiho-asistență, menajamente. Nu simt nevoia de așa ceva, îmi sunt relativ suficient propriului echilibru, iar tu nu te pricepi; – renunță definitiv la aluziile presărate în dialogul nostru, cum că mi-ai face niscaiva favoruri sau vreun hatâr – sunt profund jignitoare. Cel mai mult m-a durut, și n-am putut înțelege, faptul că atunci când ți-am trimis gândurile mele de tată la funeraliile lui Alex (Tribut Alex), fiul meu, tu n-ai răspuns prin niciun cuvânt, nimic. Mă tem că ești incapabil de compasiune și asta poate fi ceva patologic, adică nu ți se poate reproșa.

Îmi poți comunica oricând doleanțele tale cu aceeași sinceritate. Consider că acest proces periodic de salubrizare a relației noastre de prietenie autentică, este salutar și necesar. Nu trebuie să gândim la fel. Tocmai acesta este farmecul! Suntem foarte diferiți!

OB: Bucuria de a trăi, de a prețui Viața! Poate acesta e unul din Numele Divine! Înainte de a începe o lucrare (măreața sau rutiniera) îți vine în minte întrebarea – Cine te a trimis? Și din ea derivă toate celelalte: Ce ne motivează? De ce acceptăm provocările vieții? De ce continuăm să sperăm? De ce nu renunțăm la viața asta în ciuda mizeriilor ei? Viața este un miracol, o enigmă, un miraj! Atrage, seduce, încântă. Ea continuă dincolo de efemerul nostru interludiu! Forța ei este irezistibila deși este atât de fragilă și nesigură. Unii au presupus că este o emanație supranaturală/divină, alții că este o lucrare realizată de natură în milioane de ani de evoluție. Tranșarea acestei taine poate că nu e cea mai stringentă temă pentru noi cât este cerința imperioasă – prețuiește-ți viața, trăiește o din plin! PS. Vă mulțumesc din suflet pentru efuziunile vitale pe care mi le-ați administrat anul trecut! Sunteți un tovarăș de drum printr-o viață grea dar frumoasă! Să aveți un an mai bun!

OB: Ideea fundamentală a religiei este conflictul! Marea Luptă! Adevărurile absolute cer toleranță zero. Sursa războaielor religioase. Valorile trebuie să ne unească, viața trebuie prezervată, nonvalorile trebuie sancționate. Din nefericire, nici VT, nici Apocalipse – nu pot fi un model pozitiv, ci unul negativ. Răzbunarea și sadismul, atitudinea radicală – sunt regula! Este o ideologie primitivă a biciului și zăhărelului! Pedagogia a evoluat mult, între timp!

S: Implicațiile sunt mult mai profunde. Recent, am revizitat Luvrul. Covârșitoarea majoritate a statuilor au fața mutilată! Emblema religiei! Am vizitat Selciuc – fostul Efes. Pe înălțimea învecinată, se află mănăstirea Sf. Ioan. Zidul incintei – vreo opt km – zidit numai din detritusuri antice din marmură. Ca și biserica din Densuș, din capodoperele romane ale Alba Julia sau Herculane! Crima abominabilă împotriva Hypatiei și dărâmarea artei antichității de către religie, echivalează cu crimele nazismului, sub aspect cultural!

OB: Acestea sunt fapte cunoscute și adevăruri evidente.

Revin și vă reamintesc ce puteri exercitau în biserică până de curând – supraveghere, control, cenzură, excludere/excomunicare. O panoplie de arme psihologice dintr-un ev mediu contemporan cu noi! Hristos este un simbol al vieții care biruie moartea prin sacrificiu! Și ce au făcut ei din el? Ca toți politicienii care maculează cu cinismul lor idealurile nobile, l-au transformat într-un instrument de control și dominație a conștiințelor! Vreți să facem împreună un inventar al crimelor bisericii din R? Să scriem o Carte Neagră a acestei așa zise biserici? Mi-e scârbă de pioșenia lor găunoasă și de misionarismul lor zăngănitor. In biserică, Moloh e mai puternic decât Hristos !

S: Oare este folositor să facem doar o hermeneutică a conflictului, urii și polițelor plătite ca răzbunare? Oricum, ei aparțin unei alte lumi. Eu voi continua să fac o analiză strict culturală. Nu conving pe nimeni! Și nici nu mă lupt cu nimeni. Nu fac găuri în cer și nici nu țin să fiu cu orice preț original. Meditez și eu... Tu cauți un preopinent, un adversar cu care să te lupți. Eu am doar o luptă sterilă de idei. Tu ești înnegrit și înăcrit de fiere, ură și răzbunare. Eu sunt mai detașat!

OB: Nu pot să răspund fără patimă unei agresiuni! De ce nu recunoașteți că vreți să angajați periodic dezbateri cu bigoți ca NM, AD, BM, etc Eu doar încerc să închid paranteza religioasă din viața mea! Apropo, ziceați că vă retrageți cu acte în regulă!

S: Păi, da! Ceea ce tu nu faci!

OB: Am doza mea de lașitate.

S: Paranteza religioasă este o perioadă, o instituție, un crez, o atitudine, un stil de viață. NM, AD, BM – sunt ființe umane, prieteni, rude, colegi. Dialoghez cu ei, îmi definesc și redefinesc poziția în orice moment. Pastorul mă va anunța când va avea loc adunarea administrativă și se va lua votul, după citirea scrisorii de retragere. Structura mea este vocală, afirm deschis tot ceea ce cred sau nu cred. Nu am nimic de ascuns.

OB: Eu mă depărtez de oamenii aceștia, nu mai fac parte din cercul meu, sunt înstrăinați de mine. Nu mai avem în comun decât trecutul! Orice încercare de apropiere nu ar fi decât o sursă de conflict și amărăciune. Așa cum se vede din fiecare interacțiune pe care o aveți cu ei!

S: Poate că așa trăiesc eu conflictul – în relație. Tu îl fierbi la foc mocnit, în interior. E dreptul nostru, al fiecăruia, să procedăm așa cum ne dictează tipul de personalitate!

OB: Credinciosul spălat pe creier de biserică nu vede în mine decât o sarcină misionară pentru care să se roage și să „lucreze". Eu le permit doar să se roage! Prietenie cu astfel de (sub)oameni nu pot să mai am.

OB: Poate că așa trăiesc eu... De acord!
O anume tensiune interioară, un mic război, pe mine mă stimulează, mă ține treaz!

S: Nu trebuie să emitem judecăți definitive, dar putem avea schimburi de opinie. Oricum, dialogul dintre noi, are de suferit. Eu nu pot agrea stilul lapidar, expeditiv. Am nevoie de reacția ta elaborată, de idei constructive. Sau, încetăm, din lipsă de interes și motivație. Nu e obligatoriu să continuăm.

OB: Nu vreau să renunț la acest dialog, e terapie curată! Dar nici nu vreau să punem bazele unei anti biserici, anti doctrine etc. Să nu rămânem cantonați în descrierea la nesfârșit a fundăturii în care stau cantonați niște zănatici!

S: Dialogul presupune participarea egală, activă a fiecărui participant. El există sau nu.

OB: Aveți mai mult timp liber! Decalaj cronologic. Ieri am fost într-o vizită, astăzi primim musafiri acasă.

S: Probabil, eu sunt mai analitic. Vreau să înțeleg convertirea-de-convertirea-reconvertirea. Tot ceea ce spune fiecare dintre noi reprezintă conștiința sa, modul de a vedea lucrurile. Poate că tu ești mai lapidar, mai expeditiv. Eu, mai analitic, mai elaborat. Vom vedea! Petrecere plăcută!

OB: Trebuie să termin de scris un capitol de carte și altele... Zi bună!

S: Mult succes în ceea ce faci. În dialogurile mele cu religia se regăsesc ideile lecturilor curente, este o formă de viață culturală și spirituală. Nu suntem identici, suntem diferiți – e un truism – dar nu ne vom putea modela reciproc, unul după chipul și asemănarea celuilalt, ci doar ne vom influența în oarecare măsură. Oricum, trebuie să avem în vedere considerația și respectul reciproc. Dacă ne dăm cu tifla, se năruie totul!

OB: Eu m-am mutat sus... Abuzul psihologic este posibil atâta timp cât victima se consideră pe o poziție inferioară fată de abuzator. De aceea părinții biologici și cei spirituali sunt cel mai frecvent abuzatori. Vreți să continuați dialogul cu abuzatorii? Nu e o soluție! AZ și IG nu trebuie să vă mai fie preopinenți! Gunoaiele, la gunoi!

S: Sincer, nu mă simt de loc abuzat. Distanța dintre ei și mine, e infinită. Pot învăța prin contrast, de la ei, așa cum pot învăța de la Edi, în mod direct. De ce să neg 65 de ani din viața mea. Ar fi imposibil. M-am delimitat, este un lucru câștigat. Literatura de-convertirii este amplă și foarte utilă. Dialogul mă consolidează și imunizează. Fenomenul religios este o componentă substanțială a culturii și spiritualității. Învăț!

OB: Iov 1,1-5. Pocăința preventivă – În fața unui Dumnezeu supărăcios, oamenii sfinți își iau toate precauțiile! Creștinii își cer iertare și pentru păcatele „cele fără de voie". Mintea avidă de control și dominație a clericilor a dus teologia culpabilizării la limita sa extremă că doar ești păcătos prin însăși îndrăzneala de a te fi născut, nu?!...

S: Vinovăție, remușcare, penitență, păcat, sunt un mecanism al dipolului bine/rău de a condiționa conștiințe, un atentat la libertate, de aservire a ființei umane. Plecând de la o realitate fundamentală a polarizării valorilor, au imaginat un adevăr, bine și frumos absolut, în contrapondere cu eroarea, răul și grotescul extreme, au complicat lucrurile prin ceremonii, expieri, danii și sacrificii, s-au cocoțat în slujbe și odăjdii impresionante pentru minți umile și cei săraci cu duhul, au pregătit o bursă a tranzacțiilor moral-spirituale, un barem al subjugării, un preț exorbitant al îndestulării parazite, profanat de zornăitul, concomitent supărător, dar de o muzicalitate ce scoală din morți lăcomii hulpave. Din toată această mistificare adulmecată și interesată s-a născut o instituție în care funcționează – încă – cererea și oferta și care se numește impropriu, religie. Singura economie cu rentabilitate dublă, la ambele extreme, care susține că oferă totul și nu pretinde nimic, când nu oferă nimic, dar pretinde totul! Conștiința!

Cu OB. S: Am străbătut împreună mai multe etape ale maturizării noastre intelectuale, afective, culturale și spirituale. Am avut nevoie unul de altul, ne-am susținut reciproc, ne-am evaluat reciproc calitățile și limitele. Mai ales, în ruptura de biserică, proces în care – personal – m-am simțit susținut, în relația noastră. Suntem oameni. Finiți. Nu sfinți.

Tu ai continuat să evoluezi foarte frumos, inclusiv profesional. Pensionar fiind, eu am continuat să evoluez cultural, intelectual, dar profesional sunt în retragere. Fiecare dintre noi facem aprecieri și evaluări reciproce, ale relației, cu avantajele și limitele noastre și ale ei.

Relația noastră a fost un real sprijin și suport pentru mine. Spun a fost, fiindcă, aparent și-a pierdut treptat această calitate. În timp, treptat și subtil, dar constant, am perceput o schimbare incomodă. Ai devenit tot mai suficient, sentențios, lapidar, rece, distant. Poate greșesc! Dar, pentru mine, avantajele pe care le-au reprezentat relația dintre noi, par a fi contracarate de efectele ei toxice. Faptul că ai un bagaj expresiv, lexical și lingvistic mai sumar, lapidar, compensat prin sentințe definitive, nu atenuează frustrarea și nici nu întregește comunicarea dintre noi.

Într-o relație de prietenie, ceea ce oferi este depășit cantitativ și calitativ, de ceea ce primești. E un fel de alchimie psihologică. Sau sistemică – teoria sistemelor – Bertalanffy. Debitul depășește cu mult creditul. Acesta este secretul prieteniilor. Creează plusvaloare afectivă, bună dispoziție, stare de bine, împlinire.

Chiar dacă această diferență atinge unul sau mai multe ordine de mărime – totuși uneori – prin asimetrie, dezinteres, reținere, restrângere, o parte sau ambele părți, resimt golul rezervei și rezervorului valoric și afectiv, iar relația se stinge și nu mai poate continua. Uneori, o picătură nesemnificativă împlinește această stare de lucruri. Mă tem că aceasta este și situația noastră!

OB: Gânduri. Fiecare domeniu al cunoașterii își are propria terminologie, propriile concepte, propriul limbaj specializat! Aceasta dă celui care le cunoaște un permis de acces într-o lume exclusivistă, în care se simte familiar, poate chiar un sentiment de superioritate în raport cu profanii! Dar când credinciosul deprinde ceva din limbajul și retorica teologică, la care se adaugă și „experiențele" mistice, devine un adevărat" inițiat", un cunoscător al tainelor divine, cele mai presus de orice domeniu al științelor omenești. Nevoia naturală de recunoaștere a valorii personale poate degenera în narcisism și megalomanie, atât la specialistul în științe, cât și la credincioși. Această deviață este mult mai frecventa și mai gravă!

S: Respectul de sine, o imagine bună a propriei persoane, nu sunt condamnabile, sunt chiar necesare oricărui om normal. Printre nevoile fundamentale, dincolo de subzistență, sunt nevoia de recunoaștere și apreciere! Omul simplu realizează repede interesul, avantajele, privilegiile, chiar dacă nu are acces la ele. Și e generos! E capabil să le acorde, altruist! Desigur că, ideal ar fi ca orice om să se afirme și să dobândească recunoaștere prin realizări necesare și utile umanității, dar nu se întâmplă așa. Oamenii pot avea preocupări bizare, pasiuni dăunătoare, să exceleze în a deveni adevărate genii ale răului. Religia este undeva la mijloc. Unele trebuințe și temeri reale sunt atenuate mitologic, prin basme meșteșugit alese, mulțimile pun botul, investițiile curg, arta își spune cuvântul, arhitectura își oferă serviciile și, iată avem o istorie a religiei, parte din istoria culturii și civilizației. Pentru că noi, oamenii, am avea nevoi de mituri! Cred că e doar o rătăcire temporară, pe care o vom depăși!

S: Pt OB – Consiliere *inter-pares* Opinia mea este că tu îți construiești un model binar al lumii, bazat pe contrast, opoziție, conflict, adversitate și răspăr. Imaginea mea asupra lumii este una cuprinzătoare, a incluziunii, deschiderii, cooperării, absorbției, ofertei, acceptării. Suntem diferiți. Eu am cuvintele la mine, tu prețuiești laconismul, ideile nude, esențele tari. Mie îmi plac metaforele, figurile de stil. Deseori, îți începi discursul printr-o negație, nemulțumire, critică, suficiență, superioritate.

Eu sunt prea asertiv, convins că le știu pe toate, plin de sine, având pata oarbă a lipsurilor și insuficiențelor. Plini cu defecte, suntem umani. Convingerea propriei perfecțiuni și suficiențe ne amplifică egolatria, intransigența, intoleranța. Putem tăia toate punțile, ridica castele imaginare de fildeș sau putem trăi cu un zâmbet autoironic în colțul gurii, prețuindu-ne semenii ca purtători ai unor lumi și universuri proprii.

Opinia mea – și dacă este eronată, îmi asum greșeala – este că stilul tău fugitiv de lectură, care poate, este adecvat gradului de ocupare, noianului de titluri (de carte, nu personale) etc., doar frunzărind, sau parcurgând prin sondare, părți din lucrări și autori, te văduvește de un atribut esențial: îți lipsește bagajul lexical suficient pentru a elabora texte semnificative. Rămâi laconic, sărăcăcios. Iluzia că ai putea oricând crea o capodoperă literară și de conținut, rămâne ceea ce e – o iluzie. Oricum, ni se întâmplă tuturor, din diverse motive.

Cel mai mare har al unui om realizat și secretul eleganței, măreției și modelării, este modestia, suplețea, generozitatea, dăruirea de sine. Pretențiile, prețiozitatea, monumentalitatea – sunt false piste spre infatuare fără acoperire. Centrarea trebuie să rămână pe funcționalitate, eficiență, receptivitate, relație, schimb. Centrarea pe sine nu reprezintă decât un *deadline* (engl – termen limită, fundătură) contraproductiv și furnizor de ruină.

Când o relație se învechește, are o patină a timpului, prietenii sau preopinenții constată că au așteptări reciproce exagerate și mult mai importante, decât ceea ce sunt dispuși să ofere. O relație generează mai mult decât ceea ce este investit. (Teoria sistemelor) Este randamentul și lubrifiantul relației. Atunci când interlocutorii încep să drămuiască și să contabilizeze relația, un mare minus pare a se căsca din pământ, între cei doi. Lucrurile și relația încep să scârțâie.

Nu vom face o statistică, dar multe din replicile tale sunt negative, critice, toxice. Astfel, însăși persoana ta este percepută ca toxică, relația în sine, devine toxică. Poate că ar fi mai bine să ne vedem fiecare de drumul lui. A fost frumos, util, pozitiv. Nu mai e. Asta e. Amintiri. (Din: Corectare – consider aprecierea prea drastică. Cel puțin acum, mă simt confortabil, îl prețuiesc mult pe OB!)

OB. Personalitate ciclotim, accese de nemulțumire, furie, pe un fond de om bun, de caracter! În perioadele decompensare, abundă nemulțumire, reproșuri, care trebuie acoperite, compensate. Cu timpul, efortul acesta devine obositor.

OB: Sunt uimit de diferențele culturale colosale dintre generații trăite de mine – bunicii, părinții, eu, copiii mei. Cât de mult s-au schimbat cunoștințele, percepțiile, așteptările, interpretările! Daca noi abia putem cuprinde aceste transformări pe 3-4 generații, cât de greu este să pătrundem în mentalitățile de acum 3-4 sute sau mii de ani în urmă?! Poate de aceea mă fascinează istoria ideilor, mentalităților și religiilor – cum s-au format, cum au evoluat, cum mor.

S: Suntem ființe complicate și complexate. E ca o tapiserie sau ca universul. În timp și spațiu, tabloul se schimbă radical, deși este același! Ce diferență între tegument și imaginea microscopică a tegumentului, între anatomie, histologie și astrofizică! La fel și în timp. Ce diferență între o clipă și un mileniu. Și, totuși, ceva le leagă – esența!

S: Marcel Gauchet, *Ieșirea din religie* – un text tare mare! Este foarte tonic să constați că ideile valoroase există deja, în mod explicit, dar fanaticii vor continua să le întoarcă spatele, ostentativ! Când vrem să combatem și să excludem o idee valoroasă, o reducem la schema ei caricaturală, o sluțim și o aruncăm în lada de gunoi a istoriei. Noi pierdem! Cât de nedreaptă e prezentarea revoluției franceze în Marea Luptă! Toate fundamentele drepturilor omului, inclusiv religioase – au fost așezate încă de atunci!

OB: Pe Isus nu l-au răstignit ateii, ci credincioșii fanatici Toate religiile aspiră la starea de exaltare fanatică, militantă și exclusivistă! La Biserică, această țintă se numește Ploaia Târzie, Revărsarea Duhului Sfânt, Marea Strigare, etc, adică o dezlănțuire de bigotism care elimină complet rațiunea, se rupe de societatea civilă și duce credincioșii „în munți" așteptând acolo mântuirea finală. Adică parcursul oricărei secte extremiste!

S: Bine punctat! Adevărat! Art: Scaunul și scaunele goale ale lui Van Gogh. Par doar pictură. Reprezentare. Dar, nu există decât artă cu semnificații profunde. Sufletul sensibil și chinuit al lui Van Gogh resimte pustiirea sfârșitului de secol XIX. Scaunul e gol, scaunele par inutile și goale. Spațiul dintre ele pare vid, dar pipăibil. Chiar pipa sau mahorca, nu sunt decât simboluri ale inutilității. Omul lipsește dintr-un spațiu abandonat. Relația și prietenia lipsesc din acest secol tenebros. Pasiunile geniale devin devastatoare și se despart.

Oamenii descoperă epidermicul, imediatul, detaliul, microscopicul, și își pierd reperele, convingerile, care se năruie. Scaunul, tronul, este gol. *I-chabod*. Cornilescu: I-Cabod. (Nu mai e slavă)[61] Dumnezeu moare în nesemnificativ, irelevant. Casa sufletului devine pustie. Viețile cu talente uriașe se descompun în nebunie, sau sunt retezate prin suicid. Tot ce e mai frumos, mai sublim, trebuie să se nască din drojdia suferinței, din mucegaiurile morții. Și totuși, nu erau decât zorii unei noi civilizații.[62]

---

[61] Întreaga istorie este relatată cu dramatism, sens și oarecare umor, dacă n-ar fi tragic, în 1Samuel cap 4-6. (n.a.)

[62] Inspirat de Ingo Walther, Rainer Metzger – *Van Gogh*, Taschen, 2021, orig 1990, trd Michael Hulse.

Mă întreb: filosofic, logic – e posibil? Nu e! Doctrinele făcătoare de religii nu trebuie să fie logice! Ingredientele lor trebuie să fie spectaculoase, fantastice, simple, să conțină promisiuni fundamentale! Veridice, necesare, cu obligația vagă că se pot împlini oricând, în veacul acesta, în cel viitor, în viața reală sau doar – și mai ales – în sens spiritual, adică, nu real!

S: Analiză magistrală a lui Edi la Chicago. Femeia cu scurgere. Leaks!

OB: Edi (Edmond Constantinescu) oferă niște cârje pentru credincioși. El aduce niște explicații rezonabile/raționale pentru acei enoriași care nu mai sunt mulțumiți cu doctrina oficială și cu propaganda apocaliptică, dar nu pot părăsi cultura proprie, stilul de viață în care au crescut. Adevărul – adevărat este unul singur: evangheliile au fost scrise ca justificare a unor credințe și practici deja cristalizate. Iar credința își fabrică dovezi în care miracolele sunt elementul central! La fel o scaldă Edi în discuțiile de la Fructul oprit. Istoria religiei, psihologia ei, antropologia culturală ar fi domeniul lui Edi, dar el și-a mai luat un job part-time – pastorul oilor rătăcite. Dar nu știu unde le duce! Nici el nu știe.

S. Știi cum sunt mințile? Ca și realitatea. Ochii omenești văd niște ordine de mărime proporționale nouă. Pentru infra cosmos vedem cu lupa, microscopul, infra-microscopul electronic, acceleratorul de particule. Pentru univers avem telescoapele, până la generația James Web. Analiza lui Edi, jonglează cu toate aceste ordine de mărime, de la Angstrom până la miliardele de ani lumină. Pentru mine, natura mitului este clară, dar felul în care pune el în scenă toate fațetele conștiinței umane, este fascinant. N-avem altul mai bun!

OB. Da, dar un strop de onestitate, luciditate ar scuti de suferință și ar trezi la realitate. El le dă ambele pastile: roșie și albastră!

S. Jongleur! E un adaptat! Toată lumea știe că e ateu! Dar, dacă ar spune-o pe față, l-ar da afară și i-ar lua toate jucăriile! Tu crezi că lumea, religia, sunt pregătite să accepte realitatea crudă! Să renunțe la speranță, mângâiere, credință!? Când bălăcărim lumea, avem un aer de superioritate, deținem misterele, secretul unei lumi mai bune! Suntem proprietari, patroni ai imaginației!

OB: Îmi plac poveștile, au adevăruri subtile, adânci, care niciodată nu vor putea fi redate în formule sau enunțuri matematice; sunt un dualist! Lumea imaginației este o lume umană, dar încerc s-o țin mereu separată de cea reală. Nu pot cere asta tuturor semenilor. Nici eu nu reușesc mereu!

S. Toți facem la fel! Până și electronii oscilează!
OB. Bine fac!
S: https://youtu.be/fYZ10LcbQ3E?si=_2Aotk8-8oWq4wP0
Când îl receptez pe Bogdan Gheorghiță, am în minte o metaforă vizuală. Fuji, Kilimanjaro, Snow Mountain. Este un om instituție. Și-a găsit vocația de timpuriu, a urmărit-o neabătut, dezinteresat, o urmărește și astăzi, o va urmări mereu, ca pe rațiunea sa de a fi. Un savant prin definiție. Legat de subiect. Excelent. Abordare temeinică, proaspătă, avizată. El pornește de la text. Este un literat. Este și rămâne ateu. Și, atunci? Ce sunt Scripturile? Un raport, o creație literară, un text sacru, o justificare, un act de acuzare? Probabil, toate la un loc! Dincolo de text este drama istoriei, sunt oamenii, viața, credințele, miturile, interesele, puterea, luptele, învinșii și învingătorii, înțelepciunea și cultura. Trăim o singură dată. Conștiinței noastre i se oferă spectacolul existenței. Îl privim cu gândul veșniciei. Valori, cunoaștere, artă, bucurie, clipa ca eternitate și apoi, neantul. Să luăm aminte și să învățăm.

OB: *Sacrificiile umane în trecutul îndepărtat erau făcute în numele unor scopuri nobile- fertilitate, protecție, revitalizare. Cel ales sa fie sacrificat trebuia să fie tânăr, viguros, integru! Ce oribilitate îmbrăcată în justificări nobile! Asta o fi esența sacrului/sacrificiului și religiei?*

Ideea valorificării morții lui Isus ca homo sacer/sacrificiu mântuitor, a fost impusă de Sfântul Pavel, dar cred că a fost extrasă din culturile vechi care practicau sistematic sacrificiile umane rituale. Să dezvoltăm această idee! La evrei trecerea spre civilizație s-a făcut pe baza legendei avramice, folosită pentru a justifica înlocuirea sacrificiilor umane cu cele animale!

Actul fondator al unei religii trebuie să spargă tiparele normalității și realității, să înfrunte legile firii și ale naturii. Vezi: „Ia pe singurul tău fiu pe care-l iubești și sacrifică-l! Ce poate fi mai nefiresc, mai monstruos? Ca în bandele de criminali în care nu ești acceptat până nu comiți un act de anvergura șefului! Din acel moment ești părtaș la aceiași categorie ontologica, capeți o nouă identitate, ești parte dintr-un corp comun – cel al credincioșilor practicanți! O fi acesta sensul împărtășaniei?

S: Ai elaborat în profunzime! Interesant! Ar putea fi un imbold? Inconștient? Religia exacerbează sentimentele de vinovăție, datorie. În fața miracolului existenței, vieții, naturii, măreției, omul se simte dator și recunoscător. Și atunci, într-un fel sau altul, plătește. Eu cred că singura plată și răsplată datorată, este comportamentul etic, onest, față de tot și toți care fac posibilă această frumusețe.

S: https://youtu.be/4a9hyq8j_S8?si=4HQLy6L826wD8JgF
Greață! Campanie electorală! Oamenii sunt: gânditori, gureși, făptuitori, sforari și pungași! Multe se fac și se desfac! Dar, dacă nu va fi pace și va fi război, suntem pierduți! Noi, copiii și nepoții noștri! Marea curvă apocaliptică este politica. Totuși, gloata trebuie condusă!

S: https://youtu.be/_jKuqxn6oG4?si=UCU0DGZdXkDFEUXD
Să-ți spun ce înțeleg eu. Copiii ăștia au preocupări. Până acum erau învățate sisteme filosofice. Încercări de a organiza lumea cunoașterii. Un sistem filosofic creează o structură, termeni, cu trimitere mediată la lume, concepția despre lume și viață, existență. Din nefericire, traducerea și adaptarea unui sistem de gândire care a dobândit o autonomie și independență, originalitate, este greu de făcut. Ori, noile școli, profesorii și studenții exact asta încearcă să facă! Și este pentru prima dată! Cum răspunde sistemul, școala x, y, z, întrebărilor fundamentale, exprimate într-un limbaj simplu, cotidian, obișnuit? O noutate!

OB: Leagă niște oameni între ei ca să-i îndrepte împotriva altui grup! Când idioții de azi urlă împotriva umanismului și globalismului, ca pericole pentru religie, au o doză de adevăr. Modernitatea subminează sectarismul, tribalismul de sorginte religioasă, proclamă egalitatea tuturor oamenilor în fața legii, indiferent de apartenența religioasă... Or, la noi, până de curând, nu erai român adevărat dacă nu erai ortodox. La creștini, „cei din lume", sunt priviți ca oameni de categoria a doua, *noli me tangere*, care miros deja a pucioasă.

OB: Răstignirea Eului. Un leit-motiv al predicării creștine! Ce sens avea? Era un atentat la integritatea personalității, o încercare de renunțare voluntară la capacitatea proprie de analiză-sinteză – decizie, în relațiile interpersonale și, mai ales în raport cu Organizația, cu Manualul ei, cu Unșii D.! Era o castrare a Rațiunii, o cale spre obținerea supunerii absolute în fața grupului și a liderilor lui. Ce se oferea în schimb? Eliberarea de dileme și incertitudini, promisiuni de compensare în „lumea de dincolo", iar aici, integrarea într-un grup-suport de întrajutorare (dar și supraveghere cvasi-permanentă)!

OB: Exod 4,16 „Tu vei ține pentru el, locul lui Dumnezeu!" Locul lui Dumnezeu e gol dar e ocupat de diverse persoane, construcții teologice, imaginare, desigur.
Vicarius Filii Dei – locțiitorul lui Christos – ar fi scris pe întreita coroană papală.

S: Impenetrabilitate. Este un termen psihiatric cu conotații sexuale. El surprinde caracterul irațional și rezistent în fața oricărei argumentații rezonabile, a delirului sistematizat din psihozele delirante, non-halucinogene, al căror reprezentant de seamă este psihoza paranoică. Aceasta este impresia lăsată de contactul cu foștii coreligionari, colegi, prieteni etc. Ignoranța deliberată și izolarea căutată cu orice preț, sunt atitudinile definitorii ale confesiunii neo-protestante, în cel mai înalt grad. O stare și atitudine profund toxică, cu consecințe iremediabile.

Creierul nostru – 2% din greutatea corporală consumă 20% din O2. Și vrea musai glucoză, cel mult creatină depozit. Creierul hominidelor, homininelor și al homo sapiens s-a dublat de trei ori, la fiecare 1-1,5 milioane de ani. Desigur, aportul de vitamine și minerale al alimentației vegetariene este important, dar ceea ce ne-a împins înainte, în fruntea tuturor mamiferelor și primatelor a fost alimentația carnată și nu oricum, nu crudă, ci friptă, grătar! Pactul cu focul. Omul este singurul mamifer prometeic. La asta se adaugă socializarea, viața de grup, cultura. *Fiecare cultură are un mit al focului și al potopului*!

OB: „Viul", sub toate aspectele lui, are, intrinsec, o caracteristică uimitoare – lupta pentru supraviețuire cu orice preț! Acesta este instinctul primordial al tuturor ființelor vii. El a fost impulsul pentru adaptare și evoluție, iar trăirile religioase ale omului sunt expresia acestui instinct în planul conștiinței! Viața conștientă acceptă cel mai greu ideea propriei dispariții – aneantizarea completă și eternă. Dimpotrivă, gândirea scormonește permanent după o cale, un subterfugiu de evitare (escapism), iar imaginația a produs un concept acceptabil – nemurirea intrinsecă a „sufletului"!

OB: Discuția ar fi dacă viața psihică/sufletul este un produs primar, direct al activității neuronale sau este un rezultat secundar al ei, în sensul unei funcții derivate. Mă gândesc la problema etio-patogeniei psihozelor, de ex, în care neuronii sunt integri, nu există leziuni histologice și totuși gândirea este profund afectată. Ideea mea se învecinează cu cea de suflet/spirit imaterial, dar nu e același lucru. Mi-e clar ca nu poate supraviețui fără substratul lui neural. E cunoscut de mult că ideile, gândurile influențează starea fizică.

S: Cred că distincția vizată de tine este aceea dintre hard și soft. În cazul psihozei, integritatea anatomică pare conservată, dar nu și cea umorală – neuro-transmițătorii, nu și circuitele funcționale ale creierului. Problema e că natura și arhitectura sunt complet diferite! Ca cele dintre sisteme vii și mașini. Totul se uzează. Totul se renovează. Da. Dar, unele – cele vii – o fac infinitezimal, biologic, molecular, structural, celelalte, prin placa de bază sau piese componente. Dacă hardul e intact, softul, chiar remaniat – compatibil – poate fi modificat, modernizat, reinstalat. În cazul omului, cultura, mediul, geografia, apartenența etnică – contează enorm. Foarte puțini ajung la o sută de ani. Toți se sting invariabil. O mașină, computer, chiar funcționale, pot fi conservate „veșnic". Gândește-te la memoria externă. După un timp, foarte puține locuri de pe pământ, o vor mai putea citi. Dăm din colț în colț. Suntem perisabili. Trecători! Oricât ar fi de incomod.

OB: Controlul minții – asta e miza religiei!

S: Și al bunurilor! Pentru religie și eclesoioși, suntem doar niște moluște potențial deținătoare de perle. Nu agreează carapacea protectoare.

OB: Există o piață a poveștilor și o concurență teribilă între narațiuni. Cine are povestea cea mai veche, cea mai interesantă sau cea mai adevărată? Fiecare grup se mândrește și se validează prin povestea lui, iar unii cred că povestea lor e căzuta din cer, e dictată de zei sau măcar inspirată de ei! Alții susțin că dețin Povestea poveștilor consemnată în Cartea cărților, poveste care nu suportă nici o interpretare sau observație critică, ci trebuie luată *ad literam* pentru că ce „sta scris" este intangibil!

S: Și reprezintă „tot adevărul"!

OB: Se ajunge astfel la contradicția dintre forma poveștii și spiritul ei, dintre literă și duh. Povestea a fost inventată, așa cum ați scris, ca formă de evadare dintr-o realitate limitată spre un spațiu și un timp infinit, cel al spiritului. Acolo omul poate visa și spera orice și oricât. O mica parte din aceste speranțe se vor materializa în viața unei generații sau a sutelor și miilor de generații care vor urma poveștii inițiale. Aceasta, la rândul ei, va fi reluată, rescrisă, reinterpretată trans-generațional! Fiecare familie, trib, națiune se formează și se dezvoltă în jurul focului din fața peșterii din care a ieșit!

S: Interesant. Mă întreb dacă poveștile vor fi veșnice sau, pe măsură ce tot mai mulți oameni vor evolua, vor depăși stadiul protezelor narative, fabulatorii și se vor desprinde către forme care acum ni se par seci și serbede, îmbrățișând pe deplin, abstractizarea, generalizarea, teoretizarea, analiza și sinteza esențială, fundamentală, a existenței. Aceasta este proteiformă, complexă, infinită în detalii, dar unii dintre noi sunt pragmatici și eludează poezia și frumusețea inutilului artistic. Și spiritual. Nu! Nu vom deveni roboți!

OB: De ce românii devin, periodic, extremiști, religios (ortodoxiști) și politic (legionari)? Pentru ca nu au cultură religioasă și nici civică! Religia lor strămoșească e un amestec de tradiții păgâne cu ritualuri bisericești bizantine, în care emoțiile spulberă orice logică, iar temeiurile raționale pentru o dezbatere teologică lipsesc aproape cu desăvârșire. Sute de ani slujbele în BOR s-au ținut într-o limbă moartă (slavona) pe care n-o înțelegeau nici oficianții!

În absența statului propriu și a instituțiilor corespunzătoare, organizarea socială s-a făcut pe scheletul acestei biserici până la apariția târzie a statului mai mult sau mai puțin laic sub Cuza Vodă. De atunci acest stat „s-a rezemat" permanent pe BOR pentru a obține „supunerea și ascultarea" din partea cetățenilor, credincioșilor săi, până astăzi. Intermezzo-ul comunist s-a folosit de teroare și mitologia specifică pentru a-și mâna turma spre idealul utopic!

Nu întâmplător, în curtea din spate a Parlamentului s-a construit Catedrala BOR! Politica, la romani, a pornit și a continuat de sus în jos și a rămas permanent cu susul în jos! Disprețul politicienilor de la vârf este dublat de neîncrederea cetățenilor de la bază – contractul social este o farsă sinistră! Acumularea de tensiuni, probleme nerezolvate, generează elanuri iraționale, care conduc la mișcări de masă de tip extremist/radical. Masele sunt fierte la foc mic în timp ce liderii aroganți nu bagă de seamă că masa critică e în clocot sau chiar explodează!

Biserica, și alte culte neoprotestante americane s-au infiltrat în anii '20 în România Mare și ca o încercare de a introduce o reforma (târzie) în corpul societății românești rămasă în urmă față de Occidentul european. Cea mai vehementă structură care s-a opus acestor „secte" a fost desigur BOR care simțea pericolul pierderii „clienților"! Beneficiile aduse de acești reformatori au fost insulare, izolate, nu au putut spera să ajungă să pericliteze influența bisericii dominante!

Din păcate, și noile curente religioase au devenit o ortodoxie care a închis ușa modernității prin accentuarea apocaliptic-ismului în dauna educației pentru viața reală! Măcinată la vârf de luptele pentru putere, cu lideri americani tot mai sectari și antimoderni, masele de credincioși au fost selectate din marginali, bigoți și mistici! Ratarea este scrisă pe fruntea și pe mâna bisericii neoprotestante din România. In loc să devină lumina societății au ajuns retrograzi, inculți, inadaptați. Azi trăiesc ca în mănăstiri fără ziduri!

S: E un punct de vedere realist. Care este cauza pentru care, românul nu are vocația *leadership* ului? De ce nu știm să ne alegem și promovăm valorile? De ce nu sunt promovați oamenii competenți, eficienți. Cum a fost posibil să fim conduși de fanarioți, Hohenzollerni și, în cele din urmă de ideologii și doctrine străine? Pentru că suntem bântuiți de forțe contrare! Fiindcă avem schizofrenia *borderline* a orient/occidentului, fiindcă nu avem mentalitatea *know how*, fiindcă nu ne-a intrat în sânge strategia țelurilor și finalității autentice, fiindcă avem o mentalitate de supuși, de sclavi, și nu una de oameni stăpâni pe destinul lor!

OB: Legendele Olimpului sau Odiseea și Eneida nu pretindeau că sunt cronici istorice ale timpurilor străvechi, ci evocări ale vremurilor când oamenii și zeii umblau pe pământ, magia era forma obișnuită de interacțiune – timpuri mitologice! De ce ar fi privite Evangheliile altfel? Asaltul Iluminismului i-a pus la colț pe clerici, teologii literaliști care au fabricat o teologie științifică și un Isus istoric.

S: Pe de o parte este realitatea, pe de alta, capacitatea minții oamenilor de a o reflecta, gândi, raționa. Procentual, cei mai mulți oameni au aplicații manuale imediate, impuse de nevoi numite necesitate, dar complexitatea și imensitatea, forța, măreția și riscul, îi obligă să adere afectiv la protecție. Iluziile, credința, atașamentul au efecte liniștitoare. Apoi, sunt legănați sau trădați. Dar, povestea rămâne frumoasă! Captivantă!

OB: Trecerea de la Realitate la Vise o face Sufletul.

Nu degeaba unii s-au gândit ca ar putea fi chiar nemuritor.

S: Ce este sufletul? Oamenii au presupus o entitate imaterială, a biologică, dar biotică și conștientă de sine care să comunice și să trăiască veșnic cu spiritele și cu zeii. Când au început să se nască științele, s-a constatat că materia, organismele vii, psihicul animalelor și, mai ales, al omului, sunt mult mai complexe și complicate. S-au născut termeni noi, analitici sau sintetici, dar cei vechi continuă să existe: rărunchii, împreună cu viscerele, personalitatea sau conștiența și conștiința împreună cu sufletul. Indivizii și speciile percep realitatea foarte diferit, lungimi de undă, frecvențe, intensități sau spectre nebănuite!

OB: Aiureli.

S: Aiuriți, dar se cred auriți.

OB: Infirmi.

S: Ești conștient că ne schimbăm? Ne de-zicem sau nu ne de-zicem?

OB: M-am maturizat. E ceva natural. Nu e „naștere din nou"!

S: Ziceai că nu te dezici. Uite că nu e chiar așa.

OB: Am operat săptămâna aceasta pe un coleg de școală primară. Am încercat un dialog. Distanțe enorme. Fiecare cu lumea lui! Prăpastia nu mai poate fi trecută.

S: Da. Suntem oameni. Nu alte lighioane. E de înțeles.

OB: Și prăpastia se va mai adânci. Va ajunge ca cea din pilda bogatului și săracul Lazăr – de netrecut!

S: Bogăția și sărăcia minții!

OB: Mă felicit că n-am intrat în polemici publice. Nu m-ar fi aranjat.

S: Un aspect de personalitate, onestitate, caracter, simțire. Oricum, se știe.

OB: Să se știe, dar să nu se afle! Libertatea de gândire, de opțiune și acțiune. Sunt concepte străine și opuse gândirii religioase. Acest tip de raționament consideră că există o singură opțiune validă pentru individul aflat în fața unei alegeri, singura adevărată și aprobată. Dictată, desigur, de o Instanță Etică Supremă. A lua în considerare că există și alte opțiuni la fel de valide, li se pare religioșilor, a fi drumul spre relativism etic și haos moral! Dar, suprema rătăcire li se pare ideea că individul poate delibera și decide singur între aceste variante posibile.

Pentru ei, individul uman trebuie să caute și să obțină decizia elaborată de YES, fie direct (prin rugăciuni, incantații, vise, etc), fie indirect (apelând la intermediarii acestei instanțe, scrieri sacre, etc). Fără YES, credinciosul este decapitat, dezorientat, distrus. Fără repere, fără morală, este un om pierdut. Așadar, vă sugerez să fim mai îngăduitori cu frații.

S: Adevărat. Aparent, dominarea devine specifică oricărui domeniu de activitate. Grosier: O dominare fizică, a forței și, respectiv, una soft – morală, spirituală. Una exterioară, alta interioară, a gândirii, concepției – numită „liber consimțită", doctrinală, ideologică. Rezultatul, este oarecum același. Este și un aspect istoric. Societatea pare să evolueze de la forme puternic ierarhizate, piramidale, spre forme funcționale, în rețea. Creșterea complexității, multitudinea domeniilor, pârghiilor specifice, competențelor, conduce la restructurare. Tendințele autoritariste, înclină spre trecut, cele moderne, novatoare – spre viitor. În acest sens, „YES", devine o realitate vetustă. Sau, trebuie reinventată, reșapată, pentru circumstanțe și provocări noi.

OB: O ficțiune!

S: Oamenii simt nevoia de autoritate, conducere, direcție, unitate. E ușor să afirmi cu inima ușoară: „O ficțiune!", dar e greu să te declari ateu, sau sceptic, sau agnostic.

OB: Nu mă declar ateu. Încerc să înțeleg, să-mi explic, „mă lupt s-ajung mai sus!"

S: Termin cartea lui Ernst Mayr, *Evoluția lumii vii – De la bacterii la om*. Am un puternic sentiment de puzzle! Ai o imagine, o fragmentezi în fragmente identice. Amesteci fragmentele. Refaci imaginea. Este doar un joc? *Realitatea se află în spatele imaginii realității!* Mayr zice: Termenul „teoria evoluției" este impropriu. Sunt de acord. Există multe necunoscute, încă. Oricum, evoluția este singura convingătoare! Și foarte robustă!

OB: Hrană tare!

S: Religia e o ficțiune care atrage oameni, pe care nu-i putem ignora, mai ales că unii sunt gata să moară pentru ea, iar alții – mai mulți – să omoare pentru ea. Pentru această ficțiune. Fiindcă, asta e!

OB: Ficțiunea nu este neapărat o minciună. Este un construct ideatic pe care se reazemă valorile de viață și chiar viața oamenilor. Astăzi, sunt înțelegător cu cei slabi. Îți mulțumesc, Doamne!

S: Absolut. Astfel se explică legănatul evreilor, când repetă Tora la Zidul Plângerii! Și noi facem la fel. Pe dinăuntru! Fariseule! Cărturarule! Te știu eu și când te macină Furiile!

OB: Iau biciul și răstorn mesele din Templu!

S: Și Isus a mâncat pește! Spre jena unor frați vegani.

OB: Și miel nu mânca? Și vin nu bea?

S: Ba da! Făcea multe lucruri de neînțeles. Doar pentru prejudecățile noastre! Era real! Evangheliile și epistolele nu-l pot cuprinde. Este o lege! Discursul nu poate fi egal cu Realul! Și era Om, Fiu al Omului!

OB: Și Fiul lui Dumnezeu!

S: Așa credem. Cuvintele ajung să ne fascineze! Adevărul este că limbajul este o invenție aparent banală și comună, dar de o valoare excepțională. Ce ne-am face fără el? Ceea ce fac surdomuții! Totuși, să începi evanghelia nesinoptică: Ioan 1,1: „La început era Cuvântul și Cuvântul era cu Dumnezeu și *Cuvântul era Dumnezeu*.", oricare ar fi sensurile expresiei grecești „logos", este cel puțin, o exagerare gnostică. Știi ce mă șochează? Cuvântul! Uite: *„Cuvântul era Dumnezeu.*" Afirmație biblică. Biblia afirmă că Dumnezeu este un Cuvânt. Fie el scris și cu literă mare! Însă, culturile, civilizațiile, se transformă continuu. Sunt vii. Evoluează. Totuși, limbajul rămâne o realitate discursivă și nu pate fi confundat cu realitatea obiectuală!

OB: Yahve i-a trimis pe evrei într-o „operațiune specială"[63] în Canaan, ca să-l curețe de fasciști! Nu?...

S: Nimic nou sub soare! Yahve e bun! Bun la toate!

OB: Aveau și un regulament procedural – cum să violeze femeile, după ce le omorau bărbații.

S: Oribil. Sfinţiile lor au orbul și mintea găinii!

OB: Nu, și când e vorba de pradă! Placa de aur și mantaua de Șinear! Le găsesc!

S: Evrei!

OB: Moldoveanul tot antisemit!

S: Îi imit. Ce pot face? Adevărul e că nutresc o admirație sinceră față de ei, fără pic de resentiment. Adaptare. Inteligență. Păstrați tot ceea ce este bun!

OB: Operațiunea specială prescrisă de ML (*Great Controversy* (Marea Luptă) – Ellen White, secolul XIX, reeditată, tradusă, la saturație), prevede o perioadă de grație, (chemare, evanghelizare), după care se declanșează jihadul și holocaustul.

S: Evreii cultivă inteligent și prin excelență, alternativa, excepția, originalitatea.

OB: Eu o să-i simpatizez mereu pe evrei. Ca și pe foștii frați, de altfel.

S: Biserica are fenotipul iubirii creștine și genotipul conflictului, luptei.

OB: Frații sunt niște evrei avortați.

S: Liiceanu îl citează și explicitează pe Kant în Gândul lui Dumnezeu, ca fiind o imposibilitate de domeniul moralei, pretenția religiei de a substitui, exemplifica și acoperi prăpastia dintre două *naturi esențial diferite – divină și umană. Nemiscibile! Incompatibile*!

OB: Afirmațiile clare nu-și au locul aici.

S: Asta înseamnă demonetizarea rațiunii, puterii de judecată, valorilor, capacității de selecție, discernământului etc. Totuși, observația ta are un iz stătut, subversiv și conservator. Pledezi pentru un stil neclar, cu înțeles dublu, confuz?

O gloată este amorfă, haotică și nelegiuită. O structură, principii, legi, reguli – sunt necesare. Conducerea este o necesitate. Doar tirania este abuz – confiscarea actului de conducere. Conducerea ar trebui să aibă loc în favoarea celor mulți – tuturor. Tentația este prea mare. Iar cei care conduc își învață și își cunosc mijloacele și interesele, exterioare și din

---

[63] Avea să devină termenul conscrat, oficial, ironizat de masmedia, dat de ruși războiului din Ucraina. (n.a.)

interior. Orice domeniu are faliții și profitorii săi – multinaționale, tirani, religioși, mafioți, artă, modă, etc

Într-o eră imemorială a uimirii și ignoranței temporare, **mitul** a fost necesar și suficient, împreună cu revelația. De câteva secole a devenit inadecvat. I-a luat locul știința cu observația, experimentul și legile susținute de evidențe, dovezi. Deocamdată, nu mai e nimic de adăugat.

OB: Cu ocazia primirii deciziei de profesor universitar.

Am avut și trei profesori de dezvoltare personală: Dr Greising, Dr Săndulache, Dr Edmond Constantinescu!

S: Noi ne prețuim reciproc fiindcă ne-am susținut! La rele! Ar zice unii! La o revoluție transformatoare de sine, pretindem noi! Asocierea cu aceste nume ilustre este o exagerare! Am învățat enorm de mult de la ambii! Sunt și formatorii mei!

OB: Prezentare cărți, lectură. „Așa sunt eu – între tirani și tiare!"

S: Există un virus inclus în genomul nostru – puterea! Ne va distruge pe toți!

OB: Credințele religioase pot genera, de multe ori, comportamente etice bune, chiar admirabile. Dar există o limită dincolo de care devin limitative și toxice pentru o etică sănătoasă. Încerc să găsesc semnalmentele acestei limite:

- când credința are pretenții absolutiste.
- când pretinde că este ultima frontieră a cunoașterii.
- când pretinde că e singura adevărată.
- când nu mai are nimic de ajustat (șters sau adăugat) în propriul canon doctrinar!
- când așteaptă sau pregătește pedepsirea adversarilor!
- când promite o răsplată viitoare pentru faptele bune comune sau extraordinare.

Etica religiei este încadrată într-o narațiune fabuloasă care atrage și convinge, mai ales oamenii simpli, dar bine intenționați, naivi. Dar, cu toată buna lor credință, pot fi târâți dincolo de limita de care aminteam mai sus, fie de manipularea unor lideri veroși, fie de fervoarea/exaltarea unor coreligionari, cel mai adesea cu mansarda zdruncinată!

S: Care este relația ideală dintre:

- trecut, prezent și viitor;. ficțiune și non-ficțiune;. poveste și realitate;. mit și știință;. mit și filosofie;. ce reprezintă ieșirea noastră formală din religie?;. care sunt opțiunile noastre pentru viitor?

N. M. DIALOGURI

NM: Este adevărat că uneori Jordan bate câmpii, dar din când în când scoate câte o perlă ți pentru mine. Se merită... Adevărul este că Sam (Harris) este mult mai articulat decât el. Pentru mine Sam este ateul la care ascult și de la care învăț chiar dacă nu sunt de acord cu el. Cu toate acestea un om care a avut una din cărțile sale on top/mondial și cea mai citită pentru o lungă perioadă merită atenția, dar cum spui este legat de „gust" dar „gurist" este poate puțin sever. Poate nu ai ascultat toată discuția, dar neurofiziologia prezentată în legătură cu structurile de legătură dintre cele două emisfere, sistemul limbic, hypocampus/default mod, bazate pe studii clinice, mi s-a părut foarte interesantă...

Rămânem prieteni. Oricum nu-ți mai trimit postări cu Jordan. Blessings

S: Mulțumesc! În primul rând pentru disponibilitatea schimbului de idei.

Vulnerabilitatea științei este și tăria ei. Orice nouă ipoteză este mai întâi demolată, apoi edificată și nimic nu durează veșnic! Totuși, răspunsul științei, fie el și tranzitoriu, este cel mai bun răspuns oferit la un moment dat, unei probleme reale și acesta aparține întotdeauna științei. Pandemia a ilustrat bine acest adevăr! Pastorii, profeții, procesiunile au rezolvat dilemele ATI, sau medicii, cercetătorii, oamenii de știință? Sam Harris este un autor mare. Neurofiziologii au fost mereu în primele linii. Eu sunt doar un practician pensionat.

Prezumția adevărului absolut, de sorginte divină, conferă tocmai caracterul imuabil, etern, revelat, ceea ce face reformarea, schimbarea, progresul, convulsive și puțin probabile, conservatoare. Pentru mine, viziunile de ansamblu ale realității, existenței, oferite de religie, oricât ar fi de coerente, seducătoare, sunt schematice, neverificate și generatoare a dezamăgirilor istorice. Ele sunt calchiate pe trebuințele, aspirațiile, dramele și suferințele muritorilor. Sunt confecționate. Extrem de convingătoare, astfel că religiile vor avea încă viață lungă, egală cu istoria umanității. Sunt necesare și foarte eficiente. Dar, în totalitate imaginare. Afective. Nedovedite.

Revenind, și eu sunt vulnerabil. N-am ureche muzicală, nu mă pot concentra prea mult asupra unei conversații în limba engleză. E un efort. N-am depășit momentul critic. Pentru vorbitorii ne-materni de engleză mi-e mai ușor. Ar trebui să renunț definitiv la subtitrare. Cu lectura, e cu totul altceva. Pe domeniile de interes, citesc ca și în românește. Totuși, apropiindu-mă de 70 de ani, am observat că aleg preferențial titlurile românești, din cele 1/3 dintre cărțile parcurse. Mă ramolesc! Cu drag, Sorin

NM: Bună, Sorine, De câteva ori în mesajele tale mă îndemni să „citesc" mai mult, mai diversificat. Probabil îți imaginezi că jonglez între Biblie și Inspirație tot timpul, sau că selectez surse creștine care să-mi confirme ignoranța sau prejudecata. Nu este cazul, uneori mă întorc la Biblie și Ellen White și mă întreb de ce nu o fac mai des. Eu te văd într-adevăr înconjurat de cărți tot timpul. „Eretice". Timpul cărților a trecut și oamenii care citesc cărți sunt în căminele de bătrâni. Câți tineri ai văzut tu, citind cărți? Informația, fie științifică, fie spirituală se obține altfel azi, în lumea digitală. Ceea ce mă intrigă cel mai mult este spiritul tău misionar/militant pentru noua ta convingere. N-o să scapi de religie niciodată! Cu drag, caut să evit *blessings* ca să nu-ți stric ziua.

S: Bineînțeles că ai dreptate. Ca întotdeauna. Suntem prieteni, nu!?! N-o să pot sări la infinit peste generații. Tu ești mai tânăr. Nu mă mai atrag competițiile. Nici imperativele. Nu m-am blazat, dar le-a trecut vremea. Mă simt bine cu mine însumi? Atunci, totul e OK! Citesc și cărți și gadget uri. Realizez că e posibil să nu gust sau să nu fiu capabil de acces la Metavers etc. Nu-mi fac griji.

O nostalgie: Într-o zi, când locuiam în aceeași cameră din Belvedere, ai început să glumești pe seama obsesiei mele de a cumpăra cărți. Aveam o serie din editura didactică. Ideea mea era aceea de educație continuă. Interesant că exact seria aceea mi-a folosit la scrierea tezei de licență a unei colege. Au ajuns pe la Cernica, pe la liceele creștine.

Trăim atât de puțin, încât putem spune cu mâna pe inimă: Totul este deșertăciune și goană după vânt! Dar, viața este atât de frumoasă! Merită primită la pachet cu toate detaliile. Fiecare dintre noi are afinitățile sale, idiosincraziile sale. Tu mă cunoști destul de bine. Dar, poate nu știi că în genele mele există un procent – din fericire destul de mic – de personalitate paranoidă și hipomaniacală. E posibil să se agraveze cu scleroza. Dar, mă bizui pe nevastă-mea.

Datorită primului accent, îmi repet zilnic că sunt doar unul dintre miliardele de anonimi. Da, citesc și scriu. O fac de plăcere, cu bucurie. Nu va citi nimeni secrețiile mele. Al doilea accent a fost și rămâne o mare binecuvântare. Am o bună dispoziție și tonus care trec ușor peste necazuri. E un fel de secret Polichinelle al fericirii. Niciodată n-am pus preț și credit prea mare pe îndrăgostire sau mai plastic – *fall in love*. Sunt realist. De convertirea mea a fost, totuși, ceva similar. Pot spune cu inima și mintea deschise: S-a întâmplat! Respect opțiunile tuturor fraților, prietenilor, colegilor mei. Sunt mulțumit, sunt fericit. Chestie de umori! Cu drag, S.

PS: Mi-a plăcut ultima remarcă! Ai umor!

NM: Sorine, ai răspuns atât de bine încât îmi este frică să continui ca să nu stric nota frumoasă de încheiere a schimbului de idei actual. Ne vom reconecta.

Sabat fericit!, Ups! Am zis-o, n-o mai șterg, dar adaug: Cu drag!

S: Dragă N, dilemele existențiale sunt trăite, nu disecate sau explicate. Nu ne poate ajuta nimeni! Vom găsi soluția singuri, mai devreme sau mai târziu. Nu-mi reproșez nimic, deși mă cunoști bine și îmi știi toate limitele, unele calități. Sunt împăcat și abia aștept să mă întâlnesc cu Dumnezeu. Îmi și ne va fi binevoitor! Nu sunt universalist, dar existența e mult prea complexă ca să iei decizii de viață și de moarte potrivit unor criterii arbitrare șchioape. Oamenii tind spre bine sau tind spre rău. Noi iubim adevărul, binele și frumosul. Dacă există, este viu și voi fi răscumpărat. Dacă nu, vom rămâne înfrățiți cu universul. Atomii, protonii, neutronii, electronii din care suntem alcătuiți au fost comete, nebule, nebuloase, sori, stele, planete, pitice albe sau gigante roșii. Nu-mi doresc mai mult. Viața este foarte frumoasă. Sunt gata să sufăr și să mor pentru ea. Patetic…

Pentru NM – în momentul corecturii: Cred că este ne-permis acest adagio la conversația noastră, dar nu ți-am răspuns la timpul potrivit. Problema cărților. Eram în seminar. La cursul de Consiliere și Psihoterapie Pastorală, am primit o broșură de cca 90 de pagini cu problematica. Medic, fiind, mi s-a părut nesatisfăcător. Ulterior, am făcut un master în domeniu. Am strâns tot ce aveam în biblioteca personală, la Facultatea de psihologie, bibliotecă, prin librării și am adunat cca 50 de titluri și autori. A durat cca șapte ani. Am publicat un manual, care cu tot cu bibliografie, cuprinde 910 pagini. Nu sclipește prin originalitate – este doar o compilație – deși experiența mea de neurolog, om religios – la acea dată și, pasionat în sufletul omenesc, cred că se simte. Cam asta înseamnă o carte, în sensul clasic al expresiei. Profunzime. Epuizarea subiectului. Cărțile rămân de neînlocuit. Și eu apelez la internet pentru informare. De câteva zeci de ori pe zi. Cultiv anumite rețele de socializare. Comunic cu prieteni, rude, colaboratori. Nu e suficient.

Citesc cca 15-20 de titluri și autori pe an. Uneori, alese pe o temă fundamentală. De pildă, evaluarea, fenomenologia și procesualitatea, psihologia, sociologia și neurofiziologia religiei. Tema volumului de față. De la ultima publicare, Metamorfoze și Gândul zilei, au trecut deja trei ani. Suntem în al patrulea. Se pare că aceasta este masa mea „critică" – în jur de 50 de titluri. Și mai scot un titlu. De-convertire! Sorin, apostatul. Scriem mult. Se citește foarte puțin!

NM: Sorine, tu știi foarte bine cum simt creștinii pentru cineva care a „apostaziat". Îi doare, vor să facă ceva, de multe ori nu știu cum s-o facă, dar vor să se achite de „datorie". Probabil că sub această incidență trebuie să vezi controversele cu foștii tăi frați. Sunt sigur că nu denotă dispreț sau judecată. Pe oameni îi doare. Tu ai fost cineva. Eu ți-am recunoscut întotdeauna senioritatea. Sincer. Faptul că tu răspunzi într-un fel deranjant sau condescendent pentru mine este un semn că sunt alte probleme nerezolvate undeva, chiar dacă tu îmi spui că te simți bine cu tine însuți. Experiența mea cu cei care au decis să aleagă altă cale pe motive filozofice/existențiale o fac mult mai detașați, indiferenți. Nu pot rezolva dilema. Ajută-mă.

S: Fii Fericit! Pentru un pensionar care a muncit conform cărții de muncă – ce ciudat sună – 50 de ani, fiecare zi este sabat! Aceasta era urarea ta când eram căminiști! Eu am luat-o în serios!

NM: Bună Sorin, Cum este viața de pensionar? Urăsc acest cuvânt! Bătrânețea este mizerabilă! De curând, am ascultat o discuție cu Richard Wragman, primatolog și evoluționist de valoare. Prezenta o serie de studii extrem de interesante. De exemplu femelele de cimpanzeu, când devin fertile încearcă să fie impregnate de toți masculii din grup dacă se poate în aceiași zi. Explicația validă este că toți masculii vor crede că noul născut este progenitura lor și nu-l vor ucide, ci proteja.

Întrebarea este, cum reușesc ei să fie „păcăliți"?... Blessings

S: Bună N! Întotdeauna, comunicarea cu tine este o desfătare! (Probabil și pentru că te pricepi de minune să-mi dai iluzia că sunt mai deștept!) N, am

50 de ani de muncă, fără 7 luni, pe cartea de muncă. Dar, la 7 ani aveam o sapă pe măsura mea, la 14 ani, soarele răsărea când eu eram la 4-5 km, în lanul de grâu, la secerat, la 12 ani făceam poze la nunți și înmormântări. Am lucrat pe șantiere ca tinichigiu și betonist. Am o autorizație de fochist și am lucrat vreo șase ani în meseria asta, inclusiv, trei ani în Belvedere la căminele studențești. Sunt sătul de muncă până în gât. Există un secret! Am făcut întotdeauna ceea ce mi-a plăcut. Pentru mine, munca e distracție! Condiția de pensionar are multe avantaje! Am sentimentul foarte puternic că îmi aparțin în întregime! Am mult timp. Citesc ce vreau. Îmi organizez ziua cum vreau! Mai văd 3-4 pacienți pe săptămână. La sfârșitul lui 2024, am încheiat. Definitiv. Mai am un contract de furnizor servicii medicale către primărie, cu două ore de muncă pe săptămână, care îmi aduce echivalentul salariului de la Colentina. (Încheiat în 2022) Nu e rău. Grădinăresc. Referitor la problema ridicată. Ne înșelăm dacă credem că există vreun animal care raționează, creează lanțuri logice sau judecă cauzal. Inclusiv primatele. Ele au un rudiment de psihism, dar nu depășesc stadiul unor stereotipii bazate pe înlănțuiri de reflexe necondiționate și condiționate. Viața lor este pur instinctuală! Trăiesc doar în prezent.

Limbajul lor este pur interjecțional și transmit doar date simple, primitive, chiar dacă sunt indicative sau afective. Aceste lanțuri stereotipe nu sunt teleologice, nu sunt urmărite, ci pur și simplu, indivizii care le achiziționează au o șansă în plus la supraviețuire, reproducere, și astfel ajungem la gena egoistă a lui Richard Dawkins.

Evoluția este un proces uimitor de complex. Dovezile sale sunt factuale, nu teoretice sau ipotetice. Pentru asta trebuie să citim, enorm de mult. Să facem cercetare, studii. Fără preconcepții. Pur și simplu, trebuie să înregistrăm faptele și să le evaluăm veridicitatea. E posibil ca secretul să se afle la mamă, nu la pui, iar mirosul să joace un rol primordial.

Pentru mine, cel mai puternic argument este convergența dintre biologie, embriologie, genetică, geologie, paleontologie. Mulțumesc! Era să zic: să ai o vară frumoasă!, dar voi ieșiți din toamnă și intrați în iarnă! Asta, dacă judecăm după modelul temperat! Fii fericit! S

N: A oferi o explicație fie ea și credibilă este partea ușoară. Partea cea grea este acum să se explice științific cum această selectare, variație, adaptare, etc se transmite mai departe genetic. Oamenii au încercat cu câinii să se tot joace cu genetica/câini de rasă, până au obținut exemplare care nu se mai reproduc. Lăsați în pace o generație sau două, devin javre din nou... Blessings

S: Câinele domestic se trage din lup. Rasele de câini sunt de o variabilitate uimitoare! Lupii și câinii sălbatici sunt printre cele mai uniforme mamifere. Iar rasele ameliorate de câini – printre cele mai variate! Nu puteai să alegi un exemplu mai inspirat pentru variabilitate și evoluția caracterelor. Desigur, aici este vorba despre așa zisa microevoluție – în cadrul aceleiași specii, care este acceptată de toți creaționiștii. Dar, asta se aplică oricăror specii de plante și animale. Eu citesc mult. Și bine. Aștept sugestii.
Iată câteva, pe o plajă mult mai largă. Ipoteza vieții din univers, așa numita panspermie – are puțini sorți de izbândă! Mediul cosmic este extrem de ostil vieții. Desigur, nu poate fi exclusă deplin nici această variantă, mai ales la nivel bacterian. Este o posibilitate infimă. Viața s-a format aici. Natural! Supranaturalul este imaginație umană. Te rog, dacă te interesează ceva, cauți tu varianta engleză. Așteptam un răspuns de la tine la email ul precedent. Mă rog! Între prieteni merge. Putem vorbi deschis, prietenește. Nu suntem străini și nici n-aș vrea să ne înstrăinăm pentru niște opinii.

N: Sorine, afirmi des că citești mult. Te cred și este important, dar pentru mine nu este determinant și esențial. „Viața s-a format aici, natural". Felul cum o spui sună mai mult a religie... Blessings.

S: N, lasă cuvintele mari și anecdotele de showbiz. Ți-am oferit câteva titluri. Pari să schimbi subiectul. Natural nu trădează nicio intransigență. Acesta nu este încă un dialog. E o constatare, doar. Aștept dialogul. Sunt titluri parcurse de mine în ultimele 18 luni. Pe lângă multe altele! Poți veni cu ceva similar? Mulțumesc! Pentru îndelunga răbdare!

N: Sorine, nu cred că sunt împlinite premisele pentru dialog/gut feeling. Poate va veni mai târziu, să sperăm.

S: Cum dorești. Toate cele bune! N, să ai Un An Bun! Cel Mai Bun! Fii îngăduitor cu Robul tău și nu-i mai căuta nod în papură. Cred că mie îmi scapă anumite detalii. Cu decenii în urmă, tu ai pășit în cu totul altă cultură. Eliberarea de totalitarism, viața în lagărele austriece, călătoria la antipozi, repetarea facultății – toate astea au însemnat eforturi eroice, pe care le-ai parcurs cu brio, fiindcă erai foarte motivat. Le consider o mare reușită. Proba omeniei și umanității tale.
Întrebările tale nu-și ating ținta, esența procesului, fiindcă tu ai rămas un om convertit, un creștin botezat, născut din nou, care crede cu ardoare în întreg sistemul de salvare, în istoria căderii și a planului de mântuire! Tu aștepți să fii luat la cer. Eu accept limitele rezonabile ale științei, sunt

de-acord că e progresivă, știu că există o infinitate de necunoscute și părți ale existenței care sunt absolut miraculos misterioase.

Dar, îmi pot explica existența fără să implic neapărat un creator, deși nu-l pot exclude. Raporturile dintre masă, energie, mișcare – și universalitatea lor – $E = m \times c^2$ – raportul de proporționalitate a distanțelor dintre particulele lumii cuantice și cel al sistemelor solare, stelare, mă fac să cred că lumea, existența, universul, materia – toate cele știute și neștiute – există dintotdeauna, prin sine, au o evoluție ciclică de cca 20-30 miliarde de ani și n-au nevoie de niciun creator, așa zis – supranatural, miraculos.

Apropo, știi că spațiul și timpul sunt, fizic vorbind, o unitate inseparabilă. Este de la sine înțeles că timpului dedus de la ceea ce s-a numit în argou și a rămas în jargon Big Bang, coincide cu dimensiunea universului, mai nou de 23,8 ani lumină. Univers care continuă să expansioneze – lucru validat de tendința spectrală a stelelor, spre roșu. Chiar acum, se nasc și mor sisteme solare, gigante roșii, pitice albe, se organizează nebuloase, în norul lui Magelan sau aiurea. Există găuri negre, materie și energie întunecată, deși stelele rămân luminoase. Și o fac printr-un proces natural și simplu, pe care oamenii tocmai au reușit să-l reproducă în mod controlat – și anume fuziunea unor atomi de hidrogen, în atomi de heliu. Și în această zicere, lumina sau întunericul, nu au nicio semnificație moral spirituală.

Chiar dacă viața este un miracol, el este efemer și personal, mă consider absolut insignifiant. Oamenii au nevoie de valori, de sens, de apoteoză și finalitate. Universul este absolut indiferent la toate acestea. Rezonabil, nu este nicio legătură între narațiunile noastre și realitatea cuantică, fizică, astrală. Putem să ne naștem, să trăim câteva decenii și să murim împăcați cu parcursul nostru natural. Sau, îl putem împăna cu istorii, cu semnificații și finalități mai mult sau mai puțin fantastice. Să ne bucurăm de viață! Cu drag, Sorin

NM: Sorine, sper că ai început anul nou cu dreptul. Am avut o scurta vacanță foarte plăcută în locuri exotice. Urăsc marile orașe care nu au nimic să-mi ofere. Toate sunt la fel. Este Sâmbătă și foarte des aleg să stau acasă și să ascult, citesc etc. Blessings

S: Desigur. Și pentru mine e clar. Alternativa e miracol sau evoluție, supranatural sau natural. Însăși, Biblia vorbește despre existență, ființe și faptul că Adam le-a dat nume. Cuvinte. Alegem obiecte, realități sau cuvinte, discursuri. Între trecut și prezent există fosile. Le putem ignora? Cu miile! Putem ignora procesele care au loc sub ochii noștri? Tu preferi creația printr-o Ființă supranaturală care a conceput, creat, procesat totul. Eu constat că există obiecte cuantice, reacții chimice, câmpuri electrice, magnetice ș.a., forțe care acționează conform unor legi ale structurilor, energiilor intrinseci. Tu spui împreună cu Ioan 1,1: mai întâi este Cuvântul. Eu îți răspund biblic: cuvântul, limbajul, discursul îi aparține lui Adam. El a dat nume. Obiectele, procesele există și funcționează dintotdeauna așa cum sunt. Restul este filosofie. De ce există ceva, în loc de nimic? Heidegger, 1929. Nu știu. Dumnezeu este soluția comodă. Determinismul se aplică și zeilor. Că spun evoluție sau Cauzatorul Necauzat, ce este mai logic, natural și firesc? Este soluția lui Leibnitz. Sau mișcătorul nemișcat al lui Aristotel. Platon se rezumase la aluzii.

Chinuit de această întrebare – dar, eu de unde sunt, oare? – Dumnezeu nu face decât ceea ce poate face și omul, încheie cu un pleonasm, un paradox, o circularitate – care nu rezolvă nimic – Eu sunt Cel ce sunt. Exod 3, 14. Poate, mai sinceră și mai aproape de adevăr, ar fi afirmația: Eu sunt cel ce nu sunt. Eu sunt cel ce mă ascund. Eu sunt cel absent. Acesta este motivul invocării credinței, mărturiei, misiunii, pro-clamării!

Ce voi alege în acest caz? Ceea ce văd sub ochii mei, în fiecare clipă, inclusiv prin ochii științei sau o poveste, un mit antic despre zei? Evoluția respectă legile determinismului. Religia le desfide în favoarea miracolului. Deocamdată, nu avem o soluție. Prefer realitatea cu ochii deschiși, procesualitatea, structurile și legitățile furnizate de știință. Oamenii credinței preferă ființe imaginare, din tărâmuri imaginare, cu puteri imaginare, care desfid tot ceea ce știm despre existență, realitate, procesualitate. Acesta ar putea fi un răspuns științific, filosofic, logic. Răspunsul este egal pentru toți. Nu avem un răspuns! Un experiment. Citește, te rog, lucrarea: Gaia Vince:

Transcendence: How Humans Evolved through Fire, Language, Beauty, and Time

Spune-mi părerea doar după ce o parcurgi. Este ușor să aplici o etichetă bazându-te doar pe concepte preformate. E un întreg proces. Nu-l rata! Te rog! Un prieten! Mulțumesc!

NM: Doream un răspuns concret/științific la dilemele ridicate și întrebările puse din studiile făcute. Așa cum spui ceea ce știm nu este nici măcar vârful aisbergului când este vorba de creier și minte. Răspunsul tău este, ca de obicei general, cu argumentul forte : Wikipedia care este parte din cabala materialistă. Ce voiai tu să spună wikipedia? Oamenii de știință, toate structurile societății se autocenzurează înainte sa fie cenzurați de sistem.

N: Sorine, personal, consider reacția ta mai mult emoțională decât pe linia rațiunii. Dar pot face un pas înainte și să spun: acesta este Sorin acum. Foștii coreligionari așa au fost mereu. Nu înțeleg cum de nu-i înțelegi. În ceea ce privește dialogul de care vorbeam, condiția de bază este ca validitatea logica/acceptabilă a unei concepții/idei/ipoteze trebuie acceptată fie că ești de acord sau nu. Lăsăm Biblia și creștinismul la o parte...

S: N, mă bucur că mai am reacții emoționale! Măcar atât! Rămân la opinia mea! Impenetrabili! Dar să știi că am cele mai frumoase sentimente, amintiri, etc, față de tine. Este clar că nu ai nici cea mai mică cultură a evoluției. Ești, însă foarte fundamentat pe ceea ce crezi. Cel mai important argument pentru mine, este consensul faptelor, probelor biologice, genetice, geologice, paleontologice. Tu îmi propui să cred un text editat în secolul V î.Hr., de Ezra și colegii, împotriva tuturor fosilelor, dovezilor ADN, datărilor acceptate de întreaga comunitate științifică și confirmate prin metode diferite.

Nu pot! Din nefericire, o spun cu toată considerația și prietenia, nu te poți pronunța cu competență decât atunci când vei cunoaște ambele variante. Ori, tu detești să citești orice sursă evoluționistă care nu e interpretată creștinește. Hai să ne respectăm reciproc convingerile și să le lăsăm așa! Te asigur de întreaga mea prietenie! Mi-ar face mare plăcere să depănăm amintiri, să facem bilanțuri, să vorbim despre ceea ce ne face plăcere și cum ne place să petrecem timpul liber! Cu drag, Sorin

N: Sorine, mă tot gândeam, dialogul tău cu frații, nu va duce niciodată la nimic pozitiv. Ce oferi tu? Mi-ai spus că te simți liber și vrei să mori liber. Adevărul este că nici eu și nici alți creștini nu se simt în sclavie. O „libertate" de câțiva ani urmată de pierderea facultăților fizice și psihice, demență cât de curând, nu răspund dorinței de transcendent, eternitate cu care s-au născut toți muritorii indiferent de cultură și timp... Blessings

S: Mulțumesc! M-am gândit! Varianta pariului Pascal nu mă atrage. Chiar sunt convins că aceasta este realitatea de la care pornim. Există alta? E problema Creatorului Divin. N-am nicio dovadă. Doar valori și povestiri frumoase, pline de miez. Mulțumesc! Nu-mi place să mă amăgesc! Nu-mi place jocul de-a v-ați ascunselea! Nu-mi plac dezamăgirile!

Ceea ce am fost înainte de conștiență și conștiință, voi fi și după moarte. Viața merită trăită și în condițiile astea! E prea frumoasă! Suntem o confesiune creștină de sec. XIX, excentrică, extremistă, sectară care face *eisegeză* și *hermeneutică* la greu, pentru a crea o aparență de coerență doctrinal-dogmatică. Nu ne poate reuși. Pentru oricine este, cât de cât informat și lucid. N-am toate răspunsurile, nu regret perioada din biserică, dar am sentimentul celui emigrat din totalitarism în lumea liberă și nu-i pot înțelege pe cei rămași acasă! Sunt un om limitat, este alegerea mea, îmi asum responsabilitatea și nu e drept să ni se ceară nici unui om, viața sau moartea, în fața unor probleme atât de complexe ca existența, universul, fizica cuantică, complexitatea biologică, dramele existențiale, efortul de supraviețuire.

Sunt încrezător! Răscumpărătorul meu poate fi sau poate să nu fie! Îmi este de ajuns creația, existența, oamenii, ființele pe care le iubesc, arta, gândirea, sufletul omenesc și suportul său neuro-fiziologic, natura, călătoriile și grădina. Tindem către veșnicie și infinit, dar însuși existența și universul au limite spațio-temporale, pe care le putem gândi, dar nu le putem cuprinde. Mulțumesc! Cu drag, Sorin

NM: Bună, Sorine, Orice om a trecut într-un fel sau altul prin situații grele. Experiența mea a fost aceea că timpul vindecă într-o anumită măsura orice durere. Poate mai degrabă realizăm că odată cu trecerea timpului, toate sunt trecătoare inclusiv noi înșine. Sunt tentat să apelez la Providență în acest caz, dar poate cel mai puternic potențial de vindecare se află în noi înșine, de la natură, cum ai spune tu, de la Creator cum aș zice eu. De câte ori mă tai la mâna sau mă lovesc la picior mă încurajez cu gândul: „Vindecarea a început deja..."

Într-o altă ordine de idei, mă gândesc de multe ori la aspecte greu de explicat prin Teoria și mecanismele evoluției. Așa cum ți-am spus, sunt multe, dar de data aceasta nu mă refer decât la unul singur. Nu l-am citit nicăieri, ci este o întrebare personală. La vârsta de 40-45 de ani femeile intră în menopauză. Nu mai ovulează. De ce? După cum știi începând cu 35-40 ani riscul de malformații genetice/medicale, atât pentru mamă, cât și pentru copil crește exponențial. Cum explică evoluția acest număr predeterminat de celule care devin ovule și totul se termină când riscul pentru mama și copil devine enorm?...

S: Dragă N, Tu îmi ești foarte drag și eu te iubesc mult și o voi face toată viața. Ai o pregătire excelentă în creaționism, dar nu știi nimic despre evoluție. Fă-ți, te rog, o minimă cultură în evoluționism. Textul tău este intens partinic, o succesiune de preconcepții, de loc voalate, ci afirmate cu ingenuitate crasă. Nu e rău! Avem dreptul la opinie! Dar evoluția este deja o știință dovedită prin fapte, evidențe, irefutabile. Milioanele de ani ai vieții, împreună cu miliardele de ani ale existenței nu sunt decât echivalentul miliardelor de ani lumină – vreo 20 – ale diametrului universului și miliardelor de galaxii.

Apropo: de mame și făt la menopauză. De ce? Știi că în România, există minereu de uraniu. Există sate cu case vechi, așezate pe fundație de lespezi din minereu de uraniu. Când au pus tehnicienii contoarele Geiger-Muller, pâraiau asurzitor. Mortalitatea prin cancer este aceeași ca în alte localități și județe. Cum explici? În decursul generațiilor, au murit toți cei radio sensibili. Au rămas rezistenții. Fii binecuvântat, Sorin

N: Sentimentele sunt total reciproce! Pentru cineva pe care îl iubești, poate merită un răspuns mai specific la subiect. Se pare ca ingenuitatea mea crasă apasă pe butoane nepotrivite. Din păcate consider aceasta cale de dialog închisă acum și pe viitor. Ne vom întâlni însă pe alte coordonate.

S: Rec: Brockmann, Smarter – 130 savanți răspund…

N: Sorine, ofensarea mea nu vine din cuvinte tari pe care le folosești. Noi, ca români suntem ființe colorate și efervescente. Este adevărat că uneori fac un efort să-mi amintesc de unde am plecat, pentru că relațiile interumane, aici sunt foarte diferite. Frustrarea mea vine de la faptul ca uneori nu răspunzi la întrebări sau răspunzi evaziv. Totul ar fi OK dacă în contextul evazivității nu adaugi și „cuvinte tari". Aceste două aspecte de conversație nu merg împreună între prieteni. Dacă ții minte Edi, român get beget ți-a atras atenția la acest lucru. Dacă eu nu rezistam la tăvăleală cum spui, aveam ocazia s-o fac cel puțin odată și n-am făcut-o, și n-am s-o fac niciodată. Înțeleg că tu, uneori gândești cu voce tare. Cineva a spus odată că dacă oamenii ar ști integral ce gândesc unii despre alții, atunci am fi toți cu cuțitul la gâtul celuilalt. Să spui tot ce gândești „sincer" nu este un act de curaj. Totuși se poate face când relația cu cineva o permite. Mă simt onorat că mă consideri în această categorie.

S: Dragă N! Mulțumesc că, continui, totuși, dialogul! Dacă îmi permiți, îți voi spune cum văd eu lucrurile din perspectiva mea. Deși, poate că devin mai „erudit", nu acesta este obiectivul meu! Pentru mine, lectura este o mare bucurie, plăcere, pasiune. De aceea citesc! Trăiesc în compania unor oameni de la care învăț! Oameni cultivați!

Te rog să mă ierți dacă te-am supărat, am fost jignitor sau condescendent! Nu asta este intenția mea! Niciodată nu m-am considerat mai bun, tare, superior ție, în vreo privință! Suntem unici, originali – cu metehnele și calitățile noastre! Mi-aș dori să ai o stofă mai rezistentă, să fii mai puțin sensibil, să reziști mai bine la tăvăleală! Suntem prieteni de o viață! Putem să dăm măștile jos și să ne spunem lucrurilor pe nume, tocmai în numele faptului că avem atâtea motive și atâta amar de ani, de când ne cunoaștem și ne prețuim reciproc!

Am rămas tot timpul senin și fără ascunzișuri, tertipuri sau prefăcătorii în relația cu tine. Când îndrăznesc să-ți spun un lucru este cel mai bun, cel mai adevărat, cel mai onest lucru pe care ți-l pot spune! Bineînțeles că aprecierile mele pot fi complet eronate! Bineînțeles că aș face mult mai bine să iau aminte, mai mult la modelul tău de cultură și viață! Da, dar pe măsură ce îmbătrânim suntem tot mai catâri! Catârul este un măgar care este ferm convins că e cal pur sânge. Dar el nu e decât o corcitură dintre un cal și un măgar! Nu are calitățile niciuneia dintre cele două specii!

Până la urmă nu facem decât un schimb al modelelor noastre de valori personale proprii și rămânem liberi să preluăm sau să refuzăm modelul celuilalt, respectându-l. Așa văd eu lucrurile! Te apreciez pentru ceea ce ești, pentru convingerile tale și nu interpretez spusele tale, nici nu mă deranjează deloc. Le corectez, din perspectiva mea, dar asta nu te obligă la nimic! Tu ești tu și rămâi tu, care ești prietenul meu. Eu sunt eu, și rămân eu care sunt prietenul tău. Schimbul de impresii culturale, spirituale, nu trebuie să ne irite, jignească, umilească, ci să ne bucure și să ne îmbogățească! Apreciez stilul și cultura ta, realizările tale și îți vorbesc de ale mele, îți fac sugestii, ceea ce aștept și eu de la tine! Nu mă supăr! Relația cu tine este un mare privilegiu pentru mine! Cu drag, Sorin

N: Sorine, am impresia că pe tine te atrage mai mult tangența filozofică a științei și mai puțin știința în sine, ceea ce este OK. Dacă mergem pe această traiectorie opiniile noastre sunt divergente fără șansă de reconciliere. Pe mine mă interesează mai mult așa cum zici tu, fapte și caut să le găsesc explicații, fie sub incidența creaționistă, fie sub cea evoluționistă. În mod clar evoluționismul nu mă mulțumește sub aspect factual și pur științific. Citesc și ascult mult în această direcție și, fără excepție, când pentru evoluționiști, atei, nu sunt răspunsuri la probleme cheie și esențiale adepții o virează imediat pe latura filozofică. Ți-am mai spus și în trecut așa cum nouă ni se cere să dovedim că există Dumnezeu, tot așa și ateii trebuie să dovedească faptul că „nu există" Dumnezeu. Poate suna stupid, cea de-a doua parte, dar se pare că aici ateii pierd cei mai mulți adepți. Nu am știut de Edge și îți mulțumesc pentru informație. Blessings

S: Câteva detalii. Cu scuzele de rigoare, adaug câteva explicații necesare legate de cartea cu titlul imposibil (Cartea care te face deștept...) a lui Brockman, ca să înțelegeți că nu e a lui, că e unicat, un fel de Biblie a științei. Întrebarea de mai jos a primit răspunsuri selectate de câte 1-3 pagini din partea a 140 dintre savanții lumii. Ei au evidențiat conceptele, ideile cele mai cutezătoare, incitante, ample, penetrante, eficiente – din toate domeniile preocupărilor umane. Pentru mine a fost extrem de instructivă. Iertați-mi insistența! Sorin

Pt NM S: Desigur preferințele tale intelectuale nu trebuie să fie discutabile, sau avem fiecare dreptul la stilul și gusturile noastre. Opinia mea este că orice cultură are avantaje și dezavantaje. Apoi, ceea ce luăm fiecare dintre noi din moștenirea culturală, este specific, subiectiv, propriu. Nu e cazul să ne impacientăm de preferințele specifice fiecăruia. E suficient că luăm act de ele, le evaluăm și reacționăm cum credem de cuviință. Suntem oameni liberi. Și nu e cultura, dimensiunea cea mai importantă care ne definește.

S: Conform teoriei relativității generale care n-a fost infirmată, spațiul și timpul alcătuiesc o continuitate. Diametrul universului cunoscut este de cca 20 miliarde ani lumină. Nu e logic să fie însoțit de un timp echivalent? Peste 90% dintre oamenii de știință contributori, nu comentatori ca noi, acceptă vechimea de cca13-23,8 mld ani pentru acest ciclu de univers și 4,5 mld ani pentru sistemul solar. Viața are 3,5 mld ani. Un mld de ani n-au existat decât procariote fără nucleu și asexuate. Apoi, la limita dintre precambrian și cambrian a urmat o explozie a vieții, generată, se pare, de creșterea concentrației de O_2.

Nu pune la suflet. Nu personaliza. Rămâi detașat și neutru afectiv. Eu sunt și rămân senin. Am încredere într-un Dumnezeu drept și îndurător care se poate folosi de orice creație și creatură. Teologia antichității nu mai rezistă. Sunt prea multe date științifice care o contrazic. Însăși societatea comună, omul obișnuit, sunt terifiați de grozăviile acceptate cultural de oameni aparținând unor vremuri tulburi! O soluție plutește în aer, dar e posibil ca o mare parte din omenire să piară mai întâi, de propria nebunie.

Viața este foarte frumoasă! Și pasionantă! Organismele vii sunt negentropice. Moartea nu e decât confirmarea entropiei. Prin celule germinale și gameți, viața merge mai departe. Se reproduce. Având conștiință și gândul veșniciei, ne-ar plăcea să trăim veșnic. Omenirea este plină de mituri pe această temă. Nici cultura noastră nu duce lipsă! O utopie! Viața, în toate formele ei, va mai apare și dispare de multe ori! Conviețuirea presupune valori morale, spirituale, cultură, artă! Totul e frumos! Materia, energia și informația în toate formele, aspectele și câmpurile lor sunt necesare și suficiente!

NM: Milioane și miliarde de ani, într-adevăr mă agasează, iar pentru tine sunt singura explicație pentru ceva care „se produce de la sine" atâta timp cât știm că de la sine tot ce crește este entropie. Pot să-ți pun întrebări la nesfârșit, nu toate ale mele, ci ale altora mai competenți. Am căutat să văd dacă evoluționiștii pot răspunde la dileme. Mambo jambo. Ca și tine o virează imediat pe latura filozofică. Credințele noastre sunt cristalizate. Nu se vor schimba.

Ceea ce, zic eu, este amuzant pentru tine. Ceea ce-mi spui tu are cu totul alt efect la mine. Singurul lucru cu care suntem de acord este: nu te obligă la nimic și Cu drag.

S: Importanța geneticii moleculare. Simpatic și amuzant! Dar consecvent! Două lucruri treci cu vederea: Adevărata dimensiune a timpului adânc. Milioanele, chiar miliardele de ani care te agasează. Și: Faptul că evoluția nu înseamnă că cineva să facă ceva, ci pur și simplu se produce de la sine. Evoluția nu trebuie reprodusă! Știm cu siguranță că nu există alte tipuri de viață în univers? Dar cum vei explica când se vor descoperi urme sau forme de viață în sistemul solar? Nu știm nimic. Așteptăm. Dar tot ceea ce urmează să descoperim va fi foarte greu de explicat în lumina creației și credinței! Pentru mine este deja foarte clar! Asta nu te obligă cu nimic! Cu drag, S

NM: De acord, genetica moleculară a îmbunătățit modelul Darwinian. Dar a păstrat tiparul evoluției care este o speculație... Blessings

S: Până la corespondența genă – proteină, evoluția a fost schițată după indicațiile morfologice, embriologice și taxonomice. Genetica moleculară a permis urmărirea parcursului evolutiv al unei proteine pe verticala evoluției, ordonând, clarificând și schimbând, atunci când a fost cazul, erorile de plasament pe arborele evolutiv al cladelor, genurilor, familiilor, speciilor etc.

N: Să zicem că Daniel a fost scrisă în secolele I-II î.Hr. Cum explici profețiile mesianice? Foarte probabil cartea a fost scrisă de mai mulți autori. Daniel nu se identifică drept autor decât pe la mijlocul cărții. Practica aceasta de a se adăuga la o scriere canonică nu este nouă. De ce arunci copilul cu apa de îmbăiat? O perioadă de timp ai fost avocatul schimbării în biserică. Predici, închinare, sistem etc. O misiune mamut. Cineva trebuia și trebuie s-o facă. Tu erai un om cu prestanță și credibilitate. Ce rol pozitiv puteai să joci într-un timp critic pentru misiune. Am fost martor la discuții în care oameni de seamă din biserică spuneau: Să-l întrebăm și pe fratele doctor.. erau mulți doctori în biserică dar numai unul era Sorin Săndulache. Sabat fericit!

S: „Înapoia mea, satană!" Mesia și mesianism. Iudaic. În diverse epoci. În religia de-a lungul veacurilor! Dar în Zoroastrism, de unde provine? Care era poziția marilor imperii, a Babilonului? Am îmbătrânit și înseamnă atât de puțin, pentru noi, afișarea, afirmarea, recunoașterea, prețuirea. Am avut pacienți care erau în stare să-ți pupe mâna în cabinet, când aveau nevoie de tine și apoi uitau să te salute. Oameni. Și noi, la fel! Am copiii și nepoatele la mine – suntem Fericiți!

NM: Sorine, ce rol are intuiția în felul cum cunoaștem lumea și relația pe care o avem cu ea? După 2-3 generații de îndoctrinare în evoluționism și ateism majoritatea oamenilor încă cred în Dumnezeu. De unde vine acesta? Ți s-a întâmplat ție în viață când intuiția a învins „rațiunea"? Religia începe unde știința se termină. În ciuda progreselor științifice sunt întrebări esențiale la care nu poate răspunde. De unde știe știința ce nu știe? Adevărată sau nu credința oferă sens și împlinire majorității oamenilor. Nu văd același lucru la cei aleg alta cale. Uită-te la postările celor ce au părăsit Calea! Intuiția nu înșală în ciuda afirmațiilor gratuite.

S: Observațiile tale sunt de bun simț. Din cei 8 mld de oameni, viețuitori pe pământ, vom continua să avem toate spectrele concepțiilor despre viață și existență. Domeniul științei este în primul rând domeniul realității materiale și nemateriale, obiective și subiective. Exemplific ultimele 4 cuvinte: fizica, temperatura, nivelul oceanului planetar, psihologia. Dar, ființa umană este conștientă de realitate, de sine și de longitudinala ei: se naște, trăiește, suferă și moare. Pentru o ființă conștientă de propria finitudine și confruntată cu propria dispariție, insuportabilă, trebuia aflată o soluție simplă, la îndemână. Atunci au apărut spiritele, zeii, Dumnezeu. Sens și împlinire sunt termeni predominant afectivi, subiectivi. Realitatea este una singură: ne naștem, trăim, murim. Toți! Fără excepție!

Restul sunt povestiri frumoase, vagi, imprecise, făcute să ne aline drama, să ne dea speranță, pentru anestezie și cei săraci cu duhul. Prefer adevărul! Cu drag. Și compasiune. Suntem în aceeași barcă! Mie îmi ajung cele câteva decenii. Și am învățat să mă bucur de fiecare clipă! Să le trăiesc cu pasiune! Sorin

NM: Bună, Sorine, Am avut de curând un atac de vertigo care m-a pus la pat câteva zile. Ne-având ce face, am studiat ce se întâmplă... Nu este nevoie să-ți menționez utricula/sacula și canalele semicirculare cu rolul lor. M-am întrebat cum funcționează echilibrul la alte animale... Am văzut o poză a ta cu familia – mi-au arătat-o fetele. Mi-am zis: a îmbătrânit săracul Sorin. M-am uitat în oglindă... fără cuvinte! Blessing!

S: Am să-ți spun cum am procedat eu. La 45 de ani mi-am descoperit o TA=160/90. Eram în Atena, țineam seminarii sănătate românilor care lucrau acolo. Normalizarea TA, Cavinton forte10 mg, Aspenter 75 mg, zilnic. După 70 ani, iau Aspenter la 2 zile. Pentru tensiune – Triplixam 10/2,5/5 mg la 2-3 zile.

Cât privește răspunsurile. Nu sunt arogant. Te prețuiesc prea mult. Un domeniu este organic. Trebuie însușit. Exemplele sunt edificatoare. Suntem medici, creștini, creștini. Ce înseamnă toate aceste domenii culturale, profesionale, spirituale – pentru noi. Ne-am investit și am dobândit înțelegere, competență. La fel e și cu evoluția. Întrebărilor tale nu-ți poți răspunde decât singur. Te asigur de toată considerația și respectul meu. S

NM: Cu tine evit să fac referințe biblice și EGW (Ellen White). Întrebările pe care ți le-am pus nu au nicio legătura cu surse „creștine". Întrebări de bun simț, la care nu răspunzi și, ca de obicei, mă trimiți la clasa întâia. Dacă evoluționismul nu trece un test elementar, la ce bun 3-4 ani de biologie evoluționistă? Nu are rost să mă trimiți la surse cu „autoritate". Dacă ai răspuns poți să oferi o explicație... În cele din urmă am ajuns la aceiași concluzie în legătură cu Dumnezeul Bibliei. Take it or leave it! Your choice. Sfatul de sănătate este bun, l-aș urma dar nu găsesc sălcii aici. Blessings

S: Te-apucă amețeala. Amețeala, vertijul – sunt anxiogene. Mai puțin pentru tine. Am și eu puseuri de amețeală discrete, recidivante. Din cei 20 de ani, pe care în mod hiper-optimist sper să-i mai trăiesc, unul a trecut deja, aproape. În martie. E important să ai un antiagregant – 75-85 mg aspirină –

zeamă de salcie-salicilat, un vasodilatator – derivat de vinca, gingko biloba, cornul secarei, asocieri. O valoare tensională normală, și mulțumire, bună dispoziție. Da, îmbătrânim și murim. Se întâmplă de când lumea. Ești un bun credincios. Un mare biblist, un specialist în EGW. Dedică-ți 3-4 ani din viață pentru biologia evoluționismului. Nu din surse creștine! Vei descoperi o lume nouă, incontestabilă, cuceritoare. Așa gândesc eu. Un defect. Să-mi exprim și eu o nedumerire. Dumnezeu știe bine speranța noastră de viață. El era un obișnuit al Edenului, chiar și după cădere, al patriarhilor, proorocilor și apostolilor, bătea drumurile Galileei, Betaniei și Ierusalimului, dar de două mii de ani, vorbesc doar oameni în numele său. E supărat? De ce a plecat? De ce nu mai vine pe la noi? De ce, toate epifaniile par patologice, închipuite, nerealiste, niște făcături. Drama, tragedia noastră e teribilă. Răspunsul lui este absent sau inadecvat. Și, totuși, ne iubește, ne mântuiește... De ce pretinde credință? Nu cumva este doar discursul popilor, al teologilor?

S: Foarte interesant. Am aruncat o privire. Sunt un profan, dar o explicație de bun simț ar fi că dinamica zborului cere câteva condiții: – un cap mic, vârful săgeții; – ascensiunea și descendența prin intermediul penajului aripilor; – direcția orizontală – stg/dr – prin intermediul cozii. Cea mai bună așezare a giroscopului pentru reglarea echilibrului trebuie situată la intersecția mediatoarelor dintre liniile de forță ale tracțiunii și cârmei. Se pare că această soluție este universală tuturor propulsiilor bazate pe plutire – în aer, pe sau în apă etc. S-a dezvoltat exact acolo unde era necesar.

NM: Sorine, am uitat. Găsești mai jos un citat, o întrebare grea biologiei evoluționiste...

S: N, mie mi se pare relativ simplu, deși este infinit de complicat și complex. Suntem înconjurați de realitate. Oamenii i-au descoperit natura, structura, legile, mecanismele, progresiv. Observabil, verificabil, cuantificabil, repetabil. Suntem departe de a explica misterul existenței, intimității, măreției realității. Dar, omenirea a făcut pași importanți. De cealaltă parte, îmi imaginez un zeu atotputernic și atotcunoscător care zice și se face, poruncește și ia ființă. Ps 19, cred. Suntem conștienți, curioși, inventivi, iubitori de frumos, de viață. Urâm moartea și ne temem de ea. Din această ecuație rezultă cultura și spiritualitatea omenirii.

NM: Mi-a dispărut mesajul... Pe cine păcălești tu că ești profan? Explicația aero-dinamică este excelentă. Spui că s-a dezvoltat acolo unde trebuia.

Cum? Pentru ca o afirmație să fie acceptabilă trebuie să fie și plauzibilă. Milioane de ani de evoluție... nu mă mulțumesc. Explicațiile de natură genetică, moleculară, mutații, selecție naturală etc., nu sunt nici pe departe suficiente. Că a fost într-un fel sau altul are mai mică importanță. Ceea ce este esențial este că nu există nici o explicație plauzibilă pentru evoluția sistemelor extrem de complexe ale vieții. Simțul echilibrului pe care ți l-am dat este un caz minor.

S: Cel mai bun lucru este ca fiecare să rămânem la convingerile sale și să ne respectăm, apreciem și iubim reciproc. Întregul tău discurs, foarte convingător, este din interior, grevat de circularitate și autoreferențial. Nu e neapărat rău. În ceea ce mă privește, mă simt liber, împlinit, împăcat, fericit. Nu am nevoie de nimic în plus. Transformarea mea este mult mai profundă decât crezi. E greu de înțeles fiindcă aparținem unor lumi interioare și subiective diferite. Singurul meu avantaj este că eu am fost ca tine, dar tu n-ai fost ca mine, sau erai foarte fraged pe atunci. Un prieten al meu spune că nu putem trăi decât o singură convertire într-o viață. Poate.
Iau aminte la observațiile tale de bun simț și prietenești și voi fi mai atent să nu fiu caustic, jignitor sau radical, să afișez o superioritate pe care n-o am. Eu cred că suntem amândoi suficient de maturi, edificați, echilibrați, ca să nu polemizăm. Vom face schimburi de opinii, ne vom defini, dar nu în sens prozelit.
Desigur, procesul de-convertirii este unul laborios, complex, consumptiv. Atunci când ofer unele accente, cred că mă refer la aceste experiențe pur personale. Eu pot rămâne senin, detașat, cu toată poziția noastră diferită. Nu mă tulbură, nu mă supără nimic din ceea ce spui sau faci. Pentru simplu fapt că te cunosc, suntem prieteni și te prețuiesc. Cu drag, S

NM: Salut, Sorine, M-am tot gândit și am ajuns la niște concluzii. Unele sunt cu caracter general altele personal. Cele de ordin personal pot să fie numai parțial sau deloc adevărate. Între prieteni cred că avem dreptul să fim deschiși.
Întâi, cele cu caracter general. Din statisticile pe care mi le-ai trimis, le consider non-biased, trag niște concluzii. Probabil că majoritatea oamenilor de știință la care merită să ascultăm cred într-o forță creatoare/superioară în Univers. Probabil cei ce nu cred au această poziție din ignoranță sau lipsa de expunere la alternative, deoarece s-au format într-un sistem secular care refuză să considere alternativa creaționistă. Din cei care cred

într-o Forță Superioară de asemenea sunt handicapați de a articula o poziție concretă mai specifică pentru că nu este preocuparea lor. Ei văd că teoria din nimic la viață sau ulterior evoluția vieții pe pământ așa cum este explicată de ateism nu prea are șanse de crezare...

În legătură cu tine... În ceea ce privește noile tale convingeri, nu prea te-am luat în serios. În primul rând, circumstanțele tranziției tale, încă nu pot s-o diger și înțeleg, work in progress. În al doilea rând, nici tu nici eu, nu avem platforma necesară pentru a face afirmații definitive în legătură cu creaționismul sau evoluționismul...

Văd că mi-ai trimis un mesaj, așa că închei. Blessings

S: Ar trebui să te mângâi și comfortezi cu dileme de felul acesta. Nu încerc să te conving, ci o iau pe sărite. Dinozauri cu pene, reptile și veverițe săritoare, liliacul care zboară cu membrane etc. Alternativa – pământul tânăr, miracolul. Nu, mersi. Sunt multe întrebări cărora nu li se poate răspunde decât ipotetic. N, nici un proces natural nu are nevoie de îngeri, demoni sau Dumnezeu! Toate merg din aproape în aproape – de la nivel nuclear, atomic, bio și geologic, astral. Își sunt suficiente, fizic, chimic, biologic, psiho-social. Un Dumnezeu serios nu se joacă de-a v-ați ascunselea! E prea dramatic! Ar fi prea tragic! Nu e nevoie de credință! E o gogoriță! E nevoie de cunoaștere!

NM: Bună, Sorine, Am lipsit de la biserică astăzi pentru că am vrut să aprofundez puțin ideea evoluționismului. Am ascultat 2Ted Talks pe subiect, un articol din National Geographic si 3 alte prezentări în legatura cu Archaeopterix. Probabil că știi că este o deosebire enormă între creierul reptilelor/dinozaurilor/comparat cu creierul păsărilor. Păsările au un creier mult mai mare comparat cu mărimea corpului. Oamenii de știință consideră determinantă complexitatea zborului. Ceea ce recunosc este că nu se poate explica cum s-a făcut această tranziție... Aruncând argumentul: milioane de ani nu convinge. Blessings

S: N, există trei afirmații – negații, cel puțin discutabile în mesajul tău: – nu există dovadă științifică pentru presupunerea că modificările genetice care duc la noi specii este posibilă – ceea ce am postulat eu – zici tu. Care este alternativa? Diversitatea uimitoare a viețuitoarelor cu regnuri, ordine, clase, familii, specii – au fost create printr-un act unic. Au fost conservate într-o arcă – a lui Noe – au supraviețuit, în marea lor majoritate, în stare fixă. Poți crede așa ceva?

Când sute, mii, zeci de mii de specii mor, dispar și apar permanent?!? Nu te gândi doar la dinozauri, pe care religia nu-i poate concepe decât contemporani cu omul, ci la protozoare, insecte, anelizi etc. Eu mă gândesc doar la lupi, dingo, șacali – din ei a rezultat o serie de rase de o variabilitate extremă – e adevărat, în cadrul aceleiași specii. Microevoluție. Dar – un dingo și un șacal se pot înmulți reciproc? Plasticitatea este o realitate! Dacă o specie trăiește 15-20 de generații separată geografic de suratele ei, nu se mai poate reproduce cu ele – fiindcă are altă structură cromozomială. Cum îți explici specificitatea faunei australiene? Nu este ea un rezultat natural? Archeopterix, dinozaurii fosili cu pene – nu-ți spun nimic?

Te citez: „Experimentele au dovedit imposibilitatea, iar biologia moleculară a ADN-ului infimă, de asemenea, acest lucru." Viața nu a apărut și nici n-a fost creată într-un laborator, printr-un experiment științific, programat de om – fie el de știință sau Dumnezeu, ci apare singură, datorită calităților materiei, energiei, informației.

Celulele, organismele vii – sunt singurele care acționează negentropic – contrariază principiul al II lea al termodinamicii. Definiția fundamentală a vieții. Pentru mine, chiar și numai această realitate, care nu exclude, ci presupune – nașterea, dezvoltarea, reproducerea și moartea – este suficientă. Chiar dacă va fi vreodată creată în laborator, viața – aceasta nu va demonstra nimic! Nu așa a apărut viața! Așa că, experimentele nu puteau dovedi nimic, iar biologia moleculară a ADN, este ea însăși un miracol natural, pe care noi oamenii, nu-l înțelegem pe deplin, fiindcă nu cunoaștem încă toate virtuțile cuantice ale particulelor subatomice.

NM: Sorine, nu știu la ce te referi când zici polemica. Pentru mine polemica înseamnă contradicție pe teme, mai degrabă umaniste/sociale/politice etc. Când este vorba de științe, e vorba de fapte, cum zici tu. Ceea ce am postulat eu este că nu există dovada științifică pentru presupunerea că modificările genetice care duc la noi specii este posibilă științific...

S: Ești foarte departe de realitate. Fiindcă judeci dinăuntru. N-am nicio patimă. Fiindcă sunt un om al lumii. Religia a avut imensul avantaj de a contracara totalitarismul. Două absolutisme. N-am nicio ranchiună. Sunt mari avantaje – nevoia iscoditoare de a afla adevărul, simțul practic etc. Bucuria cunoașterii culturale. Pentru mine, care mă detașez, bula, ghetoul religios, nu sunt decât un izolat cultural între atâtea altele, căruia îi opun cultura, adevărul științific, realitatea și realismul. Desigur, cunoaștem extrem de puțin, dar realizările tehnologice sunt enorme.

Întreaga religie nu este decât un mit, care are sens fiindcă îl ajută pe om, biată ființă bicisnică și muritoare să spere, să creadă, să fie mângâiat și mințit. Pentru mine existența, viața sunt mai mult decât suficiente. Sunt atât de frumoase, pline de împliniri, încât fiecare clipă poate avea valoarea unei veșnicii. Nu vreau să te întristez. Fii mulțumit și împlinit în credința ta, dar sunt atâtea evidențe, la o cercetare atentă, a omenescului, falsității, falsului, minciunii, cupidității, egoismului, încât totul este cârpit, totul este de împrumut, totul are o istorie, o origine, un loc – iar oamenii sărmani se hrănesc cu nădejdi înșelătoare. Tu poți crede ce vrei, ne poți taxa cum vrei, dar în aprecierile tale este inclusă gândirea, psihologia, psihopatologia, experiența ta de viață, ca și în cazul nostru, de altfel. Pot respecta crezul tău. L-am împărtășit decenii în șir. Am găsit o cale mai bună! Imperfectă! Fiindcă suntem ființe finite, oameni limitați. Fii Fericit! Fii Binecuvântat!

S: N, fiindcă suntem prieteni, comunicarea dintre noi nu e formală, ci efectivă. Probabil, amândoi am acumulat de-a lungul anilor experiență, am fost nevoiți să ne adaptăm, ne-am stabilit niște direcții, priorități, valori, gusturi. Orice soluție personală este valabilă și ne definește. Nu e criticabilă, ci reprezintă un mod operațional. Într-o lume mai dezvoltată, cu viteze mai mari, ești în situația de a selecta, de a bifa, și a trece mai departe. Eu sunt mai lent, dar mai meticulos, îmi face plăcere să înțeleg miracolul lumii, alcătuirea și soluțiile ei ingenioase. Pentru mine, totul este spectacol și uimire.

La fel cu CRISPR. De fapt, este un mecanism de luptă – pe viață și pe moarte – selecția naturală – între bacterii și viruși. Înțelegerea acestei inovații extraordinare a dat posibilitate oamenilor să editeze țintit lanțul ADN prin mecanismul ARN. Metoda este o cutie a Pandorei, putând avea consecințe benefice uluitoare, inclusiv în terapia bolilor genetice, ereditare, a cancerului, în ameliorarea culturilor și speciilor, dar are și reversul nefast, de a fi folosită ca armă sau de a iniția alterări ireversibile în structura speciilor, în generarea unor monstruozități care s-ar putea perpetua. Greu de prevăzut. Ca întotdeauna, cuțitul are tăișul dublu. Atât binele, cât și răul, devin autolimitate. Din fericire!

NM: Sorine, apreciez calitatea literară deosebită a răspunsului tău. De asemenea, sunt convins că exprima realitatea. Înțeleg și dilemele prin care treci în ceea ce privește „credința"...

S: Uite, acum începi să mă ajuți cu adevărat. Pentru că nu vorbim doar teoretic, ci practic. Un om ca mine, croit într-un anumit fel, nu mai poate deveni altceva după 60 de ani. Cultural, eu voi rămâne creștin toată viața. Dar, nu mai sunt membru al bisericii, nu mai cred în doctrina bisericii, am altă gândire, altă filosofie, alte convingeri, în felul limitat al oricărui om.
O anumită etichetă, ne schimbă, ne conferă identitate, statut, mod de viață. Când încerc să mă definesc agnostic, asta sunt. Sceptic. Nu ateu. După ce ai fost o viață întreagă credincios, nu mai poți deveni ateu. Probabil comit anumite erori, dar asta nu poate anula nici existența, nici afirmația mea. Schimbarea etichetei, schimbă anumite coordonate ale felului de a fi, pe când celelalte rămân neschimbate, în obiceiuri, inconștient. Cunoști metamorfoza. Frecvent, sunt câteva stadii ale aceleiași ființe: ou, larvă, nimfă, fluture sau muscă, insectă adultă, reproducere, exitus.
Cicadele, pe care le-am auzit prima dată, în Asprovalta, Grecia, acum 40 de ani, au ajuns și pe la noi, la Snagov. După ce ies din nimfă, zboară ca adulte și își cheamă partenerii pentru reproducere, de ne găuresc urechile. Pe arbori, frunze chiar, rămân fantomele lor goale, chitinoase, care imită forma nimfelor lor. Asta sunt eu, ca adventist. O fantomă chitinoasă.
Ceea ce cânt și vreau eu să exprim, să reproduc, este un cântec adult, limitat, despre ceea ce am devenit. Sunt același! Și totuși, altul! M-am maturizat. Am pus miturile la locul lor. Îmi cunosc limitele și le accept. Știu că sunt o efemeridă, la nivelul timpului adânc. Dar, asta nu mă împiedică să apreciez frumusețea vieții, existenței. Nu-mi fac iluzii. Sunt realist. Este concluzia unui medic, unui om de știință lucid, care poate greși. Nu cred că aceste limite, erori sau greșeli pot face obiectul unei pedepse capitale pentru că „n-am crezut", ci am luat de bune ceea ce am știut.
Tot ceea ce trăiește, se naște, se reproduce și moare. Ne naștem greu, trăim amestecat și sfârșim prost. Totuși, șansa de a exista este una la câteva milioane. Să ne bucurăm de ea! Atât. A, cultura, arta, religia, asezonează această existență. Sunt necesare. Benefice. Ni le însușim parțial, le ratăm în mare măsură. Unora dintre noi, le modifică speranța de viață, semnificativ chiar, dar a celor mai mulți rămâne neschimbată. De efemeride. Tot ce ți-am spus aici, îi pot spune și lui Dumnezeu. Chiar dacă el știe mult mai bine, mă înțelege. PS. Nu-ți pun nicio limită! Simte-te liber! Mulțumesc!

NM: Sorine, eu sunt foarte limitat în felul în care pot să-ți răspund datorită limitărilor puse de tine. Dacă vrei o sursă ne-botezată ar fi aceasta. Agnosticii nu prea au ce căuta la masa de discuții între creaționiști și atei. Ei spun: nu putem ştii nimic/full stop. Sau pot argumenta în două direcții împotriva celor două grupe menționate mai sus, ceea ce nu prea face sens de multe ori. Singura problemă este că, deși te declari agnostic, de cele mai multe ori argumentezi de pe poziția materialist ateistă. NB: Sceptic = necredincios. Agnostic = nimic nu poate fi cunoscut despre natura zeilor.

S: Bine ai făcut! Și tu ai scris foarte frumos și profund! Suntem foarte complicați, noi oamenii! E legat de inaugurarea Spitalului Oncologic. Religia: Revelația este Piedestalul Amvoanelor. Și Bazinul Botezurilor! Este un plan inițial superficial, devenit desuet, dar persistent, din cu totul alte motive. Lumea se schimbă! Până și viziunile devin perimate! Atunci vedem Omul în spatele Fiului Omului. Și credem că vedem pe Dumnezeu. Farisei Orbi! Scuze!

S: Nu, nu-ți pun! Tu ești serios, implicat în cosmogonia, cosmologia și cosmetica lumii. Eu sunt mai practic, mai sceptic, iau lumea așa cum e. Am opus religia comunismului, am nădușit să respir aerul cunoașterii, avem o familie frumoasă, o natură frumoasă, o viață frumoasă. Cel mai mare dar primit este recunoștința. Când sunt foarte fericit, aș vrea să mor. Să mor fericit! Dar, Dumnezeu vrea să trăiesc fericit. Mă mulțumesc cu puțin, am parte de bucurii simple, n-am ambiții mari.

Și uite așa, am ajuns la bătrânețe. Undeva, în adâncul sufletului ascund un adolescent. Dar, nu vreau să dau în mintea copiilor! Sunt relaxat și pensionar. Secretul fericirii mele constă în absența completă a depresiei. Dimpotrivă, sunt foarte ușor, maniacal. De aici, rezervele de bună dispoziție. Lui Dumnezeu i-am dat tot ce-am avut și ce-am putut. Suntem în relații bune. Intime și totuși distante. Sunt curios să ne întâlnim, deși nu cred că se va întâmpla vreodată. Nu suferim datorită acestei eventualități. Cum vezi, sunt foarte detașat!

NM: Sorine, experiența noastră de viața este foarte similară. Amândoi am făcut parte dintr-o elită/avangardă creștină neoprotestantă într-un timp când nu era ușor s-o faci. Ulterior am trecut prin modificări sociale și teologice furtunoase. Am început să avem întrebări în legătură cu Dumnezeu/Biblia/credința/biserica. Multe întrebări rămân fără răspuns. Întrebarea este ce facem cu acele găuri negre... Eu am găsit soluțiile mele, tu pe ale tale.

Să fiu sincer, consider că biserica și creștinismul și-au pierdut relevanța. Începuturile creștinismului au fost furtunoase. Creștinii se aflau în prim plan, au forțat imperiul roman și întreaga lume să adopte crezul lor. Incredibil. Astăzi, spunem că sfârșitul va fi asemănător începutului. Nu se profilează...

S: Fiecare om caută tot ce e mai bun! Și eu am găsit! Dar, asta ține mai mult de umorile mele interne, chiar dacă și de condițiile externe, de mediu. Să te naști în RO, nu e cel mai bun lucru! Dar, se putea și mai rău. Primii 15 ani am fost țăran! Tot primii, 38 de ani am trăit în comunism! Se putea și mai rău! Primii 50 de ani am fost neoprotestant! Acum sunt sceptic ca filosofie de viață și agnostic față de natura lui Dumnezeu!

Totuși, cultural, eu sunt și rămân neoprotestant! Relația mea cu Dumnezeu, cu Domnul Isus Hristos, a fost, este și va fi extrem de intimă, profundă și reală. Dumnezeu nu e neo-protestant, budist, catolic sau ortodox. Suntem toți, copiii lui! Nu am remușcări! Continui să sondez existența. Par un om normal. Ce e normalitatea? Sunt fericit și împlinit! Știu că voi muri! Li s-a mai întâmplat și altora! Nu m-a întrebat nimeni, dar chiar în condițiile astea, consider existența și viața, foarte frumoase! Fii Fericit!

NM: Sorine, încerc să înțeleg lumea din jurul meu căutând să mă ridic deasupra prejudecăților pe care toți le avem...

S: N, având în vedere istoria și devenirea omenirii, noi ce am alege? Răspunsul bun este – pe amândouă! Ce este intuiția? Este răspunsul la o întrebare sau soluția unei probleme cu care sunt confruntat, fără o analiză temeinică, un studiu de fezabilitate, ci unul bazat pe sinteza cunoștințelor mele în acel moment. Știința, presupune observație, experiment, verificare.

NM: Sorine, cred că știi că anumite constante universale, 15 la număr, dintre care forța gravitațională, nu sunt derivate din nimic, ci constante. Se pot numai măsura nu explica. Dacă gravitația ar fi cu nouă ordine de mărime sub 1 mai mică, universul s-ar extinde la nesfârșit și ar fi steril, fără viață. Daca gravitația ar fi mai puternică cu aceiași magnitudine atunci universul ar fi colapsat de mult și ciclul s-ar repeta fără să dea posibilitatea vieții să apară...

S: Îți mulțumesc pentru problematică. Și pentru dialog. Da, se pare că există un ciclu de cca 28-30-40 mld de ani, în care materia se face sul pentru a atinge o dimensiune punctiformă, apoi expandează iarăși printr-un Big Bang. Este o ipoteză în care multe realități fizice se potrivesc. Cea mai importantă este radiația cosmică de fond.

Recunosc, în mintea mea proastă nu încape acest proces, mai mult decât legenda grădinii Eden. Toate se potrivesc, fiindcă toate țin de un proces care decurge din masa, structura, forțele, câmpurile și funcțiile cuantice, mecanice sau astrale ale spațiului, timpului și materiei.

Pentru mine, există fizică, chimie, biologie și metafizică, meta-chimie și meta-biologie. Fizica vorbește despre mase, forțe, viteze și relații dintre acestea. Metafizica vorbește despre sens, nonsens, viață după moarte, speranță, limite, disperare, credință, iubire, recunoștință, relații între toate acestea. Sunt încă multe lucruri pe care le vom descoperi. Revelația ne sporește confortul sufletesc, mângâierea, speranța. Nu ne minte, ci se acumulează în tradiții și cultură, ca mit, spiritualitate, dă sens vieții, existenței.

Fizica ne sporește confortul cotidian, uneltele, instrumentele, ne umanizează mediul. Speranța de viață a unei ființe umane tinde să ajungă la cca 100 de ani. O efemeridă mare, prin prisma unui ciclu cosmic universal. Conviețuirea e posibilă numai dacă avem repere, valori. Sunt la fel de necesare ca și constantele. Dacă le va ignora, omenirea se va distruge singură. Apoi, vom începe un nou ciclu. Totul curge.

Nu voi ignora existența aceasta pentru cea viitoare, dar nici pe cea viitoare pentru fărâma de existență de aici. Totul este foarte complex, avem șansa extraordinară să fi fost concepuți, să ne fi născut, să fi supraviețuit. Să ne bucurăm! La început n-a fost cuvântul, care nu e decât reflectarea existenței prin limbaj. La început a fost fizica și apoi metafizica.

S: Dragă N, Știm foarte puțin despre natura lumii înconjurătoare. Mă declar fără iluzii, ipocrizie, falsă modestie – un ignorant. Chiar dacă încerc să știu mai multe. Sunt prea puține. Pot accepta punctul tău de vedere fără rezerve, mai ales că l-am împărtășit cel puțin o jumătate de secol. Scad primii zece ani, când eram un țânc și ultimii zece ani, de când sunt un rătăcit. Fiecare dintre noi are temeiurile lui. Nu cred că trebuie să fim obligatoriu militanți, misionari. Probabil, suntem orbiți de miopia că poziția noastră – a fiecăruia – este cea corectă. Lucrurile sunt prea complexe și misterioase ca să le abordăm atât de simplist. Un fizician foarte bun – Carlo Rovelli – scrie niște cărți de fizică absolut cuceritoare. Știe să simplifice totul până la esențe. Știe să redea confortul, înțelegerea și acceptarea optimistă în fața perplexității.

Pot să te prețuiesc, să te iubesc pentru ceea ce ești. Nu trebuie să te fac să gândești ca mine! Desigur, cred că am dreptate, altfel mă dezintegrez –

dar această opinie este eronată. Este subiectivă. Are valoare doar pentru nucleul personalității mele. Și, așa suntem construiți fiecare dintre noi. Să ne bucurăm că mai avem câțiva ani de trăit, să prețuim și să ne desfătăm de fiecare clipă trăită. Acesta este secretul veșniciei. Astfel, putem privi moartea, nu ca pe o pedeapsă, ci ca pe o parte necesară a vieții. Putem discuta, schimba impresii, convingeri, cunoștințe, opinii. O vom face civilizat, cu respect reciproc și cea mai aleasă considerație. S

S: Negentropia sau anti entropia dispare la moartea unui individ, chiar a unei specii, ba chiar a vieții pe pământ... Dar, nu din univers. Chiar și din univers dispare cu un ciclu de 20-30-40 mld de ani! Apoi ciclul vieții se reia. N, dă-mi un singur argument direct, obiectiv, nu indirect, nu subiectiv, al existenței lui Dumnezeu!

Nu există niciunul! Fiindcă Dumnezeu este creația noastră, a omenirii, fiindcă suntem ființe finite, muritoare și ne e teamă de moarte, fiindcă avem nevoie de speranță, credință, mângâiere, iubire, putere. Dumnezeu are toate acestea. Și orice alt zeu. Allah, Buda, Yahve, Tao, Confucius, Hristos, Sfântul Sebastian...

Cele mai serioase teme ale omenirii sunt doar un joc. O copilărie. Să zicem că.... Tu erai... iar eu eram. Ne prefacem că trăim, dar murim cu adevărat. Trăim prin copii, nepoți, capodopere, cultură, civilizație, spiritualitate. Ferice de tine și de credința ta. Și eu sunt fericit! Și liber. Condus de legea slobozeniei. Am o relație profundă, afectivă, cu Dumnezeu. El este infinit mai bun decât ne-am putea imagina noi. Un secret: nu e neoprotestant! E liber cugetător! Și eu sunt creștin. Nu mă pot schimba.

PS: Nu mi-ai dat Sursa! Fii, te rog, amabil! Mulțumesc!

NM: Creaționiștii susțin că a doua lege a termodinamicii neagă evoluția. Evoluționiștii explică faptul că a doua lege a termodinamicii se aplica sistemelor închise...

S: Sursa? Se întâmplă să ai sursa acestei propoziții?

„Because the second law of thermodynamics prohibits a decrease in entropy, it therefore **prohibits biological evolution.**" (Autor, titlu, pag, an, editură) Mulțumesc! Mult!

Nu pun la îndoială vindecările „miraculoase". Dubiile mele se îndreaptă spre cauza vindecării. Este dorința, voința de a trăi, miraculoasă? Este credința în Dumnezeu miraculoasă? Este un factor imunologic rarisim care face declic? Intervine cu adevărat Dumnezeu? Ce ne spun statisticile?

Este Dumnezeu atât de zgârcit? Așa cum arată lumea noastră, cu toate fărădelegile, cruzimea, răutatea, nedreptatea și violența umană, poate fi acceptabilă de către un Dumnezeu iubitor ca Isus Christos sau a rămas ceva din Yahve cel răzbunător?

Unde duc cei două mii de ani de așteptare? N-ar trebui adaptată economia divină la speranța de viață medie a oamenilor? De ce continuă să conteze doar veșnicia lui Dumnezeu? Oamenii religioși, credincioși au deja un răspuns: „Nepătrunse sunt căile Domnului!" Mersi! Există sau nu există? După criteriile lui morale și spirituale! Nu avem un răspuns!

Dumnezeu este un concept, o sintagmă extrem de utilă. Un reper, un părinte și frate mai mare, o sursă de miracole – foarte rare și capricioase – o instanță supremă, un prieten, un Om Bun, un Fiu al Omului, un Atotputernic. Cum au zis filosofii: Dacă nu exista, trebuia inventat. Și am făcut-o. Nici n-a fost foarte greu. A venit de la sine!

NM: Încă ceva, tu pui la îndoială miracolele...

Sorine, revenind la istoria cozii – ceea ce Edi (Edmond Constantinescu) dovedește este că am ajuns la stadiul să identificăm materialul genetic responsabil de acest organ. Un accident genetic s-a produs și s-a pierdut coada... Când, cum și de ce? Dovezi! Fie de ordin genetic fie de domeniul bio-evoluției. Argumentul „științific" este următorul: pentru că nu avem coadă și suntem evoluați atunci s-a produs acest accident genetic. Bingo! Ipoteza devine fapt.

S: Coada nu dovedește nimic. Unii au un hiper-coccis. Ei, și? Dar, eu sunt convins de evoluție. Nu de creație! Apreciez miturile! Ele ne-au făcut oameni! Biblia se verifică arheologic extrem de precar! Iar religia? A linșat-o pe Hypatia! Apropo, peste cca o lună o vom asculta pe Doamna Nixey la Ateneu! Epoca Întunecării! O carte foarte Mare! Fii iubit și fericit!

S: Nu știu. Am fost crescut și am trăit peste 60 de ani cu dragostea și frica de Dumnezeu în suflet, inimă și conștiință. Nu pot nega nici această realitate, nici problemele filosofice sau teologice legate de ea. Repet, cultural, am rămas creștin neoprotestant. Filosofic consider că Dumnezeu este o entitate posibil sau probabil ontologică, pentru care nu avem nicio dovadă științifică, dar avem o sumedenii de dovezi omenești, instituționale, istorice etc.

Consider un gest elementar ca orice om rezonabil să pună pe aceeași treaptă valorică, axiologică, toate credințele și pe toți oamenii, semenii lor religioși, toate instituțiile și culturile de această natură. Fără discriminare. Este o abordare antropologică. Toate izvorăsc prin aceleași mecanisme generative și de necesitate. Doar limitele umane, dimensiunea spațio-temporală, istorică, tradițională, diferă.

Încerc să anexez câteva materiale valoroase. Deși te prețuiesc mult, faptul că refuzi WhatsAp ul îmi crează mari dificultăți. Nu e important. Alții au alte preferințe.

SHOCKING TRUTH ABOUT PAGAN WORSHIP IN ISRAEL (PART1)
https://www.facebook.com/share/r/rrPNGCguwpzSKXaW/?mibextid=UalRPS

Marea carență logică a acestei demonstrații este o justificare ontologică printr-o necesitate etică, de-ontologică. Așa a fost dintotdeauna teologia – din lipsă de substanță ontologică se bizuie pe proteze. Nu ține! Apropo, nu sunt nici pe departe ateu! Doar că Dumnezeu nu e neoprotestant. Nici creștin. Doar oamenii pot fi hinduși, taoiști, musulmani. Dumnezeu este Dumnezeul Universului. Fără să fiu universalist.

NM: Sorine, în continuare pe tema Dumnezeului non creștin, non religios, în care crezi. Are el puterea creatoare sau nu? Este el un super human care a evoluat din elemente minerale ca si noi? Blessings

S: N, îmi face plăcere reală să dialogăm și este un exercițiu bun pentru mine, ca să-mi clarific poziția, să mai fac un pas spre o sinteză de etapă mai reușită. Problematica ta față de religie, zeu sau zei este complexă doar din punctul de vedere al credinței. Mă simt oarecum dezavuat că repet de fiecare dată lucruri clare și simple care nu sunt auzite și nu au niciun răsunet. Probabil că în timp ce dialogăm, fiecare dintre noi dialoghează și cu sine însuși – vezi introducerea. *Iată mai jos axiomele mele, așa cum le înțeleg și mi le definesc eu:*

Realitatea este una singură, aceea de care se ocupă știința, care este verificabilă, dovedită, necesară și suficientă echilibrului fizic și eco-sistemic, atât la nivel cuantic, microscopic, macroscopic și astronomic. Aceleași legi guvernează la toate nivelurile, cu unele aspecte specifice. Probabil, procentul cunoscut al acestor legi este foarte mic. Descoperiri enorme ne stau în față, dacă nu vom dispărea printr-un cataclism sau holocaust.

Orice sistem de închinare sau religios are caracter inferențial, imaginativ, mitologic și nu corespunde realității, nu poate fi verificat și nici dovedit, având rolul de a ameliora temerile omului în fața morții, necazurilor, pierderilor și suferinței, precum și rolul pozitiv de a alimenta speranța, credința și un viitor acceptabil. Sursa tuturor acestor suprastructuri este mintea omului, stimulată de trebuințele sale fundamentale, individuale și colective, conștiente și inconștiente.

Mitul nu este o creație intelectuală. El este cizelat de-a lungul sutelor de generații, trăit, îmbrățișat, consumat, ca panaceu al vicisitudinilor, nevoii de recunoștință și mulțumire, odihnă și sărbătoare. Acumulat prin tradiție. Suntem ființe finite, paradoxale, care trăiesc într-un univers aparent infinit, având ideea posibilității veșniciei, infinitului. Într-un fel sau altul, îl vom cuceri!

NM: Sorine, câteva observații:
1. Abordezi problema din punct de vedere umanist, progresist. Vrei dovezi! Dumnezeu trebuie să se justifice, legitimeze, explice... Dacă nu este așa? Desigur poți spune ca nu-ți trebuie un astfel de stăpân. Este decizia ta.
2. Acuzi Dumnezeul Bibliei drept ezoteric. Se ascunde, nu vrea să dialogheze. Dumnezeul pe care îl propui tu este și mai încifrat.
3. În momentul în care crezi într-un Dumnezeu, el trebuie să fie și creator, altfel este o altă forma de evoluție naturală de la elemente fizice la existența conștientă. Este adevărat că Dumnezeul Bibliei și chiar Islamic (al Coranului) este și judecător. Se pare că accepți și propoziția a doua. Odată ai spus: cred că îmi va fi binevoitor.. Nu sună deloc ateist, dar ai ce ai cu Dumnezeu instituționalizat. Înțeleg și, parțial, accept dilema. Nu am altă alternativă mulțumitoare. Tu nu oferi nimic in acest sens decât un protest. (S: NB Nu am propus niciun Dumnezeu, poate doar ca variantă discutabilă și ipotetică).
4. Oricum ai întoarce-o, credința în Dumnezeu de orice natură ar fi ea nu se prea armonizează cu evoluționismul. De ce mai avem nevoie de un Dumnezeu dacă viața evoluează de la sine din elemente fizice? Ce rol mai are el?
5. Ești foarte convins și impresionat de știința modernă. Îmi recomanzi mereu diferite cărți care sunt convins că au logica și „adevărul" lor. Probabil că citindu-le va fi foarte greu să argumentez împotriva celor postulate. Ceea ce încerc eu să-ți spun este că avem de a face cu o clădire pe nisip. Premisele sunt greșite și fără bază factuală. Restul este fantezie științifică, fie ea și valoroasă.

6. De câteva ori când am ridicat întrebări la care este greu să se răspundă, automat răspunzi cu: Eu cred în evoluție. Aici suntem de acord, este o credință și atât.
7. Ai dreptate, ai rămas un creștin bun, plin de misionarism. Mă îndoiesc că schimbarea ta este în principal intelectuală și nu emoțională. Nu știu de ce în cultura noastră acest aspect devine atât de controversat și creează atâta animozitate între oameni. Aici, când abordez acest subiect, îmi fac după cum vezi, datoria misionară, oamenii se uită lung... nicio dată nu contrazic, în cel mai rău caz spun: eu am convingerile mele personale și conversația se încheie. Nicio dată animozitate. Uneori interes. Blessings

S: Aparțin unei specii contradictorii, trăiesc într-o realitate contradictorie și sunt o ființă contradictorie. Nu am nimic de dovedit. Iau lucrurile așa cum sunt! Dumnezeul meu este un mit. Pe care îl iubesc.

NM: Nu ai nici o dovadă că Dumnezeul tău există și totuși crezi că există. De ce? Știința de care vorbești nu dovedește acest lucru, nu este ceva care se poate verifica. De ce nu este un mit ceea ce crezi tu, iar ceea ce cred creștinii este mitologie? Ori una ori alta.

S: În afară de puțină geometrie, eu sunt foarte slab la celelalte matematici. Problema matematicilor este aceeași cu problema cuvântului. Cunoaștem amândoi primul verset din evanghelia ne-sinoptică a lui Ioan. O mare confuzie! Între realitate și limbaj. Cuvântul nu poate fi decât o reflectare a realității. Numerele, ca și literele sunt simboluri abstracte. Numerele pentru raporturi, literele pentru sunetele limbajului. Un triunghi nu poate avea decât raportul dintre catete și ipotenuză, ca cel descris de Pitagora. Aria unui cerc nu poate fi decât piR2, indiferent cum notez acest raport. El este o esență.

A confunda numele sau oglinda raporturilor care este formula volumului unui cilindru, cu stâlpul propriu zis, este ca și cum ai vrea să sprijini o arhitravă sau un capitel pe un simbol, pe niște sunete, pe niște semne! Fiindcă asta sunt! La fel cu secțiunea de aur și toate celelalte. Estetica raportului 1,612.../1, avea frumusețea lui și se găsea în natură dintotdeauna și cu mult înainte de a fi calculat. Matematica era acolo cu mult înainte de a fi descoperită. Și n-a făcut-o nimeni. Decurge din masă, materie, număr atomic, energie, viteză, accelerație.

Nimic nu se creează, nimic nu se pierde, totul se transformă. Și tinde entropic către forme simple. Asta e lumea în care trăim. Să ne bucurăm de ea. Și să reflectăm doar realități. Este bun și imaginarul. Dar nu-l vom confunda niciodată cu realul. Este diferența dintre fapt, lucru, obiect și idee, imagine, cuvânt. Una este realitatea abstractă și alta, cea concretă. Cred într-un spirit al acestui univers. Dacă are o preocupare pentru soarta noastră, nu pot înțelege de ce nu se apleacă spre noi. De ce nu vorbește direct cu noi? Dacă ne iubește, îl dorim aici. Fără intermediari. Orice considerații teologice sunt niște glume proaste!

NM: Bună prezentare, dar nu adresează integral întrebarea la care mă refeream. Cine a fost mai întâi? Matematica, Dumnezeu sau universul fizic?...

S: Este dreptul nostru, al fiecăruia, să formulăm ipoteze despre un fenomen copleșitor care este existența. Nimeni nu poate spune nimic, cu certitudine. Toți bâjbâim. Cei mai mulți dintre noi suntem credincioși. Unii se bazează doar pe fapte existente în prezent, verificabile și extrapolează. Nu există nicio dovadă, dar absolut niciuna, a existenței lui Dumnezeu. Asta nu anulează credința noastră. Dumnezeu există! În mintea noastră! Nici existența, nici realitatea, nici matematica, nici cuantica, nici astrele sau astronomia, nu au nicio legătură cu Dumnezeul inimilor și conștiinței noastre. Dumnezeu este un construct uman cultural, spiritual, de care unii dintre noi, avem mare nevoie.

NM: Din nou, universul a fost creat folosind formule matematice! Fapt. A fost o inteligență înainte de creațiune. Edi împrumută de la atei formula: „ceva misterios" Please! Nu este nimic misterios aici. Adică, trebuie să credem tot felul de teorii în legătură cu apariția vieții care nu au nici o baza științifică și catalogăm misterios ceva fără posibilitate de dubiu. Este interesant că de curând ateii și evoluționiștii spun că singurul mod de a înțelege ce a fost înainte de Big Bang este o formula matematică. Citește și vei găsi aceste afirmații. Gura păcătosului adevăr grăiește. Nu știu cum li se dă voie să spună acest lucru care este pro inteligent design. Probabil că se bazează pe faptul ca prostimea nu este capabilă să facă legătura.

S: Un om de știință nu folosește expresia „ceea ce este clar", nici că legi naturale, au fost create, nici despre „Cineva" care a fost creat de noi, muritorii, ființe finite, având gândul veșniciei, dar murind după câteva decenii. De la tine, eu vreau și accept orice. Iar, tu, faci bine că mă suporți!

S:NB: (Adăugat la corectură) Întreaga istorie a filosofiei de la Platon și Aristotel și până la Descartes și Heidegger, este plină de determinism legic, cu clauza cauzei necauzate, mișcătorului nemișcat etc. Cu alte cuvinte, religia nu face decât să personifice, să personalizeze această primă axiomă a filosofiei, într-un zeu. După chipul și asemănarea noastră. Ca și cum, soluția antropică rezolvă problema filosofică și misterul existenței. Ca și cum, având un Dumnezeu veșnic, necauzat și nemișcător, care „mișcă-n lume toate", ar dispărea ca prin farmec întrebarea de fond: Dar pe Dumnezeu, cine l-a creat, de unde există?

NM: Îmi era teamă că vei înțelege precum explici. Este greu să explic esența argumentului fără să fac apel la matematica complexă pe care și eu o înțeleg numai parțial. Este clar că legile matematice au for create și folosite de Cineva. Ipoteza că ele au existat ca parte a universului complex și infinit este exclusă. Nu vrei teologie, nu discutăm teologie. Așa cum spune Edi, Biblia te învață să trăiești moral și frumos de mii de ani. Nimic altceva. Speculațiile științifice derivate din ea sunt construcții umane – le accepți sau le respingi.

S: N, fiindcă suntem prieteni, comunicarea dintre noi nu e formală, ci efectivă. Probabil, amândoi am acumulat de-a lungul anilor experiență, am fost nevoiți să ne adaptăm, ne-am stabilit niște direcții, priorități, valori, gusturi. Orice soluție personală este valabilă și ne definește. Nu e criticabilă, ci reprezintă un mod operațional. Într-o lume mai dezvoltată, cu viteze mai mari, ești în situația de a selecta, de a bifa, și a trece mai departe. Eu sunt mai lent, dar mai meticulos, îmi face plăcere să înțeleg miracolul lumii, alcătuirea și soluțiile ei ingenioase. Pentru mine, totul este spectacol și uimire.

La fel cu CRISPR. De fapt, este un mecanism de luptă – pe viață și pe moarte – selecția naturală – între bacterii și viruși. Înțelegerea acestei inovații extraordinare a dat posibilitate oamenilor să editeze țintit lanțul ADN prin mecanismul ARN.

Metoda este o cutie a Pandorei, putând avea consecințe benefice uluitoare, inclusiv în terapia bolilor genetice, ereditare, a cancerului, în ameliorarea culturilor și speciilor, dar are și reversul nefast, de a fi folosită ca armă sau de a iniția alterări ireversibile în structura speciilor, în generarea unor monstruozități care s-ar putea perpetua. Greu de prevăzut. Ca întotdeauna, cuțitul are tăișul dublu. Atât binele, cât și răul, devin autolimitate. Din fericire!

S: N, întâi au fost reptilele și apoi au apărut explicațiile, legendele etc. Fiecare ciudățenie a naturii, fiecare monument al ei are o legendă. Apucă-te de știință doctore, lasă poveștile, sau tratează-le ca mituri. Sunt zeci de specii de hominoizi, hominine, hominide, iar genul homo are oameni primordiali. Sunt zeci de mii de fosile, unele expuse în muzeele lumii. Pentru mine este atât de firesc, natural și credibil, încât evidențele, dovezile – mi se par copleșitoare. Bucură-te de primăvară! Și roagă-te să fie pace în Pacific! Cu prețuire, Sorin

NM: Sorine, m-ai întrebat odată ceva în legătură cu organe rudimentare la diferite specii... Explicația convențională a creaționiștilor este că acele organe au rolul lor. Am acceptat, dar nu am prea crezut explicația. Citind de curând Geneza din nou am sesizat ceva interesant. Șarpele a fost blestemat să se târască pe pământ. Ellen White spune că înainte de evenimentul fatal era o altfel de ființă maiestoasă. Ceva s-a întâmplat atunci încât a trebuit să se târască de acum înainte, cu siguranță o modificare de genom. A fost cel ce a vorbit cu Eva un șarpe adevărat? Cu siguranță, nu. Atunci de ce, săracul șarpe să sufere consecințele? Nu știu. Desigur pentru tine aceste lucruri sunt „basme". Pentru mine însă este un semn de întrebare dacă nu cumva evoluția, involuția speciilor a avut loc vreodată. Nu ți-am scris acest mesaj ca să te convertesc. Am ajuns la concluzia că nu se poate. Numai așa, gândesc cu voce tare. Blessings

S: Interesant! Foarte! Ești inepuizabil și îți stă bine! Nu, n-am nicio ipoteză, fiindcă în nesimțirea mea, mă minunez și tac. Iau lucrurile așa cum sunt. Mă gândesc însă, că după criteriile biblice, iudaice, ale religiei, acești oameni ai preistoriei, l-au trădat pe fratele Adam, Avraam, Isaac și Iacob și s-au închinat unor dumnezei ai pietrelor. A fost o perioadă a deșertăciunii, în care măreția era confundată cu cantitatea. Apoi, a fost descoperită calitatea. Mult mai târziu au fost descoperite cipurile. Care descoperire este mai uimitoare? Nu știu cum au făcut. Chiar n-am un răspuns. Dar, am o certitudine: exclud orice miracol, orice intervenție supranaturală. Sunt un păgân. Nu cred în zei. Nu am nicio înclinație poetică. Dar, îmi stăruie în minte câteva versuri ale lui Coșbuc: „Un basm cu pajuri și cu zmei Începe acum o fată. Tu taci și-asculți povestea ei Și stai îngândurată..." Zei sau zmei, totuna!

NM: Sorine, suntem în Malta, se merită, poate ai fost deja. Am vizitat Hypogeum hal Saflieni: Din câte știi mă interesează structuri megalitice ale unor civilizații uitate deliberat. Dacă te interesează subiectul, mai jos ai ceva și mai interesant: De fapt, astfel de structuri se găsesc peste tot, din Peru până în Japonia. S-au descoperit cel puțin 14 orașe subacvatice pe tot globul. Tema comuna a prezentărilor: misterios, necunoscut etc.

Pot să continui la nesfârșit. Oamenii „de știință" atei susțin că este posibil să fie vorba de fenomene „naturale", ca și cum vizitând niște ruine medievale să consideri că pietrele puse una peste alta ca un zid au căzut din munte și s-au aranjat așa ca niște „ziduri". Nesimțirea acestor oameni nu are limite. Nu trebuie să fii om de știință ca sa concluzionezi ca aceste structuri vorbesc de o civilizație dispărută. Eu zic antedeluviană, tu zici extratereștri... .Blessings

S: Pui o întrebare grea! Am nevoie de timp ca să-ți răspund. Întâi trebuie sa-mi clarific răspunsul pentru mine. Întrebări fără răspuns... N, nu pretind că știu ceva ce nu știi tu. Nici nu pot fi convins că Dumnezeu se va război cu o parte din omenire fiindcă nu L-a crezut. Că-i va pedepsi capital și exemplar. Aceasta este gândire umană, nu dumnezeiască. Credința a fost avansată pentru a umple golurile generate de simpla ignoranță. Niciodată nu vom ști totul. Accept existența așa cum o percep. Credințele, povestirile, există de când lumea. Se schimbă. Dar, în esență acoperă aceleași limite și dileme umane. Fără să rezolve nimic. Bine ai făcut! Și tu ai scris foarte frumos și profund! Suntem foarte complicați, noi oamenii!

S: Destul de exact. Noi personalizăm excesiv. Ne cutremură eventualitatea morții și veșnicia ei. Cred că este tributul echitabil al conștienței de sine și al existenței. E un preț mic, față de tot ce avem. Dar, ne înfioară. Am căutat și am găsit – noi, omenirea – un sens pentru toate acestea. Suntem bine intenționați. Totuși, natura, existența, viața în sine, fără conștiență și conștiință – sunt atât de indiferente față de toate astea! Nouă ne sunt dragi, familiare, logice, de bun simț. Și totuși, preocupările noastre sunt ceva atât de intim, foarte personal. Nu, n-o să fie nimic din toate astea! Vom muri, vom putrezi, și existența noastră ca ființe vii se va fi sfârșit pentru totdeauna, pentru veșnicie. Restul, sunt povestiri frumoase, pline de sens! Fac sens! Mulțumesc! Pentru mesaj!

NM: Sorine, mă gândeam... Să fac un sumar la ce înțeleg despre modul tău de gândire. Te rog să mă corectezi acolo unde greșesc. Nu crezi în Dumnezeul Bibliei. Nu crezi în creațiune, ci consideri că viața a evoluat din materia anorganica. Crezi într-un Dumnezeu care nu se implică și nu-l interesează ce se întâmplă pe pământ. Omul nu este creațiunea Lui. Cu toate acestea ai făcut afirmații de genul: de ce m-ar judeca El? Probabil ca în afilierea ta agnostică lași deschisă posibilitatea: dar dacă? Oricum, întrebarea mea este: cum ai ajuns la convingerea, credința că există într-o formă sau alta? Sabat liniștit.

S: Realizez că pentru orice om credincios practicant este o ciudățenie sau o absurditate, să ți-l imaginezi altfel decât ca pe Dumnezeul iudeo-creștin, biblic, religios, bisericos. Să ne gândim la evoluția omenirii după renaștere, iluminism, modernitate. Cum s-a schimbat omul în aceste perioade? Cum ne-am schimbat noi din liceeni, provinciali, țăran mai spălat, în medici? Ce diferență e între omul licențiat, titrat, internaut al secolului XXI și cel din secolele XVI-XIX? Cu care dintre acești oameni te aștepți să semene mai bine, Dumnezeu?

Vei spune că Dumnezeu este un superlativ! De acord! Dar superlativul antichității a evoluat în superlativul modernității. Mă refer la crema omenirii! Dumnezeu evoluează? Biblic, nu. Este același ieri, astăzi și în veci! Și totuși, noi ni-l imaginăm pe Dumnezeu conform culturii noastre. Iar această cultură evoluează. Și Dumnezeul nostru evoluează. Fiecare dintre noi avem un Dumnezeu personal. Este crema culturii noastre spirituale. Dumnezeul meu nu este autarhic, un tiran. Nu mă confruntă. E prietenul meu. Îi comunic cele mai intime gânduri și planuri. Mă inspiră. Mă binecuvântează. Și eu cred în el. În același timp este un Dumnezeu al libertății (slobozeniei). Îmi dă voie să nu fiu protestant. Nici el nu e. N-are nimic împotrivă să fiu agnostic! Recunosc, am o viziune liberală despre Dumnezeu!

NM: Mulțumesc pentru răspunsul onest și cinstit. Acum îl înțeleg pe Sorin. Ca să înțeleg pe deplin te mai torturez cu o întrebare pur teoretică, poți zice absurdă, pentru tine. Fă un efort! Să zicem că viața sau viitorul îți prezintă realitatea că Dumnezeul Bibliei este Cel adevărat, că așa cum se prezintă El în Biblie, așa este. Să zicem că te confruntă cu o întrebare: cu sau împotriva Lui? Care va fi răspunsul tau?

S: Întrebarea ta era: „Oricum întrebarea mea este: cum ai ajuns la convingerea, credința că El există într-o formă sau alta?" R: Am ajuns. Am picat. M-am îndepărtat. Am răspuns. „Am căutat și am găsit – noi, omenirea – un sens pentru toate acestea. Suntem bine intenționați. (Religia, credințele) Totuși, natura, existența, viața în sine, fără conștiență și conștiință – sunt atât de indiferente față de toate astea!... Nu, n-o să fie nimic din toate astea!" Din tot ce credem noi.

NM: OK, dar nu ai răspuns la întrebare... Nu este prima data când nu răspunzi la întrebări incomode. Nu, nu mă înfioară moartea și nici veșnicia ei, sincer. Sunt medicul unui cămin de bătrâni. Odată la 1-2 luni unul moare. Am devenit foarte experimentat în a le face ultimele zile confortabile. Nu numai eu, ci majoritatea medicilor aici. Dacă cineva suferă, nu este pentru că medicul nu știe cum să trateze, ci pentru că, uneori nu acordă atenție. Este dezamăgitor că în România oamenii suferă uneori mult în „tranziție". Poate sunt greșit. Tu știi mai bine.

S: Nu. Dar, acesta nu este Dumnezeul adevărat. Este un Dumnezeu instituționalizat, confesional, politizat, disputat. De aceea zic, în conștiința mea, nu-l resping pe Dumnezeu! Dimpotrivă!

NM: Ok, înțeleg, argumentezi pe linia înțelegerii tale, de ce și cum ar arăta un Dumnezeu „adevărat". Deci, mă obligi să rafinez întrebarea. Dacă din nou, Dumnezeul adevărat este cel iudeo creștin, biblic, religios și bisericos, așa cum spui tu, se dovedește că este Creatorul și Stăpânul universului, mai ești de partea Lui?

S: Exact. Acesta este păcatul capital al religiei! Omul, ființa, viața, prețuiește mai puțin decât slova, dogma, porunca, regulile, doctrinele, religia și toate îngrămădirile imaginate și adăugate. Păcatul este o noțiune teologică creatoare de vinovăție! Motivare prin îndatorare! Speculă spirituală! Ca și marxismul, comunismul și alte isme. Un eșafodaj care te zdrobește, te anihilează, pentru ca să te salveze. Mulțumesc!
Prefer să fiu și să rămân liber! Oricum, după o viață grea și frumoasă, vom muri toți. Toți ajungem în același loc. Este finișul, finalul. E o certitudine. Singura! Nimic nu urmează. Oricum, și tu faci parte din frumusețea acestei existențe! Mulțumesc pentru mesajele schimbate! Mă stimulezi! Ai un aer proaspăt!

NM: Hai să lăsăm instituționalizarea, politizarea. Așa cum ai spus lumea, cultura, percepțiile sunt relative și se schimbă. Biblia a fost scrisă cu mii de ani în urmă prin și pentru oamenii de atunci. De ce acordăm clauza timpului oricărei alte categorii literare, artistice, culturale, nu și Bibliei? Să mergem la esența mesajului biblic: omul creat a fost supus unui test simplu. A căzut, a fost trimis Hristos care a plătit prețul. Știi toate acestea... Când spui că dacă acest lucru este adevărat, respingi această ofertă, ce altceva poate El să facă pentru tine. Chiar dacă îți dovedește că așa este, nu-ți trebuie o astfel de ofertă și guvernare. Peste argumentele științifice, filozofice, etc mesajul biblic este acela că ceva greșit este în noi, că nu ne putem schimba singuri indiferent de efortul făcut, rezonează perfect. În schimb tu oferi un Dumnezeu pentru care nu există nici o dovadă, din contra, un Dumnezeu pe care nu-l interesează să comunice sau să interacționeze cu noi. Te-ai plâns că Dumnezeul Bibliei se ascunde, nu comunică. Cum comunică Dumnezeul tău? De ce ai nevoie sau crezi ca el există? Tu ești un om cu o gândire riguroasă, încerc să dau sens sistemului pe care l-ai adoptat.

S: Îmi place răspunsul tău! Este provocator! Nu sunt ipocrit, când spun asta. Sunt sincer. Fiecare dintre noi își formează o imagine despre lume, existență, informațiile la care ajunge. Ele pot fi foarte subiective, eronate, dar au caracter personal, chiar dacă sunt împrumutate. Sunt rezultatul unor lecturi. Ești conștient că am traversat un proces extrem de complex, consumptiv și laborios al de-convertirii. Am pus ceva în loc. Un fel de reconvertire. Atitudinea mea de acum este cea a savantului, a omului de știință – nu că aș fi așa ceva, dar imit – care supune orice parte a realității, culturii și spiritualității, unui examen neutru, detașat.

Tot ce avem este produsul minții umane. Al cunoașterii, convingerilor, oportunismelor, înșelăciunii, minciunilor, creativității, pasiunilor omului. Verific toată cultura pe baza experienței imediate, a ceea ce trăiesc, primesc prin simțuri și mă formează. Sunt conștient de caracteristicile fiecărei categorii a culturii și spiritualității, de real și imaginar, de realitate și ficțiune, de istorie și mit, de vulnerabilități, caracterul nostru finit, muritor, nevoia de speranță, veșnicie etc.

În privința Domnului Isus Hristos, eu cred că trebuie să operăm niște distincții.

1. Componenta istorică. Isus a fost un personaj istoric real. Era un om înțelept, cu o harismă extraordinară, de o mare bunătate, conducător înnăscut, un om puternic, apărut în condiții extrem de vitrege, la limita orientului cu occidentul, într-un popor segregat și stratificat, aflat sub ocupație străină. A avut o soartă crudă, a murit de moarte violentă, nedreaptă, fiind trădat de conducătorii religioși ai poporului său, care se vedeau amenințați, către puterea romană care executa înainte de a judeca.

2. Hristos. Reprezintă încorporarea aspirațiilor mesianice ale evreilor, transmise apoi creștinilor. El este un rege, împărat, un conducător după tipul monarhiilor antice, Unsul, dar depășindu-le prin caracterul religios

și spiritual al 3.împărăției sale, care devine împărăția lui Dumnezeu și care promite să rezolve atât aspectele morale și spirituale, politice, dar și pe cele de ființă muritoare a omului. Prin aceste ultime trăsături, am trecut deja din sfera umană, în sfera religioasă a divinității. Fiul Omului este și Fiul lui Dumnezeu.

Etapa istorică nu pune prea multe probleme de credibilitate. Cum s-au format celelalte două? Răspunsul este: treptat, procesual, fiind o contribuție extraordinară de ofertă, conjuncturi și circumstanțe, trebuințe, necesitate și nevoi, prăbușirea unei culturi antice politeiste și nașterea alteia, care după travaliul de o mie de ani a evului mediu, avea să nască renașterea pe la 1500, iluminismul pe la 1700 și modernitatea în secolele XIX-XX. Deși pare greu de crezut, gândește-te că, concomitent a avut loc Iamnia și conciliile (Niceea, secolul IV) care au consfințit canonul, că a apărut Bizanțul și Roma catolică, apoi Luther și neoprotestantismul. Ce ne rezervă viitorul? Nimeni nu știe. Trăim de câteva decenii ca internauți, rumegăm informații contradictorii, vom păși într-o eră a spiritului post-informațional. Dacă te-am plictisit, te rog să mă ierți. Sunt lucruri arhicunoscute.

NM: Sorine, pentru a avea un dialog interlocutorii trebuie să se înțeleagă unul pe altul. În schimburile noastre am înțeles pe unde te afli. Cea mai mare dilemă – dilema esențială – rămâne existența Lui Dumnezeu. Deși tu ataci acest concept pentru că nu are bază factuală, pe de alta parte, tot fără justificare în fapte și știință argumentezi în favoarea dumnezeului tău. Probabil ceea ce negi este mai mult caracterul Lui de creator? Nu are rost să argumentăm – care dumnezeu este mai drept, bun, adevărat, moral sau credibil. Este inutil. Din ultimul tău mesaj înțeleg că respingi parțial sau total,(?) veracitatea Bibliei. Vreau să clarifici: este doar o carte de povești și făcături? A existat o persoana numită Isus Hristos? Care este adevărul despre acest personaj? Ce argumente ai în favoarea convingerilor tale? Cele bune!

S: Bună N! Îmi place! Ești viu, ești intelectual, ești frământat de mistere și întrebări! Nu trebuie să demonstrez aproape nimic. Privesc în jur și tot ce văd este o zbatere a vieții, sub toate formele și regnurile ei, pentru adaptare și supraviețuire. Au fost programate. De către cine? Unde e? Nu există nicio dovadă! Nicio evidență! De ce se ascunde? De ce este nevoie de credință într-o problemă atât de importantă? De ce ni se adresează doar prin interpuși, oameni ca și noi? De ce omenirea, orice muritor, orice neam, etnie, naţie are explicaţii, legende, mituri. În timpul ăsta, buruienile cresc şi se înmulţesc, rădăcinile se dezvoltă, animalele şi păsările de pradă se hrănesc, bolile se înmulţesc, catastrofe teribile au loc, tehnologia ne uimeşte.

Cum rămâne cu creaţia dacă vom găsi viaţă sau urme de viaţă extra-edenice şi non-create? Ce ne facem dacă o civilizaţie a îngerilor necăzuţi, ne spun cu totul altceva despre univers, fizică, istorie sau cultură, religie şi spiritualitate? Suntem foarte mici. Insignifianţi! Mulţumesc!

NM: Sorine, cum au apărut instinctele pe linia evoluţiei? Între a alege o femeie bătrână şi frumoasă sau una tânără mai urâta, dar cu caractere reproductive vizibile un bărbat normal o alege pe a doua. Instinct sexual. Reptilele au un creier mic şi sunt imposibil de dresat, sunt „proaste". Şi totuşi, îşi apără progeniturile cu riscul vieţii. Instinctul de perpetuare a speciei. Când, cum şi de ce au apărut aceste instincte? A, da, era să uit... milioane de ani... fie şi bilioane nu este un argument până când nu se explică la nivel de genetica moleculară. Este simplu: au fost programate. Eu nu trebuie să dovedesc cum au fost programate, ci tu trebuie să dovedeşti cum au apărut pe aşa zisa scară a evoluţiei. Ştiinţific. O zi buna, N

S: Desigur, punctul trei mi se pare cel mai probabil. Dar, întreaga problematică este mult mai complexă şi orice simplificare devine simplistă. Cert este că cultura şi spiritualitatea creştină este rezultatul unor evoluţii ale istoriei umanităţii, ale nevoii omului muritor de transcendent. Şi, reprezintă o perfecţionare a perioadelor precedente.

NM: Sorine, ţii minte că m-am referit la Isus împlinind o profeţie din Zaharia... Întrebare: cum vezi evenimentul acesta? 1. toate sunt poveşti, alegorii, nimic nu s-a întâmplat... 2. Isus, persoană istorică reala a ştiut ce a scris Zaharia şi a făcut tot ce a putut să „împlinească" profeţia. 3. Cei ce au scris NT au „armonizat" viaţa lui Isus cu ce s-a scris despre el cu ani înainte. 4. Fiind ateu în mod aprioric, nu acord nici o atenţie Bibliei pentru că aşa trebuie tratată orice înseamnă „credinţă". Ştiinţa dovedeşte evoluţionismul şi ateismul.

S: Vorba evreului: Şi tu ai dreptate. Vorbim doar de adevărul istoric? Putem pune în balanţă un fapt divers, fie el şi tragic, celebru, cu adevărul ştiinţific fundamental, cu legile fizice şi ale universului? Sunt mult mai puţin combativ sau pasionat, faţă de tine. Pot accepta toate argumentele tale. Pentru mine, există o singură realitate, cea dată în simţuri şi verificată, validată științific. Există mistere. Există dezinformare și manipulare. Nu am nicio pretenție de instanță decisivă. Poziția mea nu înseamnă nimic mai mult decât o opinie personală. Sunt edificat, mă liniștește și îmi oferă un echilibru interior.

Îmi plac schimburile de idei, dialogul, dar nu pun suficientă pasiune sau patimă. Poate, pentru că am îmbătrânit și am devenit mai înțelept. Opinia ta are rațiunile și temeiurile ei. O respect. Felul meu de a fi din prezent este foarte edificat, până la detaliu. Aș putea scrie o carte cu această înțelegere, dar sunt deja lucrări excelente, mult mai bune decât aceea pe care aș putea eu s-o realizez. Așa că, voi continua cu lectura, Cu dragoste și prețuire, Mulțumesc!

NM: Mulțumesc pentru trimiteri. Câteva gânduri în legătură cu cele prezentate. Din nou, discuția noastră exclude dimensiunea teologica. Evul mediu nu a permis întrebări în legătură cu veracitatea Bibliei. Din câte știi, nu identificăm biserica creștină istorică cu providența divină în legătură cu ce ar fi trebuit să fie biserica. Reacția iluministă a fost normală. Odată cu materialismul și ateismul în lumea academică din toate disciplinele de cunoaștere a început o întrecere: cine reușește să demoleze mai bine mesajul biblic. Continuă și astăzi...

S: Substanțial! Mulțumesc! Ai dreptate. În mare măsură. Edi are o formație de pastor și este cel mai erudit om din această categorie. Sar la altă idee. Astăzi m-am gândit că studiile doctorale sunt pentru anonimii ca mine. Compilatori. Adevărații cercetători nu au nevoie de doctorate. Ei devin niște repere prin munca, analiza și sintezele pe care le publică. Un exemplu: Frazer, Creanga de Aur, Golden Bough. Am început un proiect care va depăși munca din cadrul doctoratului meu în antropologie medicală. Vreau să înțeleg intimitatea fenomenului și procesului religios. Sunt două stări cu totul diferite: în interiorul domului și în exteriorul lui. Detaliile sunt fascinante!

Întreb: Care este starea de preferat? Cea subiectivă, care trăiește intens credința/iluzia salvării proprii? Sau, dimpotrivă, atitudinea matură a omului de știință care, detașat analizează și distinge ontogenia și filogenia ființei umane, înțelegându-i resorturile, motivația, crezurile, neputința și măreția. Da, religia pare și este un miracol! Ca și Budismul, Jainismul, Taoismul etc. Păstrând proporțiile, privește cu atenție la Reformă, Mormonism, Creștinism. Eu cred că secretul este în alcătuirea noastră, în conștiența de sine, conștiința valorilor, finitudinea și mortalitatea noastră. Suntem un melanj inacceptabil. Gândul nostru poate cuprinde infinitul, noi înșine, sfârșim într-o groapă sau ca cenușă. Nu putem accepta acest adevăr simplu, această realitate crudă! Și totuși, continuă să ni se întâmple tuturor. Religia este calea iluzorie spre infinit, spre veșnicie! S

NM: Bună, Sorine, Am rămas un pic surprins de răspunsul tău și mă îndoiesc că reprezintă realitatea. Spui că Edi (Edmond Constantinescu, Chicago – Oxigen, n.a.), într-un fel, este mentorul tău... Când zici mentor, el este cineva care ți-a modelat în mod esențial direcția într-un sens sau altul. Daca acesta este cazul este îngrijorător. În primul rând noi suntem la vârsta când nu mai putem să avem mentori, ne-am format direcția în general pe coordonate personale. In trecut te adresai lui Virgil Ionică într-un mod asemănător.. probabil ai depășit stadiul acela, sper. Fac eforturi să accept schimbările lui și ale tale, rapide de înțelegere a lumii.

Unde tu și Edi ați ajuns este stația terminus. De aici nu se mai poate merge mai departe. Aceasta nu este problema esențială, ci inconsistența lui Edi și coordonatele morale după care se erijează. Nu spun același lucru despre tine. Singura problemă pe care o am cu tine este că atunci când nu ai un răspuns la o întrebare esențială, dai din umeri și ignori dilema ca și cum nu ar fi existat niciodată. Edi este un cameleon dornic de un singur lucru: cineva să-l asculte. Pe tine te-a impresionat întotdeauna erudiția și capacitatea cuiva de a asimila și sintetiza informația. Edi este un maestru în aceste direcții. La fel de important este însă discriminarea și ordonarea informației. Iți dau un singur exemplu: cel cu coada... am găsit pe internet studiul unui om de știință din care s-a inspirat pe acest subiect. A adăugat ceva speculații teologice și antropologice ș „bingo" a produs ceva de valoare zero, atât științific, cât și teologic. Nu intru în amănunte. Eu nu îți scriu ca să te re-convertesc pentru că în mod intim nu cred ca acest lucru este posibil. Domnul cu mila...

Eu îți scriu pentru că mă ajuta să-mi ordonez și clarific gândurile personal în conversație cu cineva care merită atenția mea din motive nenumărate. Încă o întrebare. Creștinismul a început cu 11 oameni învinși și descurajați. Respinși de însuși sistemul lor. Confuzi și controversați între ei în legătură cu doctrina nouă. Într-un imperiu puternic și structurat social cu religie de stat. Predicând un Dumnezeu „învins" și pe cruce. Amenințați continuu cu moartea și anihilarea din toate direcțiile. În scurt timp au devenit credința dominantă a lumii de atunci și de astăzi. Nu există un precedent nici pe departe. Faci o greșeală asemănând creștinismul cu alte basme. Fără o providență nu avea nicio șansă, nici una. Și totuși au influențat și influențează cursul lumii social, spiritual, teologic. Incredibil, trebuie să însemne supranatural cel puțin pentru mine. Acesta este numai unul din motivele pentru care cred.

NM: Sorine, îți trimit o descoperire „inexplicabilă"... Nu! nu este din publicații creaționiste. Găsesc astfel de exemple de multe ori în ultimul timp. Ce înseamnă? Datarea mostrelor pe care ne bazăm istoria lumii este falsă. Vorbim aici de 100 milioane de ani...

S: Într-adevăr, nu e din publicații creaționiste, dar e un exponat din „Creation Evidence Museum of Texas"! N, mă supraestimezi. Am citit puțină paleontologie, dar nu știu erele și perioadele pe dinafară. Pentru mine este simplu: accept naturalul, nu cred în supranatural. Recent, m-am înarmat cu vreo zece monografii privind relația dintre neurofiziologie și credință. Care este intimitatea fenomenului religios, ce deosebește un credincios, de un necredincios? Cum decurge procesul convertirii sau al deconvertirii? Am oarecare experiență. Nu-mi fac iluzii! Cu drag!

NM: Murirea sau nemurirea sufletului este un subiect complex și misterios. Eu nu am adoptat niciodată axioma bisericii. Biblia nu răspunde la această întrebare, chiar dacă noi o forțăm s-o facă. Dorința noastră de a avea o poziție în legătură cu orice este problematic. Simplu nu știm. Tot așa și cu ateii, ei au un răspuns la orice. Nu cred ce spui că această convingere a venit în urma unor „dovezi" științifice". Cu uneltele de cunoaștere trecute sau actuale nu dovedim și nu infirmăm nimic.

Intenția de a distruge ideea de nemurire a sufletului în care mulți creștini cred pe baze „științifice" este ridicolă, cel puțin la nivelul de cunoștințelor actuale. Este dorința ateilor să distrugă orice concept creștin cu orice preț chiar și cu ineptitudine și ignoranță. Nimeni nu poate explica fenomene paranormale, dar preferăm să le ignorăm.

S: Regula mea e simplă: tot ce are loc sub ochii noștri s-a petrecut dintotdeauna și se va petrece de-a pururi. Inclusiv, ciclurile Big Bang, dacă or fi adevărate. Totul este natural! Inclusiv ontogeneza, filogeneza. Conștiența de sine apare pe la trei ani. Conștiința, valorile, morala decurg din relații, grup, colectivitate, sunt sociale. Nu există miracole! Totul este miracol!

Mulțumesc! Pentru mesaj. Pentru că exiști. Pentru că ne cunoaștem! Pentru că suntem prieteni! Pentru că suntem frați! Mulțumesc!

NM: Sorine, crezi sau nu, am ascultat de curând câteva dezbateri cu personalități ateist-materialiste. Am tras câteva concluzii... Tu citești mult despre evoluția vieții pe pământ. Dacă mutările genetice și variabilitatea sunt suficiente pentru evoluție rămâne o întrebare deschisă. Eu zic nu, bazat pe știință, tu zici că da, bazat pe teorii științifice. Dar așa cum am spus nu acesta este dilema esențiala, ci geneza universului și a vieții în sine.
Un alt subiect esențial este moralitatea. A fost înscrisă în ADN sau a apărut ca urmare a evoluției?... Blessings

S: Nu e obligatoriu, e aleatoriu. ADN – singura dovadă de intenționalitate involuntară a materiei. Transmisă unor executori! Totul își este suficient! Nu există nicio dovadă a vreunei intervenții din afară, din exterior. Proces evolutiv intrinsec.

NM: Structura ADN-ului are un puternic caracter de aperiodicitate... Nucleotidele conțin o bază azotată, un glucid și un radical fosfat. Dilema este că secvențele nu sunt periodice, ci aleatorii. Un proces spontan/natural de apariție al ADN-ului trebuie să producă periodicitate, altfel vorbim de un cod creat de o inteligenta. Nu se poate altfel.

S: Reușești să fii dramatic, apocaliptic, realist și amuzant! E o performanță! Așa e! E dreptul Rusiei să se întindă pe trei continente, trei oceane, zece râuri și zeci de națiuni! Imperiile au drepturile lor! Suntem mici. Asta va fi scăparea noastră!

NM: Sorine, m-ai lăsat paf cu postarea asta... Eu am încercat de câteva ori să-ți spun ce zice omul acesta de care nu am auzit până astăzi, cum că vestul este fie socialist fie marxist. Mi-am zis ca nu vei înțelege trăind în România sau nu vei accepta. Daca ești de acord cu ce spune el atunci devii prietenul meu cel mai bun. Trump probabil va schimba traiectoria. Rusia și China la ora actuală sunt țări conservatoare, deși datorită circumstanțelor, sunt dictatoriale. Le prefer în locul manipulării dictatoriale socialiste vestice... Blessings

S: N, mă doare, dar îmi place și sunt fericit! Demersul gândirii noastre este diferit. Pur și simplu nu mă mai raportez la Dumnezeu decât rareori. O mare personalitate zicea: Dacă el tace, tac și eu! Să facem Dumnezeu după chipul și asemănarea noastră! Gen 1,26. Și așa au făcut! Nu am resentimente față de Dumnezeu, îl pot iubi cu toată ființa mea! Dar să vină la întâlnire! M-am săturat de homo-religiozitate. Vreau un Dumnezeu real, apropiat, imediat, fără credință. Isus știa ce spune: Vino și pune mâna! Palpează!

NM: Mulțumesc! Interesant, lucruri care nu le-am știut deși am trăit împreună câțiva ani buni... Sorine, sunt puțin deprimat. Timpul a trecut... am senzația că nu mi-am îndeplinit scopul vieții. Am făcut multe greșeli în viață care nu se mai pot corecta. Aș vrea să mai am a doua șansă, să mai trăiesc odată. În legătură cu credința/religia, încep să cred că argumentele de orice natură ar fi ele, au valoare secundară... Este un proces intim, complex și greu de explicat. În legătură cu fenomenul de-convertirii în general cred că undeva este un răspuns negativ la portretul Divin prezentat în Biblie. Cu alte cuvinte: dacă așa arată Dumnezeu, nu-mi trebuie! Argumentele vin după aceea. Știu că nu ești de acord, dar aceasta este opinia mea. Este probabil un test al ascultării fără justificare și explicații. Vor fi limite și limitări și în veșnicie... O zi buna!

O altă întrebare: este Biblia numai o alegorie? Persoane menționate, războaie, evenimente confirmate de istorie... Blessings

S: Opinia mea este că tot ce ține de paranormal este folclor urban, legendă, nici măcar mit. Ca medic, nu voi putea accepta nicio formă de conștiență sau conștiință fără suport neuro-fiziologic. Nu pot studia decât ceea ce este real, prezent, concret, dat în simțuri, măsurabil, reproductibil, experimental. Restul? Sunt texte, discursuri, cuvinte, gogoși.

ROMEO DUMITRESCU.
RD DIALOGURI

S: Marea carență logică a acestei demonstrații este o justificare ontologică printr-o necesitate etică, deontologică. Așa a fost dintotdeauna teologia – din lipsă de substanță ontologică folosește proteze. Nu ține! Apropo, nu sunt nici pe departe ateu! Doar că Dumnezeu nu e neoprotestant. Nici creștin. Doar oamenii pot fi hinduși, taoiști, musulmani. Dumnezeu este Dumnezeul Universului. Fără să fiu universalist.

R: Dragul meu, Omul e simpatic dar profund incult în cultura lui foarte solidă!...

S: Mare este credința ta! Singura ta eroare – fundamentală – este biblică. Marcu 2:27: Apoi le-a zis: „Sabatul a fost făcut pentru om, iar nu omul, pentru Sabat" Același lucru, în cazul religiei. Nicio dogmă, instituție sau lege nu este mai presus de viața umană. Altfel, se ajunge la inchiziție. Pe Edi (Edmond) Constantinescu îl prețuiesc mult. Nu-mi scapă prezentările sale. Mesajul de la amvon este foarte puțin diferit de cel din studiouri sau de acasă. Omul e pastor! Dumnezeu este un concept, dar nu unul ontologic! Este o credință, o iubire, o speranță, un refugiu. O idee! Un sentiment. O relație. Toate catedralele sunt ridicate de om. Ca și toate religiile. Și toți zeii! Au statut egal, dar credincioșii nu-și pot depăși preferințele subiective.

R: Constantinescu amestecă adevărul cu minciuna, are o minte bună dar o credință nebună!

S: Știința are de a face cu incertitudini și evoluează! Dogma are de-a face cu „certitudini" și stagnează! Primul principiu al termodinamicii: nu pierzi nimic, nu câștigi nimic, totul te transformă!

R: Sunt niște căsuțe goale în tabela lui Mendeleev! Acele căsuțe goale există și așteaptă să fie umplute cu ceva, ce nu a fost dovedit încă!...

S: Acele locații din tabelul lui Mendeleev vor fi ocupate numai de elemente foarte reale! Și foarte naturale. Nici ele nu vor fi supranaturale. Nici umplerea nu se va face decât prin mijloace și după criterii naturale, chimice, științifice. Sau nu vor fi ocupate deloc. Niciodată.

R: Este prolix! Atacă pe toată lumea! Amestecul adevăr/minciună nu e nou!...
...Toate religiile sunt fake-news: toate prezintă un creator, un potop, un păcat originar, sacrificiul zeului și o salvare! Toți preferăm să credem că este o gândire arhetipală cu variante geo-istorice, în loc sa vedem ca toate provin din aceiași unică poveste !

S: Toate provin din fantezia aceluiași om ancestral.

R: Dacă omul ancestral este Adam și Eva suntem, de acord, cred...

S: Istoria Genezei, a Edenului și a primilor oameni este o legendă culturală specifică culturii antice, pe care evreii cultivați au împrumutat-o de la marile imperii: Egiptean, Asirian, Babilonian, Persan. Dacă ai avea curiozitatea să compari istoria biblică consemnată pentru prima dată în forma cunoscută astăzi de Ezra și Neemia în secolul V î.Hr., cu istoria și arheologia academică, ai vedea ușor că multe din consemnările vremurilor imemoriale care aveau surse proprii folclorice, sunt pure ficțiuni. Inclusiv robia egipteană, Moise, exodul etc. Evreii sunt un popor inteligent, cultivat, pentru care religia și propria cultură au fost instrumentele supraviețuirii.

Edmond Constantinescu va rămâne în memoria celor ce l-au cunoscut și urmărit, drept singurul pastor cu adevărat reformator, foarte citit și cultivat, cu o putere de asociere extraordinară, pluridisciplinar, un savant atipic. Am învățat enorm de la acest om. Este o mană cerească.

M-ar fi bucurat o ținută cu adevărat academică, mult mai documentată, mai puțin dogmatică. Din partea ta. Din nefericire, prea colocvial, tendențios, inexact, ignorând cunoașterea științifică. Îndatorat copios, mitologiei, opiniilor pop, zvonurilor, pseudo-științei. Aveam așteptări mai mari. Gust amar. Dezamăgire.

O relație personală nu este un triumvirat. Eu sunt agnostic. Nu exclud existența lui Dumnezeu, dar mi-l reprezint ca pe o persoană, doar prin trecutul meu cultural și spiritual de creștin. Nu sunt membru al bisericii. Te înțeleg, dar am o atitudine critică și distantă față de orice formă de promovare a religiei sau prozelitism.

S: Putem discuta oricât. Trebuie să cunoști în detaliu ambele poziții. Am fost creștin convins până la 60 de ani, știu cam tot ce se poate ști despre argumentele creaționiste în diversele sale variante, am absolvit și seminarul teologic cu lucrare de licență și diplomă obținută la Institutul teologic Evanghelic. Apoi, am studiat antropologia medicală (program doctoral), a religiei și culturală, evoluția, biologia, neurofiziologia, astronomia, fizica clasică și cuantică, ultimele trei, la nivel de popularizare. Dacă sunt sincer cu mine însumi, nu există altă explicație asupra existenței mai redutabilă, prestigioasă și cu dovezi imbatabile că, nu există nicio creație, nici susținere, nici teleologie. Totul funcționează legic, ciclic, fără scop, fără sens, fără finalitate. Există. Când căutăm și definim un sens al existenței, ne dovedim vulnerabilitățile și finitudinea.

S: Am comentat apariția ta la S tv. Păcat că ignori paleontologia. Asta te-ar transforma din amator, în profesionist. 4,5 mld de ani – vârsta pământului. 3,5 mld de ani – vârsta vieții!

R: Iar umbli cu șoșele și momele! Care paleontologie? Este adevărat ca Pământul în sine are chiar milioane de ani, dar Creația, coaja biologică are până în 6000 de ani! Voi rămâne mereu un amator, sunt doctor și nu arheolog, dar mă pot apropia de istorie și arheologie ca un medic legist și nu pot ignora evidentele! Oamenii de știință spun lucruri trăsnite!

S: Toate fosilele de hominizi au între câteva zeci și câteva sute de mii de ani! Astea nu sunt opinii, păreri, sunt obiecte, fapte fizice, datate prin metode (și ele câteva zeci) radiometrice și de altă natură, ale datării.

R: La mine nu este o boală a incurabilă! Nu este nici măcar o boală! Ignorarea unui gen de realitate și confecționarea unei butaforii teoretice cu nume frumoase nu mă convinge! Datarea are defectele ei și le știi bine! Numești unele fosile hominizi și este complet fals: scara pe care o numești evoluție de fapt ar trebui să o numești evantai de diversitate! Hominizii tăi sunt alte tipuri de „maimuțe"! Tu îl consideri „prost" pe Dumnezeu și îl pui să „evolueze"? El poate să facă totul corect de la început! Am să îți explic odată teoria,, Mesajului pierdut"!

S: Prezența omului în istorie are cel puțin 200 de mii de ani. Te rog familiarizează-te cu realitatea paleontologică și antropologică. Citește! Fii Doct! Tu ai făcut foarte mult, dar ai citit foarte puțin. Nu te lua după GRI și alte bazaconii pseudoștiințifice creaționiste. Dumnezeu n-are nicio treabă aici. Facem știință, nu religie!

R: Instrumentul de măsură a istoriei și științei este greșit, „Știința „ asta rău folosită este o emanație pernicioasă când se opune legilor matematice, fizice, chimice etc ale lui Dumnezeu! Dumnezeu are câteva sau mai multe „scheme" și „legități" după care a creat Universul!

Repeți mereu faptul că nu am citit! Tu ai citit și ai căutat cu obstinație probe împotriva Bibliei, împotriva lui Dumnezeu, iar eu m-am așezat de cealaltă parte și am citit la fel de multe lucruri ce mă apropie pe Dumnezeu și nu mă supăr când chiar din această poziție Dumnezeu nu mă bagă în seamă sau chiar lasă să mi se întâmple lucruri rele!

Eu citesc „pro", iar tu citești „contra"! Avem șanse, teoretic, să avem ori tu ori eu dreptate! La vârsta mea și la cât am studiat și citit nu mă mai las păcălit! Stau ca la un meci de tenis pe scaunul arbitrului și observ – cred obiectiv – ambele părți ale terenului și văd greșelile inerente ale ambelor părți!

Să fiu doct ? Eu sunt doct, cred, de partea lui Dumnezeu! Ca la cules de mere într-o livadă: în coșul meu sunt mere bune și îi las pe alții să le culeagă pe cele putrede! Știința este unealta și o acoladă a lui Dumnezeu, iar pentru oameni rău intenționați este o grosieră șurubelniță băgată greșit și anapoda în mecanismul fin al Ceasului lui Dumnezeu!

S: Dumnezeu este doar un nume, noțiune, concept, cu acoperire în credința noastră, dar fără nicio evidență. 95% din savanții lumii admit teoria evoluției și toate argumentele sale, susținute de evidențe biologice, moleculare, ecologice, arheologice, paleontologice.

R: Ai cam pierdut trenul: procentul acum este de 50/50%

S: Ai o sursă? Eu o pot cita, când ajung acasă.

R: Culmea este ca tu folosești știința lui Dumnezeu ca să dovedești ca El nu există! E ridicol! E ca și cum mi-ai arăta un tablou de Leonardo da Vinci ca să îmi demonstrezi că Leonardo nu există! Argumente „ecologice"? Aste e mai nou, ce?

S: Adu-mi o singură evidență, în afara credinței din conștiința oamenilor, a existenței lui Dumnezeu, care nu are altă explicație științifică. Precizez: și eu cred în existența lui Dumnezeu. Toate argumentele clasice, sunt lovite de nulitate – ilogice. Gen: Argumentul ontologic, cosmologic etc.

S: Cultural, sunt și voi rămâne și eu, creștin. Filosofic, însă și administrativ, m-am retras din biserică. Concepția mea despre existență s-a modificat profund. Alternativa este următoarea: 1. Să menținem schemele mentale istorice care au făcut sens și greutatea convingerilor noastre privind alcătuirea lumii. Acestea au ca mod de operare existența puterii – o putere supranaturală, a autorității, din care lipsește înțelegerea intimă a actului în sine. Sau, 2. Să acceptăm cu modestie și înțelepciune, ceea ce putem învăța astăzi din procesualitatea și fenomenologia lucrurilor, a relațiilor dintre ele, inclusiv când vorbim despre lucruri animate, vii, de care se ocupă biologia, psihologia, sociologia și, toate celelalte discipline – știința, în genere.

Există multe necunoscute, dar cunoașterea a progresat enorm. Nu mai putem ignora fizica cuantică, chimia, evoluția. Darwin și Wallace au oferit o explicație naturală pentru apariția, diversificarea și dezvoltarea vieții. Selecția naturală, caracterul non-teleologic, sunt credibile, ca sursă a biodiversității. „Viața găsește o cale!".

Sunt organisme de tranziție fosilizate (acheopterix). Altele sunt vii – vezi ornitorincul. Face ouă, iar când acestea eclozează, îi hrănește cu lapte, ca orice mamifer. Dar, ciocul îl are de rață, blana, de nevăstuică. Toate tipurile de ciocuri sunt tot deschideri ale cavității bucale. Adaptate hrănirii. Toate tipurile de dinți, de aripi, de branhii sau plămâni, de utere sau de marsupiu, vorbesc despre schimbare, diversificare, specializare și specio-geneză.

Sincer, eu mă bucur că ai redevenit credincios. Afectiv! Dar, cerebral, gândesc altfel. Aspir să gândesc precum un om de știință, dar nu-mi reneg rădăcinile culturale și spirituale. Nici n-aș putea, de altfel! Pe de altă parte, tu ai dobândit înțelepciunea de la urmă a omului nevoit să-și reconsidere ierarhia valorilor. Nu putem trăi într-o lume pur utilitară, furajeră, hedonistă, egoistă. Ai redescoperit ceea ce știai deja, ceea ce îți era familiar și familial. Valorile iudaice, biblice, valorile creștine. Nimeni nu le poate subestima. Și-au câștigat locul în panteonul umanității, dar mai ales, în patrimoniul omenirii. Ca orice sistem de valori omenesc, nici ele nu sunt scutite de istoricitate, devenire, perimare, înlocuire.

R: Fratele meu, ești autosuficient! În Canada și eu și soția am făcut psihiatrie (îți arăt documentele)! De ce te încăpățânezi tu să crezi în „caramele cu pedale " nu știu!? Ai o credință în „știință" ce nu am văzut, o știință șubredă care se schimbă și se contrazice la 5 ani! (mai ales științele biologice) Mai citește odată Eclesiastul! O adevărată revelație! Îți place să te păcălești singur? Ai citit prea multe „găinării științifice" și acum ți se pare că îți ține cineva predici? Ești prea orgolios ca să mai poți fi credincios?

S: Uite cum văd eu clarificarea acestor aspecte. Pentru mine, omul, ființa umană din care faci și tu parte, în mod onorabil și cu cinste, este cel mai mare miracol cunoscut al existenței și istoriei. Să spunem că știința, paleontologia, arheologia, în ansamblul lor, sunt eronate. Întrebarea capitală căreia trebuie să-i găsim răspuns este: care din mecanismele existente sunt mai credibile, au dovezi hotărâtoare? Cele naturale sau cele supranaturale? În ultimii cca două sute de mii de ani, cca patruzeci de specii de hominide și hominine din Africa, Asia, Europa și Americi, au lăsat urme și au fost descoperite ca fosile: Piltdown, Cromagnon, Neanderthal, etc etc. Nu sunt specialist, sunt doar un amator, dar nu mai pot ignora aceste fapte, aceste evidențe sau dovezi. Ceea ce s-a petrecut în ultimii zece mii de cu omenirea, ne taie respirația. Este vârsta istoriei. A societății, statalității, culturii, spiritualității.

Nu există nicio conjurație, nicio conspirație împotriva religiei, credințelor sau conștiinței, a lui Dumnezeu, Buda sau Allah, Confucius, taoism sau hinduism. Fiecare poate să creadă tot ce vrea. Dar, faptele, fosilele, datările răsună mult mai răspicat și cu o claritate de nezdruncinat. În ceea ce te privește, ai asigurată stima și respectul meu! Mutația religioasă din viața ta este – și repet – firească și de înțeles. Expresia „caramele cu pedale" nu mi-e cunoscută, dar nici nu sunt foarte curios.

Am câteva întrebări pentru tine, ca medic. Pe mine nu mă impresionează diplomele sau hârtiile. Câți ani ai practicat medicina, fără să pui la socoteală facultatea. Te rog să menționezi cronologic și întreruperile în activitatea medicală. Tu personal, ce te consideri? Care crezi că este vocația ta cea mai importantă? Om de afaceri – businessman – sau medic? Ambele sunt la fel de onorabile. Părerea mea este că în business ai excelat mult mai bine, decât în medicină. Când ai pierdut dreptul de practică medicală? Când, la ce dată, a fost ultima zi când ai fost implicat, încadrat, în profesia medicală, în calitate de medic, indiferent de specialitate? Sunt întrebările unui prieten și coleg, nu ale unui dușman.

Îți doresc multă sănătate. Bunăstarea ta, condiția ta, evoluția ta mă interesează și mă preocupă, ca prieten. Dacă aș fi ipocrit, mi-ar fi rușine de mine însumi! Succesul, reușita cuiva, nu mi-au trezit niciodată invidia. Am convingerea fermă că fiecare dintre noi avem un loc sub soare. Nimeni nu poate lua locul nimănui. Fiecare dintre noi avem un destin. Am o admirație sinceră pentru realizările și destinul tău!

R: Mult stimatul meu, Nu vreau ca discuția noastră să aibă un iz de confruntare! E o simplă dispută „intelectuală"! Când am descoperit limitele și „inutilitatea" falsă și impotența medicinei, m-am apucat de afaceri, pictură, arheologie, am colecționat obiecte de artă și am performat onest în toate! Asta nu înseamnă ca am fost bun la toate, dar am încercat să fiu omul leonardian al secolului douăzeci! Dacă citești biografia lui Leonardo da

Vinci, spunea că știe „botanică, ca poate face cetăți și canale de irigații, arme și că știe și puțină pictură!

Secolul XX și XXI a extirpat genul ăsta de oameni, om care am încercat să fiu, în deplină modestie, omul leonardian! Din această perspectivă l-am re-cunoscut pe Dumnezeu și am întrevăzut pe Dumnezeu atât de târziu spre rușinea mea! Din acel moment religia numită știință a dispărut și totul a devenit un joc și o artă a Dumnezeirii! Recunosc limitele enorme ale științei și întrevăd grandoarea lui Dumnezeu care este eminamente științific! Nu avem un destin, este total greșit! Suntem într-un imens aleatoriu brownian, în care liberul arbitru ne conduce spre un sfârșit inevitabil, într-un teritoriu ostil, stăpânit de Diavol și acceptat încă de Dumnezeu! Lumea mea medicală, artistică, istorică, științifică este Hristo-centrică, Teocentrică și cu o finalitate decisă de Ei! Este o alegere personală care nu disprețuiește înțelegerea ta! Acum nu este „care pe care " sau cine câștigă la Loto, intelectual, religios sau științific! Turcii au un fel de proverb: „Urma alege"! Avem totuși un liber arbitru! Și suntem totuși liberi! PS: „Caramele cu pedale" este o vorbă în Moinești pentru lucrurile inutile și imposibile!

S: Dialogul nostru poate fi considerat un dialog între un sceptic al științei și un sceptic al religiei. Până și aceste expresii își pot confunda entitățile. Tu numești știința impotentă. Dar, te înfrupți cu nesaț din beneficiile ei tehnologice. Eu apreciez religia ca un fenomen natural, doar în dimensiunile sale cantitative, fenomenologice, analizabile. Nu existența celor două domenii – știința și religia – este în dispută, ci conținutul lor concret. Ambele sunt incontestabile. Aparțin umanității! Realizez valoarea imensă a religiei. Prețuiesc spiritualitatea. Arta religioasă. Dar, nu mai sunt un om religios! Pot face istoria, antropologia, psihologia, sociologia, critica religiei, dar nu voi mai fi, exista, în interiorul vreunei religii sau credințe. Declarativ, tu negi, în secolul XXI, progresul științific și tehnologic din antichitate, din ultimii cinci sute de ani ai Renașterii, din ultimii trei sute de ani ai Iluminismului, din ultimii o sută cinci zeci de ani ai modernității, din ultimii 60-70 de ani trăiți de noi. Fără să te jignesc, fiindcă te prețuiesc și te iubesc prea mult, îți spun că această atitudine este un nonsens și o mare prostie. Împotriva evidențelor de bun simț și strigătoare la cer!

S: Bună dimineața! Pentru când te vei trezi! Sunt curios dacă cunoști aceste abrevieri privind știința în general și știința medicală, în special, care și-au dat mâna, în folosul sănătății omului: fMRI – rezonanță magnetică funcțională.

CT scaner – computer tomografie. PET scaner – pozitron emision tomography. SPECT – single photon emision computer tomography.

Am prins medicina PEG – numită „savant" pneumo encefalografia gazoasă – o formă medievală de tortură a pacienților. Uneori, am impresia că am trăit mai multe vieți, mai multe epoci. Știința și tehnologia, din toate domeniile, au evoluat exponențial. De fapt, acestea sunt adevăratele miracole care au optimizat, salvat și prelungit speranța de viață a oamenilor. Miturile au înțelepciunea și savoarea lor, dar trebuie așezate și înțelese drept exact ceea ce sunt – o încercare a omului antic de a da un sens, de înțelegere a unui pseudo-determinism lacunar, o alternativă imaginară a realismului veritabil, bazat pe o cauzalitate autentică. O zi frumoasă!

S: Întrebarea are caracter pur retoric. Care ar putea fi stilul de viață cel mai pertinent? Să duci o viață îmbibată și îmbuibată de plăceri și dezmăț, dezordonată până la epuizarea tuturor valorilor, în drojdiile reminiscențelor, pentru ca apoi, cu ultimele neputințe să te arunci în brațele unei pocăințe decurgând din remușcări și pustiire, să re-devii fiul risipitor al tatălui care îți aruncă mantia acoperitoare a misticismului, împreună cu iluzia că, chiar și cele mai erozive păcate, au un rol binefăcător, dacă transformă porțile suferințelor, ruinei, mortificării, epuizării și disperării, în porțile raiului.

Sau, dimpotrivă, să privești existența detașat, înțelept și ponderat, evaluând spectrul valorilor și priorităților, devenind conștient de universalitatea contrariilor, lărgindu-ți orizontul cultural și spiritual, devenind util, eficient și necesar, bifând trebuințele elementare, organizându-ți existența ca un ispravnic competent, îmbinând utilul cu plăcutul, dobândindu-ți fericirea proprie prin bucuria și împlinirea celorlalți, slujind natura, plantele și animăluțele, mediul și semenii, cu perspectiva și priceperea unui vizionar practic și cuprinzător. Astfel, viața ta parcurge toate etapele vârstelor în împlinire, ajunge la maturitate și înțelepciune, apoi se încheie cu seninătate și serenitate.

S: Secretul forței și persistenței religiei constă în finitudinea, limitele, vulnerabilitatea, caracterul muritor, biologic al omului, dar nu mai puțin, în măreția sa. Aceste aspecte sunt magistral cuprinse în expresia transcendență. Este sinteza speranței, credinței de autodepășire, survol și evadare, dincolo de finiș, o soluție extra-ordinară, cu rădăcini în origini mitologice și salt spre infinit, dincolo de moarte, de suferință și pierderi. Pe aripile imaginației, ale viselor și viziunilor, oamenii au schițat și conturat o soluție supranaturală, un miracol al vieții de apoi, unde nu mai există putrezire și descompunere, o iluzie a unui tărâm cu viață fără de moarte, și veșnicii nesfârșite.

Multe din legitățile lumii curente sunt anulate, deturnate și o împărăție celestă a zeilor și îngerilor imaculați și atotputernici, mătură toate inconvenientele și creează un pământ nou, al armoniei, confortului absolut și fericirii depline. Bineînțeles, că există, în contrapondere și o genune a întunericului, un iad cu foc și pucioasă, unde vor arde veșnic toate impedimentele, dar mai ales, toți indezirabilii, deveniți insuportabili. Prea simplist, prea lacunar, ca să fie adevărat. În esență, religia este o proiecție, o atribuire, din ignoranță, o defensă, dar se dovedește o formă de evoluție culturală și supraviețuire, cu participare cerebrală.

R: Ai o părere foarte „poetica" și plină de lirică asupra religiei!
Te liniștește faptul că tu crezi că religia este o poveste?

S: Nu mai cred nimic! Oricum, remarca ta e pertinentă pentru un subiect important: religia arată cu totul altfel din interiorul credinței, decât apreciată din afară – la rece – examinată ca fenomen cultural, spiritual, social, evolutiv, antropologic. Estimarea rezonabilă are loc dinafară, după criteriile științei. În interior, ești dominat de prescripțiile, interdicțiile, afinitățile și aversiunile, idiosincraziile ei. O percepi în registru afectiv și sub-misiv, nu detașat și obiectiv.

R: Care este întrebarea ta?

S: Cine este Dumnezeu? Care sunt originile lui Iahwe? Madian. Un zeu obscur al războiului. Cum a devenit Dumnezeu? Care este istoricitatea lui Dumnezeu și a religiei? Gândește băiete, nu lua totul de-a gata! Nu mai ciuguli din palmă! Am citit multe apologii! Cea mai convingătoare apologie a religiei o citesc în Newberg, Neurotheology, Columbia Univ Press, 2018. Bineînțeles, însoțită de o critică obiectivă, pe măsură. Pe care sunt nerăbdător s-o parcurg. Omul nu știe ce e patima. E doar competent, modest și plin de autori. O enciclopedie! Unde este Dumnezeu? Newberg răspunde! În capul nostru! În creierul nostru! Cu argumente devastatoare. Academice! Că, tot ai început cu Blaise Pascal, citește-l pe Pascal Boyer, Religion Explained, sau pe Dennett, Daniel Dennett. Oamenii ăștia au intrat în vintrea religiei!

Dar, tu vei alege ignoranța călduță, confortabilă, măgulitoare care te asigură că veșnicia, infinitul, sunt de partea ta! Unii preferă lumina de acum. Alții preferă lumina de atunci. Adică din mormânt! Știi că la țară (Grigoreni, Bacău) persistă o tradiție păgână, botezată la ortodoxie – dezgroparea morților. Cimitirul a fost a doua mea școală. Casa părintească, biserica, cimitirul și școala erau alăturate. Cartierul general! Nimicul Panaceu, aceasta este religia. Religia, egal: placebo efect!

R: Suntem pe baricade diferite! Oamenii pe care îi menționezi sunt probabil onești și de același calibru cu cei care transmit religia! Scorul la pauza este de 0 la 0! Driblează toți, trag la poartă, dar nu marchează nimeni! Așteptăm repriză a doua! Și reluările!

S: Răspunsul tău dovedește încă odată, dacă mai era necesar, că gândirea omului religios este viciată. Pentru că religia are o mare hibă – vorbește despre lucruri și ființe care nu există ca și cum ar exista, (în timp ce știința vorbește de fiecare dată despre lucruri care există, sunt probate și verificate, validate pe toate căile și după toate criteriile, atributele, verificabile). Religia trebuie să compenseze această mare lacună prin mijloace neoneste și ilogice: recursul la autoritate, necesitatea credinței, mărturii, martori cu argumente anecdotice, relatări miraculoase din trecutul imemorial, uneori imoral, profeții neverificate despre un viitor apoteotic, versus apocaliptic. Tu te referi la onestitatea autorilor, ca și cum Dumnezeu nu ne-ar fi dat rațiune, judecată și mentalitate. Cele ce sunt n-au nevoie de nicio demonstrație. Cele ce nu sunt trebuie dovedite pentru a fi credibile, raționale și logice. Așa că scorul este departe de a fi alb! Este pătat rău!... Nu este o atitudine cam autistă? De ce n-ai practicat medicina fără facultate? Știi, sunt medici culți și medici desculți! Până nu faci dovada unei pregătiri temeinice, deprecierile tale nu au nicio greutate. Acoperă cu competență tot ce ai de zis. Cu argumente. Omul a făcut și face în continuare un rezumat al scrierilor lui Mircea Eliade. Foarte bun și de mare ajutor! Este neutru, nu blamează pe nimeni! Într-adevăr, sunt mult mai receptiv față de savanții recunoscuți în domeniu. Faptul că nu mai sunt credincios, mă poate ajuta să evaluez neutru, marile calități ale religiei și limitele sale, efectele nefaste asupra individului și societății. Conflictele pe care le generează, limitările pe care le presupune. Un caz tipic ești chiar tu, Romeo. Dar, e dreptul tău!

R: Mă îndoiesc! De fiecare dată când ne „hârjonim" literar și religios tu îmi scoți ochii cu filozofii, agnosticii și darwiniștii tăi speculativi și ignori Biblia! Aș fi tare curios să fiu în mintea ta o clipă și să aflu cu adevărat, ce gândești tu despre Dumnezeu (nu despre religie). De obicei, tu răspunzi didactic și academic cu ideile însămânțate în mintea ta de alții și îți iese un talmeș-balmeș!

S: Romeo, știi ce constat eu? Tu ai exersat îndelung unele artificii prin care să-ți depreciezi interlocutorii, fără să te atingi de subiectul în discuție, propriu zis. Punctual: cel puțin în două din ultimele mele fragmente, citez câte două texte biblice și mai multe trimiteri. Ceea ce fac acum – și repet – este să mă documentez și să scriu o monografie despre religie. Iau informațiile, le citez, le interpretez, le comentez și, apoi adaug unele idei care îmi vin sau exprim concluzii din experiența mea religioasă. Cum vezi, sunt deschis, sincer, constructiv.

Eu pledez pentru un astfel de dialog. Îmi doresc sincer să continui să conversez cu tine. Deseori, provocările tale, mă stimulează. De multe ori, sunt gratuite. Nu mă deranjează. Fără lipsă de modestie, le tratez cu deferență. Ai o stofă bună. Ai excelat în afaceri. Din nefericire nu ai încă o cultură mare. Ai făcut ce ți-a plăcut! E și aceasta o strategie. Ca și credincios, tu trebuie să accepți că sunt sceptic în privința religiei și agnostic în privința existenței lui Dumnezeu.

Mă întristează când faci aprecieri eronate, și deplasate, legate de afirmațiile mele, pe care nu le poți accepta. Calea corectă este să le demontezi cu argumente și dovezi, nu să le denigrezi, să faci evaluări depreciative asupra ideilor, convingerilor mele sau asupra modului în care le exprim. Mai ales că, fiind fragmentare, pe multe dintre ele, probabil că nu le înțelegi. Am fost cam prea lung. Iartă-mă. Nu vreau să te supăr, să fiu jignitor, ci aș vrea să te corectezi.

R: Mii de scuze dacă am lăsat o impresie atât de rea, dar nici în umbra gândului meu nu desconsider cunoștința și cultura pe care ți-ai clădit-o metodic și academic! În simplitatea și „incultura" mea am considerat ca nu trebuie să studiez, să citesc, să comentez studii și scrieri care atacă Biblia: nu mă ajută cu nimic, nu mă cimentează, nu mă leagă cu nimic mai mult de poziția mea neclintită față de Dumnezeul meu!

Am și eu îndoieli rezonabile, dar neimportante asupra unor pasaje biblice, dar nu în probleme de credință! Mi-am refuzat total orice scriere ce se împotrivește sau încearcă „copilărește" să îl explice sau să îl detroneze pe Dumnezeu! Așa că filozofia și știința, „para-știința" și orice este scris împotriva lui Dumnezeu, le-am ignorat voit și le voi ignora întotdeauna.

Îmi reproșezi mereu ca am făcut mai mult afaceri și nu am citit destul și că nivelul culturii mele nu este satisfăcător și mai mult că am renunțat la medicină în urmă cu mulți ani! Cu siguranță nu am citit destul sau nimic din ce ai citit tu! (mai ales despre religie). Am studiat ce mi-a plăcut și găsesc că asta și este frumusețea vieții, să faci ce îți place: pictura, sculptura, istorie și arheologie etc! Cu medicina nu m-am prea omorât, a fost pentru mine, mai mult „formatoare și informativă"!

Am lucrări de pictură în muzee, colecții private și lucrări de artă publice (statui, fresce), am publicații despre neolitic în reviste prestigioase (una din ele fiind a Academiei britanice). Am făcut singurele două filme documentare (engleză și română) despre neoliticul din România, am făcut descoperiri unice și prețioase, am o valiză de premii naționale și internaționale datorită studiului civilizației Cucuteni din care una este „Meritul cultural în ordin de cavaler", am lucrat drept consilier al Ministerului Sănătății etc. Nu menționez asta ca să mă apăr sau ca să mă laud!

Noi doi nu ne putem nici bate, nici compara și nici certa! Și mai suntem și prieteni! Nu putem compara merele cu perele și nici nu suntem în concurență! „Disputele "noastre sunt creative, de cele mai multe ori! Avem areale total diferite în dezvoltarea noastră personală, dar cu slabe „dispute " religioase unde echipamentul meu de război este desuet: doar Biblia, istoria creaționistă și ceva din istoria protestantismului! Eu nu mă „cert" cu tine pentru că tu ai plecat din „tabăra " mea și ai dezertat, trecând în tabăra adversă, pe care o întărești, știind părțile slabe cu multe din cunoștințele tale teologice protestante! Discuțiile noastre îmi fac plăcere și abia le aștept, dar din păcate replicile mele vor fi mereu țărănești și protestante! Nu mă interesează deferența, indiferența sau insolența ta, autosuficiența vis a vis de ce spun eu! Nu are nici o relevanță nici din partea ta și nici din partea mea! E suficient să avem un dialog coerent și asta în virtutea unui singur principiu: „Sola scriptura"! Cu drag, Romeo. Aștept cu nerăbdare mesajele tale și mai ales cartea!

S: Felicitări! Pentru toate realizările tale! Mă încântă și mă bucură. Apropo! Mai pictezi? La ce preț este estimată o lucrare de a ta? Aș putea să cumpăr și eu un tablou pictat de tine? Bineînțeles, numai dacă îmi place. În legătură cu discuțiile noastre, nu trebuie să fie o luptă. Este important ca fiecare dintre noi să ne cunoaștem poziția reciproc și s-o respectăm. Tu ești creștin credincios. Eu sunt sceptic și agnostic. Apoi, fiecare dintre noi își susține punctul de vedere. Legat de poziția reciprocă a celuilalt, fiecare dintre noi își poate spune punctul de vedere, fără să folosească evaluări, denigrări, ci delimitându-se și definindu-și poziția prin termeni clari.

De pildă, ar fi deplasat ca eu, care am fost credincios peste 50 de ani, să spun despre tine că ești habotnic, fanatic sau extremist. Sau tu, să spui despre mine că sunt un păgân, descreierat, sau un drac împielițat, sau că mi-am pierdut mințile, sau că sunt incoerent. Am să-ți fac o confesiune ca unui prieten. O de-convertire este un proces complex, consumptiv și contradictoriu. Gândește-te că, mai mult de 50 de ani eu am trăit cu Dumnezeu și cu Domnul Isus Hristos asemenea unor Prieteni însemnați, mi-am pus nădejdea, speranța, credința în Ei sau El. Ei bine, acest lucru lasă urme de neșters.

Cultural, eu voi continua să fiu creștin, câte zile voi avea. Dar, filosofic, ca om de știință informat, nu pot ignora definiția mitului, nu pot trece peste dovezile științifice, inclusiv geologice, fosile, nu pot șterge cu buretele întreaga paleontologie, nu pot neglija atitudinea tuturor savanților în viață sau a celor care au trăit în ultimii 500, 300, 150 sau 50 de ani. Ei fac estimări, aprecieri – ale evoluției, ale minții umane ale dovezilor și argumentelor existente. Și atunci, ce fac? Pun în balanță, pe de o parte – supranaturalul, miraculosul și – pe de altă parte toate fosilele, dovezile, argumentele, teoriile – articulate, coerente, solide – ca să-mi fac o imagine despre lumea în care trăim. Toate bune și frumoase, numai că informațiile, teoriile, ipotezele, nu sunt complete, inatacabile.

Deci, de o parte religia, mitologia, de cealaltă – știința, natura, istoria, cultura. Fiecare avem opțiunile noastre. Cât trăim, nu sunt încă definitive. Pariul lui Pascal nu e atât de inofensiv, clar și dezinteresat, pe cât se pretinde. Nici, atât de avantajos. De altfel, în spirit, nici Pascal însuși nu l-a respectat, ci doar, în litera lui. Și știi de ce? Fiindcă era prea deștept.

(Adăugat la corectură) Și, apoi, când e vorba de Pascal, putem vira în derizoriu? Când e vorba de Dumnezeu, putem naviga în marasmul jocurilor de noroc, ale șansei? Într-o formulare inspirată, citeam aseară o culegere de eseuri pe tema neurofiziologiei și religiei, consemnată de... .De fapt, este o alegere dintre finit și infinit, dacă acceptăm efectul dramatic al cuvintelor. Acordând interes religiei și lui Dumnezeu, ne consumăm cu valorile noastre finite, dar am putea obține infinitul lui Dumnezeu, veșnicia! Ignorându-L, ne vom vedea de ale noastre, finite, dar vom pierde infinitul, eternitatea!

Totuși, nimeni n-a reușit să fenteze o anumită doamnă, numită Moartea și un anumit loc, numit Cimitirul Eternitatea.

Așa că, nu are niciun rost ca vreunul dintre noi, din motive cognitive, afective sau nemotivat, să credem că am descoperit piatra filosofală, că avem tot adevărul, că am pus punct istoriei, culturii și spiritualității omenirii, că le știm pe toate, că suntem buricul pământului. Fiecare dintre noi își va folosi oportunitățile, valorile, cultura, cum crede de cuviință. Nu suntem decât niște anonimi. Efemeride.

S: R, vreau să supun atenției tale un aspect evident. Deși, cred că timpul geologic este deja acceptat de tine. Și anume: spațiul și timpul sunt mărimi proporționale, unite prin mișcare sau mai bine zis, prin viteză, de care ai nevoie ca să parcurgi un anumit spațiu, distanță, într-un anumit timp. Deci, la vastitatea spațiului astronomic, al universului, care este egal – mai nou – cu dublul întinderii-duratei de 23 de miliarde ani lumină, cât ar fi de la creație, Big Bang. Viața este creditată cu 3,5 miliarde de ani, din care numai un miliard, multicelulară. Mi se pare logic ca la astfel de durate, diversitatea de specii și forme de viață, să-i trebuiască și omului cca 200 de mii de ani să evolueze la stadiul actual de realizare.

S: Seamănă bine cu un delir mistic. Inclusiv certitudinea. Pentru mine, orice zeitate aparține imaginarului. *Zeii au întotdeauna din abundență, exact ceea ce ne lipsește nouă. Marele „secret" al religiei.* Creaționism „științific" – un nonsens.

S: Deși religia, confesiunea de credință, cere și pretinde, invocând în acest scop instanțe supranaturale, iar enoriașul răspunde prin consacrare și dedicare fără rezerve, ambele părți știu, consimt și recunosc limitele și imperfecțiunile umane, în această situație. Totul este imaginar. Nu există nicio dovadă, dar absolut nicio dovadă, în sens științific, pentru validarea și verificarea existenței zeilor, a afirmațiilor religioase. Cea mai curată conștiință este dureros de conștientă că, acest ideal este o simplă amăgire de sine și reciprocă. Pot exista momente de extaz și devoțiune, dar oamenii se întorc de fiecare dată la îndeletnicirile lor firești și naturale. Golgota, substituția, harul și ruga, sunt implicate.

Astfel, una din piesele de rezistență ale religiei constă tocmai în acest ideal intangibil, divin, care nu poate fi atins niciodată, fiind înlocuit cu această oscilație, această zbatere care face obiectul recidivelor, pocăinței și reînnoirii legămintelor, sortite încălcării.

S: Biblia este o carte complexă de cultură și spiritualitate, cu efecte nemaiîntâlnite în alte cazuri. A contribuit la urzirea celor trei mari religii ale cărții – iudaismul, religia și islamul. Este o bibliotecă fundamentală. Ilustrează istoria, cultura și spiritualitatea omenirii pentru toată perioada civilizației scrise – cca 4-5 mii de ani. Reflectă perfect trăsăturile umanității, forța și slăbiciunile ei, înțelepciunea și nebunia ei, credințele, miturile, legendele și basmele ei, literatura, satira și fabulele ei, ideologia și literatura de curte a unor potentați, fragmente originale și pastișe stângace sau imitații vulgare. În esență, un bazar oriental literar, cultural.

Spiritualitatea și cultura oamenilor are caracter dinamic, evoluează cu epocile, cu devenirea societății. Într-o carte ca biblia, toate aceste procese se regăsesc și sunt reflectate. De ce este, aparent, ignorată? De la renaștere și iluminism, oamenii manifestă secularismul ca o reacție la autoritarismul ecleziastic antic și medieval. Este un proces continuu de emancipare. Este o luptă pentru putere, influență și ideologie. Oamenii muritori, vulnerabili și în mare măsură, masificați ca gloată ignorantă, trebuie conduși, administrați, manipulați, exploatați. O poți face prin forță, dar este incomod, costisitor și epuizant. O poți face, supunându-le conștiințele. Religia, în complexitatea ei, are și o parte instrumentalizată. Este utilă.

Pe de altă parte, nu putem ignora procesul de modernizare a umanității și societății. Oamenii au făcut pași uriași în domeniul științei, tehnologiei, cu impact direct, copleșitor, asupra calității vieții. Mobilitatea umană, călătoriile, internetul, informarea tuturor, în timp real, democratizarea informației, are impact profund asupra omului, pozitiv și negativ. Dezinformarea, manipularea, intoxicare informațională reprezintă o adevărată patologie cu efecte nefaste. De ce pierde teren religia, literatura religioasă, cultică. Este poate, un *rebound*, o idiosincrazie. Dar, spiritualitatea religioasă nu va dispărea niciodată. Ritualurile și ceremoniile au resorturi inconștiente ancestrale. Vom continua să ne rugăm, să ne închinăm, până în ceasul morții și, mai ales atunci!

RD: Amesteci pe Dumnezeu cu Biblia și cu religia, socialul, știința, etc! Vorbești despre știință cu adulația unui sălbatic care vede prima oară o girafă! Repet este vorba de „Mesajul pierdut " de la Facere care a fost distorsionat în timp și în spațiu! E foarte ușor să transformi un Tată prin neînțelegere și manipulare, într-un monstru! Când eram mic și obraznic bunica ortodoxă mă amenința că mă spune la Popa (preot) care „îmi va tăia limba"! Normal ca îmi era frică! E timpul să te trezești! Ești supărat rău pe Dumnezeu și după 50 de ani de bună relație cu El vrei să îl aneantizezi!? Ești supărat pe El și îl vorbești de rău! Ce ți-a făcut Dumnezeu sau „ce nu ți-a făcut"?

S: Am impresia că nu înțelegi nimic din modul meu de gândire. Ești îndrăgostit lulea de calea îngustă și crezi că Dumnezeu încape în fervoarea și fanatismul tău religios. Dumnezeu înseamnă mult mai mult decât o sectă și o gândire mărginită. Orice conștiință are acces la Tatăl ei. Dumnezeu nu este om. Este întruchiparea bunătății, îndurării și iubirii, rămânând drept și generos. Oamenii mici la suflet nu-l vor înțelege niciodată. Nici în veșnicie. Există o mare diferență între noi, pe care dacă vei reuși s-o înțelegi, îți va atenua ostilitatea. Tu trăiești religia, credința, din interiorul ei. Ai o relație cu Dumnezeu prin credință sau formulat altfel, crezi că ai o relație cu Dumnezeu printr-o apartenență. Eu, am atitudinea cercetătorului științific, academic, care interpretează fenomenul confesional religios, indiferent de natura sau culoarea sa, echidistant. Temeiurile religiilor nu vor fi căutate în conținutul crezurilor, ci în natura umană, în psihologia, sociologia și finitudinea ființei umane, în istoria tuturor religiilor, în avantajele reale pe care le conferă credința religioasă de orice natură, ca și în ponoasele și servituțile pe care le presupune.

O confesiune neoprotestantă, religia, ajunge să controleze orice manifestare interioară și exterioară a ființelor umane care sunt sau devin enoriașii săi – de la cele mai intime gânduri, intenții, afectivitate, stil de viață, cultură, preocupări, resurse, strategie de viață, proiecte, relații, profesie, orizont cultural, viitor, totul! Totul este stipulat, reglementat, prevăzut. Orice membru devine dependent, deservent, delimitat. Are impresia că i se oferă totul, în timp ce i se ia totul. Devine o marionetă înregimentată într-un sistem abuziv de control, chipurile, liber consimțit. Totuși, ca să fim corecți, i se oferă siguranță, certitudine, apartenență, identitate, relații, afecțiune și, multe, foarte multe iluzii, pentru un viitor îndepărtat și un loc extraterestru, în acest univers vast. De fapt, putem avea toate acestea la un preț mult mai mic, cu foarte puțină fantezie. Gândește-te!

Mesaj finalizare, RD: R, presupun că ai notat, mesajele mele au substanță și conținut. Nu conțin niciun atac la persoană. Doar argumente. Nu pot continua în acest fel. Mesajele tale sunt seci și sărăcăcioase în conținut, pline de greșeli și neglijente, bogate în invective și atacuri directe, nejustificate și agresive. Pe ultima sută de metri, ești doar fiul risipitor incurabil, căruia i-a rămas o singură strategie – înecatul și paiul său. Inutil. Regret, dar ne vom opri aici. Dacă vreodată, ai nevoie de ajutor, sunt aproape și sunt gata să-ți fiu de folos. La revedere.

DIALOGURI SPORADICE

Cu LP

Temă bună, abordare intelectuală de finețe. Problema restantă sunt premisele. Religia, ca orice religie, are o tradiție – iudaică, un întemeietor divin, un discurs coerent și imbatabil despre cum e alcătuită lumea, dificultățile sale insurmontabile și, în fine soluțiile sale, mai mult sau mai puțin miraculoase. Revoluția și reforma religiei fusese deja începută de profeții care considerau sacerdoțiu ineficient și corupt. O religie a celor mulți, împilați. Un balon de oxigen. După două milenii, avem în continuare sacerdotali în odăjdii, sisteme de putere în mezalianțe, o diversificare parazită de exaltați, parțialiști, multe dezamăgiri istorice și actuale, o etică îndoielnică, interese mari și prozelitism. Religia este doar una dintre instituțiile omenești imperfecte al cărei obiect de preocupare rămâne un ideal intangibil, dar entuziasmant. Adică mobilizator și înșelător prin zei. Te rog să mă ierți pentru maniera abruptă și brutală.

L: Nu văd nicio manieră brutală, este un punct de vedere pe care îl împărtășesc în mare parte. Chiar în totalitate, așa cum este exprimat. Adică generalizând cu privire la oameni, iudei sau nu, creștini sau nu, căutările lor, inepțiile lor, nereușitele lor, idealurile lor, luptele lor.

Mă gândeam doar ca aș fi dorit să ascult asemenea predici, adică aș fi avut nevoie să am asemenea abordări, cu câteva decenii în urmă, să fi crescut neîngrădită de ideea că „nu ai voie să citești asta" și „ai grijă ce faci", că „există un Dumnezeu care vede tot, cântărește tot și pedepsește neascultarea, așa că nu ai libertate să faci ce vrei, ci trebuie să asculți de părinți".

A trebuit să fac un ocol aproape cât o viață de lung ca să ajung la concluzia că Părintele meu adevărat este Unul care chiar îmi dă libertatea să plec, să fac ce vreau, îmi dă ce să risipesc și mă învață toate lucrurile, tot ce am nevoie și-mi mai face și mofturi, toate astea iubindu-mă. Nu pedepsindu-mă. Chiar daca e vorba de ceva care seamănă a pedeapsă, nu e nici pe departe modul acela rece și justițiar în care am fost învățată să-L privesc.

De ce zic „iubindu-mă". Pt ca oamenii sunt limitați, exact cum ați spus în celălalt mesaj. Limitați, frustrați, supărați, nemulțumiți, indignați, cu interese meschine, și la un moment dat am simțit nevoia, am dorit mult să ajung dincolo de toate limitele astea. Să cunosc și eu Realitatea, realitatea cu privire la mine, la destinul meu, la consecințele a tot ceea ce am învățat greșit în copilărie și adolescență, realitatea cu privire la ce este în jurul meu, aproape și departe de mine, cu privire la ce este dincolo de mine. Și când am descoperit că există o Persoană din altă natură venită special pentru mine în natura mea ca să îmi descopere ceea ce vreau și am nevoie să știu... .o Persoană care îmi acordă credit și libertate și mă și salvează din toate angoasele și neputințele mele, și care face toate astea pentru că ține la mine, îi pasă de mine, nu m-a certat cum mă certau părinții, mi-a explicat încă odată totul cu răbdare, eu apucându-mă să învăț totul de la „A", adică în altă cheie decât aceea în care am fost crescută, să iau totul din nou la vârsta foarte înaintată, când am descoperit treaba asta, am rămas mută de uimire și bucurie...

Tot timpul mi s-a spus că doctrinele sunt importante și ele sunt mai presus de ideea de relație cu Dumnezeu, iar eu văd foarte clar acum că relația cu Divinitatea dictează tot ceea ce sunt și am și vreau să devin. Doctrinele sunt seci și reci dacă nu există această relație (vorbesc în dreptul meu, că am fost învățată să pun accent pe „doctrine" și să le consider și „Adevăr", asta e altă discuție). Sigur, sunt înțelegătoare acum și cu părinții bisericii, și cu părinții mei fizici sau spirituali, că fiecare a făcut cât a știut și ce a crezut că este bine la momentul respectiv, evident că părinții nu au procedat așa din ură, ci din egoism și înțelegere eronată sau trunchiată, însă dacă eu aș fi înțeles cât de multă binecuvântare interioară am din contemplarea coborârii Divinității către mine personal și anume a întrupării Logosului, adică tot ce înseamnă hrana pentru spiritul meu venită direct de la cuvintele și prin noțiunile Logosului autentic întrupat în natura mea, de dragul meu, dacă toate astea le-aș fi înțeles bine mai demult, nu mă rătăceam în concepte și nu făceam atâtea ocoluri.

Însă, nu mai contează deloc acum ce a fost, ci doar ce este de azi înainte. Evident că „strânsoarea" și „chingile" familiale (pornind de la Buni, foarte îngust la minte și critic) m-au „aruncat" înspre latura opusă. Așa că eu am plătit deja tribut atitudinii de închinare față de Rațiune și Întâmplare, am trăit pe propria piele faptul ca „omul e măsura tuturor lucrurilor" și, plictisită si „friptă" de consolarea : „ai să te descurci și fără Providență", acum sunt în faza în care, întoarsă din toate peregrinările ideologice, sunt fascinată de apa vie, Pâinea vieții, adică lucruri care mă satură și-mi dau viață astfel încât să trăiesc din plăcere, nu pentru ca nu am încotro, lucruri care sunt și foarte aproape de mine.

Sunt uimită de înțelesurile care oferă educația gândirii mele în cele mai fine detalii, cunoașterea cea mai deschisă spre infinit, totul cu răbdare și mai ales cu iubire, nu cu asprimea și tonul sever imaginat atâta amar de ani, sunt în etapa în care relația, în primul rând, nu doctrina, relația cu Persoana întrupată în natura mea de dragul meu, cu Mântuitorul meu direct și personal, mă fascinează, mă ocupă și mă preocupă. Acesta este adevărul perioadei mele prezente. Aveam nevoie și de această etapă în devenirea mea. Și mă bucur că o trăiesc, chiar daca la vârsta asta abia. Mi se pare fantastic ca Logos, ca Dumnezeu, să Te cobori și să ai metode pentru a comunica noțiuni valoroase, eterne, pline de semnificație.

Cu un spirit care a ajuns atât de departe de Tine, străin de Tine, încât nici nu mai poate vorbi ceea ce își propune, nu mai are coerența, logica, se dezice și se contrazice, nu știe ce crede și ce nu, habar n-are de argumentație, este confuz și diluat etc etc. Și un asemenea spirit să fie ridicat prin comunicare cu el, adică spiritul meu să fie ridicat, încurajat, însănătoșit, dezvoltat fără limită prin faptul că se comunică cu mine! Wooow. Prin faptul că Însuși Cuvântul vieții, Cuvântul infinit îi adresează cuvinte, și Duhul cel înalt vorbește duhului omului, adică duhului meu, așa cum este, acolo unde este, și îl eliberează complet de neștiință și de neputință. Această ridicare a spiritului meu prin explicații primite pe înțelesul meu de la un Duh Divin și etern mi se pare colosală. Acest interes, manifestat si transmis pe calea noțiunilor/cuvintelor înțelese de mintea mea, prin Cuvântul devenit trup ca al meu, pentru ființa mea care face parte dintr-o natură creată (deci la mare distanță și poziție existențiala față de Creator), actualmente supusă bolii și morții, acest interes pentru mine personal, pe calea reeducării spiritului meu, a părții celei mai importante pt mine, a gândirii mele, fără urmă de reproș, dispreț sau răceală, acest interes atât de mare ca și cum aș fi o lume întreagă, mă fascinează și mă copleșește. Mă ridică în picioare și mă face să stau drept, cu mijlocul încins și cu privirea senină. Nu contează ce crede sacerdoțiul sau cei ce-și zic creștini, sau iudeii de azi pe dinlăuntru. Chiar nu mă pot gândi la ei. Zilnic însă, întâlnesc cel puțin un om care își simte disperat golul interior. Mă bucură/ preocupă să transmit într-un fel, într-o măsură, așa cum pot eu, ceea ce trăiesc după ce mi-am umplut acest gol. Iertare pentru atâta sinceritate...

R: Mulțumesc! Foarte intens, sincer, deschis, intim! Mulțumesc! Experiența fiecăruia dintre noi este foarte importantă și valoroasă, semnificativă. Am apreciat întotdeauna la tine o capacitate energetică extraordinară, un dinamism interior năvalnic. Eu sunt mai cerebral, mai sceptic, dar nu mai reținut! Binecuvântări și succes! Dacă ești de acord, putem face schimb de experiență, din când în când. Marcăm etapa la care am ajuns! Frumos! Tulburător!

Într-adevăr, Fr Cornford este puțin speculativ. Dar lucrarea mi se pare fundamentală pentru înțelegerea modului în care, de la gândirea religioasă pe care el o împarte în orfică – mistică și apolinică – olimpiană s-a ajuns la filosofie. Cultura și civilizația indo-iudeo-creștină europeană are niște izvoare: orientale – chaldeene, egiptene, iraniene-zoroastrice, iudaice. Acestea au trecut în religia. La apariția primelor erezii, prin globalizarea religiei, filosofia clasică grecească a influențat profund religia, în primul rând prin dualismul său (Platon, Plotin)

Credința pare simplă curată, atunci când ignoră complexitatea realității. Când, însăși credința intră în cultură sub formă de religie, nu mai poate ignora conexiunile pe care le presupune cunoașterea universală. Atunci, *devine contradictorie și se salvează ca mit*, ca strategie specifică de abordare a realității prin intermediul *sacrului și supranaturalului*.

L: Am și eu „de la bacterii la om", dar nu am avut timp să o citesc. Restul... nu le cunosc. Tocmai ce mi-am cumpărat noutățile, vreo 20 la număr, deocamdată am ce citi. Mai ales ca niciuna nu echivalează cu Cartea Cărților din care nu numai ca nu mă satur a citi, dar nu am răbdare să termin treburile zilei ca să mă întorc în locul meu liniștit de studiu. Cele 5 dimineți din săptămână în care nu plec la 7.00 de acasă sunt cele mai fericite

S: Bună dimineața! Cunosc acest simțământ de satisfacție! Este foarte prețios și meriți să te bucuri de el! Apoi, într-o zi, vei citi tot ce a scris Bart Ehrman, vei corobora datele evidente ale vârstei universului, sistemului solar, pământului, fosilelor care se vor fi încăpățânat să moară înainte de „apariția" „păcatului" și va trebui să-ți dai niște răspunsuri coerente, logice, fiindcă altfel nu vei avea liniște! Am descoperit că frumusețea valorilor autentice și a semnificațiilor dragi nouă care privesc existența, viața și moartea, nu fac o casă bună cu creația, universul, natura – care se încăpățânează să rămână indiferente și reci! Doar 3 grade peste zero Kelvin! Interpretarea literală a textului biblic conduce la concluzii absurde, inadecvate pentru un Dumnezeu absolut, dar perfect explicabile pentru un om limitat și imperfect.

Romulus Chelbegean

Deși îmi place mult termenul de **deconvertire**, socot că aici avem nevoie de un alt cuvânt, care, dacă nu există încă, ar trebui creat. Pentru mine, conotația deconvertirii este clar negativă: ceva de tipul întoarcerii la starea jalnică anterioară (vezi 2 Petru 2:22). În cazul tău însă, înțelegerea mea este că avem nevoie de o noțiune indicând progres, nu regres spiritual.

De asemenea, de-convertire ia ca sistem de referință religia. Mi-aș dori să găsim un concept care se raportează la un sistem de referință superior religiei sau chiar religiei sau religiei, în general. Ne trebuie ceva care să rezoneze cu titlul epistolei tale: metamorfoze spirituale.

...

M-ai uimit cu considerațiile tale! Prea multă lume vede în căutările noastre bine intenționate, motivate și de bună credință, un act regresiv, malefic, și distrugător! Îmi dai speranță!

Cu DC (Dinu Costin)

...M-am gândit ca această poză ar ajuta, cu acest comentariu, desigur, la un diagnostic mai bun. Dar, cum bolnavul psihic nu recunoaște că este bolnav și nu caută un diagnostic sau, cu atât mai mult, o terapie, mă întreb de ce m-ar preocupa diagnosticul primit de la tine, mai în glumă, mai în serios. Și încă un amănunt semiotic: nu mă doare nimic. Nici măcar diagnosticul. Prostia ce-i drept, ni (ne) doare. Dar, trecând peste aceste exerciții de gimnastică a dialogului care mă amuză (ce sa-i faci, mai râd și de unul singur, așa că ai de acum câteva semne măcar pentru o ipoteza de lucru mai solida), Ca să răspund cu aceeași sinceritate admirabilă în care ai scris mesajul extrem de logic, mă întreb de ce te chinui să mă convingi? In paradigma în care trăiesc eu, să mă rog pentru tine, este un fapt congruent: vreau sa mă bucur veșnic de prezența ta. Țin la tine și te respect enorm. Dar în paradigma ta, care este finalitatea?

S: Ia-o doar ca o glumă, ca o tachinare a celor ce se iubesc și se apreciază. Ești prea echilibrat și sănătos pentru orice diagnostic. Avem în spate aproape o viață. Avem bucurii, avem necazuri. Mari. Dar, mergem înainte! Mă simt bine cu mine însumi și cu marii autori. Felicitări! Binecuvântări! PS. Nu încerc să te conving? N-am de ce! Îți trimit în semn de apreciere ca să vezi cum gândesc. Ca unui prieten.

C: Am luat-o ca pe o glumă. Am vrut să merg pe același ton. Am schimbat brusc apelând la sinceritate. De fapt, mi-ar fi plăcut psihiatria. La nebunie!... Desigur ca vizavi de interesul enorm pe care-l am pentru tine, nimic nu mă deranjează. Te încurajez să-mi scrii mai departe. Dacă primești, pot chiar să îndrăznesc să ies din zona mea de confort și să risc ascuțișul criticii tale. De la tine primesc oricâte lovituri. „Minus una"...

S: Teleologia – partea metafizicii care se ocupă cu scopurile și finalitatea – nu este cea mai prestigioasă. Finalitatea aparține ființei umane. Este modul nostru de a para finitudinea. Este și motorul dezvoltării societății și civilizațiilor. Universul nu este teleologic. Toate sensurile și semnificațiile sunt atribuiri ale trestiei gânditoare. Dumnezeu? Probabil există. Dar, nu seamănă în niciun fel cu cel descris de tradițiile oamenilor. Contradicțiile inerente ale creatorilor săi îl fac impropriu pentru acest Nume de Dumnezeu.

C: Spui că finalitatea aparține ființei umane, ca și cum ar fi un produs „second hand". Nu sunt toate (credința, știința și filozofia tot atât de mult) produse umane? Care ar fi fost cealaltă variantă? De ce a trebuit să precizezi că finalitatea aparține ființei umane?
Sau de ce aduci explicația motivului ca pe o scuză: „modul nostru de a para finitudinea"? În concepția celor pe orbita cărora gravitezi (enunțați în grupe culturale, științifice sau chiar religioase, din articolul tău de bază), nu exista necesitatea de a para ceva. Finitudinea, ca și lipsa de finalitate sunt „regulile jocului". Argumentația ta, ca și limbajul tău, împrumută concepte și expresii care sunt din „jocul meu"... Iartă-mi îndrăzneala. Dar dacă remarcile mele îți irită în vreun fel logica, mă opresc. Doar ca să știi că și eu gândesc. Deci... Adică particip la ceea ce-mi spui. Te urmăresc. Nu sunt areactiv. Nu-mi este clar cât tolerezi „urmărirea" mea.

S: Respect convingerea ta! Repet o tratez cu respect! Te înțeleg, ca unul care am trăit acest marasm 65 de ani. Are o singură bază: teama de suferință, moarte, nevoia de speranță. Toate subiective! Nimic obiectiv. Faptele științei aduc argumente covârșitoare, dar voi, frații și colegii, prietenii mei, le ignorați, fiindcă sunteți dependenți de un ghetou interior. Aplicați coerența unui cerc vicios închis. Și vă simțiți foarte bine! Cu amvonul și Speranța tv. Lumea bună vă compătimește și trece mai departe! Suntem liberi!

Lumea liberă a cunoscut capacitatea de a-și asuma libertatea cu toate riscurile și limitele ei. Popoarele încă rudimentare, necizelate, preferă totalitarismele. Este nevoia de autoritate, de Tătuc, fie el Stalin, Putin, Gaddafi etc. Religia excelează prin recursul la Autoritate. Autoritatea Absolută! Repet: Includ și respect inteligența, erudiția, succesul vostru industrios, calități incontestabile. Păcat că sunt aservite afectiv unei secte ignobile de secolul XIX.

C: Cu Speranța TV nu m-ai ghicit. Nici cu teama de suferință sau moarte. Mă caracterizează logica mai mult decât părerea unora, chiar a majorității. Ai putea găsi și tu cazuri istorice de autoînșelare a unei majorități. Cel puțin în domeniul științei, solitarii au scris istorie.

S: Oricum, îți mulțumesc pentru dialog. Este clar că nu-ți face plăcere. Dar eu o să-ți spun ceea ce aveam de spus. Pentru mine, exemplele anecdotice nu sunt emblematice.

Desigur ești familiar cu principiul naturist: „alimente = medicamente". În timp ce o alimentație sănătoasă, rațională, prezervă starea de sănătate, a crede că odată diagnosticul pus pentru o boală infecțioasă, canceroasă, este suficient să mănânci sănătos ca să te faci bine, este criminal. Nu că l-am aplica. Dar ne influențează. Mai ales extra-medical. Este un principiu nociv. Presupune să anulezi o mare parte din medicina modernă cu tratamente etiologice, chimioterapice etc., pentru... sucuri.

Dar nu medicină vreau să fac eu aici. Există o extensie cultural spirituală toxică a acestui principiu: „cu ce te hrănești, aceea ești". Sub această butadă este interzisă întreaga literatură de calitate, de la sursă. Tot ce citește un creștin fundamentalist,... este o literatură triturată, digerată, metabolizată teologic, creștin. Botezată. Interpretată. Practic sunt amputate domenii vitale ale formării culturale privind evoluția, critica religiei, ateismul. Sunt sigur că n-ai citit nimic de Bart Ehrman, că n-ai citit un rând din Richard Dawkins, Cristopher Hitchens, Sam Harris etc. În bibliografia la Gândul zilei (https://letras.ro/product/metamorfoze-spirituale-ebook-epub/ ; mai jos, rulând: **eBook Gândul zilei**) poți vedea autorii parcurși de mine în ultimii 3-4 ani, de exemplu. Sunt încă mulți, mulți alții. Orice bun creștin ignoră această parte a literaturii științifice, din motive dogmatice, ideologice. Și e păcat. Știi de ce persistă această practică? Fiindcă teologii nu se simt pregătiți să facă față bărbătește, provocărilor științifice. Știu că sunt descoperiți, deficitari.

Dar, presiunea este enormă! Evidențele științifice sunt copleșitoare! O să-mi spui: lasă că evidențele astea sunt de câteva sute de ani, cel puțin din timpul lui Galilei și n-au avut niciun spor. Adevărat! Dar, este incomparabil. Domeniile converg și sunt sinergice! Ele pătrund nu doar în conștiința unor inițiați, ci au ajuns la vârful degetelor publicului larg! Religia, teismul, creaționismul, devin desuete în fiecare clipă, cu fiecare zi care trece. Tinerii pleacă din biserică într-un procent de peste 2/3, aproape 3/4. Disonanța cognitivă este imensă și devine extrem de supărătoare!

Cu Diana

Bună dim! Trebuie să recunoști că modelul existenței în care crezi tu are câteva hibe:
- se bazează pe convenabil, dorință, pe ceea ce ni se pare că ar fi bine – wishful thinking
- este foarte simplist, față de complexitatea vieții și existenței
- nu este susținut, ci este contrazis de toate datele istoriei naturale și ale științei actuale
- are origine tradițională, mistică, mitologică și miraculoasă
- presupune existența nedovedită în niciun fel a unei divinități care se ascunde și nu se arată din motive obscure
- presupune o origine, un scop și o finalitate care sunt foarte la îndemână conștiinței noastre, dar care se dovedesc inexistente în lumea minerală și naturală...
- etc

EDMOND CTINESCU

Edmond, Mulțumesc!

Ești singurul care mi-a răspuns.

DI-ID, care mi-e prieten apropiat și care, împreună cu familiile noastre, soțiile, copiii, ne-am susținut reciproc în acest proces al deconvertirii, se teme pentru prima dată de consecințe!

El oscilează foarte mult între obida zădărniciei și abuzului spiritual trăit în toate aceste decenii, fierbe de mânie, tună și fulgeră împotriva unuia sau altuia, luându-i ca țintă, dar nu vrea să exprime deschis în spațiu public această poziție, ba afirmă clar că el nu se dezice de religie. Tatăl lui încă trăiește (între timp au decedat ambii părinți), frații săi se desprind, de asemenea, de biserică. În cazul meu, am devenit agnostic. Dar eu nu iau ca țintă persoane, instituții, o confesiune. Mă mișc în zona abstractă a luptelor de idei. Inițiez polemici cu colegii mei, cu frați care vor să mă recupereze sau să facă misiune cu mine – gen CM. Probabil nu-l cunoști.

Cel mai documentat, citit și mult mai avansat în concepții dintre noi este RA, profesor universitar, poliglot, inițiat în ebraică. Deși ne întrece în concepții, continuă să meargă la biserică. „Nu vreau să lăcrimez sau sângerez inimi!", zice. Cum vezi avem, fiecare, o altfel de înțelegere! Tu ai rămas pastor, practic ești în biserică, chiar dacă pare evident că nu mai faci parte din sistem, dar ai avut deseori curajul să spui răspicat ce gândești.

EC: Cu privire la publicul țintă, avem de ales între o conversație în Agora, cu un public larg, dar scopuri mai puțin definite și mai puțin măsurabile, și un public mai îngust, o țintă măsurabilă. Dacă ne propunem să educăm biserica din care venim, cred ca holdele sunt coapte, însă va trebui să abordăm teme ca Ellen White și știința, problema cu inspirația propozițională, originea și interpretarea Genezei, o prezentare accesibila a teoriilor despre evoluția universului și a vieții, posibilitatea unei noi teologii adventiste deschise etc. O problema cheie este faptul ca religia nu tolerează ambiguitatea si răspunsurile provizorii. In acest caz, polemica va fi inevitabilă. O discuție în spațiu lărgit este bună dar va trece peste capetele credincioșilor. Alegerea vă rămâne, dar cred că cele două se exclud mutual.

S. Mulțumesc! Edi, prețuiesc mult aceste cuvinte venite dintr-o inimă mare, de la un suflet mare! Eu credeam că ai doar o minte mare! Nu știu dacă „Te iubesc!" este formula potrivită, fiindcă eu te admir, ești mentorul meu formator, ești un colos de erudiție și informație, ești atât de citit și știi ce să faci cu toate acestea! Ce ne-am fi făcut fără tine!?! Lumea noastră ar fi fost mult mai săracă! Știu că nu-ți plac osanalele, dar am îmbătrânit amândoi și nu prea-mi place și nici nu mă mai pot abține! Să te țină Dumnezeu! Și tu, ține-o tot așa!

Edi: Bună, Sorin, E trist când prietenii trec prin tragedii, e și mai trist când ai fi vrut sa fii lângă ei, dar te afli departe de propriu și la figurat. Am primit un email de la nora ta si mă simt rușinat să aflu ce ar fi trebuit sa știu. Mă simt de asemenea vinovat sa aflu abia acum despre eroismul tragic al fiului tău și mesajul pe care l-a lăsat prin cărțile lui. Sunt ideile unui luptător care crede în viața într-un secol bolnav de cinism.

Nora ta mi-a oferit privilegiul să fiu parte din continuarea luptei lui Alex și îl accept cu recunoștință. Atitudinea ei este inspiratoare și este cea mai bună ilustrare a ideii „#poți să lupți". Sperăm să vina și vremea rasului.

Ca intelectuali suntem sceptici față tradiții și dogme, dar am înțeles ca orizonturile vieții sunt infinite și universul pe care abia acum începem să-l înțelegem lăsa loc pentru multe surprize. Am pierdut multe iluzii, dar ne-am păstrat speranța în „dincolo". „Partir c'est mourir un peu". Și invers.
Cu dragoste,

Cu LD:

Rămâne însă o necunoscută fascinantă în existența aceasta efemeră, în care, se pare ca omul este în centru: Profeția biblica. Astfel, aflăm despre un Dumnezeu iubitor, preocupat de Creația Sa, pana la sacrificiul suprem. Este unul dintre lucrurile care „m-au ținut" în biserică.

S: Profeția! Cu limbajul ei simbolic și oracular, cu interpretările caleidoscopice, cu redactarea post factum (v Daniel – creditat drept secolul V î.Hr., de fapt semnalat după 165 î.Hr.). Religia conține valori supreme, dar este întocmită de oameni talentați – în acest sens, inspirați – cu multiple straturi folclorice, mai ales în perioada orală. Orice teolog știe că Ezra, Neemia și Zorobabel au făcut redactarea VT, dar noi continuăm să atribuim lui Moise, scrieri vechi, din surse multiple. Avem un Dumnezeu îngăduitor. Profeție, preoție, păcat – sunt termeni ecleziastici care au o istorie, o dată de apariție, o evoluție și, vor avea probabil, dacă nu o dispariție, o ieșire treptată din uz.

Cu M S:

Prezentarea cărții lui Em Carrere, Împărăția cerurilor. Propunere de lectură.

M: Emmanuel Carrere practica Yoga... Aștept să vii cu lucruri noi, bine cântărite, nu cu extremisme yoghine sau spiritiste!

S: ...Poți defini spiritismul? Îl poți susține cu dovezi științifice, logice? Nu! *Wishful thinking*! Confundarea realității cu aspirațiile, visele, imaginarul!

M: ...S-au înființat mii (?!) de societății spiritiste, iar ideile spiritiste... sunt incluse în programa școlară...

S: „Știința" anului 1857, secolul al XIX-lea! De râsul curcilor. Există vreo dovadă a științei spiritismului, alta decât iluzionism, șarlatanie, etc? Hai să fim oameni serioși!

M: Să fim serioși, sunt de acord!

S: Știi ce constat eu, Nelu. Că doctrinele, dogmele și convingerile religioase au puterea de captare colectivă similară cu cea a temelor delirante din psihoze. Nimic nu vă poate clinti. Impenetrabili! Captivi! Pur și simplu, aveți un sistem de apărare rezistent în fața oricărui argument, oricărei rațiuni, împotriva oricărei dovezi. Totul, de dragul unor cuvinte, iluzii, himere bazate pe credulitate. Împotriva tuturor evidențelor. Un sistem irațional! Legende, basme, plăsmuiri, luate drept realitate, împotriva realității însăși!
Îi transmit lui MN o meditație a lui ID: Gânduri:

„Teologia apocaliptică este construită în jurul pericolului ce planează asupra democrației americane – unirea statului cu Bisericile (catolică și protestante) în vederea impunerii obligativității religiei „false" și în special a respectării duminicii ca zi de odihnă. In fapt, biserica este o instituție religioasă care dorește să preia locul statului și al societății laice în viața credincioșilor săi, izolându-i cât mai mult de lume în vederea controlului și manipulării!

Stigmatizați de tabuuri religioase, credinciosul este plasat sub controlul exclusiv al unei autorități totalitare, religioase și civile în același timp... In acest fel, interacțiunea cu autoritățile statului este redusă la minim, statul fiind prezentat ca un potențial pericol pentru integritatea și puritatea adevăratei credințe. Școala, armata, justiția, cultura de masă (ziare, cărți, televiziune, etc) sunt diabolizate și prezentate ca agenți ai unei lumi corupte care trebuie evitate.

În schimb, biserica încearcă să creeze un „stat paralel" cu instituții proprii, pure, necorupte de atingerea „lumii"! In plan uman se creează o distincție cât mai radicală între cei aleși și cei pierduți, între cei cu sigiliul lui Dumnezeu și cei cu semnul Fiarei, adică o ruptură cât mai radicală a relațiilor umane naturale! Prieteniile, vizitele, distracțiile cele mai simple sunt interzise, nemaivorbind de căsătorii „mixte"! Alienarea și paranoia ajung să devină aproape norma! Iar in interiorul acestei minunate lumi noi înfloresc ignoranța, abuzul, tirania, nevrozele, ratările, conspirațiile. Câteva generații de copii și tineri din Ro au fost „reeducați" deja în această microsocietate. Câte victime vor mai fi necesare pentru a potoli setea și foamea Molohului?"

M: Mulțumesc. Mă simt jignit, umilit. Chiar mă consideri corupt, handicapat, cred că trebuie să te oprești, sunt lucruri mult mai bune pe care poți să le faci, înțeleg convingerile tale și le respect, ar trebui sa faci si tu la fel!

S: Nu e textul meu. Vezi, asta e eroarea. Sunt acolo niște inițiale! Nu te mai repezi așa, că greșești! Și apoi, ceea ce se spune despre o instituție, o grupare, în ansamblul ei ideologic, doctrinal, dogmatic, nu are neapărat rezultate practice concrete și nici nu se aplică oricărui membru al bisericii. Eu nu mă simt jignit. Sunt mai detașat. Pot discuta principial, fără patimă, fără pasiune! Eu aș reflecta! Există vreun dram de adevăr în aceste gânduri? Sau, sunt simple prostii! Adevărul e că religia are multe din caracteristicile extremiste din America secolul al XIX-lea.

M: Bănuiesc cine este ID și, de asemenea, îi respect convingerile, și ceea ce am spus este valabil și pentru el. Vă puteți opri, aveți lucruri importante de făcut!

S: Ceea ce nu înțelegi tu este că procesul convertirii, ca și procesul de-convertirii este unul complex, la care noi și familiile noastre participă din plin. Există literatură, în acest sens. Este un proces laborios cu bucurii și doliu, cu frământări și eliberări, cu satisfacții și durere. Iar, noi îl disecăm, încercăm să ni-l explicăm, să-l înțelegem și să-l administrăm în cunoștință de cauză. Iar tu ești obișnuit să dai sentințe, să spui lucruri care ți se par valabile, dar de fapt, dovedești o înțelegere trunchiată și simplistă. Nu judecăm, ne eliberăm!

M: Bine. Eu, cu „înțelegerea mea trunchiată, simplistă, vă respect convingerile, și vă cer ca tu, ID, și ceilalți să vă opriți, și, repet, aveți lucruri mai importante de făcut. Nu e mult!

S: Adică, noi nu suntem oameni liberi? Poți tu să ne ceri ceva care limitează dreptul nostru de exprimare? Cel mult, nu-ți mai trimit mesaje, dacă nu mai dorești. Tu îmi poți trimite orice mesaje. Eu le pot aprecia favorabil sau defavorabil, dar dreptul tău la opinie rămâne intact.

Așa cum am spus, te supraestimezi și îți arogi o autoritate care nu-ți aparține și care nu poate leza drepturile celorlalți. Fie că îți place sau nu. Dacă te deranjează opiniile mele, nu ți le mai trimit. Eu consider că aș avea de pierdut dacă cineva pe care îl apreciez nu-mi mai împărtășește opiniile. Punctele noastre de vedere, oricât de incomode, trebuie să circule liber. Libertatea de expresie era limitată doar în societățile și orânduirile totalitare. De tristă amintire. Se pare că ne-am contaminat!

M: Puteți face orice, și văd ca faceți, eu am învățat să respect. Dacă denigrarea bisericii vă ajută în procesul de-convertirii, faceți acest lucru și văd ca îl faceți, cu insistență, dar în ceea ce scrieți jigniți oameni, dar dacă vă ajută sunteți liberi să faceți și acest lucru, eu nu vă pot opri!

S: Profeții, Domnul Hristos – toți au criticat instituția, preoțimea și castele conducătoare. Dar eu, nu mai sunt și nu voi mai fi un om religios. Afirmațiile mele critice din cărțile mele sunt pertinente. În numele purității de credință s-a organizat inchiziția și s-au ridicat ruguri, în numele superiorității rasiale, a ordinii și disciplinei în muncă s-au organizat lagăre de concentrare și exterminare naziste, în numele unui viitor mai bun au fost lichidate prin înfometare, siberii sau lagăre comuniste, zeci de milioane de familii ale unor oameni simpli a căror unică vină era aceea că se născuseră și trăiau într-un loc toxic ideologic și blestemat ca sistem.

Circulația ideilor, opiniilor și conversația respectuoasă, politicoasă, nu denotă dispreț sau absența considerației, ci dimpotrivă, atenție, meditație, dialog. Astfel, progresează cunoașterea, gândirea, înțelegerea cuprinzătoare a problemelor dificile ale omenirii.

S: Fac precizări de bun simț, după înțelegerea mea, fără surse. Fără pretenții. M-aș bucura dacă ai face la fel. Nu am o cultură spiritualistă, cu atât mai puțin spiritistă. Spiritualismul este convingerea că există ființe conștiente, vii, nemuritoare lipsite de orice suport material. Spiritismul ar putea fi încadrat într-o ramură a spiritualismului, cu precizarea că aceste spirite sunt malefice sau se manifestă doar la ordinul unor puteri malefice care pot crea aparența comunicării cu spiritele morților. Am o atitudine rezervată față de orice formă de spiritualism sau spiritism.

Mi se pare evident că nu avem nicio dovadă a vreunei existențe – în special umane – fără suport biologic. Pozitivismul este partea materialistă a filosofiei. Ea este acceptabilă, cu excepția faptului că eu cred în existența lui Dumnezeu, despre a cărui natură nu știm nimic. Este posibil să aparțină altor trepte sau dimensiuni ale existenței pentru care, noi pământenii nu avem date și nici acces. Sub aspect existențial, nu moral-spiritual. În ceea ce privește trans-umanismul, cred că este o filosofie pretențioasă. Pentru mine, civilizația umană este rezultatul unor factori absolut naturali, firești. Cunoaștem și înțelegem parțial trecutul și prezentul, nu știm aproape sau chiar nimic, despre viitor.

S Pt M: Afirmația prin care mă citezi, nu aparține filosofiei trans-umaniste. Am făcut-o eu, ieri prima dată, și este inspirată de lucrarea citată și prezentată. Continui să ți-o recomand cu căldură, din prietenie, ca pe o lucrare formativă, foarte bună și necesară înțelegerii și deschiderii minții. Ar fi o imposibilitate și o eroare grosolană, ca omenirea să combată cercetarea științifică sau progresul tehnologic, din motive pacifiste. Ar fi la fel de prostesc ca și gestul anecdotic al soțului înșelat care distruge patul. Sursa infidelității este cu totul alta!

Războiul – un flagel teribil – trebuie combătut prin promovarea relațiilor internaționale echitabile, diplomatice, pașnice. De altfel, militariștii consideră că însăși tehnologia este un factor beligerant pacifist și inhibitor față de război, prin consecințele catastrofale.

S: Ceea ce urmează, nu este nici flatare, nici denigrare, ci efortul de analiză și înțelegere lucidă. În tine sălășluiesc doi oameni opuși, foarte diferiți, inacceptabili unul pentru altul, astfel încât se ignoră și se neagă reciproc, nu pot să știe unul de altul.

Pe de o parte, omul de afaceri orientat, cu intuiție, fler și receptori de copoi versat și dresat, care adulmecă orice posibilă afacere rentabilă, investește inteligent, produce profit nesperat, poate administra o afacere lucrativă, o urmărește și conduce cu efort neobosit, tenace, dezvoltând-o, înfloritoare. Așa ai reușit în imobiliare, în producția de ulei sau încălțăminte etc.

Pe de altă parte, omul rigid, suficient, foarte mulțumit de sine și convingerile sale, cu prestigiu și notorietate de mecena și dărnicie, incapabil de analiză și evaluare a dogmei, luând totul de bun, cu valoare de absolut, neclintit.

Biserica de care aparții nu este decât un cult marginal, o sectă fanatică periferică, apocaliptică, care abundă de contradicții dogmatice, de prescripții ciudate și bizare, un anacronism fundamentalist rupt de realitatea religioasă, academică, teologică, științifică, filosofică și de civilizație umană.

Aceste epitete nu au caracter peiorativ, ci doar unul analitic, descriptiv și constatator. Refuzul de a accepta o analiză, informare și în domeniul concepției despre existență și viață, despre istoria și devenirea culturală și spirituală a omenirii, exact ca în afaceri, te dezavantajează crunt, te condamnă lent la sinucidere cultural-spirituală.

Lumea merge înainte. Ce a fost, va mai fi. Ciclurile se repetă pe paliere suprapuse, tot mai elevate calitativ. Eclesiastul 1,9: Ce a fost va mai fi și ce s-a făcut se va mai face; nu este nimic nou sub soare. Unii dintre noi vor continua să rămână în bula stingheră și neadaptată, dar căldută și confortabilă cu iz de ou clocit.

Se pare că fiecare dintre noi suferă de dublă sau multiplă personalitate. Ianus! Atunci când sunt implicate valori, opinii de care suntem foarte atașați afectiv, avem tendința să ne formalizăm, să ne crispăm, nu mai suntem noi înșine, sinceri, onești, deschiși, capabili de orice afirmație spontană. Devenim mai ipocriți. Ocolim marea și uscatul. Ne înșelăm singuri. Tot noi suntem. Putem vorbi deschis!

S: Văzute deja, ascultate. Din nefericire și Ionesco și Țuțea, deși niște titani, erau prea în vârstă. Ionescu cu lirismul lui bizar și ușor absurd al artistului, Țuțea – misticul filosof care ratează valoarea practică a normelor științei. Cioran, mai tânăr, înțelege că o apropiere – dincolo de cea sufletească – în gândire, nu e posibilă. Există o glumă – peste 7 grd Richter, ateismul dispare. Ăsta e adevărul. Omul e limitat. Omenirea are măreția și metehnele ei. Când te apropii de moarte, renunți la realitate și realism, de dragul absolutului. Care e infinit. Cum spune Țuțea – către care nu poți tinde decât asimptotic. Poți crede în el, dar nu-l poți pipăi, nu-l poți atinge. De la Einstein, nu realitatea, ci relativitatea devine absolută – ceea ce este un paradox!

S: De fapt, pledoaria ta nu este pentru reflexie – în oglindă – ci pentru reflecție – lăuntrică. Ce-aș putea vedea în afară? Un anonim, boșorog, ca alte milioane, miliarde, chiar. Interior, mă simt bine cu mine însumi. Cu Dumnezeu. Și cu oamenii. N-am făcut tot binele pe care puteam să-l fac, dar am făcut o parte. M-am ferit să fac răul care m-ar fi ispitit, fiindcă mi-a fost teamă. Nu sunt vinovat de păcate mari. Sunt destul de fericit, mulțumit și împlinit – în ansamblu. Mă bucur de natură și de pământul acesta ca un Eden, muncesc cât să nu ruginesc, îngrijesc plante, hrănesc animale și ele îmi arată afecțiunea și recunoștința lor simplă și sinceră. Consiliez și consult cunoștințe, dar o fac tot mai rar. Frecventez autori mari și am ce învăța. Citesc mult și scriu puțin. Sunt fericit.

Cu AZ

Nesatisfăcător! Nu-i nimic, mie tot îmi sunteți drag, și tot mă voi ruga pentru dumneavoastră.

S. Mulțumesc! Apreciez!

În realitate sunt doar doua dogme între care putem opta: 1. Dogma creației si 2. Dogma evoluției. Din nefericire, o sa treceți repejor peste această mică observație...

S: Există dovezi copleșitoare în favoarea evoluției și ele sunt fapte, nu vorbe: paleontologie, embriologie, biologie moleculară, genetice, geologice, fizice și biofizice. Asta nu exclude existența lui Dumnezeu. Despre care nu știm nimic, decât din ce povestesc oamenii și pe care le interpretăm. Logolatrie! Hermes! Hermeneutică!

Pandemia ne-a demonstrat că delirul cultural colectiv are trăsături patologice, paranoice, identice sau măcar similare cu cel psihiatric și că adevărul științific, statistic poate fi ignorat cu bună știință, în favoarea unor absurdități și gogomănii!

S: „... vocile asurzitoare ale oamenilor religiei..." Dintotdeauna, omul își va declara și declama răspicat dragostea pentru adevăr, dar va prefera valorile îndrăgite, în practică. Peste câteva decenii, când vom fi descoperit mijloace de locomoție evidente, aflate dintotdeauna la îndemâna noastră, rezultând din combinarea elegantă și inteligentă a raporturilor dintre câmpuri, spațiu-timp, energie, vom privi spre perioada resurselor fosile, ca o epocă barbară asemănătoare cu epoca de piatră. Totuși, nepoții noștri vor avea nostalgii.

S: De fapt, asta este șmecheria care vă pierde, pe voi, clericii. Pretindeți că îl aveți pe Dumnezeu, că l-ați confiscat, că l-ați botezat, fiecare în confesiunea lui. În numele unor valori universal dorite și prețuite: iubire, armonie, altruism, caritate, construiți sau preluați o doctrină care exploatează și vine în întâmpinarea celor mai primitive și grobiene forme de vanitate, trufie, nedreptate, favoritism și nepotism: noi suntem poporul ales, avem o importanță cosmică, suntem preferații lui, avem pilă la el! Tot ce nu aveți acum și aici, veți primi dincolo dacă sunteți docili, darnici, ascultători și activi! Iluzii! Urmează groapa! Dar, vom profita și de ultima slujbă! Cea de înmormântare!

S: Este tonic să știi că aceleași legi fizice determină dinamica, atât pentru praful din pledul pe care îl scutură gospodina, cât și cel care alcătuiește roiul galaxiilor. Astfel, dobândești o imagine mai realistă asupra lumii și existenței. Pentru mine este mai mult decât evident că între realitatea fizică, naturală și cultura, spiritualitatea și mitologia noastră există un clivaj, o prăpastie de netrecut. În timp ce modul de alcătuire a materiei, masei, energiei, câmpurilor, informației, radiațiilor, luminii, spațiului, materiei întunecate și energiei întunecate, astrelor, galaxiilor, roiurilor și metagalaxiilor, universului întreg, cu istoria lui bilionară, a făcut posibilă apariția vieții și a conștiinței, produsul cultural și spiritual, tinde abia în ultimele sute de ani să reflecte această realitate. Pe măsură ce secretele realității au fost deslușite, ele s-au regăsit și în cultură. Dar ele au sosit foarte târziu. N-au ocupat un spațiu vid.

Oamenii și-au dat explicații asupra existenței, reflectând-o valoric, metaforic și mitologic, punând în valoare atât trăsăturile ei organoleptice, cât mai ales pe ei înșiși, dorințele, aspirațiile, valorile, temerile, speranțele, așteptările și imaginația lor. Toate producțiile lor, îi reflectau în primul rând pe ei înșiși și problemele lor. Discursurile, poveștile, istoria, mitologia, basmele, cultura, arta și spiritualitatea lor, îi reflectă în primul rând pe oameni, sunt antropologice, nu științifice, ca să aibă precizie, verificabilitate, falsificabilitate.

Întreaga noastră cultură și spiritualitate se impun prin convenabilitate, reprezintă ceea ce putem agrea, așteptările, speranțele și năzuințele noastre. Ele trebuie să ne aline, să facă existența suportabilă, să escamoteze asperitățile greu de tolerat ale existenței. În asta constă frumusețea lor, astfel izgonesc ele urâtul. Caracterul indiferent al realității, universalitatea vieții și morții, caracterul implacabil al acesteia din urmă, perisabilitatea și vulnerabilitatea noastră la suferință, efemeritatea noastră, sunt simbolizate, stilizate, repovestite și continuate cu istorii, povestiri și convingeri din spectrul valoric, imaginar. Realitatea devine participativă, existența continuă într-o lume paralelă ulterioară, timpul se prelungește infinit cu veșnicia, suferința și moartea nu mai există, impedimentele și frustrările, chinul și regretele, au dispărut. Nu mai există conflicte, contradicții sau contrarii, toate acestea fiind înlocuite de o lume și existență utopice, unde armonia și fericirea sunt inepuizabile și omniprezente.

Cine realizează toate acestea? Divinitatea! Despre care oamenii au descrieri impresionante din același spectru al valorilor atractive și de dorit. Dar, această divinitate tace. Se ascunde. Nu poate depăși niște obstacole care se dovedesc insurmontabile chiar și pentru atotputernicia ei. Se folosește exclusiv de oameni ca să ne transmită mesaje. Există mesageri, texte sacre, exegeză, hermeneutică, toate multistratificate. Dar nu există dovezi. Evidențe. Demonstrații. Totul este la mâna a doua. Second hand.

Z: Ce argumente științifice ale originilor mi-ați putea, deci, prezenta?

S: Mai citește! Vei găsi toate argumentele. Ceva mai tari decât credința! De pildă, Universul din nimic al lui Krauss. Dar și eu continui să cred într-un Dumnezeu Necunoscut! Altul decât cel al oamenilor! Concluzie pusă de Lawrence M. Krauss la finele cărții sale, *Universul din nimic*:

Fără știință, totul este miracol. Cu știință, nimic nu e miracol.

Știința nu face imposibilă credința în Dumnezeu, ci face posibil să nu credem în Dumnezeu (Steven Weinberg). Einstein a pus această întrebare fascinantă: Dumnezeu a avut de ales atunci când a creat universul? Până la Newton, Keppler și Galilei, răspunsul era clar: nu, Dumnezeu n-a avut de ales, lucrurile pot fi doar așa cum sunt. Dacă fizica cuantică a introdus o îndoială în această privință, este numai pentru că nu cunoaștem încă toate detaliile. Posibilitatea ca, chiar și un Dumnezeu aparent omnipotent, să nu fi avut niciun pic de libertate în crearea universului, sugerează un Dumnezeu nenecesar sau redundant.

Apoi, poți ignora sutele, miile de fosile hominide aflate în muzeele lumii. Cum explică religia aceste fapte, aceste realități? Nu suflă un cuvânt! Fiindcă, orice ar spune, poate folosit împotriva ei. Așa că, bine face că tace!

AZ: „Poate un muritor sa pună întrebări socotite de Dumnezeu fără răspuns?... Eu cred ca dvs numiți ilogic ceea ce nu puteți cuprinde cu mintea. Cu toate efectele ce derivă, dintre care cel mai puțin periculos e că striviți corola de minuni a lumii...

S: Nu am niciun drept de proprietate asupra logicii. Nu-mi aparține! Corola de minuni a lumii: pozele de mai sus! Tot ceea ce nu pot cuprinde cu mintea, mă uimește și este de ajuns!

Z: Atunci de ce încadrați la „mituri/fabule etc" discursurile scripturale greu credibile?

S: Adică, ai vrea ca opinia și credința lui Pavel sau a ta – iartă-mi alăturarea și asocierea, să fie luate drept realitate? Nu este aceasta o cutezanță nepermisă și impardonabilă? Biblia trebuie citită și analizată ca orice altă carte.

Z: Adică, dvs nu mai acceptați distincția dintre „revelatul" omului lui Dumnezeu si... „irelevantul" liberilor cugetători?...

S: Distincția îți aparține! Sfinții remarcabili care contează reprezintă mai puțin de 1% dintre oamenii de cultură, artă etc., care contează!

AZ: Oamenii remarcabili de știință, de cultură, toată eminența cenușie a omenirii, umanitatea etc a fost cât de cât relevantă în concluziile ei doar când a ridicat timid voalul pentru a trage cu ochiul la informația furnizată pe cale revelată. De rest – opinia, grozăvelile, penibilitățile sau chiar grotescul „produs" de omul decuplat de Dumnezeu a constituit doar..steril!

S: Da? Câte Invenții, descoperiri (revelații) reale, progrese, se rețin ca fiind semnate de oamenii bisericii? Religia a fecundat arta, arhitectura, dar în rest? Contribuția clericilor la cultura și civilizația omenirii este derizorie.

Z: O fi derizorie. Dar nici un om inteligent și cu background teologic n-ar susține ineptia cf căreia Dumnezeu a pulsat bunăstare/dezvoltare/știință/bine/adevăr/frumos spre omenire strict prin oamenii bisericoși sau credincioși...

S: Exact. Am devenit realist! Am pus miturile la locul lor! O istorie a dezamăgirilor! Mulțumesc! Nu servesc! Sectele sunt cele izolate, ghetoizate.

Z: Eu sunt un sectant?

S: Bineînțeles! Ce este religia, dacă nu o sectă, confesiune neoprotestantă ultraconservatoare și fundamentalistă! Voi nici nu realizați! V-ați imunizat!

Z: Isus a fost conservator, fundamentalist, exclusivist... A fost întemeietorul sectei?...

S: Isus nu era adventist!

Z: A doua chestiune. Este una enervanta la culme pentru unii oameni. Se numește păcat. Sunteți în această situație... ?

S: Ce este „păcat"-ul? Există? Nu cumva este o creație preoțească care să justifice slujbele grase și miezoase? Există adevăr și eroare, bine și rău, frumos și grotesc. Asta în sfera valorilor umane. Repet: umane. Omul este un amestec contradictoriu de valori și nonvalori, anti-valori. Păcatul este o invenție religioasă, preoțească. Cea mai bună dovadă? Contrariile care sunt universale. Și neutre, moral, spiritual. Nu sunt nici mai bun, nici mai rău decât toți ceilalți oameni. Cu foarte rare excepții, am lăsat loc de bună ziua. Respectat și căutat de pacienți. Împăcat. Fără resentimente. Mulțumit! Păcatul reprezintă motivarea prin vinovăție a religiei. Care este profund contraproductivă, inumană și antipsihologică! Din el izvorăște iadul!

AZ: Ați redefinit noțiunile biblice și le-ați dat o semnificație confortabilă dorințelor dvs... Mai vorbim...

Z: Astăzi am finalizat instalarea unui studio de filmare. Opinia Production...

S: Continuă să crezi! Ferice de tine! Dar, nu uita! Lucrurile confecționate sunt moarte! Lucrurile care se fac, sunt vii! De la sămânța care germinează, la electronul care sare de pe un nivel energetic pe altul. De la undă și corpuscul, la stele, metagalaxii și roiuri, de la câmpuri și superpoziții, la particole și hadroni – totul este viu! Materie, energie, informație – totul freamătă, vibrează și astfel există! Este viu! N-o să găsești nici cea mai mică dovadă a vreunui demon, înger sau zeu care trage, împinge sau mișcă ceva!

Z: F bine că e viu și mișcă. Înseamnă ca a primit viață de la cineva.

S: Conform cărei legi fizice, chimice, biologice, astronomice – științifice?

S: Adrian, noi suntem de partea realității! Voi sunteți de partea credinței! Voi trebuie să demonstrați! Noi n-avem nimic de demonstrat! Realitatea este evidentă! Nu întoarce argumentul cu capul în jos! Noi avem realitatea, cunoașterea, știința! Toate argumentele din lumea existentă! Voi aveți doar Cuvântul, doar cuvinte!... Nimic, în afară de cuvinte. Și, pentru a avea sens, cuvintele sunt obligate să fie o reflectare a realității! Altfel, sunt un nonsens!Apucăturile astea de fată bătrână năzuroasă și hipersensibilă, pot avea după opinia mea – care nu deține nicio exclusivitate – doar două cauze:
- fie poziția adoptată de tine și pe care o susții, o aperi, nu poate fi acoperită;
- fie, nu ești suficient de mobilat interior, ca s-o aperi.

Altfel, de ce n-am putea discuta ca doi oameni normali, care se cunosc, se stimează și sunt capabili să-și tolereze opiniile diferite? Bine, am făcut și eroarea tactică de a te aborda în „ziua pregătirii", când toate restanțele trebuiau aduse la zi. Scuze! Nostalgiile sunt de multe feluri. Iată o nostalgie mistică, „profetică". A trecutului despre viitor, Apocalipsa, o modă veche de două mii de ani. S-o încadrăm cu îngăduință la poezie, ca să n-o etichetăm ca nebunie – delir mistic, fie el și cultural, spiritual. Mare este grădina Domnului!

Pastorul AZ comite gafa supremă, și nu mă întrebă, ci îmi sugerează că trebuie să fi comis cine știe ce păcat îngrozitor, de am „căzut" de la credință! Este eroarea repetată mereu de-a lungul veacurilor și, corectată de însuși Isus, în dialog cu ucenicii, viitorii apostoli: In 9, 2.3. Desigur, aici intervine superstiția comună a retribuției directe. Orice nenorocire are în spatele ei un păcat monstruos, în ochii oricărui fariseu mulțumit de sine, dar care ratează recidivat esența religiei, spiritualității și pocăinței. Este gândirea primitivă în alb/negru, a unei categorii de oameni care nu vor cuprinde niciodată complexitatea vieții și existenței.

Atunci când oamenii bisericoși, cu mir sau fără de mir, instituțiile religioase periferice și extreme, fanatice, nu au în vedere, nici proslăvirea, nici lucrările lui Dumnezeu (In 9,3), ci interese proprii și un loc călduț, confortabil, fără acoperire, vor vedea păcate, în locul oportunităților. Ratarea comună. Oamenii aceștia, aparținând unui sistem deviant, au pierdut din vedere criteriile obișnuite ale normalității, libertății și dezvoltării nestingherite. Ei nu pot gândi, acționa și trăi decât reglementat, în sistem, apocaliptic. Nu cumva, această predilecție pentru viziuni, fiare și așteptări apocaliptice, e oarecum deplasată și frizează patologia psihică – cel puțin, culturală!?

S: Ideea fundamentală a religiei este conflictul! Adevărurile absolute cer toleranță zero. Sursa războaielor religioase. Valorile trebuie să ne unească, viața trebuie prezervată, nonvalorile trebuie sancționate. Din nefericire, nici VT, nici Apocalipsele – nu pot fi un model pozitiv, ci unul negativ. Răzbunarea și sadismul, atitudinea radicală – sunt regula! Este o ideologie primitivă a biciului și zăhărelului! Padagogia a evoluat mult, între timp! Spune-mi sincer: De ce crezi tu că un principiu fundamental al unei democrații imperfecte, este separația puterilor în stat? Din fericire, în lumea modernă, seculară, puterea religioasă nu se mai numără printre cele patru puteri, dar cezaro-papismul a făcut ravagii în istorie! Care sunt forțele care trag societatea înainte? Dar, înapoi? Fii sincer cu tine însuți! Religia, biserica și clericalismul au folosit cele mai sfinte valori ca să separe, să pună deoparte – îți sună cunoscut? – de fapt, să dezbine – de ce? Pentru a putea stăpâni!

Matei 10:34 Să nu credeți că am venit s-aduc pacea pe pământ; n-am venit să aduc pacea, ci sabia. Poți citi până la v 37. Inspirator. Recent, am revizitat Luvrul. Covârșitoarea majoritate a statuilor au fața mutilată! Emblema religiei! Am vizitat Selciuc – fostul Efes. Pe înălțimea învecinată, se află mănăstirea Sf Ioan. Zidul incintei – vreo opt km – zidit numai din detritusuri antice din marmură. Ca și biserica din Densuș, din capodoperele romane ale Alba Julia sau Herculane! Crima abominabilă împotriva Hypatiei și dărâmarea artei antichității de către religia, echivalează cu crimele nazismului, sub aspect cultural!...

S: Spune-mi sincer: De ce crezi tu că un principiu fundamental al unei democrații imperfecte, este separația puterilor în stat? Din fericire, în lumea modernă, seculară, puterea religioasă nu se mai numără printre cele patru puteri, dar cezaro-papismul a făcut ravagii în istorie! Care sunt forțele care trag societatea înainte? Dar, înapoi? Fii sincer cu tine însuți! Religia, biserica și clericalismul au folosit cele mai sfinte valori ca să separe, să pună deoparte – îți sună cunoscut? – de fapt, să dezbine – de ce? Pentru a putea stăpâni!

Mat 10,34-37: Să nu credeți că am venit s-aduc pacea pe pământ; n-am venit să aduc pacea, ci sabia. Poți citi până la v 37. Inspirator.

AZ: Dl doctor, crimele au fost întotdeauna semnătura diavolului care se camuflează prin apropiere, care fără scrupule s-a folosit (și) de religie... Aș desființa în mod deosebit definiția păcatului, pentru a lăsa impresia ca pot face orice...

S: Eu aș porni de la realitate, de la viață și semnificația ei. Desigur, contrariile sunt universale: adevăr/eroare, bine/rău, frumos/grotesc. Dar, există vreo dovadă a personificării acestor valori și ale celorlalte? Niciuna. Putem alege să trăim și să fim dominați de trecut, sau să ne ocupăm practic de prezent – cum și facem – și să scrutăm viitorul. Miturile au frumusețea lor aparte, dar nu trebuie să trăim în ele, cu ele. Din ele! Pare de poveste. Dar, e de coșmar. Viața e simplă, frumoasă, complexă! Ne ajunge. Ne naștem, trăim, murim. Fără excepție! Restul? Narațiune!

Arată-mi un singur proces, o singură suită de evenimente, fenomene, care au nevoie, în succesiunea lor, de un demon, un înger sau de bobârnacul lui Dumnezeu! Toate își sunt suficiente! Faptul că trăiți în mijlocul mitului, nu e cea mai mare eroare. Dar, faptul că ignorați de cele mai multe ori, din neștiință, ignoranță, sau uneori, cu bună știință, realitățile istoriei, arheologiei, științei, descoperirilor făcute în ultimii trei sute de ani, cu precădere a celor 150 de ani, ba chiar din ultimii cincizeci de ani, este de-a dreptul criminal.

În curând, știința, cunoașterea, nu vă va mai lăsa loc de manevră, veți rămâne fără niciun argument în fața evidențelor! Altfel, cum s-ar explica secularismul masiv, absenteismul din bisericile rămase goale, scăderea dramatică a numărului de membri. Statisticile nu spun totul. Grozăvia este ascunsă sub preș! Vă așteaptă zile grele! Poate tu, vei avea pensie, dar veți fi ultima generație! Apocaliptică.

AZ: Gen – 11:4 Un turn. Acesta avea să dea locuitorilor cetății doritul simțământ de siguranță... Cei necredincioși își construiesc teoriile lor pe deducțiile așa-zisei științe și resping revelația Cuvântului lui Dumnezeu...

S: O imagine șchioapă, o concepție searbădă despre lume, existență și viață, un efort contra-cultural, destructiv, făcut de niște neica nimeni, pe baza unor legende orale din vremuri imemoriale, puse în scris de niște vajnici oameni ai culturii și spiritului, o mie de ani mai târziu.

Ca să fie și ei în rând cu lumea bună.

Și, pe baza lor, tu și cei ca tine, crezi că puteți opri lumea și natura, societatea și cultura, din dezvoltarea lor. Vă înfruptați din toate beneficiile „așa zisei științe", tehnologii, dar le negați, luptați împotriva lor, pe baza unui nihilism, negativism contra-cultural, doar pentru a vă remarca, pentru a vă afla în treabă, pentru a vă pune un moț. Jalnic! Nimeni nu vă bagă în seamă. Fiindcă aveți o contribuție nulă. Intră în muzee – sunt pline de fosile – fapte, nu vorbe! Privește în jurul tău. Deschide ochii minții pentru procesele reale ale existenței. Autoritate, ierarhie, odăjdii? Mucegaiuri stătute și mizerii îmbâcsite, în arogări lipsite de acoperire! Fără viitor! Doar un trecut bezmetic și bicisnic, bazat pe iluzii. Scuze! Este doar o opinie personală!

Cu V(DS)

Pseudo-filosofia e aproape de patologia decerebrare. La fel ca și arta, poezia.

S: Tu ești un băscălios și îți stă bine ca cinic. Eu mă bucur de prezența unor oameni ca ei și îi consider un privilegiu. Îi frecventez, ascult, lecturez. Am parte de o desfătare. Tocmai am primit Capodopere în dialog, a lui Pleșu. E profesia lui. Are o conferință ținută la Iași despre parabole. O încântare! Ca și cartea cu acest titlu – Parabole. A stat în Germania, cu o bursă Humboldt, la Heildelberg un an ca să adune bibliografie. Pleșu nu e numai erudit, ca Liiceanu, e mucalit, hâtru, pus pe șotii cu tâlc!

V(DS): Dacă vrei să asculți un filozof, probabil că o să-l găsești dând prelegeri de profesor la Heidelberg. Dacă vrei manele filozofice, iei bilet la Sala Palatului când au Lolek si Bolek spectacol. Ca la predicatori pe stadioane... Sau slujbe date de câte un Florin Salam al credinței. Sau te uiți la tv sau pe You Tube. Pseudo-filosofia de consum de mase se vinde îmbuteliată ca Ci-Co. Cu etichete pe care scrie Lolek, Bolek...

În sticlă sunt truisme cu bule carbogazoase. Cine se naște inteligent și sensibil, dar nu se descurcă cu matematica, fizica, chimia, biologia, sau antropologia, se refugiază în pseudo-filosofie și se face șarlatan de psihologie ambulantă. Capetele care se descurcă cu știința (sau o creează), sunt greu de găsit, de urmărit sau de înțeles. Mă fascinează cei pe care nu-i înțeleg! Cel mai ușor e să spun: „Ce bine le zice ăsta! Exact, cum mă gândisem să zic și eu!"

Hai! Acum dă-mă afară din sală! Și blestemă să ard în flăcările iadului filozofiei. Sau mai trimite-mi una noua, că ești băiat bun și te chinuie încrețiturile de pe cortexul frontal. Ăstia o să ajungă să țină prelegeri la nunți și botezuri de miliardari. Da', la jumătate din prețul lui Florin Salam. E păcat de sufletele lor că au ajuns să se prostitueze în industria circului de mase. Pentru bani și glorie populară... Mințile lor ar fi meritat mai mult.

S: Și, totuși!... Pleșu, Liiceanu. Toți ăstia sunt profesori cu normă întreagă. Noi, românii, suntem o subcultură de mâna a doua, a noua etc. Prin ceea ce fac, ca efort cultural în țara lor: Humanitas, traduceri, simpozioane, articole, cărți, media – oamenii fac un efort cultural de conștientizare, de opinie, de asanare a unei societăți post comuniste. Sunt niște repere. Poate că se dispersează, epuizează etc. Cu ce e mai bun un profesor universitar într-o universitate din West? Ar fi fost impactul lui mai mare? Câți alde Newton, Pascal, Descartes, Bohr, Einstein, se nasc într-un secol? Oamenii sunt realiști. Fac maximul de bine, în condițiile date. Rămân niște repere!

V(DS: Dumnezeu există. Chiar dacă ar exista doar în mintea omului, ca idee... Există! Dumnezeu e o idee. Ideile există. Din punct de vedere practic, antropologic și evoluționist, are o funcție intrinsecă minții umane. Răspunde necesității de *credință* pentru o funcționare normală, creativă și reproductivă de viață. Funcționezi normal crezând: poți să crezi în știință, în agnosticism, în creator, în destin, în puterea minții, în dragoste, în adevăr, în bine și rău... (Unii au mers așa de departe că și-au crezut și nevasta!)

Memorii. Nu. Sunt un anonim. Nesemnificativ. Îmi scriu gândurile. Nu au valoare. Nu pot trezi interesul. Un exercițiu anti-regresie. Un monolog interior. Vor fi șterse, abandonate, aruncate. Imediat ce nu voi mai fi. Citesc mult. Aproape permanent. Doar grădinăritul și funcțiile vitale mă întrerup.

Autorul vechiului testament ebraic este Neemia, regele întors din robia babiloniană în secolul V î.Hr. Asistat de preotul Ezra. A văzut lumea, a dat cu nasul la cultura vremii, a vrut să fie în rândul lumii. Existau documente mai vechi. În mare parte folclorice și legendare, precum și o cultură orală. Noul testament a fost scris între 70 și Sf secolul I, d Hr, cu excepția epistolelor pauline autentice vreo 7 – care ar fi scrise pe la jumătatea secolului I. Cele disputabile au fost scrise mai târziu. Prima listă iudaică apare la Jamnia, secolul II, iar cea creștină, în secolul IV, cu ocazia paștelui, pe la 380. Cele mai multe evenimente anterioare anului 1200 î.Hr., nu pot fi verificate istoric și arheologic. După această dată, există documentare.

R: DB (?) Ce erau profeții? Niște poeți. Mânuitori ai cuvântului, încercând să înțeleagă și să prindă sensuri și semnificații. Cei mai mulți erau năimiți. Propagandiști ai sistemului. Ceilalți, foarte puțini, cum era și Amos, erau antisistem. Promovau o etică socială, populară între cei obidiți, nesuferită celor privilegiați. Toate relele naturale, având cauze bine definite astăzi, toate conflictele interetnice, religioase și militare, ascunzând cu grijă interese meschine, erau puse pe seama lui Dumnezeu care făcea și desfăcea totul! *Vremuri biblice, vremuri mitice! Noi ne pregătim! Dar, el nu vine. De milenii oamenii îl așteaptă cu promisiuni, dar îl identifică cu dezastre și pedepse! Iar el? Rămâne indiferent, absent, prezent doar în conștiința oamenilor, o nălucă, un surogat, izgonit de cunoașterea și înțelegerea tot mai detaliată și intimă a tuturor legilor fizice și sociale, a tuturor fenomenelor și proceselor, în spatele cărora se află doar oamenii și natura, un univers indiferent! De milenii! Bietul Amos! Un simplu păstor. Un cioban. Un pastor mazilit...*

DB: Potopul și refracția. Așa se crede. Ar fi bine dacă fiecare lege ar avea un legământ sau promisiune, asociate. Oricum, orice lege, din orice domeniu este o mare binecuvântare, dacă este cunoscută. Cele necunoscute sunt binecuvântări irosite!

Cu DM

Colegă de promoție și grupă. Structura mea este aceea a unui om de știință. După ce, 60 de ani am fost un bigot. Singura scuză e aceea că, prin religie făceam o rezistență pasivă comunismului. Azi, consider că nu putem lua în calcul decât realul, realitatea. Cu legile ei fizice. Este adevărat că o imensă parte a realității urmează să fie descoperită.

Dar, în ceea ce privește religiile, credința, sunt absolut convins că totul este creația minții umane, terifiată de spaime și însetată de speranță. Prefer să rămân lucid. Nicăieri, în particulele cuantice, quarci, în cotidian, între astre, nu există niciun daimon sau înger necesar funcționării lumii. Existența își este necesară și suficientă sieși. Un agnostic. **Pers**

Pt LP Bună dimineața... ce semnificație are această imagine? Vreau doar părerea dvs. eu mi-am format-o pe a mea. Că o persoană slabă și sensibilă are mereu greutăți de dus. Așa văd eu problemele. De multe ori par chiar imposibile de rezolvat.

R: E mult de spus! În primul rând o imagine – naturală, artificială, construită, forțată – nu are semnificația ei, ci aceea pe care i-a dat-o artistul, creatorul, privitorul, criticul de artă etc. Apoi, fiecare dintre noi vede altceva – de obicei se vede pe sine și concepția sa despre lume, existență, cultură, artă. Simbolic, e clar, această imagine ilustrează o situație imposibilă, obstacole insurmontabile pentru fluture. Dar! Nimeni nu are cruzimea să facă așa ceva! Desigur, fluturii sunt efemeride, ei trăiesc doar o jumătate de zi – cea luminoasă, sau cea nocturnă. Se împerechează, depun ouăle, apoi mor. În perspectiva veșniciei, eternității și noi, oamenii suntem efemeride. Totuși, un fluture, are multe momente fericite în viața lui: parfumul florilor, dulceața nectarului, beția zborului, plăcerea împerecherii etc. Dar, un om!? Multe probleme, necazuri, dar și multe împliniri, bucurii!

(LP), despre Prof (DB): Lucrurile astea sunt complexe: „Când concepția noastră totalizatoare (despre lume, despre viață și despre noi înșine) este contrazisă de un fapt, de un argument sau doar de un sentiment, cel mai adesea protejăm convingerile de bază, care formează nucleul concepției noastre, și scoatem în față tot felul de însăilări – pretexte, justificări și reinterpretări convenabile.

Filozoful Karl Popper le-a numit „argumente ad-hoc"; ele sunt ad-hoc fiindcă sunt elaborate de mintea noastră cu un singur scop: să ne salveze concepția de ansamblu. Iată cum este posibilă conviețuirea unei intuiții religioase cu o concepție materialistă: între intuiție și axiomele concepției se interpun straturi de justificări, care ne fac să nu mai vedem contradicția dintre fapte și convingerile de bază. Când această contradicție devine evidentă, tot montajul vechi se năruie: are loc o convertire!"

Cu DP

De fapt, ceea ce spune Einstein sau fragmentul citat ca aparținându-i, este un fapt evident simțului comun, ca și neurofiziologiei – gestația ideilor și gândirii noastre se aseamănă unui aisberg – ce truism! Cea mai mare parte se află sub apă – inconștientul, subconștientul. Dar ceea ce, aparent contează, este ceea ce e vizibil, rațional, conștient, comunicabil.

PD: Pe mine și pe tine religia ne-a făcut Oameni...
Cine nu ar da banii ăștia să ajungă ca tine și ca mine.

R: Oare? Uită-te în jur. E plină lumea bună de oameni valoroși! Nu se termină lumea cu noi! O spun cu admirație: ai știut să-ți fructifici cu talent, cu multă muncă, cu perseverență și competență, realizările! Cinste ție! Felicitări! Nu sunt ateu! Nu exclud prezența divinității în viața noastră! Dar, vorba românului, Dumnezeu nu-ți bagă în traistă!

RC: Dragul meu, Sunt în situația de a-ți adresa o mare rugăminte. În gândul meu, cu totul imaginar, m-am trezit întrebat, într-un cadru oficial, de ce vreau să renunț la statutul de membru al bisericii. Și pentru ca un eventual răspuns, să fie cât mai bine argumentat, îndrăznesc să apelez la tine. Cum ai răspunde la această întrebare? Te rog să nu zâmbești și să o iei de bună, întrebarea mea. Dacă am găsit trecere înaintea ta, aștept, cu nerăbdare, răspunsul tău!
Mulțumesc!

R: Pentru că trăim într-o lume modernă, informată și avem o conștiință, discernământ. Chiar dacă *dimensiunea spirituală este una fundamentală*, ea nu trebuie încorsetată în doctrine, dogme – multe dintre ele discutabile, nu este cazul să fie instituționalizată. *Este o problemă strict personală*.

Ar putea apărea întrebarea: care doctrine sunt discutabile. *Suntem o confesiune iudaizantă* care nu satisface criteriile noului legământ, ale neprihănirii prin credință pauline, protestante.

- Pentru că biserica își arogă dreptul de a contrazice faptele și datele științei, susținând creația unui pământ tânăr, existența potopului ca fapt istoric, neagă evoluția, promovează nonsensuri ca *inteligent design* sau creaționismul „științific". *Putem crede ceea ce nu știm, nu putem nega ceea ce este demonstrat.*
- Pentru că această confesiune are tendințe fundamentaliste, literaliste – ignorând anacronismele (VT) vetero-testamentare, inclusiv cele etice, morale, juridice și de natură criminală – genocid etc.
- Pentru inechitatea și discriminarea mai mult sau puțin voalată față de minorități, femei, convingeri.
- Pentru accentul dogmatic pe o împărăție viitoare și neglijarea realității prezente – viziune apocalipticistă.
- Pentru izolarea culturală, socială, informațională de tip ghetou, bulă culturală, cu selectivitate majoră – față de artă, literatură, media, cinematografie.
- Pentru promovarea exceselor culinare – vegetarianism, veganism – inclusiv instituțional – unde nu sunt servite produse animale și promovarea obstinată a produselor alimentare industriale proprii.

Etc.

Din dialogul cu RC: Am o convingere intimă, profundă, că fiecare dintre noi este un univers, un miracol al lumii și că diferențele dintre șefi de stat, star uri, savanți și Badea Gheorghe, cu înțelepciunea lui mucalită, sunt infinitezimale. Un român a zis că veșnicia s-a născut la sat, la țară. Un mare adevăr. N-o să crezi, dar pe măsură ce îmbătrânesc, gândul acesta devine dominant: m-am născut țăran și o să mor țăran. Să mă explic. Viața aspră din preajma naturii, fără fițe și sclifoseli, m-a ferit de nevroze, mi-a conferit un simț și spirit practic pentru care sunt, oarecum, mândru. Așa că suntem egali! Până la această propoziție, a fost o mică introducere, confesiune, pentru care te rog să mă ierți. Sunt și un pic ipocrit!

Cu AbD (Abel Dragomir)

S: Cred că între noi și mediu, între noi – și psihicul, personalitatea noastră – trebuie să existe armonie, consens. De asemenea, între noi și proiectele de viață – pe termen scurt, mediu și lung, trebuie să existe comunicare, reglare, adaptare. Autodepășirea și relaxarea creativă se pot echilibra. Uneori, viața îți poate cere câte o zi, o lună, un an, o perioadă grea, solicitantă. Le acceptăm ca pe niște provocări necesare. Nu sunt stahanovist, workaholic – deși cred că păcătuiesc destul de des. Pensionarea – ce perioadă fericită! **Pers**

Arta lecturii

O lucrare – în cazul de față o carte – nu poate avea concluzii substanțiale în absența unui conținut valoros. Care este rolul Paulei Fredriksen? *Pe când creștinii erau evrei.*

De ex: pg 117-118. Mai întâi faptele: Isus Hristos, un prooroc și învățător potrivit pentru rolul de Mesia, venit din Galileea, intră triumfal pe un asin în Ierusalim. Răstoarnă mesele schimbătorilor de arginți și revendică templul drept casa tatălui său, transformată în peșteră de tâlhari. Filosofia politică mesianică devine apocaliptică. Împărăția lui Dumnezeu s-a apropiat. Fariseii se simt amenințați de mulțimea care îl aclamă, vin cu o contra-demonstrație, obțin condamnarea și executarea turbulentului, de la Pilat. Răstignirea.

Un dezastru: Mesia proscris și ucis. Acuzația: Regele iudeilor. Reacții: La mormântul gol, doi tineri, îngeri, femei speriate, Maria Magdalena – Rabuni. Prima viziune. Spuneți ucenicilor. Emaus. Doi ucenici. Un străin, deloc ignorant, oferă lecția de interpretare profetică. A doua viziune. Gândul învierii reaprinde flacăra apocaliptică. Din iminentă, aceasta dobândește perspectivă eschatologică. Ucenicii speriați, încuiați în camera de sus. Pace vouă. A treia viziune.

Lucrurile se leagă într-un discurs coerent: Petru în Faptele Apostolilor. Cincizecimea. Proclamarea. Cine ține discursul? Petru. Când? Anul 35 d.Hr. Cine scrie discursul? Cine face relatarea? Luca. Când? Anul 95 d Hr. Sfârșitul secolul I. Cine face deconstrucția? Paula Fredriksen.

Când? 2018. Cine citește, să înțeleagă!

Apreciez foarte mult și încerc să imit, să-mi însușesc aprecierea și detașarea lucidă a savantului (Paula Fredriksen) care studiază la rece un fenomen atât de vast și complex, cum este nașterea și cristalizarea unei religii.

Cu CA

Afirmațiile trebuie bazate pe cele cunoscute, nu pe cele necunoscute. Regret să spun că, în cazul creierului, marxismul are dreptate: acumulări cantitative conduc la un salt calitativ. Pur și simplu, o sumă de sisteme complexe, devin un supra sistem conștient de sine. Cel mai puternic argument în favoarea acestei afirmații care rămâne o aserțiune, îl reprezintă gradele incomplete de conștiință de sine ale animalelor – ceea ce trebuie s-o recunoaștem, este un puternic argument în favoarea evoluției. Care e diferența dintre conștiența de sine a unui câine, păsări sau maimuțe și om? Este calitativă sau cantitativă? Și, și!

Cu SolaS

Cu tot respectul, de unde ai luat epitetul absolut? Nu l-am folosit și, în acest caz, schimbăm subiectul. De altfel, absolutul – fie el și adevăr sau realitate – este o noțiune, un concept ideatic către care putem tinde, chiar și matematic sau geometric, doar asimptotic. Am înțeles, în sfârșit raționamentul (cam greu – vina mea), pentru că realitatea ne este dată prin simțuri, pentru că se interpun traductori fizici, chimici sau energetici, putem avea o imagine, impresie a realității, dar nu realitatea însăși. Posibil. După cum, e posibil ca nici noi să nu existăm. Suntem relativi, de o finitudine strigătoare la cer. Glumesc, bineînțeles.

În termeni comuni, ai bunului simț comun, orice afirmație propozițională, deci aparținând limbajului ca mijloc de comunicare, cu subiect și predicat privitoare la realitatea imediată și care se verifică în orice mod omenesc posibil, este adevărată, adică un adevăr. Nu un adevăr absolut. Absolutul este o himeră. PS: M-aș bucura să-mi cunosc interlocutorul. Cu respect!

Cu F

F: La nivel planetar situația din lift devine catastrofic de complexă, ireductibilă la un deznodământ optimist. Finalul va fi un suicid al inteligenței umane biruit de o prostie și mai mare! Bunătatea biruită de răutate.

S: În traducere, asta înseamnă război, holocaust, apocalipsă.

F: Autodistrugere. De ce... ???! Așa se termină procesul competiției pentru supraviețuirea celui mai adaptat?

S: Sensul, semnificația logică și scopul, dacă vreți moral, spiritual – aparține doar ființei conștiente de sine. Natura minerală pare nereflexivă, iar cea organică are un singur țel – supraviețuirea. Eventual, prin reproducere. Selecția naturală, ca și evoluția, sunt oarbe. Nu fac proiecții. Există doar avantajul faptului împlinit. Restul este eliminat. Pe singura cale opusă vieții. Moartea. E dur. Dar, în lumea noastră, pare singura cale.

Cu CT

Eu pot înțelege pe deplin credința ta și argumentele tale. La fel, ai putea și tu să înțelegi poziția mea și s-o respecți. Mai ales că, se întemeiază pe cunoștințe la care n-ai avut niciodată acces. Poți spune – iată, acesta e modelul meu. Dumnezeu însuși ne respectă alegerea. Chiar crezi că Dumnezeu este bisericos și religios? Chiar crezi că nimeni dintre cei care au murit până în 1844 sau 1863, nu vor fi mântuiți. Ca să nu mai vorbim despre drept credincioșii musulmani, budiști sau hinduși... Încearcă să-ți lărgești puțin orizontul. Eu sunt sceptic, poate agnostic, dar nu sunt ateu. Am simțăminte pozitive legate de Dumnezeu. Suntem prea mici pentru a înțelege criteriile lui Dumnezeu! Asta mă face să am încredere. În necredința mea. Cu cât știi mai puține lucruri, cu atât ai convingeri mai ferme. Cu cât cunoști mai mult, înțelegi mai mult complexitatea lumii și a existenței, ca și a omului, credinței sau necredinței. Din fericire, Dumnezeu este un Dumnezeu al tuturor acestora! Și al meu.

CT: Bună dimineața. Iertați-mă, ieri am fost pe drumuri toată ziua și n-am avut timp să vă răspund. Auziți, în discursul dumneavoastră parcă-l văd pe profetul Iona „bine faci tu că te mânii?... da, bine fac, până la moarte". Ați trecut prin momente dificile, dramatice chiar, nu a fost ușor. Dumnezeu știe și înțelege... El știe cel mai bine ce se întâmplă în sufletul fiecăruia dintre noi. Tot El ne-a dat capacitatea de a înțelege, de a discerne între bine și rău, între adevăr și minciună. Cuvântul Său este atât de clar, atât de frumos și atât de simplu, încât oricine poate să-L înțeleagă. De ce ați alege să credeți niște teorii mult mai sofisticate, care parcă îți încurcă mintea și nu duc nicăieri? Mă fac port vocea părinților dumneavoastră care vă imploră să vă întoarceți la ceea ce este simplu, curat și adevărat. Pentru mine oricum sunteți același om deosebit pe care v-am cunoscut la început, cu o familie atât de frumoasă, cel care m-ați ajutat de atâtea ori cu sfatul și competența dumneavoastră. Mulțumesc frumos pentru urări.

Și eu vă doresc zile frumoase și senine și dragostea Lui Dumnezeu să vă cucerească din nou inima! Cu prețuire, Camelia

S: Sărut Mâna, Camelia! Grațioasă și artistă, ca întotdeauna! Mai puțin, când mă cerți să mă întorc la turmă! Nu mă întorc! Nu mi se mai potrivește! Am descoperit legile creației, legile adevărate ale lui Dumnezeu! Nu ale oamenilor! Să ai un An Nou Binecuvântat! Și Sărbători Fericite!

Cu GGB

Un mesaj de la Domnul! Gabi, am un mesaj foarte frumos pentru tine, în perioada sărbătorilor, la început de An Nou: Veșnicia începe chiar lângă tine, chiar cu tine! Ea constă în lucrurile cele mai simple, dar fundamentale! Este așezată în liniște și frumusețe, chiar în locul tău natal, în casa în care te-ai născut, în grădina în care ai crescut, lângă izvorul de apă vie care purifică orice murdărie și se înalță odată cu muntele care te veghează și te ocrotește, cu pădurea ozonată care te regenerează.

N-o căuta departe, nu te complica. Viață infinită în bogăție și frumusețe se află în fiecare mugur care înfrunzește, în fiecare boboc care înflorește, în fiecare lăstar care frăgezește și crește. Longevitatea se află în armonia fiecărei clipe, în împlinirea fiecărui gest, în mulțumirea fiecărei relații. Trăiește simplu și bucură-te de tot ce ai, ceea ce ai realizat, ceea ce ești și ai devenit. O alimentație simplă, naturală și sănătoasă îți asigură sănătatea și o viață lungă, fericită. Nu ducem lipsă de nimic. Nu avem nevoie de nimic. Avem tot ce ne trebuie ca să trăim până la adânci bătrâneți.

Fie că vom trăi optzeci, nouăzeci de ani sau ne vom apropia de sută, este același lucru. Să ne bucurăm de fiecare clipă. Ți-o spune un om care a văzut și îngrijit zeci de mii de bolnavi. Fără un diagnostic precis, toți suntem normali, toți suntem la fel de sănătoși, la fel de bolnavi! Nu este necesar și nu putem adăuga nimic la zestrea noastră!

Te rog, nu mai umbla printre vraci și vindecători. Toți sunt niște escroci! Produsele lor nu sunt standardizate, nu sunt tipizate, pot conține multe substanțe dăunătoare, toxice. Nu ai nevoie de nimic, ești perfect sănătoasă! Toți suntem muritori și fiecare dintre noi va muri într-o zi. Dar, nu-i nicio grabă! La Mulți Ani!

BIBLIOGRAFIE SELECTIVĂ

- Arendt, Hannah, *The Life of the Spirit*, 1971, Gândirea, trd SG Drăgan, Humanitas, 2018.
- Armstrong, Karen, *Istoria lui Dumnezeu*, Ed II, reviz, trd Dana Ionescu, Nemira, 2011, 2022, orig 1993.
- Armstrong, Karen, *Scurtă istorie a mitului*, trd Mirella Acsente, 2005 orig, Orion 2022, Nemira Pub House.
- Aslan, Reza, *Dumnezeu: o istorie umană*, trad. Andeea Eșanu, Humanitas, 2020, după *God: A Human History*, 2017, by Aslan Media.
- Baggott, Jim, *Povestea științifică a creației*, Humanitas, 2018, trd Tudor Avram, cf. *Origins: Scientific Story of Creation*, 2015.
- Barnes, Tatum, W., *In Quest of Jesus*, Abingdon Press Nashville, revised & enlarged, 1999.
- Bennett, Maxwell, Dennett, Daniel, Hacker, Peter & Searle, John, *Philosophical Foundation of Neuroscience, duel concretizat cu: Neurosciece & Philosophy – Brain, Mind, Language*, New York, Columbia University Press, 2007, Asociația Americană de Filosofie.
- Berlin, Isaiah, *Cinci eseuri despre libertate...*, trad. Laurențiu Ștefan, ed Henry Hardy, București, Humanitas, 2010.
- Botton, de, Alain, *Religia pentru atei*, Vellant, 2013
- Boyer, Pascal, *Religion Explained*, Basic Books, 2001, NY
- Campbell, Joseph, *Eroul cu o mie de chipuri*, trd Mihai Mănescu, Gabriela Deniz, Herald, 2018.
- Carroll, Sean, *Marele Tot*, Herald, 2019, orig 2016
- Cave, Stephen, *Nemurirea*, trad. Maria Dobrinoiu, Ed Univers, 2020.
- Charles, Foster, *Ce înseamnă să fii Om*, trd George Arion Jr, Humanitas, 2024, orig, 2021.
- Damasio, Antonio, *Self Comes to Mind*, 2010, trad. Doina Luică, Ed Humanitas, 2016.
- Dawkins, R., *Ceasornicarul orb*, ed Humanitas, București, 2017.
- Dennett, Daniel, C., *Breaking the Spell*, 2006, Humanitas, 2023.
- Dennett, Daniel, C., Platinga A, *Știință și religie*, RR, 2014, orig 2011.
- Dennett, Daniel, C., *Ruperea Vrăjii*, Humanitas, 2023, orig 2006, *Breaking the Spell*.
- Dias, Dexter, *The Ten Types of Human*, Penguin Books, London, 2023.
- Durant, Will, *Povestea Filosofiei*, Ed Herald, 2019, trad. după versiunile englezești, 19271961. *Comentariu la prima critică, Critica Rațiunii Pure*, Immanuel Kant.

- Durkheim, Emile, *Formele elementare ale vieții religioase*, p 83, I al, CEU Press, 1995, Polirom.
- Durkheim, Emile, *Les formes elementaires de la vie religieuse*, ed III, Paris 1937, în traducerea Magda Jeanreaud și Silviu Lupescu, ed Polirom, Iași, 1995.
- Eagleman, David, Brandt, Anthony, *Specia rebelă*, trad. Carmen Strungaru, Humanitas, 2020.
- Eco, Umberto, *Pe umerii giganților, La Milanesiana*, 2018, original 2017.
- Ehrman, Bart, *Ce s-a pierdut din creștinism*, Humanitas, 2018, orig 2003
- Ehrman, Bart, *Cum a devenit Isus, Dumnezeu*, Humanitas, 2020, orig 2014
- Eliade, Mircea, *Tratat de istorie a religiilor*, Humanitas,1992, 2023, Orig *Ed Payot* 1949, 2005, 2020.
- Erhman, Bart, *Cum a devenit Isus Dumnezeu*, trad. Cornelia Dumitru, ed Humanitas, 2020.
- Filoramo – *Crucea și Puterea*, 2011 orig, trd Dionisie Ctin Pârvuloiu, Humanitas, 2022.
- Gay, Volney, P., *Neuroscience and Religion, Brain, mind, self, and soul*, Lexington Books – Rowan & Littlefield Pub, 2009.
- Graeber, David & Wengrow, *Zorii tuturor lucrurilor, O nouă istorie a omenirii*, trd Miruna Munteanu, Iași, Polirom, 2022. Orig 2021.
- Graeber, David, Wengrow, David, *O nouă istorie a omenirii, Zorii tuturor lucrurilor*, trd Miruna Munteanu, Polirom, 2022.
- Harris, Jonathan, *Bizanț: o lume pierdută*, trd Mihai Moroiu, BB & Arts, 2016. Orig Yale Univ Press, 2015.
- Harris, Sam, *Lying*, 2013, trad. Deniz Otay, *Despre minciună*, editura Vellant, București, 2020.
- Heyer, Evelyne, colab. Muller Xavier, *Odiseea genelor: Aventura speciei umane*, trd Alunița Voiculescu, Nemira, 2021, Flammarion, 2020.
- Hume, David, *Dialoguri asupra religiei naturale*, Herald, 2015
- James, William, *Voința de a crede*, Herald, 2011
- Jenkins, Philip, *The Lost History of Christianity*, 2008 – Baroque Books & Arts, București, 2018, trd Mihai Moroiu.
- Johansson, Sverker, *Zorii limbajului*, trd Cristian Iscrulescu, Humanitas, 2022, orig 2019.
- Jung, Carl, Gustav, *Psihologia religiei vestice și estice*, trd Viorica Nișcov, Ed Trei, 2010, Walter-Verlag, 1995, Zurich., Bardo Thodol, *Opere complete*, vol 11, p 555.
- Knapp, Robert, *Zorii Creștinismului*, trd Sergiu Adrian Adam, Humanitas, 2024, orig 2018.
- Kurtz, Paul, *The Transcedental Temptation*, 2013, trd Ines Simionescu, Humanitas, 2021.
- Liiceanu, Gabriel, Andrei Pleșu, *Despre destin*, Humanitas, 2020
- Liiceanu, Gabriel, *Apocalipsa după Cioran*, Humanitas, 2021
- Liiceanu, Gabriel, *Impudoare*, Humanitas, 2021
- Liiceanu, Gabriel, *Isus al meu*, Humanitas, 2020
- Marian, Viorica, *Puterea Limbajului*, trd Iulian Comănescu, 2023, Humanitas.

- Mario, Beauregard, O'Leary, Denyse, *The Spiritual Brain*, Harper Collins Pub, NY, 2007.
- Martin, Michael, *Împotriva creștinismului*, Ed Ideea Europeană, 2007
- McKlenburger, Ralph, *Our Religious Brains*, Jewish Light, Pub, Woodstock, Vermont, 2012.
- McNamara, Patrick, *The Cognitive Neuroscience of Religious Experience. Decentering and the Self*, ed a doua, Cambridge Univ Press, 2009, 2022.
- Mlodinov, Leonard, *Odiseea umană*, Herald, 2018
- Moore, G.E din *John H. Hick, Filosofia religiei*, Herald, 2010.
- Morris, Brian, *Religion and Anthropology*, Cambridge Univ Press, 2006.
- Morrison, Ken, Marx, Durkheim, *Weber*, sec ed, Sage Pub, London, 2006.
- Müller, Max, *Psychology Religiouse*, 132 & *Mythologie comparee*.
- Newberg, Andrew, *Neurotheology*, Columbia Univ Press, 2021.
- Numbers, Ron, *The Prophetess of Health*, biografia Ellen White, EGW, pionier fondator BAZȘ.
- Ogas, Ogi, Gaddam, Sai, *Călătoria Minții*, trd Walter Fotescu, Humanitas, 2024.
- Onfray, Michel, *Decădere, Viața și moartea iudeocreștinismului*, trad. Iulia Mateiu și Anca Rus, Ed As de Șt Cognitive din Ro (ASCR), ClujNapoca, 2018.
- Parrington, John, *Conștiința*, trd Alexandru Babeș, Humanitas, 2024.
- Popescu, Cristian, Tudor, *Dumnezeu nu e mort*, Polirom, 2022, Veniamin.
- Prideau, Sue, *Sunt dinamită, Viața lui Nietzsche*, Polirom, 2020.
- Râmbu, Remus, *O lume fără religie*, Charmides, Bistrița, 2024.
- Reza, Aslan, *Zelotul*, Ed Trei, 2013
- Rudolf, Otto, *Sacrul, Despre Numinos*, Limes, 2015.
- Russell, Bertrand, *Credința unui om liber*, Vellant, 2018, orig 2009
- Russell, Bertrand, *Religie și știință*, Herald, 2018
- Russell, Bertrand, *Viața fără frică*, Vellant, 2019
- Sagan, Carl, *Cosmos*, Herald, 2014
- Sagan, Carl, *Lumea și demonii ei*, Herald, 2015
- Sagan, Carl, *The DemonHaunted World, Science as a Candle in the Dark*, 1996, LLC, trd Al Anghel, ed Herald, 2015.
- Silberman, Steve, *Neurotribes*, Allen & Unwin, Atlantic Books, London, 2015.
- Stewart, Ian, *Dă oare Dumnezeu cu zarul?*, Humanitas, 2015, orig 1989, 1997
- Ștefanov, Gh, https://prezi.com/sr4b8qpgroz6/filosofiareligieicurs1/
- Tattersall, Ian, *Understanding Human Evolution*, Cambridge Univ Press, 2022.
- Vince, Gaia, *Transcendence...*, 2019, Humanitas, 2022, trd Ines Simionescu.
- Waal, Frans, *Bonobo și ateul; în căutarea umanismului printre primate*, trd Ioana Miruna Voiculescu, Humanitas, 2017. Original 2013.
- Watts, Edward, J., *Ultima generație păgână*, Humanitas, 2024.
- Whitehead, Alfred, N., *Religia în formare*, Herald, 2010, orig 1926
- Wolf, S, 1997, *Meaningful Lives in a Meaningless World*, Quaestiones Infinite, 19, Utrecht University